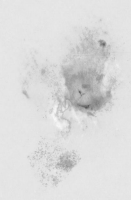

ATLAS DE
HISTORIA
DEL MUNDO

ATLAS DE
HISTORIA
DEL MUNDO

Edición de Kate Santon y Liz McKay

p

Producido por Atlantic Publishing
Fotografías por cortesía de Getty Images. Para información detallada véase la página 320

Copyright © 2006 de la edición española:
Parragon Books Ltd
Queen Street House
4 Queen Street
Bath BA1 1HE, RU

Traducción del inglés: Gemma Deza
para Equipo de Edición S.L., Barcelona
Redacción y maquetación:
Equipo de Edición S.L., Barcelona

ISBN-10: 1-40547-859-4
ISBN-13: 978-1-40547-859-5

Impreso en Malasia
Printed in Malaysia

Contenido

Introducción

El *Atlas de historia del mundo* recorre la larga trayectoria de la historia del ser humano, desde nuestros inicios conocidos en África hasta la situación mundial a principios del siglo XXI. Con una vocación verdaderamente internacional, examina las regiones y los acontecimientos a través de mapas específicos a todo color, textos fascinantes y abundantes ilustraciones.

En combinación, estos tres elementos presentan la imagen de un mundo en proceso de cambio, un mundo en el que se fraguan imperios que luchan por la dominación y conocen el declive; un mundo en el que algunas personas han tenido una resonancia internacional, hayan sido conquistadores como Alejandro Magno, emperadores como Solimán I el Magnífico y Akbar, o individuos como Gandhi. Además, este volumen contiene también información sobre los aspectos que han influido en nuestra vida cotidiana, como la religión o la cultura, las epidemias o el deseo de independencia.

En sus páginas encontrará datos de exploraciones y descubrimientos tanto de tierras y culturas distantes como de avances científicos y tecnológicos. Los temas más importantes se analizan en detalle, y los edificios como la catedral de Santa Sofía de Kiev, el palacio de Versalles o la Gran Muralla china, se enmarcan en un contexto que permite apreciar su significado.

Desde hallazgos arqueológicos hasta temas actuales, el *Atlas de historia del mundo* presenta una visión de la historia desde la perspectiva del siglo XXI, refleja el conocimiento actual del planeta y permite entender el mundo en el que vivimos.

Los orígenes del hombre

Los ancestros del ser humano actual surgieron en África hace más de dos millones de años. A medida que evolucionaron y adquirieron habilidades, se extendieron por el mundo.

Homo erectus

Se cree que los primeros ancestros del ser humano fueron una especie de prehumanos u homínidos llamados *Homo habilis*. El *Homo habilis*, que vivió entre hace tres y un millón de años, se diferenciaba de otros homínidos con más aspecto de simio por tener un cerebro de mayores dimensiones y ser capaz de fabricar herramientas sencillas de piedra. Encontrado principalmente en el este y el sur de África, el *Homo habilis* permaneció siempre en esta región que, a diferencia de otras partes del planeta, era cálida y fácilmente habitable.

Hace unos 1,6 millones de años, al principio del Pleistoceno, el *Homo habilis* fue superado por otro homínido: el *Homo erectus*. El *Homo erectus* era más alto y caminaba más erguido que el *Homo habilis*; tenía el cráneo más ancho y grande, prueba de un cerebro de mayores dimensiones, y, pese a tener la mandíbula menos prominente, sus rasgos faciales seguían asemejándose a los del simio. Fabricó herramientas más sofisticadas, en concreto hachas con mango de sílex y doble filo que habría empleado no solo para matar animales sino también para despiezar su carne. Se cree que el *Homo erectus* descubrió el fuego, lo cual habría mejorado sus condiciones de vida y su capacidad para cazar, ya que el fuego podía ser usado como arma eficaz. Quizá por todo ello esta especie de homínido emigró de África. Se han hallado vestigios de su presencia en lugares tan remotos como el norte de Europa, Asia y el este de China.

El hombre de Neandertal

En torno al año 200000 a. C. apareció el *Homo neanderthalensis*. Era más bajo y fornido que el *Homo erectus*, con el cráneo achatado, la frente retraída y el arco ciliar prominente. Sin embargo, pese a su aspecto, los neandertales eran biológicamente mucho más parecidos a los humanos actuales. Al igual que el *Homo erectus*, elaboraban herramientas con distintos fines, si bien más especializadas que las de sus antepasados; usaron la inteligencia para fabricar arpones, cinceles y buriles. También enterraron a sus muertos con cierto ritual: se han hallado esqueletos rodeados de piedras o acompañados de cuernos. En un hallazgo que tuvo lugar en el Iraq actual, la prueba del polen sugiere que con ocasión del enterramiento de un hombre se esparcieron flores sobre su esqueleto. Todo apunta a que los neandertales vivían en comunidades; los esqueletos que muestran signos de haber padecido enfermedades óseas en estado avanzado, como artritis, sugieren que probablemente algunos individuos del grupo cuidaban de otros. Confinado a Europa y Oriente Próximo, se calcula que el hombre de Neandertal se extinguió alrededor del año 35000 a. C., posiblemente a causa de la competencia con otra especie: el *Homo sapiens* u hombre moderno.

Arriba: Las cuevas de Lascaux, Francia, hacia 15000-3000 a. C., son uno de los ejemplos más famosos de arte paleolítico. El estilo de vida nómada se ilustra en ellas mediante imágenes de animales como vacas, toros, caballos y ciervos.
Página anterior: Primer plano de un cráneo fosilizado de un Homo erectus hallado en Java.

Homo sapiens

Hacia el año 100000 a. C. surgió en pleno corazón de África una nueva especie, la cual, como el *Homo erectus* y el *Homo neanderthalensis*, migró a otras partes del planeta. El *Homo sapiens*, u «hombre inteligente», es la especie en la que nos incluimos actualmente. Carecía del rostro plano y simiesco del *Homo erectus*, y su cráneo abovedado permitía albergar un cerebro de mayor tamaño que el cráneo achatado de los neandertales; el cráneo en sí era más alargado y la frente menos prominente. El *Homo sapiens* evolucionó y experimentó cambios en la altura, la pigmentación y sus rasgos fisonómicos. Era una especie mucho más avanzada que los neandertales que creó armas arrojadizas como los arpones, gracias a las cuales se redujo el número de heridos a la hora de abatir animales grandes. Los *Homo sapiens* vivían en cuevas, pero eran capaces de construir refugios y cabañas al estilo tipi; además, fabricaron chimeneas más sofisticadas para mantener vivo el fuego. Elaboraron útiles con diversos materiales, como agujas de hueso y cuerdas e hilos de fibras animales y vegetales. Probablemente confeccionaran sus vestimentas para hacer frente a las condiciones extremas de la Edad de Hielo. Se han hallado incluso prendas decoradas con abalorios.

Alrededor del año 60000 a. C., un grupo de *Homo sapiens* emigró de África a Asia, donde se convertiría en el antecesor de los pueblos mongoles. Hacia el año 40000 a. C., otro grupo emigró a Europa y al oeste asiático; de él derivarían en el futuro los pueblos caucásicos. Quienes permanecieron en África se convirtieron en los antepasados de los pueblos negroides.

La expansión del *Homo sapiens*

La evolución humana fue adquiriendo ritmo y, con el cambio climático, los humanos modernos pudieron emigrar a nuevas partes del mundo.

La Edad de Hielo

La última Edad de Hielo concluyó hace unos 13.000 años y señaló el fin del Pleistoceno, que había durado dos millones de años. Este periodo estuvo marcado por cambios extremos de temperatura en todo el planeta, incluidas varias eras glaciares. Las temperaturas descendieron hasta tal punto que glaciares y casquetes de hielo cubrieron gran parte de Europa, Asia y Norteamérica. Fue en este periodo cuando el hombre empezó a evolucionar a mayor velocidad, quizá como respuesta a las arduas condiciones de vida: su capacidad para adaptarse le aportó ventajas sobre especies menos inteligentes. El *Homo sapiens* fue la especie que mejor supo afrontar la rigurosidad de la vida durante el Pleistoceno y, si bien permaneció confinado en las zonas más cálidas durante las grandes heladas, empezó a migrar a otras regiones cuando el hielo fue retrocediendo.

A causa de la existencia de casquetes glaciares en el norte de Europa y América, el nivel del mar descendió y quedaron a la vista cordilleras terrestres que unían la mayoría de los continentes. Estas enlazaban el nordeste de Asia con América, Japón e Indonesia, y Gran Bretaña con Europa, y ofrecían rutas de migración vitales para los hombres y los animales. El continente australiano permaneció separado de Asia por aproximadamente 70 km de aguas profundas, de lo cual se deduce que los humanos que viajaron a Australia en torno al 60000 a. C. debieron hacerlo en bote, ya que no existen pruebas de una migración animal simultánea. Los mamíferos asiáticos, como por ejemplo, monos y tigres, no se dan en Australia, donde en cambio sí encontramos marsupiales.

Migración a América

Con el inicio del deshielo hace unos 13.000 años, las llanuras gélidas del estrecho de Bering ofrecieron un puente natural hacia Alaska, el cual, junto con el pasillo de hielo canadiense, permitió a los humanos emigrar a este continente, hasta entonces deshabitado. Los primeros humanos que llegaron a América fueron pueblos mongoles procedentes de Siberia, preparados para hacer frente a una vida en las duras condiciones del norte de América. La falta de vegetación les obligaba a depender de la pesca, pero fueron descendiendo paulatinamente hacia el sur, atraídos por el clima más favorable y la mayor abundancia de alimentos. Los glaciares no habían llegado al centro y el sur del continente, por lo que en las fértiles praderas y llanuras abundaba la caza mayor: bisontes, mamuts, osos bezudos, bue-

yes almizcleros y alces. En poco tiempo, la mayoría de estos animales se acabaron extinguiendo, fuera como resultado de una caza desmesurada, del cambio climático o de una combinación de ambos factores. Muchas de las inmensas zonas boscosas devinieron áridos desiertos y sus nuevos pobladores se adaptaron o continuaron avanzando hacia el sur. Fue así como el ser humano ocupó todo el continente americano. La abundancia de animales de pastoreo de las Grandes Llanuras permitió a sus habitantes seguir viviendo como cazadores-recolectores; fueron los ancestros de los americanos nativos. Sus sociedades permanecieron sin cambios durante miles de años, hasta tiempos relativamente modernos.

Los primeros europeos

Alrededor del 43000 a. C., el *Homo sapiens* emigró de África a Europa a través de Oriente Próximo. Se han hallado restos de los primeros europeos en asentamientos de la actual Europa del Este, lo cual sugiere la ruta que pudieron tomar estos humanos. Los hallazgos arqueológicos en la región francesa de Dordoña han llevado a bautizar a los primeros europeos como hombres de Cro-Magnon, en honor a los lugares en los que se han hallado sus asentamientos. Los hombres de Cro-Magnon eran diestros en la fabricación de útiles; usaban huesos y astas para elaborar arpones y lanzas cuyas sofisticadas puntas se desprendían tras alcanzar su objetivo para causar más daño. Habitaban en tiendas y refugios y eran un pueblo nómada de cazadores-recolectores que se extendió por el norte de Europa. Sus principales fuentes alimenticias fueron el reno, el mamut y el buey salvaje.

A medida que la temperatura del planeta aumentaba, el paisaje y los recursos empezaron a cambiar. El norte de Europa se convirtió paulatinamente en una zona boscosa poblada por cerdos, osos y ciervos, hecho que obligó a desarrollar nuevos métodos de caza. Los habitantes de estos parajes utilizaron los ríos para viajar desde las zonas litorales hacia el interior a través de densas selvas y, poco a poco, fueron asentándose en diversas regiones. Estos asentamientos y el ascenso de las temperaturas tuvieron una repercusión fundamental en la evolución del ser humano. Cuando los animales de gran tamaño que habían sobrevivido en la tundra se extinguieron y los recursos alimenticios empezaron a escasear, el hombre aprendió a domesticar animales y a sembrar cosechas. Alrededor del año 10000 a. C. dio comienzo el Neolítico o la edad de la agricultura.

El auge de la agricultura

Los orígenes de la agricultura

El descubrimiento por parte de los humanos de que otras especies podían ser domesticadas y utilizadas para su propio beneficio fue el paso más crucial hacia la civilización moderna. El retroceso del hielo en el oeste de Asia y Oriente Próximo había dado paso a vastísimas expansiones de pastos, en las cuales abundaban sobre todo variedades comestibles de trigo almidonero y escanda. Tales pastizales atrajeron a multitud de mamíferos de pastoreo, como cabras, gacelas, reses y caballos, animales que la población humana supo aprovechar. Ya en el año 10000 a. C., los pobladores de esta zona de la orilla este del Mediterráneo comenzaron a domesticar animales y a sembrar cereales de forma selectiva. Empezaron a reunir rebaños de cabras y ovejas, de las cuales no solo obtenían carne, sino también lana y leche; a ellas siguió la cría de cerdos y vacas. Luego vino el cultivo de cosechas como judías, lentejas y guisantes, cuyo éxito amplió la siembra. Hacia el año 4000 a. C., la agricultura había sustituido a la caza como fuente principal de alimento en todo el mundo, salvo en las islas del Pacífico y en la tundra del Ártico. Puesto que la agricultura ofrecía provisiones seguras de alimento en una zona, los humanos pudieron prescindir de emigrar de región en región y, al asentarse en un lugar, pudieron construir comunidades más extensas y sólidas.

El cultivo de plantas

Distintas partes del mundo se beneficiaron del cultivo de alimentos básicos. En Oriente Próximo, el llamado Creciente Fértil, los principales cereales eran el trigo y la cebada. Descendiente de la escanda silvestre, el trigo se cultivó de forma selectiva para que sus espigas estuvieran sustentadas por tallos más fuertes y sus semillas adquirieran un mayor tamaño. Aquellas cosechas de grano se molían para obtener harina, que podía destinarse a varios usos culinarios, de los que el principal era la elaboración del pan. También se cosecharon frutas como higos, olivas y dátiles. En los confines orientales de Asia y en China, los cereales básicos eran el mijo y el arroz, que crecían particularmente bien en suelos anegados. En América del Sur y Central se cultivó maíz para producir variedades más grandes y vigorosas, así como calabazas, patatas y tomates.

La domesticación de animales

En todo el mundo, el ser humano empezó a cuidar de los animales con múltiples fines, además de por su carne. Las vacas, cabras y ovejas resultaban útiles por su leche; las ovejas, las llamas y las alpacas proporcionaban lana, y las vacas y los bueyes proporcionaban pieles. En Oriente Próximo, los hombres venían usando perros para cazar desde el año 11000 a. C., y posteriormente utilizaron otros animales para aumentar la productividad. Se emplearon vacas y asnos para tirar de arados y carros, y camellos y yaks para transportar pesadas cargas. El caballo se convirtió en un medio de transporte. En América, la domesticación de los animales no se prodigó tanto como en otras zonas del mundo, sobre todo debido a que los animales existentes allí tendían a ser más difíciles de controlar y la caza siguió siendo un ejercicio más provechoso que la ganadería.

Abajo: Hachas enterradas en la montaña de Mittelberg, cerca de la ciudad de Nebra, Alemania, en 1600 a. C.
Página anterior: El conjunto neolítico de Stonehenge, en la llanura de Salisbury, Inglaterra, es la construcción megalítica más asombrosa de Europa.

El desarrollo de las culturas

A medida que las sociedades humanas fueron sofisticándose, su arte ganó en complejidad y se popularizaron los rituales. La metalistería conllevó grandes cambios.

Culto y megalitos

Una de las indicaciones más claras del desarrollo de la cultura son los signos de rituales de culto sencillos. Todo apunta a que las primeras formas de adoración fueron los ritos funerarios celebrados por los neandertales y los primeros *Homo sapiens*. Las tumbas solían contener ofrendas sencillas como piedras de colores, semillas y huesos de animal. Posteriormente se incorporaron pertenencias personales y los cadáveres se colocaron en posturas estudiadas, hechos un ovillo o en posición de sueño. Tales rituales sugieren que los primeros hombres tal vez creían en la vida después de la muerte y dan fe del desarrollo de una conciencia espiritual. La producción de obras de arte fijas y portátiles también señala la aparición de otras formas de culto. El hallazgo de estatuillas de estilo afín datadas a partir del 23000 a. C., conocidas con el nombre colectivo de venus, podría indicar un culto temprano a la fertilidad o a una diosa. Estas estatuillas talladas toscamente representan formas femeninas con vientres y senos abultados que podrían ser emblemas de la fertilidad o el éxito.

Alrededor del año 4000 a. C. se erigieron los primeros megalitos en Europa. Los megalitos eran construcciones formadas por inmensas piedras dispuestas con una forma significativa. Si bien su uso no se conoce con certeza, es probable que los megalitos como el de Stonehenge, Gran Bretaña, tuvieran fines ceremoniales o funerarios. Muchas de las piedras están alineadas con los movimientos del sol y las estrellas, por lo que se piensa que tal vez existiera algún vínculo con el calendario. Cuando surgieron las primeras grandes ciudades se practicaban ya ritos religiosos más organizados.

Arte

La expresión artística del ser humano se remonta a hace más de 30.000 años. Las pinturas rupestres halladas en Francia se cuentan entre los ejemplos de arte más antiguos que nos han llegado. Dichas pinturas representan animales como renos, caballos, mamuts y aves. Algunas solo están contorneadas, mientras que en otras se aplicó color para transmitir sensación de tridimensionalidad. Los artistas usaban materiales de su entorno: ocre, óxido de hierro, tiza, carbón e incluso sangre. Los dibujos de manos hallados en Europa, África y Australia se realizaron colocando la palma en la pared de la cueva y rociando el pigmento sobre esta y alrededor.

Los primeros ejemplos de arte aborigen australiano se manifiestan en forma de grabados en roca o petroglifos. Muchos representan huesos y órganos de animales, mientras que otros recrean el paisaje con figuras geométricas y líneas. Todos ellos prueban la existencia de un sistema de creencias en desarrollo. Encontramos, por ejemplo, imágenes de serpientes del arco iris en pinturas del 6000 a. C.: el mito de la serpiente del arco iris cuenta cómo esta creó el paisaje con su movimiento sinuoso.

En el desierto del Kalahari se han hallado numerosas imágenes de cazadores yendo detrás de la presa que datan de fechas tan remotas como el año 20000 a. C. Estas pinturas rupestres y petroglifos, como el resto, tal vez sirvieran para retratar el entorno o para marcar ritos ceremoniales de caza.

A medida que la cultura humana se fue sofisticando fueron cambiando los medios para producir imágenes artísticas y evolucionaron los posibles usos del arte. La aparición de la cerámica, pese a ser funcional, ofreció también un medio para la expresión artística. Las piezas decoradas debieron de denotar relevancia social o riqueza. Muchas piezas, vasijas y esculturas de barro cocido se destinaron a fines rituales; se han hallado ejemplos ancestrales usados como ofrendas funerarias. También las armas se decoraron, al principio con simples marcas y posteriormente, a raíz del desarrollo de las técnicas metalúrgicas, con adornos más elaborados.

La metalurgia

El descubrimiento de que se podía extraer metal de la roca supuso un desarrollo tecnológico vital. Los primeros humanos sin duda vieron los depósitos de oro y cobre en las rocas, pero extraerlos era más complejo. En Asia, en torno al año 9000 a. C., se usaba cobre para fabricar herramientas, lo cual indica que se había alcanzado ya cierto conocimiento del proceso de fundición. Este conocimiento permitió trabajar grandes volúmenes de metal con ayuda del martillo y, hacia el año 4000 a. C., el trabajo con el cobre se había extendido ya al norte de

África y Europa. La extracción de minerales metalíferos superficiales como la malaquita estaba ampliamente difundida en Oriente Próximo, donde se empleó por vez primera de forma eficaz la técnica de la fundición. En un principio, esta se aplicó básicamente con fines decorativos. El oro y el cobre se consolidaron como artículos comerciales vitales y contribuyeron al desarrollo de las culturas económicamente fuertes que empezaron a surgir en la época. Pese a ser minerales preciados, el cobre y el oro eran demasiado blandos para aplicarse a la fabricación de armas. Sin embargo, la experiencia de trabajar el cobre conllevó una mayor comprensión de las propiedades de los metales en general y, en última instancia, propició la amalgama del cobre con el estaño para producir una aleación más resistente: el bronce. Puesto que las existencias de estaño se limitaban a Oriente Próximo, China y el noroeste de Europa, la Edad de Bronce solo se dio en estas zonas. En el resto del mundo, como en África, América y Australia, la piedra siguió siendo el medio más eficaz para fabricar herramientas hasta la llegada del hierro. La eficacia del bronce generó un excedente de útiles, armas y objetos ceremoniales, así como artículos de lujo, que llevó la riqueza a determinadas comunidades.

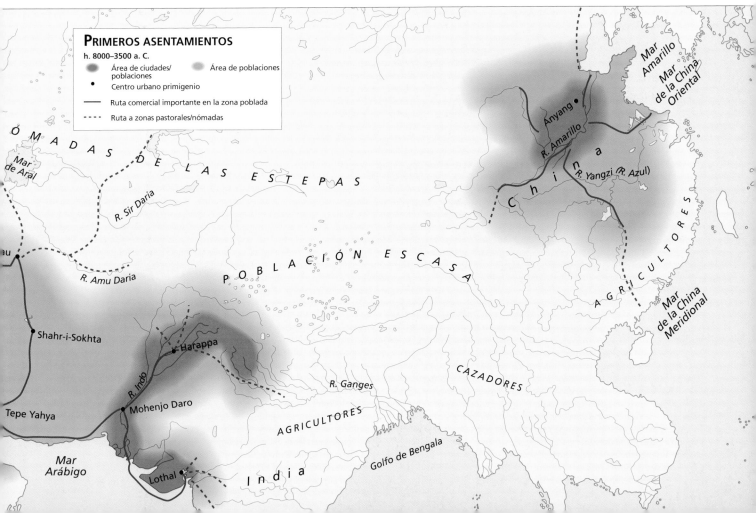

Los primeros asentamientos

La repercusión de la agricultura fue vital para el establecimiento de poblaciones de mayor densidad y extensión. En las zonas más fértiles, donde la agricultura podía abastecer a un mayor número de personas, florecieron extensos asentamientos. Esas zonas se hallaban en Oriente Próximo y en el nordeste de China, donde el clima templado y los cauces fluviales proporcionaban unas condiciones ideales. Las orillas de los ríos y los lagos eran zonas especialmente populares para establecer asentamientos, ya que, además de ofrecer una provisión regular de agua, el suelo era de mejor calidad. A medida que los asentamientos crecieron en las llanuras aluviales, los alrededores de los grandes ríos, el Éufrates, el Tigris, el Nilo y el río Amarillo, devinieron centros de población.

Los primeros grandes asentamientos en Oriente Próximo fueron el de Jericó en el valle del Jordán y Çatal Höyük en Turquía central. Hacia el 9000 a. C., Jericó dejó de ser un pequeño asentamiento para convertirse en una comunidad mayor y más organizada. La población estaba rodeada por una acequia artificial y una alta muralla de piedra con fines seguramente defensivos. La muralla estaba interrumpida por una gran torre circular de piedra que servía de atalaya. La existencia de santuarios con estatuas de yeso y calaveras decoradas sugiere que la población albergaba edificios públicos y privados. Çatal Höyük era muy superior en dimensiones, con una extensión de trece hectáreas. A diferencia de Jericó, carecía de estructuras defensivas, si bien estaba más densamente poblada. Las viviendas estaban tan hacinadas que el acceso a ellas se efectuaba por el tejado. Los habitantes se dedicaban a la alfarería, la cestería y el tejido; algunos objetos sugieren que existían lazos comerciales con otras sociedades. Como en Jericó, abundaban los santuarios, en los que existen evidencias de culto a los toros. En aquella época, ni Jericó ni Çatal Höyük pueden describirse técnicamente como centros de civilización, ya que precedieron a la aparición de la escritura, considerada una de las características de toda sociedad civilizada. Çatal Höyük entró en declive hacia el 5000 a. C., mientras que Jericó fue creciendo paulatinamente a lo largo de varios milenios, superó terremotos e invasiones y acabó convirtiéndose en una ciudad.

El hallazgo del «hombre de Pekín» en Zhoukoudian, cerca de Pekín, demuestra que el *Homo erectus* habitó en China desde el 500000 a. C., si bien las primeras comunidades agrícolas datan del 4000 a. C. Los últimos pueblos neolíticos, los Longshan, vivieron en asentamientos junto al río Amarillo y en el sudeste asiático. La leyenda china habla de una dinastía Xia, pero la primera civilización auténtica llegó con la aparición de la dinastía Shang, en el 2000 a. C.

Mesoamérica
h. 5000 a. C. aprox.

OLMECAS
h. 1200 a. C. aprox.

OCÉANO ATLÁNTICO

CHAVÍN DE HUANTAR
h. 900 a. C. aprox.

Perú
h. 4000 a. C. aprox.

INICIOS DE LA CIVILIZACIÓN

- Primeras comunidades agrícolas
- Primeras civilizaciones
- Fronteras actuales

Grecia
h. 4000 a. C. aprox.

HITITAS
h. 1300 a. C. aprox.

GRECIA
h. 1300 a. C. aprox.

Oriente Próximo
h. 8000 a. C. aprox.

Valle del Indo
h. 3000 a. C. aprox.

China
h. 4000 a. C. aprox.

Japón
h. 3000 a. C. aprox.

China Shang
h. 1700 a. C. aprox.

Egipto
h. 3100 a. C. aprox.

Sumer
h. 3500 a. C. aprox.

Valle del Indo
h. 2500 a. C. aprox.

Valle del Nilo
h. 5000 a. C. aprox.

Kush
h. 1000 a. C. aprox.

Vietnam
h. 8000 a. C. aprox.

OCÉANO
PACÍFICO

África Central
h. 3000 a. C. aprox.

OCÉANO
ÍNDICO

El surgimiento de la civilización

El término «civilización» hace referencia a sociedades más complejas. En estas, los individuos empezaron a pertenecer a culturas organizadas con organismos públicos como ejércitos y administraciones gubernamentales, así como lugares de culto. Se instauró un sistema de clases según el cual algunos miembros de la sociedad tenían más riqueza, poder y estatus que otros. Otro avance que aceleró la llegada de la civilización fue el comercio. Las dos técnicas claves para su desarrollo en esta época fueron la metalurgia y la cerámica. Los artesanos con medios para producir objetos deseables

o necesarios destacaron en estas economías del trueque tempranas. Por otro lado, las comunidades en las que la productividad agrícola era particularmente elevada tendieron a aprovecharse de otras menos privilegiadas. En algunas regiones, el desarrollo del regadío fue una herramienta esencial para garantizar una cosecha regular y abundante.

Toda civilización se caracteriza por el desarrollo de la tecnología y un medio de registrar los cambios, las reglas y los ritos: la escritura. Las primeras civilizaciones auténticas del mundo antiguo dan fe sin excepción del inicio del desarrollo de sistemas de escritura.

Los imperios de Mesopotamia

En las primeras ciudades-estado surgidas entre los ríos Tigris y Éufrates se acuñaron civilizaciones cada vez más complejas que legaron testimonios escritos sobre su existencia.

Mesopotamia

El derretimiento de los casquetes glaciares conllevó un aumento paulatino del nivel del agua en el mundo, que inundó varias cordilleras terrestres y cambió la faz del planeta. Gran parte del litoral americano desapareció y, cuando el arco terrestre entre Alaska y Asia quedó sumergido, se formó el estrecho de Bering. Gran Bretaña quedó escindida de Europa por el Atlántico y nacieron el mar del Norte y el canal de la Mancha. Alrededor del año 5600 a. C., las aguas del Mediterráneo se abrieron paso entre la tierra que unía Turquía y Bulgaria, originando el Bósforo e inundando y ampliando un pequeño lago de agua dulce para crear el mar Negro, de agua salada.

Este evento catastrófico acarreó el desplazamiento de un gran número de personas que hasta la fecha había vivido a las orillas de aquel lago de agua dulce. Muchas de ellas se dirigieron hacia Egipto; otras avanzaron hacia el sur, hacia las tierras fértiles situadas entre los ríos Éufrates y Tigris. Fue allí donde se fraguó el primer compendio de ciudades-estado. Esta zona situada entre el Éufrates y el Tigris (actualmente, Iraq) se bautizó con el nombre de Mesopotamia. Los sumerios, un pueblo agricultor y pescador, estaban afincados en esta región que, con su fértil suelo regado por ambos ríos y sus afluentes, proporcionaba alimento suficiente para sustentar a poblaciones mayores. Poco a poco surgieron varias ciudades: a medida que las poblaciones se expandían, se construyeron templos y edificios monumentales y se desarrollaron sistemas sociales complejos. Fue aquí donde se inventó el primer sistema de escritura del mundo, denominado escritura «cuneiforme», para registrar el flujo de bienes y productos traído por el florecimiento del comercio. Mesopotamia se considera el primer ejemplo de una verdadera civilización: no es una gran ciudad, sino una región dominada por ciudades-estado unidas por una cultura e intereses comerciales.

Sumeria y Acad

Dos grupos culturales componían la mayoría de la población de Mesopotamia antes del 2340 a. C.: los sumerios y los acadios. La región austral de Mesopotamia estaba dominada por los sumerios, que probablemente emigraron desde Persia. Se trataba de un pueblo avanzado que introdujo el primer sistema de escritura en la zona,

Abajo: El famoso zigurat, un edificio de tres niveles datado del 2113 a. C., se alza por encima de los 17 m en la antigua ciudad de Ur, en el sur de Iraq. Los restos de la cuna bíblica de Abraham también descansan en este yacimiento arqueológico.

Arriba: Una de las 300 tablillas de barro de Aqueménida, escritas con escritura cuneiforme en lengua elamita. Las tablillas registran los trabajos de la administración persa e incluyen detalles como la ración de alimentos diaria entregada a los trabajadores. Sin embargo, tal vez lo más importante de ellas sea que suponen una de las escasas fuentes de información originales sobre el Imperio Persa establecido alrededor del 500 a. C.

construyó grandes centros de culto e ideó una técnica de irrigación que garantizaba el abastecimiento de agua en épocas de sequía. La primera ciudad sumeria fue Uruk, que se irguió a orillas del Éufrates a partir del 3500 a. C. Estaba dominada por un enorme templo piramidal llamado zigurat y dedicado a su dios, Anu. Situado en el corazón de un complejo religioso, al zigurat se accedía por una escalera por la que solo podían ascender los sacerdotes. Hacia finales del cuarto milenio antes de Cristo, Uruk era la mayor metrópolis del mundo, pero otras ciudades empezaban a aparecer en su estela. Las otras dos ciudades sumerias importantes eran Eridú y Ur, que, como Uruk, estaban formadas por edificios de barro y ladrillo apiñados y situados en torno a un zigurat central, cada uno de ellos dedicado a uno de los dioses del panteón sumerio. La riqueza de una de estas ciudades-estado ha quedado demostrada por el descubrimiento de una serie de tumbas reales. El yacimiento funerario de Ur contenía 16 tumbas, todas ellas dotadas de posesiones preciadas como joyas, objetos dorados,

instrumentos musicales, vestimentas ornamentadas y cosméticos. Con todo, el hallazgo más destacable fue el de un gran número de restos humanos. Junto a muchos de ellos había pequeños cálices que posiblemente contenían veneno. Se cree que estos cuerpos pertenecieron a los sirvientes, soldados y arpistas a quienes se sacrificó para acompañar a las figuras reales en su viaje a la otra vida. Las ciudades-estado estaban separadas por tierras baldías que se convertían en fuente de conflicto cuando las ciudades se expandían. Durante el periodo conocido como la fase Protodinástica I (2900-2340 a. C.), las ciudades libraban luchas continuamente o bien establecían alianzas estratégicas

En 2340 a. C., Sumeria fue conquistada por Sargón, rey de la región acadia situada al norte de Mesopotamia, y los estados en guerra quedaron bajo el control de una misma dinastía. Los acadios, un pueblo seminómada, habían empezado a asentarse paulatinamente y a construir sus propias comunidades poderosas. Sargón gobernó desde la capital, Agadé, cuya ubicación se sitúa en la actual Bagdad. Agadé se convirtió en el centro comercial y administrativo de la región y la lengua semítica acadia fue adoptada como idioma oficial en detrimento de la sumeria. Durante la III dinastía de Ur (2112-2004 a. C.), el poder se transfirió a la ciudad de Ur, gobernada por Ur-Nammu. Sin embargo, este imperio centralizado desaparecería hacia el año 2000 a. C., cuando las rivalidades internas y la presión de las tribus invasoras forzó su derrumbe.

Los orígenes de la escritura

El avance más importante que incubaría la cultura mesopotámica fue la invención de la escritura. La primera forma de escritura procede de Uruk, donde alrededor del 3300 a. C. se usaron tablillas de barro con caracteres pictográficos para registrar las cantidades de artículos. En un principio se habían utilizado fichas de barro lisas para contar los productos agrícolas, pero para poder llevar un registro de la cantidad de fichas cambiadas los sumerios empezaron a sellarlas en recipientes de arcilla o sobres. Para dejar constancia del número de fichas incluidas en cada sobre, grabaron imágenes de las fichas en la arcilla con una púa con forma de cuña. Con el tiempo, prescindieron de las fichas y los sobres y usaron solo las impresiones en superficies simples de arcilla. Los «pictogramas» representaban objetos, como «ovejas» o «granos», y se crearon símbolos para contar el número de objetos. La pictografía dio pie a la escritura cuneiforme, una serie de signos con forma de cuña integrada por ideogramas (representaciones de ideas y objetos) y fonogramas (representaciones de sonidos). Una vez inventado, este sistema de escritura se utilizó para múltiples fines, entre ellos registrar eventos y mitos. Los acadios primero y luego los babilonios adoptaron y adaptaron el sistema de escritura sumerio. Aunque la lengua oral desapareció hacia el 2000 a. C., la escritura cuneiforme sumeria se convirtió en la lengua de los eruditos y fue empleada por la élite de los escribas. Otras culturas civilizadas, como los egipcios y los minoicos en Creta, acuñaron sus propios sistemas de escritura, aunque es posible que estuvieran influidos por la tradición mesopotámica. Todas estas culturas acabaron creando un sistema alfabético y, con el paso del tiempo, el alfabeto adoptado por los griegos se convertiría en el antecesor de toda la escritura europea actual.

Babilonia

La aparición de textos escritos contribuye al conocimiento de las épocas ulteriores a la fase Protodinástica I, en particular al auge y la caída de varios reinos, gobernantes e imperios. En 2004 a. C., el colapso de Ur puso fin a la fase Protodiánstica I y marcó el inicio de una nueva era, conocida como la Antigua Babilonia. En los 400 años que siguieron, una serie de dinastías rivales que gobernaban las ciudades de la región, Babilonia, Asur, Mari, Larsa e Isin, se enfrentaron por el control de toda Mesopotamia. Todas ellas descendían de los amorreos, tribus semíticas que se habían establecido en Mesopotamia durante el III milenio a. C. Los dos reinados amorreos más importantes fueron Babilonia y Asiria. Asiria alcanzó el poder bajo Shamshi-Adad I (1813-1781 a. C.), quien, estrechando los lazos comerciales con el norte de Anatolia, creó el estado más poderoso de Mesopotamia. Con el declive paulatino de Asiria, la ciudad de Babilonia, al sur, empezó a pujar bajo Hammurabi (1792-1750 a. C.), un gobernante erudito célebre por sus códigos legales, compendios de leyes en los que aborda temas tan diversos como los precios fijos de los productos agrícolas y los castigos de los distintos delitos. Uno de esos castigos era la prueba del río, en la cual el acusado debía bucear una distancia determinada; si lo lograba, era señal de vindicación. Bajo el reinado de Hammurabi se introdujeron nuevas formas de ciencia, como la astronomía y las matemáticas, y también de aprendizaje. Entre las primeras figuraba un sistema de numeración basado en grupos de sesenta, el cual constituye la base de nuestra actual hora de 60 minutos y del círculo de 360 grados.

La división de Mesopotamia en Asiria al norte y Babilonia al sur no fue permanente. La sociedad babilónica fue asimilada gradualmente en la asiria, más rica, si bien siguió predominando la sofisticada cultura babilónica. En 1595 a. C., este primer periodo babilónico tocó a su fin cuando la ciudad fue invadida por los hititas, un poderoso pueblo surgido de Anatolia.

Los hititas

Los hititas indoeuropeos procedían de Hattusa, en la Anatolia central, una región montañosa de clima riguroso. Pueblo belicoso, los hititas habían ido construyendo un reino que dominaba todo el norte de la región mediterránea e incluso amenazaban con invadir Egipto.

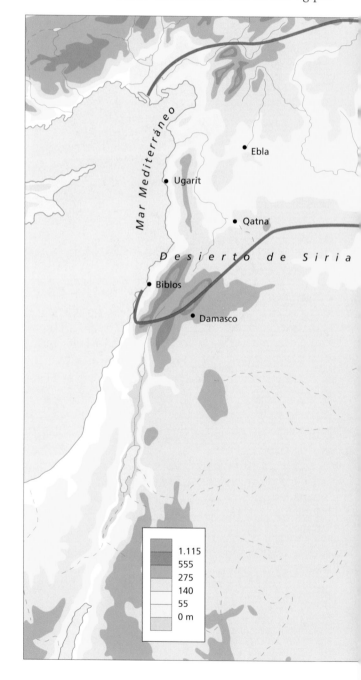

Formaron un poderoso ejército y fueron los primeros en usar caballos de forma eficaz, empleando cuadrigas como medios de ataque. Entre 1650 y 1200 a. C., el Imperio Hitita se construyó en torno a un gobernante central o «Gran Rey», que conducía sus tropas a la batalla. A medida que su territorio se fue ampliando, los hititas desarrollaron un sistema de «reyes cliente», gobernantes unidos al Gran Rey por una lealtad a menudo cimentada mediante el matrimonio. En ocasiones, esa lealtad fue origen de rivalidades. En el siglo III a. C. tuvo lugar un periodo de inestabilidad y en el año 1200 a. C., el reino hitita finalmente se desmoronó, tal vez a causa de las luchas continuas libradas en sus principales fronteras: con los pueblos del mar en la costa, los egipcios en el sudoeste y los asirios al sur.

El declive de Mesopotamia

A pesar de sus problemas con los hititas, los asirios eran el pueblo más temido de la región. Conquistaban territorios, saqueaban poblaciones y masacraban a sus habitantes; pero también construyeron bellas ciudades, como Nínive al norte y su capital, Asur, junto al Tigris. En 1224 a. C. arrebataron el control de Babilonia a los casitas, quienes la habían gobernado desde su caída en 1595 a. C.

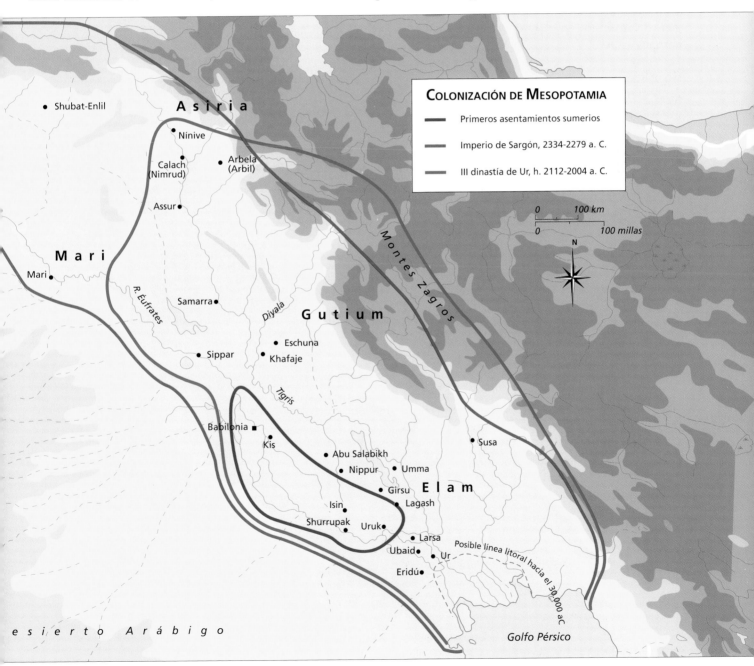

COLONIZACIÓN DE MESOPOTAMIA

— Primeros asentamientos sumerios

— Imperio de Sargón, 2334-2279 a. C.

— III dinastía de Ur, h. 2112-2004 a. C.

Arriba: Parte de la puerta de Ishtar de la antigua ciudad de Babilonia, 100 km al sur de Bagdad. Esta puerta es una reproducción, pues la original se encuentra en el Museo de Pérgamo de Berlín.
Página siguiente: Ruinas del palacio de Cnosos, en Creta. Este yacimiento es el mayor palacio minoico conservado. Fue excavado y restaurado por sir Arthur Evans entre los años 1900 y 1930.

Con todo, el Imperio Asirio, como los muchos imperios que le seguirían, se extendió demasiado como para garantizar su defensa. Pese al poderío de su ejército, los ataques constantes por parte de grupos nómadas y tribales en sus fronteras fueron debilitándolo y lo obligaron a luchar por mantener el control. En su época dorada, el Imperio Asirio se extendía desde el Mediterráneo hasta Irán y desde el golfo Pérsico hasta Anatolia. No obstante, hacia el año 612 a. C., Asur y Nínive habían sido destruidas y los medos y los babilonios clamaban por su independencia. En 609 a. C., los babilonios, liderados por Nabopolasar, derrotaron a los asirios y destruyeron el imperio. Reconstruyeron Babilonia y repelieron los ataques de Egipto y Judea, de forma que devolvieron su antigua gloria a Babilonia. Al frente de la dinastía neo-babilónica se situó Nabucodonosor (604-562 a. C.), célebre por sus jardines colgantes. En el año 597 a. C., Nabucodonosor tomó la ciudad de Jerusalén a la fuerza. Sin embargo, en tan solo seis décadas, el efímero imperio babilonio se había derrumbado. Fue tomado entonces por los persas, quienes iniciaron así su conquista de Mesopotamia. Con el auge del Imperio Persa, el antiguo orden tocó a su fin.

Las primeras civilizaciones

Mesopotamia fue la primera civilización, aunque no la única, que emergió en el mundo antiguo. Los tramos septentrionales del río Nilo proporcionaban las condiciones agrícolas idóneas para el desarrollo de los asentamientos, las pequeñas poblaciones y finalmente las ciudades que se unificarían en el año 3100 a. C. bajo el rey Menas de Egipto. Egipto había estado colonizado por agricultores desde, como mínimo, el año 7000 a. C. y se han hallado indicios de trabajo con cobre a partir del IV milenio a. C. Su proximidad a Mesopotamia le garantizaba un comercio regular que, combinado con la fertilidad de sus suelos, posibilitó el desarrollo de la civilización egipcia.

Junto al río Indo, en el actual Pakistán, surgieron las primeras grandes ciudades al sur del sistema montañoso del Himalaya. Hacia el año 3500 a. C. empezaron a establecerse agricultores y en apenas un milenio se habían erigido las metrópolis de Mohenjo-Daro y Harappa. Los pueblos del valle del Indo, como los mesopotámicos con los que comerciaban, desarrollaron un sistema de escritura y otro de adoración. Esta primera civilización india fue destruida por los pueblos invasores arios procedentes del oeste en 1500 a. C.

La civilización en China se desarrolló de forma totalmente independiente del resto del mundo, del cual se hallaba separada por la impenetrable cordillera del Himalaya. El pueblo Shang inventó varios avances tecnológicos como la metalurgia y la escritura al margen de cualquier influencia externa, lo cual dio lugar a una cultura propia.

La primera gran civilización europea tuvo su centro en Grecia, donde la proximidad con el Mediterráneo y el Egeo demostraron ser vitales para la expansión de una sociedad autosuficiente. En la isla de Creta, la primera cultura que surgió fue la minoica, cuya población debió de llegar por mar desde la península griega hacia el 6000 a. C. Los minoicos construyeron un enorme palacio en Cnosos, el cual albergaba varias estatuas y santuarios religiosos. Esta cultura alcanzó su apogeo a mediados del II milenio a. C. Sin embargo, la erupción del volcán en la cercana Thera y la invasión de los micénicos pusieron fin a la civilización minoica.

Como sus vecinos los griegos, en Italia, los etruscos aprovecharon el mar y la fertilidad de sus tierras no solo con fines agrícolas, sino también mineros. Si bien la civilización etrusca surgió mucho después, alrededor del 800 a. C., su aparición da fe de la expansión paulatina de las sociedades civilizadas por todo el continente europeo.

En el continente americano, la civilización como tal se desarrolló más tarde. Los olmecas fueron el primer pueblo que construyó ciudades importantes en Mesoamérica, alrededor del año 1200 a. C.

Todas estas civilizaciones tempranas, y otras muchas, se analizan con mayor detalle en los capítulos que siguen.

El Antiguo Egipto

La civilización del Antiguo Egipto, sin duda una de las más importantes de la historia, fue ganando en complejidad y sofisticación y evolucionando durante miles de años.

La tierra del Nilo

El Antiguo Egipto fue el primer estado importante del mundo administrado centralmente, un hecho sin duda propiciado por su emplazamiento. El río Nilo permitía obtener una alta productividad agrícola y, por consiguiente, alimentar a una población numerosa. Además de las inundaciones estacionales del río, se requería cooperación para que las comunidades pudieran sacar partido de la fertilidad propiciada por estas crecidas. La navegación por el río tampoco suponía ningún problema: podía transitarse en ambas direcciones con un esfuerzo mínimo, lo cual facilitaba el contacto, las comunicaciones y el comercio. Desde buen principio, el Nilo fue vital para el desarrollo de la civilización en Egipto.

Esta civilización duró miles de años y, para entenderla y describirla, se estableció una cronología. Una de las principales fuentes de esta procede de un sacerdote egipcio, Manetón, quien legó una crónica de los gobernantes egipcios, los faraones, dividiéndolos en 31 dinastías. Tales dinastías se han agrupado en grandes periodos históricos, los cuales dan comienzo alrededor del año 3100 a. C., cuando un rey supuestamente llamado Narmer o Menes unificó la región del delta del Nilo (el Bajo Egipto) y el valle del río (el Alto Egipto), estableció la capital en Menfis y fundó la I dinastía.

El Periodo Predinástico y el Imperio Antiguo

La I y II dinastías se conocen con el nombre colectivo de Periodo Predinástico y se prolongaron hasta el año 2686 a. C. El rey era un monarca absoluto relacionado con el dios del cielo, Horus, y el dios del sol, Ra. En esta época, las tumbas reales se rodearon de tumbas subsidiarias en las que se enterraba a las personas sacrificadas para continuar sirviendo al rey en la otra vida. Pero hacia finales de la II dinastía, esta práctica se había abandonado y se empleaban modelos de sirvientes.

El Imperio Antiguo se extendió entre 2686 y 2181 a. C., y marcó la primera de las grandes épocas de Egipto. Fue un periodo de gran estabilidad política y social durante el cual las dinastías se sucedieron sin conflictos. En esta época se construyeron monumentos memorables, como la Gran Pirámide de Giza. La autoridad divina del faraón aumentó y los funcionarios, por lo común miembros de su familia, desempeñaron deberes legales y políticos. El visir se encargaba de recaudar los impuestos y de llevar los registros, y se usaron cantidades ingentes de mano de obra y recursos para erigir las pirámides. Aparte de los obreros, artesanos especializados participaron en la construcción de las tumbas y en la elaboración de los objetos albergados en su interior. Se calcula que en esta época el campesinado representaba un 80 por ciento de la población; era el encargado de trabajar la tierra para proveer de alimentos a las castas superiores como una forma de impuestos. En un intento por racionalizar la multitud de dioses existentes, los sacerdotes establecieron una jerarquía religiosa y las ciudades se convirtieron en centros dedicados a dioses concretos. El Imperio Antiguo se desmoronó tras la muerte del rey Pepi II, de quien se supone que, tras acceder al trono a la edad de seis años, gobernó durante 94 años. Cuando con su muerte se inició el declive de la VI dinastía, la sociedad se derrumbó a gran velocidad y la estructura política y económica centralizada se desintegró.

Durante el Primer Periodo Intermedio que siguió, entre los años 2181 y 2055 a. C., el gobierno de Menfis fue defenestrado y dio comienzo una etapa de anarquía y luchas continuas.

El Imperio Medio

Tras una disputa entre las dinastías del norte y del sur, Mentuhotep II emergió victorioso e instauró el Imperio Medio, que se prolongó del 2055 al 1795 a. C. y fue un nuevo periodo de estabilidad. La residencia real se instauró entonces en Tebas, en el Alto Egipto, que empezó a consolidarse como una de las grandes ciudades egipcias. A la muerte de Mentuhotep, Amenemes I reclamó el trono para sí, pero, dado que su reivindicación era cuestionable, adoptó medidas para reforzar su posición. Implantó un sistema de corregencia, compartiendo trono junto con su hijo y heredero, gracias a lo cual, tras su muerte, su hijo Sesostris I pudo heredar sin problemas su título como faraón. También otorgó mayor poder a la nobleza provincial para granjearse su respaldo. Un gobernante posterior, Sesostris III, estableció una nueva clase media integrada por campesinos, artesanos y comerciantes, y organizó la administración

N

0 — 100 km
0 — 100 millas

Mar Mediterráneo

antigua línea litoral

D e l t a
BAJO EGIPTO
Tell er-Rub'a

PALESTINA

Mar Muerto

2.000
1.000
500
200
0 m

Abu Roash ▲ ● **Heliópolis**   *El-Aryan*
Gizeh ▲▲ *Zawiyet el-Aryo*
Tura (piedra caliza) ▲
Abusir ▲ ● **Menfis**
■ *Saqqara* ▲ *Uadi Garawi (calcita)*
Dahshur ▲
■■ *Tarkhan*
Seila ▲ *Meidum*
Sidimant el-Gebel   *(cobre)*
■ *Ihnasya el-Medina*
Dishasha   *(cobre)*
(turquesa)
Uadi el-Sheikh (sílex)   *Uadi Maghara*
Nazlet Aulad el-Sheikh (sílex)
Sawaris
Gebel el-Teir   **D e s i e r t o**
Tinis   **A r á b i g o u**
Beni Hasan   **O r i e n t a l**   *(cobre)*
Deir el-Malik
Sheikh Sa'id
Scheikh Atiya
El-Amarna
Meir *Hatnub (calcita/alabastro)*
▲ *Dara* *Deir el Gabrawi*
El-Matmar *El-Mustagidda*
Asiut *El-Badari*
El-Hammaniya
Qaw el-Kebir

S i n a í

Golfo de Suez

Golfo de Aqaba

M a r

R o j o

D e s i e r t o
L í b i c o u
O c c i d e n t a l

E G I P T O

✿ **Oasis de Bahariya**

✿ **Oasis de Farafra**

✿ **Oasis de Dakhla**

Balat

✿ **Oasis de El-Kharga**

Akhmim
Dandarah
Hagarsa *Nag el-Deir*
■ **Abidos** *Nag el-Gaziriya*
■■ *El-Amra* *El-Ballas*
Abadiya ▲ ● **Naqada**
(piedra caliza)
Armant
Gebelin *El-Mo'alla* *(cobre)*
Mohameriya
El-Kula ▲ **Elkab**
■ **Hieracónpolis**
■■ ● **Edfú**
(cobre)
Asuán (granito rojo/diorita/gneis)
Qubbet el-Hawa ● **Isla de Elefantina**

M E D J A

A L T O   E G I P T O

Irtjet
(cobre)
Uauat
(diorita/gneis) **D e s i e r t o   d e   N u b i a**

Río Nilo ● *Toshka*

● **Buhen**

Yam

S a t j u

Arriba: Las tumbas de los faraones del Imperio Antiguo, las pirámides de Giza, se diseñaron con el fin de impresionar y proporcionar un legado inmortal.
Página siguiente: La máscara funeraria de Tutankamón, de unos 11 kg de peso, está elaborada con oro, cristal y piedras preciosas.

de manera que sus funcionarios rindieran cuentas ante el visir y el faraón. La sucesión de largos reinados contribuyó al progreso económico y artístico durante esta era. El centro religioso continuó siendo Tebas, pero la capital política se instaló en It-towy. Los jeroglíficos, la escritura pictográfica egipcia, surgieron en su forma clásica y el nivel de alfabetización floreció. Pese a todo, este periodo también conocería su declive.

El Segundo Periodo Intermedio, entre los años 1795 y 1550 a. C., también estuvo marcado por dirigentes débiles y la descentralización del poder político. Ello permitió a unos extranjeros conocidos como hicsos entrar en el país y gobernarlo durante parte de esta época. La capital se trasladó al delta del Nilo. Durante esta época tuvieron lugar grandes avances tecnológicos y se inventaron nuevos modos de fabricar armas. Además, se

introdujo el uso del caballo y del carro. Las relaciones entre los egipcios y los hicsos se deterioraron en la última fase y finalmente los hicsos fueron defenestrados por Amosis I. Este periodo hizo que Egipto cobrara conciencia de su vulnerabilidad a las invasiones y de su necesidad de tener un ejército profesional, pero también le dio la oportunidad de desarrollar el comercio con otras zonas.

El Imperio Nuevo

Amosis I fundó el Imperio Nuevo, que se prolongó entre los años 1550 y 1069 a. C. La capital se estableció en Tebas y se proclamó dios real a Amón-Ra. Durante este periodo, los egipcios conocieron éxitos militares en Asia, de donde regresaron con valiosas ganancias y numerosos prisioneros de guerra, los cuales se emplearon en todos los templos. Así se establecieron las bases del Imperio

Egipcio. Son muchos los datos que se tienen de los faraones del Imperio Nuevo, entre quienes figuró Hatshepsut, probablemente la primera mujer regente de la historia. El suyo fue un reinado pacífico. Se sabe que delegó un gran poder en su primer ministro, Senemut. Su hijastro, Tutmosis III, la sucedió en el trono y se convirtió en el faraón con más conquistas. Tras librar una guerra en el Levante, invadió cientos de ciudades y los botines de guerra trasladados a Egipto alentaron el inicio de un siglo de gran prosperidad y paz. Posteriormente, Amenofis IV (Amenhotep) implantó numerosos cambios. Adoptó un nuevo nombre, Akhenatón, y fundó una nueva capital, Aketatón, en Amarna, a orillas del Nilo y muy alejada de Tebas. Introdujo una nueva creencia religiosa, jurando lealtad exclusivamente al dios Atón, el disco solar, y rechazando por tanto al previamente considerado todopoderoso Amón, así como a todo el variopinto abanico de dioses egipcios. Se abolieron los cultos rivales; los templos de Amón se clausuraron y sus grandes riquezas fueron expoliadas. Se cree que Akhenatón fue el primer monoteísta y que tal vez fuera un fanático religioso. A su muerte, el país recuperó sus tradiciones y formas de adoración ancestrales y la capital de Akhenatón fue abandonada. Poco después lo sucedió al trono el jovencísimo Tutankamón, cuyo reinado transcurrió sin incidentes (alcanzó la fama a título póstumo, con el descubrimiento de su tumba intacta en 1922). En 1295 a. C. ascendió al trono Ramsés I, el primero de los ramsesitas, la dinastía faraónica considerada más poderosa y autoritaria. No obstante, hacia finales del Imperio Nuevo, volvieron a percibirse signos de debilidad y el país se escindió de nuevo en dos.

El Tercer Periodo Intermedio se extendió de 1069 a 747 a. C. y, durante su transcurso, no hubo ningún faraón que gobernase sobre todo el territorio. Todo apunta a que las dinastías se solaparon, tanto regional como cronológicamente. Finalmente, en 747 a. C., el rey nubio Pianj reunificó el norte y el sur.

El Periodo Tardío y el Periodo grecorromano

Así se inició el Periodo Tardío, de 747 a 332 a. C. Los faraones nubios lograron restaurar el orden y un pequeño ajuste religioso permitió a la hija del faraón ocupar la posición de esposa del dios Amón. No obstante, los asirios, con sus continuas invasiones, amenazaban la estabilidad de

Egipto y finalmente saquearon Tebas en 664 a. C. El país pasó a estar bajo dominio asirio hasta el año 653 a. C., cuando Psamético I fue reunificándolo poco a poco. Utilizó a mercenarios griegos para fortalecer su ejército y alentó a otros forasteros a asentarse en su territorio, quienes aportaron nuevos conocimientos artesanos y comerciales. Necao llegó al poder en 610 a. C. y fundó la primera armada egipcia. Ordenó abrir la tierra entre el Nilo y el mar Rojo para construir un canal. En 525 a. C., los persas depusieron a Psamético III. Tras numerosas revueltas y luchas internas entre dinastías, Egipto recobró su independencia a finales del siglo V a. C. Los persas volvieron a invadirlo en 343 a. C. y asesinaron a Nectanebo II, el último faraón egipcio de Egipto. Esta vez, el reinado persa solo subsistiría una década.

El Periodo Grecorromano dio comienzo en el año 332 a. C. Filipo II de Macedonia había sido asesinado en 336 a. C. y su hijo Alejandro había heredado su trono. Entre 334 y 332 a. C. condujo a los persas allende Asia

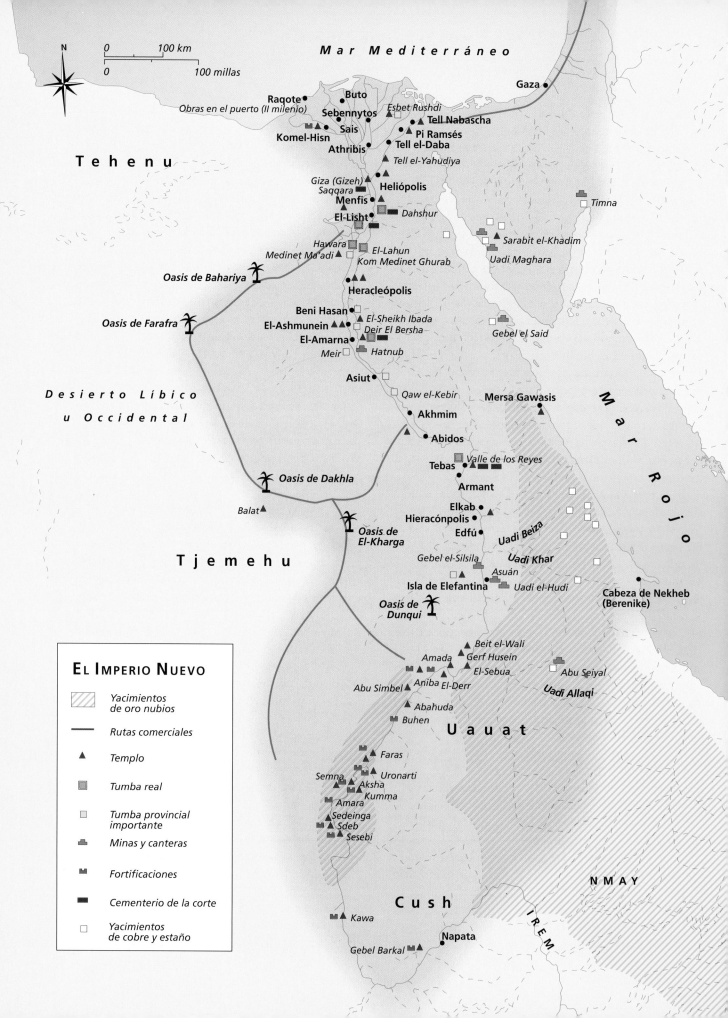

Mar Mediterráneo

N

0 — 100 km
0 — 100 millas

Gaza

Raqote
Obras en el puerto (II milenio)
Buto
Sebennytos
Esbet Rushdi
Tell Nabascha
Komel-Hisn
Sais
Pi Ramsés
Athribis
Tell el-Daba
Tell el-Yahudiya

T e h e n u

Giza (Gizeh)
Saqqara
Heliópolis
Menfis
El-Lisht
Dahshur

Timna

Sarabit el-Khadim

Hawara
Medinet Ma'adi
El-Lahun
Kom Medinet Ghurab

Uadi Maghara

Heracleópolis

Beni Hasan
El-Sheikh Ibada
El-Ashmunein
Deir El Bersha
El-Amarna
Meir
Hatnub

Gebel el Said

Asiut

Qaw el-Kebir

Mersa Gawasis

**D e s i e r t o   L í b i c o
u   O c c i d e n t a l**

Akhmim

Abidos

M a r   R o j o

Oasis de Bahariya

Oasis de Farafra

Tebas
Valle de los Reyes

Armant

Oasis de Dakhla

Balat

Elkab
Hieracónpolis
Edfú

Uadi Beiza

T j e m e h u

Oasis de
El-Kharga

Gebel el-Silsila
Uadi Khar

Asuán
Isla de Elefantina
Uadi el-Hudi

Cabeza de Nekheb
(Berenike)

Oasis de
Dunqui

Beit el-Wali
Amada
Gerf Husein
El-Sebua
Abu Seiyal

Abu Simbel
Aniba
El-Derr

Uadi Allaqi

Abahuda
Buhen

U a u a t

Faras

Semna
Uronarti
Aksha
Kumma
Amara
Sedeinga
Sdeb
Sesebi

I R E M

N M A Y

Kawa

C u s h

Napata

Gebel Barkal

El Imperio Nuevo

- ▨ Yacimientos de oro nubios
- — Rutas comerciales
- ▲ Templo
- ▣ Tumba real
- □ Tumba provincial importante
- ⬓ Minas y canteras
- ⬚ Fortificaciones
- ▬ Cementerio de la corte
- □ Yacimientos de cobre y estaño

Menor y conquistó el Mediterráneo oriental. Entró en Egipto en 332 a. C., donde el regente se rindió y Alejandro fue recibido como un libertador. Estaba decidido a aclarar su derecho al trono y viajó hasta el oráculo de Amón, en el desierto de Libia, donde fue reconocido como hijo de Amón y, por ende, el rey legítimo. Tras ser coronado en Menfis llevó a cabo sus planes de reparar los templos destruidos por los persas y fundó Alejandría, su capital de puertos gemelos. Dejó Egipto al cabo de seis meses y falleció en Babilonia en 323 a. C.

A su muerte fueron sus generales quienes ostentaron el poder real. Uno de ellos, Tolomeo, gobernó Egipto y creó una cultura que acogió a los inmigrantes y alentó la formación de la nueva aristocracia grecoparlante. Egipto quedó así integrado en la cultura griega prevaleciente en el Mediterráneo oriental y en el Lejano Oriente. Alejandría siguió prosperando: se construyó el primer faro y poco a poco surgieron ciudades con un marcado carácter helenístico. En deferencia a la cultura griega, los tolemaicos gobernaron como faraones, abrazaron la cultura del matrimonio entre hermanos y continuaron construyendo templos para los dioses.

A medida que el poder romano fue aumentando, la cultura egipcia se debilitó. Cleopatra gobernó entre el 51 y el 30 a. C. y, hacia el año 36 a. C., vivía abiertamente con Marco Antonio, quien gobernaba la parte oriental del mundo romano. El sobrino de Julio César, Octavio, administraba la parte occidental del mismo y en 31 a. C. ganó de forma clamorosa una batalla contra Marco Antonio y Cleopatra. Octavio entró en Alejandría un año más tarde, y Marco Antonio y Cleopatra se quitaron la vida. El 27 a. C., Octavio asumió el título de Augusto y se convirtió en el primer emperador romano. Sin embargo, Egipto no pasó a formar parte del Imperio Romano, sino que era propiedad personal de Augusto y, como tal, fue legada a sus sucesores. El país siguió floreciendo, si bien continuaba dominado por la cultura griega.

Pirámides y tumbas

Una parte esencial de la vida egipcia era la creencia absoluta en la otra vida. Y puesto que se creía que el cuerpo continuaba existiendo en la tierra, era vital crear un lugar eterno para su alojamiento.

Zóser se hizo construir un monumento funerario en Saqqara en 2650 a. C., que consistía en la primera pirámide escalonada. Con 60 m de altura, se trata del primer gran edificio de piedra de la historia, diseñado por su primer ministro, Imhotep. La pirámide, que tardó 18 años en erigirse, tenía seis niveles y una cámara mortuoria revestida de granito rojo y negro situada en la base de un núcleo de 28 metros. Cien años después se erigieron las primeras pirámides auténticas, en las que grandes bloques de piedra componían caras lisas. Fueron levantadas por el faraón Snefru, y la primera de ellas se halla en Meidum.

Las tres estructuras más espectaculares las mandó construir su hijo Keops y se yerguen en Giza. La Gran Pirámide, su propia tumba, tenía 146 m de alto y estaba cubierta de caliza blanca, diseñada para resplandecer bajo el sol. Constaba de más de dos millones de bloques de piedra, cada uno de ellos de 2,5 toneladas de peso. La entrada desde el exterior estaba oculta; en su interior, un laberinto de pasillos y cámaras culminaba en la Gran Galería que conducía a la Cámara del Rey, donde se hallaba su sarcófago de piedra. Las otras dos pirámides, ligeramente más pequeñas, fueron construidas por su hijo Kefrén y por su nieto Mikerinos. Cada pirámide estaba rodeada por tumbas y templos y encerraba un templo mortuorio donde se realizaban ofrendas diarias al faraón difunto. La tumba de Kefrén estaba protegida por la Gran Esfinge, tallada en caliza. No fue desenterrada por completo hasta 1925; por fortuna, la arena que la cubrió contribuyó a preservar la estructura de lo que se cree que es un retrato del faraón con cuerpo de león.

El cuerpo del faraón se momificaba para que los espíritus lo reconocieran en la otra vida. El cerebro se extraía por la nariz y las vísceras principales se retiraban y se conservaban en tarros especiales. A continuación se volvía a colocar el corazón en su lugar y el cuerpo se rellenaba con lino y se trataba con natrón, una sal mineral, para secarlo por completo. Luego se limpiaba y se envolvía con vendajes de lino. El último ritual, la «apertura de la boca», lo realizaban sacerdotes vestidos de dioses, quienes tocaban al difunto para devolverle el habla y permitirle comer y beber en la otra vida. Cuando el cuerpo se introducía en la tumba era juzgado por 42 pecados. Los inocentes entraban en el más allá junto al dios Osiris; los pecadores eran devorados por monstruos y sus almas también fallecían por completo.

Los faraones del Imperio Nuevo eligieron ser más discretos en su elección de las cámaras mortuorias y tallaron la roca del lugar que conocemos como el Valle de los Reyes, en parte para evitar el peligro de los saqueadores. En este lugar se crearon 62 tumbas para los faraones de las dinastías VIII a XX, y centenares de ellas fueron cavadas en las montañas circundantes para artesanos y nobles. Muchas de las inscripciones halladas en estas tumbas han proporcionado información histórica sobre las vidas de los enterrados en ellas.

Arriba: La Gran Esfinge con las pirámides Giza como telón de fondo.
Página siguiente: Estatua del faraón Ramsés II situada en la entrada al templo de Luxor.

Una de las tumbas más famosas es la que se construyó para el joven faraón Tutankamón. Las demás tumbas habían sido saqueadas hacía tiempo, pero esta sobrevivió intacta (la entrada había quedado oculta por escombros de construcción) hasta que fue descubierta por Howard Carter en 1922. En ella se hallaron en torno a 3.500 objetos, muchos de ellos metales preciosos, los cuales ofrecieron datos importantísimos sobre la vida en Egipto en la fecha de la muerte de Tutankamón.

Dioses y diosas

Cantidades ingentes de recursos se emplearon para erigir templos en honor a los dioses y garantizar la paz y la armonía. Estos templos estaban rodeados por grandes fincas en las que habitaban los sacerdotes, funcionarios y trabajadores. Los templos no eran centros de adoración comunales, sino casas para dioses específicos. Se creía que mientras se prodigaran riquezas y atención a los dioses, el país seguiría prosperando.

Los egipcios rendían culto a multitud de dioses y diosas descritos en muchas formas distintas y con una enorme variedad de atributos. En un principio, estas deidades se asociaban con eventos concretos, pero con el paso de los años las creencias cambiaron. Un ejemplo clásico es la importancia creciente de Amón durante los Imperios Medio y Nuevo. Los dioses se agrupaban en familias; por ejemplo, Shu y Tefnut dieron a luz a Nut, la diosa del cielo, y a Geb, el dios de la tierra, quienes a su vez engendraron a Osiris, Isis, Set y Nefitis. El dios del sol ocupó un lugar central en la historia de Egipto. Conocido como Ra, el sol se consideraba un punto central ya en la II dinastía, y en la época de la V dinastía había devenido en dios supremo, emparentado con el faraón, quien asumía el título de «Hijo de Ra». Durante el Imperio Nuevo se unió a Ra el dios tebano Amón, dando origen a Amón-Ra.

Algunos dioses tenían papeles específicos, como Osiris, descrito como un hombre momificado con una corona egipcia, el rey de los muertos y juez del más allá. Se le rendía culto en Abidos y existía la creencia de que cada faraón se convertiría en Osiris tras su muerte. El sucesor del faraón encarnaba entonces a Horus, quien adoptaba la forma de un hombre con cabeza de halcón y al cual se adoraba en Edfú. Los egipcios creían que Osiris había sido asesinado por su hermano Set, y que Horus se había enfrentado con este último por el trono de Egipto. Durante aquella batalla, Horus perdió un ojo, que volvió a colocársele más tarde. El ojo se convirtió así en un símbolo popular de protección.

Había asimismo muchos otros dioses a los que los egipcios rendían culto en sus hogares. Otorgaban a las imágenes de los dioses poderes sobrenaturales y muchas personas llevaban amuletos a modo de protección. Dado que evolucionaron durante milenios, existían innumerables deidades egipcias. La creencia en su poder divino era esencial en la vida de la población.

La vida cotidiana en Egipto

La mayoría de la información recopilada acerca de la vida social egipcia procede de las pinturas murales e inscripciones halladas en las tumbas. Yacimientos arqueológicos célebres como la ciudad de Akenatón en Amarna también han arrojado luz sobre la organización y la estructuración de la sociedad. En esta ciudad, la mayoría de las casas constaba de tres salas principales y bodegas para almacenaje, si bien algunas de las mayores tienen baños y aseos. Las estancias estaban decoradas con tejidos e iluminadas con lámparas de aceite.

Los egipcios instauraron un sistema legal con tribunales y magistrados, y contaban con una suerte de fuerza policial. Las escuelas estaban destinadas a formar escribas y funcionarios para el sacerdocio y la administración civil, así que el pueblo corriente era educado en casa. Un escriba tardaba unos doce años en aprender el sistema de los jeroglíficos y, tras estos, sus servicios eran contratados por quienes necesitaban dejar constancia de algo por escrito. Los oficios artesanales se traspasaban entre familiares y se estableció un sistema de aprendizaje entre los artesanos. Había magníficos escultores y carpinteros, y artesanos especialistas en metalistería, joyería y cristalería. El lino producido era de una calidad excepcional; por ejemplo, para tejer el chal hallado en la tumba de Tutankamón debió de tardarse nueve meses. La mayoría de los egipcios trabajaban la tierra y fueron reclutados para participar en proyectos de irrigación o construcción de edificios reales; no eran esclavos, pues tenían derechos legales. En los mercados se practicaba el trueque y nunca se instauró un sistema monetario.

Para los egipcios, la familia era sumamente importante. Eran frecuentes los matrimonios entre primos; no había ceremonia, solo un acuerdo legal privado que establecía un reparto igualitario de bienes entre el marido y la mujer. La dieta básica se componía de pan, fruta y hortalizas, y las bebidas habituales eran la cerveza y el vino. La carne se relegaba a los días festivos, pues era difícil conservarla en un clima tan caluroso. Se tejían túnicas sencillas de lino, y hombres y mujeres llevaban joyas y maquillaje.

El legado del Antiguo Egipto

Muchas ideas del Antiguo Egipto se propagaron a Europa, fueron aplicadas por los romanos y los griegos, y aún siguen vigentes hoy en día. Por ejemplo, el calendario del Antiguo Egipto fue empleado por los romanos y se halla en la base del calendario gregoriano. La historia de Egipto continúa inspirando al arte y la literatura, y algunos de sus métodos constructivos siguen siendo un misterio. Tanto si la influencia del Antiguo Egipto en la sociedad moderna es aparente o invisible, lo cierto es que la egipcia fue una de las mayores civilizaciones que han existido en la historia.

Las primeras dinastías chinas

Las primeras dinastías chinas presidieron un mundo de sofisticación creciente en el que se desarrolló íntegramente un complejo sistema de escritura y se difundió el confucianismo.

La dinastía Shang

Si bien China había estado habitada por humanos desde hacía milenios, la primera cultura dinástica documentada es la de los Shang. Durante el Neolítico, distintos grupos poblaron las inmensas llanuras del río Amarillo bajo la influencia de los reyes Shang. Datado en torno al año 1523 a. C., el de los Shang fue un régimen poderoso y políticamente organizado cuya influencia dominó el norte de China. Aunque es probable que se concentraran en pequeños asentamientos, los Shang establecieron algunas de las primeras ciudades chinas, en particular sus dos capitales, Chengzhou y Anyang. Gobernaron en ciudades-estado regidas por una capital. Esa capital nunca era fija: con los cambios de poder, distintas ciudades-estado fueron proclamadas capital. El rey tenía las mimas funciones que en otras culturas: era el sacerdote supremo, el jefe de la aristocracia militar y estaba a cargo de la economía. La guerra fue frecuente durante la dinastía de los Shang. En ocasiones, las ciudades combatían entre sí, pero en general las agresiones se dirigían contra las poblaciones del norte.

Los Shang eran más civilizados que las tribus no chinas del norte. Desarrollaron métodos sofisticados de trabajar el bronce, usando moldes de arcilla para crear piezas elaboradas con bronce fundido. Los artesanos trabajaban además materiales como el jade, la arcilla y la seda para confeccionar herramientas, adornos y vestimentas, y existen indicios concluyentes de comercio con otras regiones de China. Los Shang adoraban a un dios llamado Shang-Ti, que controlaba el sol, la luna, el viento, la lluvia y otras fuerzas naturales. Shang-Ti también regulaba los asuntos humanos. Los Shang creían fervientemente que sus antepasados ascendían al cielo tras la muerte, por lo que el culto a los ancestros formaba parte de su ritual religioso, que también incluía sacrificios humanos, sobre todo de esclavos y prisioneros. El aspecto más importante de la cultura Shang fue la invención de la escritura, hallada en los huesos oraculares utilizados con fines adivinatorios.

La dinastía Zhou

Aproximadamente en 1028 a. C., los Shang fueron conquistados por los pueblos de Zhou, procedentes del valle del río Wei, en el noroeste. En un principio, los Zhou habían sido vasallos de los Shang, pero mediante alianzas con otros estados desafectos acabaron por convertirse en la potencia dominante. Los Zhou creían en un «mandato del cielo», según el cual la legitimidad del gobierno se concedía a una familia virtuosa que gobernaba con justicia; al ser derrotados, los Shang dejaron de merecer ese mandato. Los Zhou ampliaron la región controlada por los Shang, adentrándose hasta la mitad de la cuenca del Yangtsé. Si bien adoptaron muchos de los rituales y sistemas administrativos de los Shang, los Zhou constituyeron la primera sociedad feudal. El estado de los Zhou se dividía en dominios: los reales eran posesión del rey y el resto pertenecía a miembros de la aristocracia Zhou o bien eran entregados como reconocimiento por sus servicios a poderosas familias Zhou. La familia real de los Shang fue exiliada a un dominio situado en el este. Aquellos dominios, que en un principio fueron feudos, aumentaron su poder con el tiempo y se convirtieron en reinos menores.

Los reyes Zhou mantuvieron su poder hasta el 770 a. C., cuando los ataques de los bárbaros del norte les obligaron a avanzar hacia el este. La capital se trasladó entonces a Luoyang y la monarquía central fue cediendo poder ante los señores feudales cuando estos cobraron conciencia de la debilidad terrenal del emperador. Entre 475 y 221 a. C., una serie de poderosos señores de la guerra lucharon por la supremacía en el llamado Periodo de los Reinos Combatientes. Pese a tal inestabilidad, la cultura Zhou siguió floreciendo y esta época se conoce también como la Primera Edad de Oro de la historia china. Durante su transcurso se desarrollaron en gran medida el confucianismo, el taoísmo y el legalismo. La dinastía Zhou, tras 900 años de vida, fue destruida finalmente en 221 a. C., cuando el estado feudal de Qin triunfó sobre sus enemigos y se convirtió en la primera dinastía que unificó China.

Confucio y la filosofía

Nacido alrededor del 550 a. C., Confucio era un filósofo, político y estadista que defendió la reforma durante el incierto Periodo de los Reinos Combatientes. En 501 a. C., fue designado gobernador de Zhongdu y posteriormente ministro de Justicia. Sus enseñanzas proponían aplicar un arte de gobernar más moral y con un sistema social definido, y el énfasis que dio a la reforma social hizo que la población lo idolatrara. Pronto se convirtió en enemigo de muchos hombres poderosos y fue obligado a abandonar su hogar, tras lo cual inició un periplo por toda la China Zhou seguido por sus discípulos. El confucianismo enseñaba la importancia de la obediencia en el seno de la familia y el respeto fraternal, lo cual dio lugar a una idea humanista más amplia. Esta doctrina se oponía directamente al taoísmo, que abogaba por un retorno al orden social primitivo y por un rechazo del mundo material. Si bien el legalismo, que propugnaba la obediencia al dirigente del Estado, gozó de más popularidad en la China Zhou en un principio, el confucianismo se había convertido en la filosofía dominante hacia el siglo II a. C.

La primera escritura china

Las inscripciones halladas en los huesos oraculares de Shang son las formas más primitivas halladas de escritura china. Los huesos en sí solían ser huesos de animales o caparazones de tortuga ligeramente pulidos. Un adivino rascaba surcos en el hueso e inscribía una pregunta. A continuación se prendía fuego al hueso y el adivino interpretaba las grietas resultantes. Luego se grababa la fecha en el hueso, así como la respuesta a la pregunta original. Se trataba de una escritura pictográfica en la que las palabras estaban representadas por imágenes que aludían a su significado. La siguiente fase de la escritura china se materializó en inscripciones en bronce, que o bien se tallaban o bien se vaciaban en vasijas. Las vasijas se usaban principalmente con fines rituales, tanto durante el periodo Shang como Zhou. A partir del siglo V a. C. empezaron a pintarse caracteres con pinceles y tinta, normalmente sobre madera, bambú y seda. Además de ser pictográficos, los caracteres escritos se volvieron también ideológicos. El cambio de los soportes usados conllevó una modificación en los usos de la escritura y, en el último periodo Zhou, esta se usaba ya para registrar la historia, la filosofía y la literatura.

Abajo: Una gong o vasija de vino datada de la dinastía Shang, que fue hallada en la tumba de un noble.

Los primeros americanos

La rica diversidad de culturas ancestrales en las Américas engloba desde pueblos cazadores-recolectores seminómadas hasta civilizaciones complejas y sofisticadas en Mesoamérica.

Civilizaciones mesoamericanas: los olmecas

El hombre primitivo se adentró en el continente americano por primera vez antes del 20000 a. C. y, con el transcurso de los milenios, tribus seminómadas se distribuyeron por todo el continente. Poco a poco, con el cultivo de la tierra, los grupos empezaron a asentarse y en los últimos milenios antes de Cristo se convirtieron en ciudades y surgieron las primeras civilizaciones.

La primera «civilización» de América fue la del pueblo olmeca. Los olmecas se concentraban en la región hoy ocupada por el sur y el centro de México, y sus principales ciudades fueron San Lorenzo, La Venta y Tres Zapotes. La cultura olmeca alcanzó su esplendor entre 1200 y 600 a. C., y muchos de sus rasgos sirvieron de base para futuras civilizaciones mesoamericanas y andinas. Los olmecas fueron los primeros en construir grandes túmulos ceremoniales y complejos de templos desde los que adorar a sus dioses. Sus ceremonias

religiosas solían girar en torno al sacrificio humano, una práctica que continuó. También tallaron colosales cabezas de piedra a modo de esculturas monumentales.

Los olmecas destacaron por sus obras de ingeniería, por ejemplo para el cultivo de maíz predominante en la región. También construyeron grandes lagunas y embalses con fines agrícolas, los cuales sirvieron también para drenar las regiones cenagosas de la fértil zona en la que habitaban. La sociedad olmeca estaba claramente jerarquizada, con un clero, una clase administrativa y una clase manufacturera que producía muchos de los productos y las sublimes artesanías olmecas. Los olmecas fueron asimismo los primeros mesoamericanos que idearon un sistema de escritura, basado en los jeroglíficos, el cual fue adoptado por sus sucesores. Su cultura se extin-

Abajo: La pirámide del Sol de Teotihuacán. Teotihuacán se fundó alrededor de la era de Cristo y no tardó en convertirse en uno de los mayores centros de población del «Nuevo Mundo».

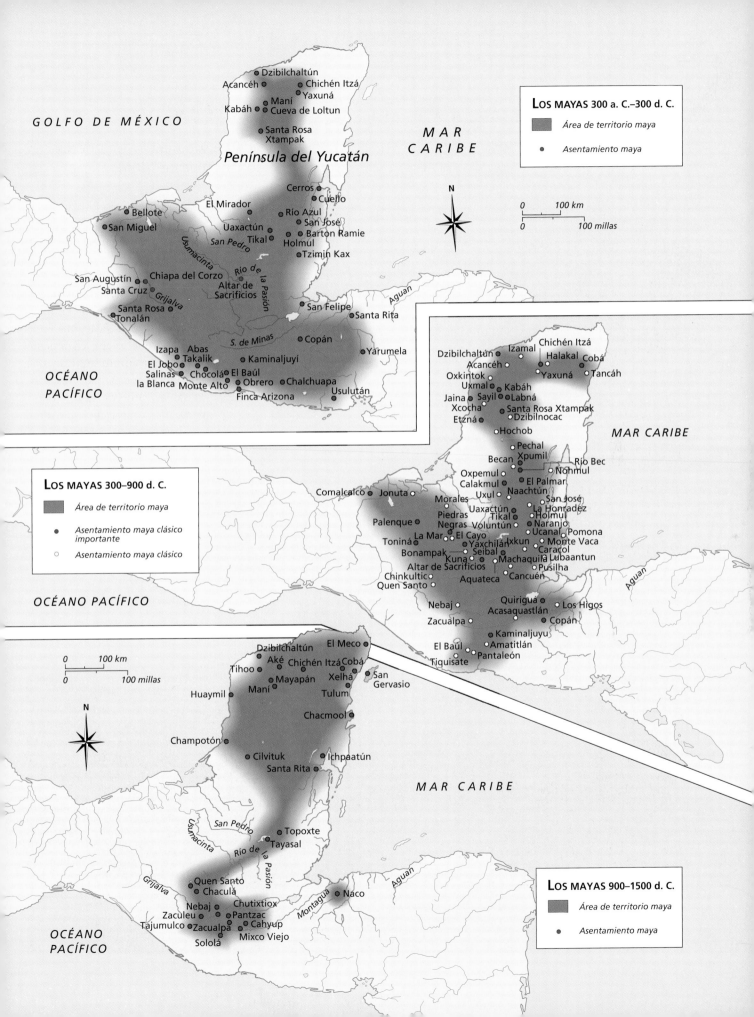

LOS MAYAS 300 a. C.–300 d. C.

Área de territorio maya

Asentamiento maya

GOLFO DE MÉXICO

Dzibilchaltún
Acancéh • Chichén Itzá
Maní • Yaxuná
Kabáh • Cueva de Loltun

Santa Rosa
Xtampak

Península del Yucatán

MAR
CARIBE

N

0   100 km

0   100 millas

Cerros
Cuello
El Mirador
Bellote   Río Azul
San Miguel   San José
Uaxactún • Barton Ramie
San Pedro   Tikal
Holmúl
Tzimín Kax

San Augustín   Chiapa del Corzo   Río de la Pasión
Santa Cruz   Altar de
Grijalva   Sacrificios
Santa Rosa   San Felipe
Tonalán   Santa Rita

S. de Minas
Izapa   Abas   Copán
El Jobo Takalik   Kaminaljuyí   Yarumela
Salinas Chocolá El Baúl
la Blanca Monte Alto Obrero Chalchuapa
Finca Arizona   Usulután

OCÉANO
PACÍFICO

Aguan

LOS MAYAS 300–900 d. C.

Área de territorio maya

Asentamiento maya clásico
importante

Asentamiento maya clásico

OCÉANO PACÍFICO

Dzibilchaltún   Izamal Chichén Itzá
Acancéh   Halakal   Cobá
Oxkintok   Yaxuná   Tancáh
Uxmal   Kabáh
Jaina   Sayil   Labná
Xcocha   Santa Rosa Xtampak
Etzná   Dzibilnocac
Hochob
Pechal
Becan   Xpumil
Oxpemul   Río Bec
Comalcalco   Jonuta   Calakmul   El Palmar   Nohmul
Morales   Uxul   San José
Palenque   Piedras   Uaxactún La Honradez
Negras   Tikal   Holmúl
Toniná   La Mar   Voluntún   Naranjo
El Cayo Yaxchilán Ucanal Pomona
Bonampak   Seibal Xkun Monte Vaca
Kuna   Machaquilá Caracol
Chinkultic Altar de Sacrificios Lubaantún
Quen Santo   Aquateca   Pusilha
Cancuén
Nebaj   Quiriguá
Acasaquastlán Los Higos
Zacualpa   Copán
Kaminaljuyu
El Baúl   Amatitlán
Tiquisate   Pantaleón

MAR CARIBE

Aguan

---

0   100 km

0   100 millas

N

El Meco
Dzibilchaltún   Cobá
Aké Chichén Itzá
Tihoo   San
Mayapán   Xelhá   Gervasio
Maní
Huaymil   Tulum

Chacmool

Champotón

Cilvituk   Ichpaatún
Santa Rita

San Pedro
Usumacinta   Topoxte
Río de la Pasión Tayasal

Grijalva
Quen Santo
Chaculá
Nebaj   Chutixtiox
Zaculeu Pantzac
Tajumulco   Cahyup
Zacualpa
Mixco Viejo
Sololá

OCÉANO
PACÍFICO

Montagua   Naco

MAR CARIBE

LOS MAYAS 900–1500 d. C.

Área de territorio maya

Asentamiento maya

guió por razones que se desconocen alrededor del año 600 a. C. y fueron sucedidos por tres grandes grupos, los teotihuacanos, los zapotecas y los mayas.

Las culturas mesoamericanas clásicas

La primera de las tres culturas sucesoras de los olmecas fue la de los teotihuacanos, quienes ocuparon el territorio del centro de México. Si bien su civilización se centraba en la propia Teotihuacán, su influencia se extendió por toda Mesoamérica. En su apogeo, Teotihuacán albergó una población de 125.000 habitantes distribuidos en una ciudad diseñada según un retícula precisa. Erigieron dos pirámides colosales en el corazón de la ciudad, las pirámides del Sol y de la Luna, lo cual demuestra sus creencias religiosas. La cultura zapoteca tuvo lugar algo más al sur, y su principal ciudad era Monte Albán, en la región de Oaxaca, que también acogía grandes palacios y templos ceremoniales.

La cultura que se asocia con el punto culminante de la Edad Clásica de Mesoamérica es la maya. Este pueblo estuvo enormemente influido por las demás cul-

turas mesoamericanas, junto a las cuales evolucionó poco a poco. La cultura de los mayas se extendió por la península de Yucatán hasta llegar a la actual Guatemala, el norte de Belice y Honduras. Los mayas crearon un imperio integrado por ciudades-estado centradas en una agricultura intensiva y el comercio; algunas de las ciudades mayas más conocidas son Chichén Itzá, Uxmal, Palenque y Calakmul. Entre los años 300 y 900 d. C., los mayas comenzaron a producir arte de un nivel tal que esta época ha sido denominada el Periodo Clásico. Crearon estatuas sofisticadas y relieves tallados en piedra, muchos de los cuales aparecían firmados por el artista. Desarrollaron los jeroglíficos olmecas y emplearon la escritura para dejar constancia de acontecimientos y victorias en batallas en grandes bloques de piedra decorativos. También la arquitectura maya era sofisticada. Los mayas extraían caliza de las canteras y cocían ladrillos. Además, los edificios civiles importantes estaban revestidos de yeso para contar con una superficie lisa ideal para decorar. Como sus antepasados, los mayas erigieron sus templos en la cima de inmensas pirámides escalonadas

para aproximarse a los dioses. Eran además sabios astrónomos, por lo que tal vez usaran estas estructuras como observatorios. Aunque la civilización maya entró en decadencia en el siglo IX, pervivieron culturas posmayas, cuyo estatus únicamente se vio socavado por la llegada de los españoles en el siglo XV.

Norteamérica: los primeros cazadores de las Grandes Llanuras

La inmensa superficie de tierra que se extendía entre las montañas Rocosas y los montes Apalaches estaba repleta de caza mayor, como bisontes, bueyes almizcleros, mastodontes y mamuts. Con tales provisiones de alimento, los habitantes de las zonas septentrionales del continente americano pudieron sobrevivir como cazadores y pastores durante miles de años. Si bien muchas de las especies animales autóctonas fueron diezmadas e incluso llevadas a la extinción, la caza y la recolección continuaron siendo el medio de vida más popular para la mayoría de los norteamericanos. Dadas las arduas condiciones climáticas de las zonas más al norte del país, muchos de ellos preferían llevar una existencia nómada. Como suplemento de su dieta, muchas tribus se decantaron por una vida más sedentaria y cultivaron maíz, calabazas y judías. Formaban sociedades reducidas, aunque jerarquizadas, dirigidas por un cacique que asumía también el papel de chamán o líder espiritual.

La cultura hopewell

Si bien la mayoría de los nativos americanos eran cazadores-recolectores seminómadas, a orillas de los ríos situados en las regiones del nordeste y el medio oeste floreció una cultura entre los años 200 y 400 d. C.: la cultura hopewell. Esta se extendió hacia el norte, hasta la zona ocupada hoy por Nueva York, y hacia el sur, hasta la actual Misuri y las orillas del lago Ontario. Sin embargo, estaba centrada en el valle de Ohio. Los hopewell eran agricultores que cultivaban, entre otros productos, girasoles, calabazas y maíz. Tendieron lazos comerciales con pueblos situados a enormes distancias y se tiene constancia de que establecieron contacto con los mayas, a través de los cuales empezaron a cultivar productos mexicanos tales como los frijoles. Los hopewell construyeron grandes túmulos funerarios, en los que no solo enterraron a sus antepasados sino también diversos objetos. Estos túmulos solían encontrarse a grandes alturas y presentaban diversas formas geométricas. Los hopewell compartían muchos rasgos con la posterior cultura del Misisipí florecida a partir del año 900, la cual vio su fin con la llegada de los colonos europeos.

Culto religioso

El politeísmo, o la adoración de varios dioses y diosas, era un rasgo del culto religioso de toda América en esta época. Las tribus que vivían en las llanuras del norte estaban especialmente influidas por los elementos naturales y, por lo tanto, gran parte de su mitología giraba en torno a la creencia en dioses y espíritus de la naturaleza que controlaban los elementos. La transmisión de leyendas y mitos sagrados era esencial para el culto de los americanos norteños y los rituales como las danzas se convirtieron en un modo de narrar estas historias. Las culturas del Misisipí, surgidas en Ohio e Illinois, erigieron grandes túmulos funerarios, muchos de los cuales

Arriba: El Cliff Palace, en las ruinas anasazi de Mesa Verde, Colorado. Estos poblados datan de los siglos XII y XIII, si bien se cree que los anasazi habitaron en esta región desde alrededor del 60000 a. C. Página anterior: Estatua de Chacmool, el dios de la fertilidad maya, en Quintana Roo, Cancún.

contienen fosas comunes en las que probablemente se enterraba a personas ofrecidas en sacrificio. Uno de los túmulos de mayores dimensiones, en Cahokia, albergaba el esqueleto de un hombre adulto tumbado en un lecho de miles de conchas de mar que dibujaban un ave.

Los mayas también usaron grandes túmulos y estructuras piramidales, en la cima de los cuales erigieron elaborados templos para rendir culto a sus dioses. Celebraban ceremonias para comunicarse con sus deidades, a las que ofrecían maíz, frutas y sangre. Para las más importantes se realizaban sacrificios humanos y animales sobre altares construidos para la ocasión. Los sacrificios al dios serpiente, Calakmul, consistían en arrojar muchachas vírgenes a pozos llenos de serpientes. A diferencia de los pueblos norteamericanos, los mayas no limitaban su religión a las fuerzas de la naturaleza: su estudio astronómico respondía a la creencia en la influencia de las estrellas, la luna y los planetas en el destino de la humanidad.

La antigua India

En la India se desarrolló una civilización compleja en una época temprana. El legado de los imperios sucesivos sigue influyendo en aspectos de la vida actual en el subcontinente.

De los primeros pobladores a la civilización

Se sabe que el subcontinente indio fue habitado por los humanos hace unos 30.000 años. Es probable que emigraran a él desde África, penetrando por el noroeste de la región, más accesible, para luego dispersarse en pequeños grupos de cazadores-recolectores. Se calcula que la práctica de la agricultura, junto con la fundación de pequeñas poblaciones, se inició en torno al 6000 a. C., algo más tarde que en el resto del mundo, si bien la primera civilización india se cuenta entre las más antiguas del planeta, pues apareció pocos siglos después de las grandes civilizaciones de Mesopotamia y Egipto. Con todo, únicamente sobrevivió 750 años, entre el 2500 y el 1750 a. C., y prácticamente no se sabe nada de sus habitantes ni de su cultura.

La civilización del río Indo

Como el resto de civilizaciones del planeta, la primera civilización de la India floreció junto a unas llanuras de inundación fértiles, en este caso las del río Indo, en las cuales al menos dos grandes ciudades constituyeron centros administrativos: Harappa al norte y Mohenjo-Daro al sur. Se hallaban separadas por una distancia de unos 650 km, y en las tierras que las conectaban había una serie de pequeños poblados y poblaciones que constituían lo que se conoce como la civilización del río Indo, del valle del Indo o de Harappa.

Se desconocen los nombres originales de estas ciudades, de sus pueblos y de su cultura, pero gracias a los pictogramas hallados en sellos y fragmentos de cerámica se tiene certeza de que eran pueblos alfabetizados. Sin embargo, su lengua nunca ha podido descifrarse y se presume que gran parte de esta debió de registrarse en materiales efímeros, como hojas de palmera. Los pocos datos que se poseen proceden de los restos desenterrados de las propias ciudades.

Eran ciudades grandes, con entre veinte y treinta mil habitantes. Las casas estaban construidas con ladrillos cocidos (lo cual sugiere la existencia de bosques cercanos en los que obtener la leña para el fuego) y dan fe de un grado de urbanismo sin precedentes, con calles construidas según una retícula clara, sistemas de aguas y alcantarillado sofisticados, y grandes edificios para almacenar grano. Los harappas practicaban un cultivo intensivo: cultivaban cebada y trigo con fines alimenticios y algodón para elaborar prendas de vestir. Además, criaban vacas, ovejas, cabras, cerdos y aves de corral, y domesticaron perros, camellos y elefantes. Esta sociedad altamente organizada y tecnológicamente avanzada produjo cerámicas y esculturas, así como delicadas joyas con gemas y piedras y metales semipreciosos. Se sabe también que comerciaron con otras culturas, incluidas la mesopotámica y la sumeria.

La religión de los harappas

Se desconocen por completo las prácticas religiosas de los harappas, ya que no parecen existir templos u otros edificios sagrados relacionados con sus ciudades. Se ha especulado con que la casa privada pudiera ser el lugar principal para la expresión de la devoción religiosa. Sin embargo, la arquitectura y los objetos hallados nos permiten atisbar algunas pistas sobre sus cultos.

Los grandes baños comunes y las condiciones de salubridad públicas reveladas por los yacimientos de Harappa, Mohenjo-Daro y otros apuntan a prácticas basadas en ritos de limpieza y purificación, un tema común en el sistema religioso posterior del hinduismo. Algunos objetos también demuestran la existencia de precursores de deidades hindúes como Shiva, los cuales aparecen en sellos que describen un figura cornuda sentada en una posición de yoga, mientras que en otros se retrata a animales y criaturas míticas. También es posible que las estatuillas de mujeres aparentemente embarazadas tuvieran algún significado religioso.

El declive de la sociedad harappa

Parece que la civilización del valle del Indo desapareció de forma repentina y casi sin dejar rastro en torno al 1750 a. C. Se han formulado diversas hipótesis en torno a esta desaparición, como el cambio climático, la existencia de inundaciones devastadoras (algo habitual en la zona) y el agotamiento de la tierra, que bien podría haber exacerbado los problemas acarreados por las inundaciones. Pero la explicación esgrimida con más frecuencia sostiene que los harappas fueron conquistados por los arios, término con el que se designaba a los guerreros nómadas que irrumpieron en India y Asia

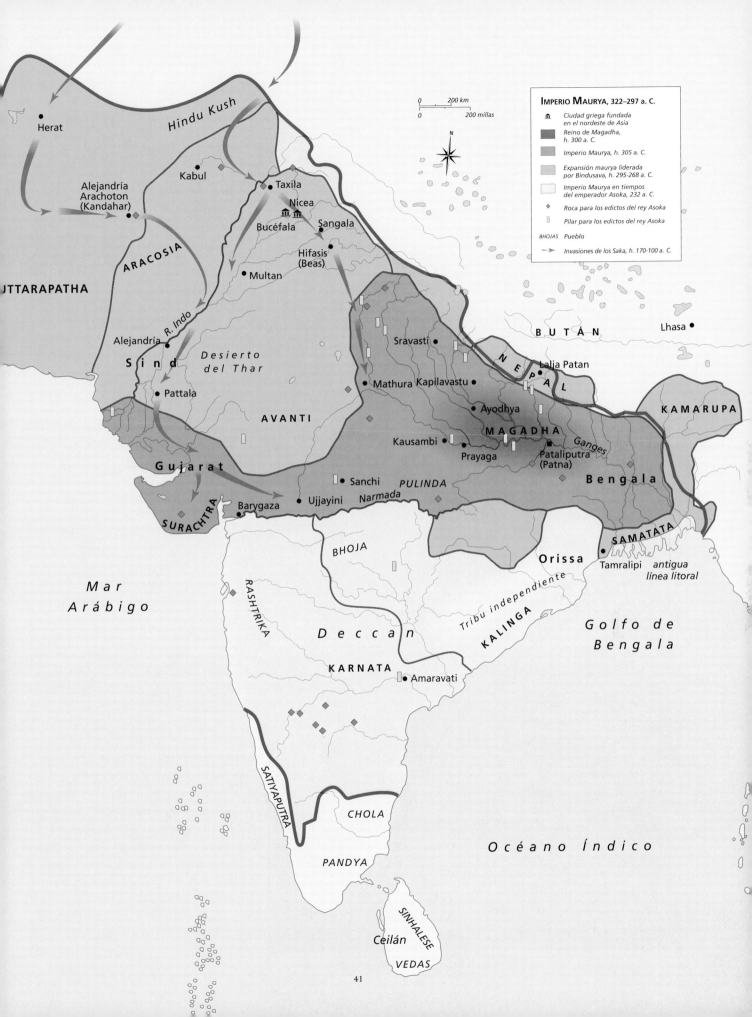

Herat

Hindu Kush

Kabul

Alejandría
Arachoton
(Kandahar)

ARACOSIA

UTTARAPATHA

Taxila

Nicea

Bucéfala

Sangala

Hifasis
(Beas)

Multan

R. Indo

Alejandría

S i n d

Desierto
del Thar

Pattala

AVANTI

Gujarat

SURACHTRA

Barygaza

Ujjayini

Sanchi

Narmada

PULINDA

Sravasti

Mathura Kapilavastu

Ayodhya

MAGADHA

Kausambi

Prayaga

Pataliputra
(Patna)

Ganges

B U T Á N

Lhasa

N E P A L

Lalia Patan

KAMARUPA

B e n g a l a

SAMATATA

Tamralipi *antigua
línea litoral*

Orissa

M a r
A r á b i g o

BHOJA

RASHTRIKA

D e c c a n

KARNATA

Amaravati

Tribu independiente

KALINGA

G o l f o   d e
B e n g a l a

SATIYAPUTRA

CHOLA

PANDYA

O c é a n o   Í n d i c o

SINHALESE

Ceilán

VEDAS

IMPERIO MAURYA, 322–297 a. C.

Ciudad griega fundada
en el nordeste de Asia

Reino de Magadha,
h. 300 a. C.

Imperio Maurya, h. 305 a. C.

Expansión maurya liderada
por Bindusava, h. 295-268 a. C.

Imperio Maurya en tiempos
del emperador Asoka, 232 a. C.

Roca para los edictos del rey Asoka

Pilar para los edictos del rey Asoka

BHOJAS   Pueblo

Invasiones de los Saka, h. 170-100 a. C.

0   200 km

0   200 millas

N

Central hacia 1750 a. C. Existen pruebas inequívocas de conflictos, sobre todo en Mohenjo-Daro, y lo que es seguro es que los harappas fueron sucedidos por los invasores indoeuropeos. Sin embargo, tal vez la primera civilización india fuera asimilada en parte por otras culturas y su decadencia se debiera a una combinación de factores y resultara más gradual de lo que se supone.

La expansión aria

Los invasores arios eran un pueblo guerrero y resistente carente de una cultura tan desarrollada como las que debieron de descubrir en un principio. De hecho, la cultura aria parece centrarse en la conquista y su religión estaba dominada por Indra, el dios de las tormentas y las batallas. Estaban liderados por caciques guerreros y entraban en batalla en cuadrigas. Accedieron a la India a través de los territorios persas conquistados (donde el término «ario» se refleja en el nombre de «Irán») y establecieron asentamientos en el valle del Indo antes de expandirse hacia el este, cruzando el norte de la India, y llegar hasta las llanuras de inundación del Ganges. En aquel punto su población se concentró y las prácticas tribales centradas en el cuidado del ganado y la guerra acabaron cediendo paso a unos asentamientos más pacíficos y a un modo de vida agrícola.

La civilización védica

La historia de los primeros arios de la India, entre 1750 y 1000 a. C., se conoce como el Periodo Rigvédico, bautizado en honor a los poemas o himnos devotos, los Rig Veda, que pervivieron en la tradición oral durante milenios pese a que no se registraron por escrito hasta el

siglo IV d. C. Su legado conforma gran parte de la cultura india hasta nuestros días. Los arios conquistadores se consideraban nobles o superiores, creencia a partir de la cual se desarrolló el sistema de castas. En un principio, su población estuvo confinada a las zonas septentrionales de los ríos Indo y Yamuna, donde mantuvieron los sistemas de consejos tribales arios, con un rajá que gobernaba sobre el grupo o *janas*. Según parece, cada uno de estos grupos contó con un sacerdote supremo y en esta época todo apunta a que solo existían dos clases sociales, la nobleza aria y los plebeyos. Con el tiempo se sumaría una tercera clase, la de los conquistados, los dasas u «oscuros». A finales del Periodo Rigvédico se habían establecido cuatro castas (las caturvarnas o «cuatro colores»). El sistema estaba encabezado por los sacerdotes o brahmanes; bajo ellos se hallaban los nobles guerreros, los kshatriyas, seguidos por los agricultores, artesanos y mercaderes, llamados los vaisyas, y en último lugar los sudras o sirvientes. Las castas arraigaron firmemente y se tornaron inflexibles.

Dominado por el sacerdocio, el Periodo Védico Tardío, entre los años 1000 y 500 a. C., también se conoce como Periodo Brahmánico. Durante esta época empezó a incubarse el hinduismo y los arios emigraron y se asentaron en las boscosas llanuras del Doab, entre los ríos Yamuna y Ganges, antes de afincarse junto al último. Allí prosperaron varios reinos gracias a la agricultura, el comercio y la abundancia de materiales como el hierro. Esta era se caracteriza por la mezcla gradual de los arios con los pueblos oriundos más que por las conquistas. Se cree que la escritura brahmi, utilizada para registrar tanto la literatura aria como las lenguas lugareñas, apareció durante la dinastía Maurya, hacia el 300 a. C., cuando gran parte del norte de la India estuvo gobernada por Chandragupta Maurya.

El Imperio Maurya

Chandragupta Maurya ascendió al trono del reino de Magadha, centrado en torno a la ciudad de Pataliputra, poco después de la llegada de Alejandro Magno al valle del Indo en 326 a. C., incursión cuyo impacto alentaría la unificación india y una centralización del poder. Maurya conquistó el norte de India, fundando la dinastía Maurya, que se mantendría en el poder hasta el 185 a. C., cuando su último emperador fue asesinado en lo que se cree que fue un alzamiento brahmín.

Arriba: Dos leones de granito que permanecieron enterrados bajo la arena durante siglos fueron desenterrados por la fuerza del tsunami de 2004 en la población de Mahabalipuram, al sur de Madrás.
Página anterior: Talla en relieve de un Buda en las cuevas de Ajanta, en el estado de Maharashtra, en el centro de la India, datadas entre los años 200 a. C. y 650 d. C.

El nieto de Chandragupta Maurya, Asoka, amplió el Imperio Maurya, que en su punto culminante englobó casi todo el subcontinente, salvo el extremo sur.

Consternado por el derramamiento de sangre de su campaña militar, Asoka se convirtió al budismo, que, junto con el jainismo, se venía desarrollando desde el siglo V. El budismo devendría más tarde la religión dominante en el norte de la India y se extendería a gran parte de la Asia Central. Tras el fallecimiento de Asoka en el año 232 a. C., el Imperio Maurya empezó a desintegrarse. Mientras lo hacía, la India sufrió varias invasiones y vivió en una agitación continua durante siglos.

El Imperio Gupta

Tras el desmoronamiento del Imperio Maurya renacieron diversos reinos fracturados, si bien hubo un imperio que sobresalió entre ellos: el de los gupta, que anunció el resurgimiento del hinduismo y una nueva edad dorada para la cultura india. En la llamada época de los Reinos Medios, hasta el siglo IV, el dominio estuvo en manos de los kushan, descendientes de tribus mongolas nómadas, quienes difundieron una cultura diversa y cosmopolita, así como el comercio con Asia Central, China, Persia, Grecia y Roma, que enriqueció enormemente la civilización india.

Tras la desaparición de los kushan, los gupta fueron los primeros en afianzar su autoridad sobre gran parte del subcontinente. Su gobierno estaba modelado conscientemente con acuerdo a las prácticas del Imperio Maurya, con una autoridad centralizada. Restituyeron una base de poder en Pataliputra desde la cual se regulaba el comercio y la industria y promovieron un conjunto de valores unificados. También permitieron un cierto nivel de administración provincial que proporcionó a gran parte de la India más de un siglo de paz y estabilidad. Durante este periodo, los pueblos indios estuvieron en contacto directo con gran parte del mundo exterior y floreció el comercio con Roma, el sudeste asiático y la Asia Central, el cual no solo aportó bienes materiales sino también el intercambio de ideas. La dinastía Gupta se considera de las más productivas y creativas de la historia india. Kalidasa, tal vez el mejor poeta indio, escribió poemas y dramas, y surgieron obras maestras en sánscrito. Además se dieron grandes logros en los ámbitos de las matemáticas, la astronomía, la medicina y la química. Con todo, los gupta fueron finalmente conquistados en el año 480 por olas sucesivas de hunos invasores.

El mundo griego

Desde los minoicos de la Edad de Bronce hasta Alejandro, las culturas helénicas, su arte, filosofía, política y ciencia han tenido una gran repercusión en la civilización occidental.

La civilización del Egeo

Los minoicos

Considerada la primera civilización griega, la cultura de la Edad de Bronce que floreció en la isla de Creta se bautizó posteriormente en honor al legendario rey Minos. Creta había estado habitada desde el 7000 a. C., y su población fue aumentando con la llegada de inmigrantes de Anatolia y las islas del Egeo. Entre 1900 y 1700 a. C. se erigieron en la isla grandes palacios. Los minoicos desarrollaron una sociedad compleja, centrada en torno a la religión y la riqueza material. El más importante de los palacios cretenses fue Cnosos, que dominó el centro y el oeste de Creta. Según la mitología posterior, Creta estuvo gobernada por el rey Minos, cuya esposa engendró al Minotauro. Minos lo mandó encerrar en un laberinto y cada nueve años se le ofrecían en sacrificio víctimas humanas traídas de Atenas. La leyenda data de la Grecia posterior, de modo que es posible que la estructura laberíntica del palacio y las pinturas de toros en sus paredes ayudaran a crear el mito. En realidad, Minos quizá fuera un rey-sacerdote, si bien no existen pruebas de su existencia.

La religión y los rituales eran importantes para los minoicos; construyeron un gran número de santuarios en la campiña cretense, en cuevas y cimas. Estos guardaban relación con los palacios, que tal vez organizaran las ofrendas y los sacrificios animales que tenían lugar en ellos. Los cretenses minoicos elaboraban asimismo bellas cerámicas y joyas que vendían en Egipto y Anatolia. Desarrollaron su propia forma de escritura, la lineal A, que probablemente se usara para los registros administrativos. En 1628 a. C., una enorme erupción del volcán situado en la cercana isla de Thera cubrió Cnosos de cenizas y deterioró los palacios y las villas de la isla. Sin embargo, no fue hasta 1500 a. C. cuando la civilización minoica fue destruida por completo. La invasión de los micénicos desde la Grecia peninsular puso fin al reinado minoico y marcó el principio del dominio micénico del Egeo.

Los micénicos

La civilización micénica fue la primera cultura de la Edad de Bronce que se desarrolló en la Grecia peninsular. En lugar de por una ciudad-estado, la civilización estaba formada por grandes grupos acaudalados diseminados por el sur de la península y el Peloponeso. Estos pueblos eran menos sofisticados que los minoicos y mucho más belicosos. Los núcleos de la civilización micénica fueron Pilos, Tirinto y Micenas, y sus cementerios son prueba de que los objetos castrenses, como espadas y dagas, eran mucho más preciados como artículos mortuorios que las vasijas y las estatuillas de los cretenses. La sociedad micénica se organizaba alrededor de los palacios, al igual que la minoica, si bien los palacios de Micenas, Tirinto y Pilos son mucho más pequeños que los de Creta. Presidían asentamientos, más que poblaciones, y es posible que fueran centros ceremoniales, administrativos y económicos. Los palacios estaban gobernados por grupos de funcionarios que rendían cuentas a un rey que ocupaba el lugar más alto de la jerarquía. En la base de esta se hallaba la clase esclava. Tras conquistar a los minoicos, los micénicos siguieron empleando el palacio de Cnosos como centro administrativo hasta su destrucción en 1300 a. C. Estos pueblos estaban fuertemente influidos por la cultura minoica e incluso adoptaron su sistema de escritura. Se han hallado ejemplos de uso de la lineal B, una adaptación de la lineal A, en varios yacimientos de la península y muchas de sus armas y de sus objetos de oro labrado fueron realizados por artesanos cretenses. Las tumbas de la realeza y los caciques micénicos estaban modeladas con diseños cretenses. Cavados en laderas o enterrados, los «tholos» (tumbas circulares con forma de colmena) estaban construidos con ladrillo y contenían numerosos objetos funerarios como símbolo de riqueza y poder. Alrededor de 1200 a. C., la civilización micénica entró en decadencia y la mayoría de sus palacios fueron reducidos a ruinas por incendios, bien provocados por la guerra civil entre reyes rivales o por los invasores procedentes del norte, los dorios.

La Grecia de Homero

La mayoría de los datos que se tienen de la primera época del Egeo se han extraído de la literatura del poeta jonio Homero. Nada se sabe de la persona de Homero, pero se le atribuyen dos obras maestras: los poemas épicos de la *Ilíada* y la *Odisea*. Estas epopeyas se centran en los eventos de los últimos días de la guerra de Troya y del decenio posterior a esta. La guerra de Troya fue real (ocurrió hacia el 1260 a. C.), pero muchos de los acontecimientos que la rodean, incluida la razón por la que fue declarada, tienen un carácter más mítico. Cuentan Homero y la leyenda que el rapto de Helena, la esposa del rey espartano Menelao, por parte del príncipe troyano Paris propició el ataque de Troya. Menelao aunó fuerzas con su hermano, Agamenón, rey de Micenas, quien dirigió al ejército atacante. Si bien la historia de *La Ilíada* se centra en el papel del héroe griego Aquiles, la figura de Agamenón es crucial en ella. Agamenón, líder de los griegos, es descrito como un hombre valiente pero proclive al desánimo, y sus discusiones con Aquiles costaron a los griegos muchas vidas en la guerra. La guerra de Troya concluyó con el saqueo de la ciudad. En *La Ilíada*, los griegos usan un supuesto regalo con forma de caballo de madera enorme para ocultar a sus hombres en su interior. En *La Odisea*, Homero describe brevemente

el asesinato de Agamenón a su retorno a Micenas y se centra en el periplo de Ulises de regreso a su hogar al concluir la guerra. Muchos eruditos opinan que el tema de ambas obras bien podría ser un compendio de hechos históricos, mitologías y leyendas populares transmitidas oralmente por bardos tradicionales. El héroe de *La Odisea*, Ulises, se basa en un personaje del folclore griego más conocido por su ingenio y sus argucias que por sus gestas heroicas. Pese a todo, las epopeyas de Homero aportan incontables datos sobre las tradiciones de los micénicos, desde sus técnicas de lucha hasta los sacrificios rituales que celebraban antes de la batalla.

Abajo: Cnosos fue el palacio más importante de Creta, desde el cual se gobernaron las partes central y occidental de la isla.

La Grecia arcaica y clásica

Los inicios de la Grecia clásica

La era conocida como el Periodo Clásico dio comienzo tras la desaparición de la civilización micénica en torno al 900 a. C. La afluencia a partir del 1200 a. C. de otros grupos, como los dorios del norte y los pueblos del mar del sur, provocó un declive de la cultura palaciega y dio paso a la llamada Edad Oscura. Durante esta época, la población de Grecia se multiplicó y dio comienzo la colonización de la costa jónica. El paisaje rocoso fue la causa de que los primeros asentamientos florecieran en las llanuras fértiles entre las montañas y próximas al litoral. Hacia el 750 a. C., muchos de estos asentamientos se habían convertido en grandes ciudades-estado, funcionaban de forma independiente y con frecuencia libraban guerras entre sí. El periodo entre los años 750 y 500 a. C. recibe el nombre de Arcaico. La situación geográfica de Grecia en el Mediterráneo la convertía en el punto de partida natural

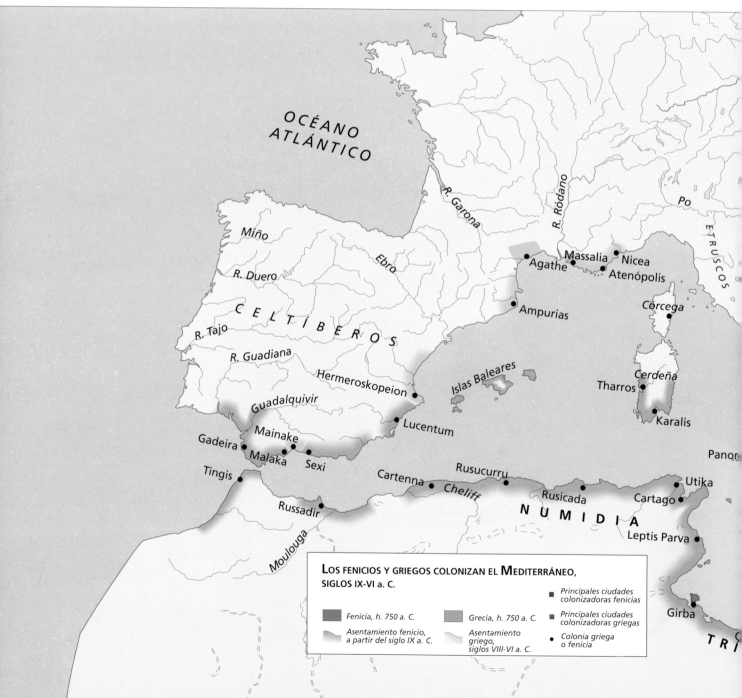

LOS FENICIOS Y GRIEGOS COLONIZAN EL MEDITERRÁNEO, SIGLOS IX-VI a. C.

- Fenicia, h. 750 a. C.
- Asentamiento fenicio, a partir del siglo IX a. C.
- Grecia, h. 750 a. C.
- Asentamiento griego, siglos VIII-VI a. C.
- Principales ciudades colonizadoras fenicias
- Principales ciudades colonizadoras griegas
- Colonia griega o fenicia

para los viajes y la exploración de ultramar. Los griegos eran marinos excelentes, capaces de fundar colonias en puntos tan remotos como Ampurias en el norte de España y Phasis en el mar Negro. Comerciaban sobre todo con los etruscos en Italia y los fenicios en Oriente, regiones en las que instalaron importantes puestos de avanzada. El comercio estimuló el desarrollo económico y político. Se estableció una elite y, a medida que aumentó su riqueza, los estados construyeron ciudades cada vez más impresionantes. La mayor y más rica de ellas era Atenas, que devendría el centro de la cultura griega. Entre los años 500 y 336 a. C. tuvo lugar la Edad Clásica.

Las ciudades-estado

Grecia rara vez fue un país unido; en su lugar estaba integrada por diversas ciudades-estado o «polis». Estas solían ser comunidades reducidas, apenas grupos de granjas y casas en torno a una ciudadela fortificada, o acrópolis, que ofrecía refugio a todos los ciudadanos durante los ataques. Estaban separadas geográficamente de otras ciudades-estado y su independencia dio lugar a diversos estilos de funcionamiento. Como resultado, cuando los estados decidían unirse contra un enemigo externo común, las coaliciones duraban poco y la Antigua Grecia nunca fue una única nación. Las dos mayores

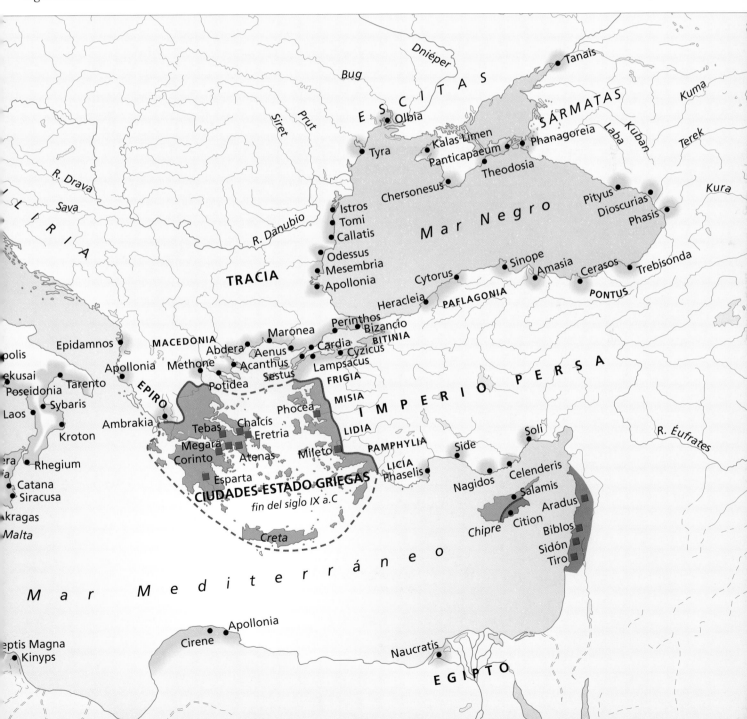

ciudades-estado eran Atenas y Esparta, cuyos estilos de vida opuestos alimentaron una rivalidad que duró cinco siglos. Atenas era la mayor de las ciudades-estado, con una población que en su punto álgido alcanzó los 250.000 habitantes. Durante el Periodo Arcaico, muchas ciudades-estado, incluida Atenas, estuvieron dominadas por una serie de gobernantes monárquicos o «tiranos». Estos solían ser personas enriquecidas que habían cobrado popularidad entre el pueblo y, gracias a ella, podían dirigir la ciudad. En Atenas, el principal tirano fue Pisístrato, que gobernó durante 30 años. Impulsó el comercio ateniense en el exterior y patrocinó las artes, apostando por festivales religiosos y culturales. Por su parte, Esparta se había establecido como un poderoso estado militar gobernado por Licurgo, quien protagonizó una forma de gobierno más primitiva y monárquica. Mientras que la mayoría de las ciudades-estado consideraban su acrópolis un medio de defensa, la protección de Esparta recaía en exclusiva en su ejército. Las ciudades-estado estaban repartidas por todo el mundo griego, incluidas todas las islas del Egeo y muchas de ellas se aliaron con Atenas o con Esparta durante la guerra del Peloponeso (431-404 a. C.).

La Grecia clásica

Política y cultura

Entre los años 500 y 300 a. C., Grecia, y en concreto Atenas, vivió una época de prosperidad económica, política y cultural. Con la defenestración de la dinastía de Pisístrato en el 510 a. C., los atenienses se adentraron en un periodo de democracia que duró 200 años. Para los atenienses, la democracia se regía por los ideales de la libertad y la igualdad; en sí, la palabra significa «gobierno del pueblo» y «demos» aludía a la ciudadanía. Esa ciudadanía no solo incluía a los residentes en Atenas, sino también a los habitantes de la inmensa llanura litoral que rodea la ciudad, Ática, si bien no se extendía a las mujeres ni a los esclavos. Existían tres órganos principales de gobierno: el Areópago; el Consejo de los Quinientos, un grupo electo, y la Asamblea, que actuaba como foro de debate y daba al pueblo voz política. Tal vez todo ello propiciara el florecimiento de la teoría política; no en vano, algunos de los mayores filósofos de la historia, entre ellos Sócrates, Platón y Aristóteles, vivieron en esta época. La filosofía política y metafísica estuvo acompañada por un auge del teatro, con dramaturgos como Esquilo, Sófocles y Eurípides, que analizaban la compleja naturaleza humana en sus obras.

Religión

Los habitantes de Grecia compartían la creencia en un mismo panteón de dioses y diosas. Muchos de sus dioses procedían de los minoicos, pero otros parecen estar influidos por deidades asiáticas, en especial los hallados en los Vedas. El dios supremo era Zeus, asociado con los cielos, los relámpagos y la realeza. Compartía el universo con sus dos hermanos: Poseidón, dios del mar, y Hades, dios del averno. Según se creía, los dioses habitaban en el monte Olimpo, desde donde doce grandes deidades regían las fortunas y los destinos de los mortales. De estas deidades las más destacadas eran: Hera, la hermana y esposa de Zeus, diosa del matrimonio; Apolo, responsable del paso del sol por el cielo, de la verdad y de la sanación; Afrodita, diosa del amor; Démeter, diosa de la fertilidad y de las cosechas; y Dionisio, dios del vino. Dionisio revestía una importancia particular ya que, como el vino, podía provocar tanto el éxtasis como la cólera. El festival en su honor se convirtió en uno de los acontecimientos más importantes del año. La mayoría de las obras teatrales griegas se escribían para ser representadas en él. La actividad religiosa formal tenía lugar en la acrópolis de cada ciudad-estado, que contenía templos y altares. La Acrópolis de Atenas englobaba el Partenón, el inmenso templo dedicado a la diosa de la ciudad, Atenea. Cada estado tenía una deidad propia que protegía a la ciudad y a sus ciudadanos.

Panhelenismo

Varios lugares conectados con los dioses sirvieron para crear un sentimiento de helenismo. Uno de ellos fue el oráculo de Delfos. Los griegos consideraban este santuario panhelénico situado en la escarpada región a la sombra del monte Parnaso el centro de la Tierra. Dedicado a Apolo, se le atribuían facultades adivinatorias. Los peregrinos viajaban hasta él para pedir consejo sobre la guerra, el amor y los negocios. Los sacerdotes de Delfos tenían un gran poder político y constituían el núcleo de una asociación entre ciudades-estado llamada la Liga Anfictiónica. Dada la posición vital que ocupaba en la Anfictionía, Delfos era foco de rivalidades estatales.

Olimpia, en el oeste del Peloponeso, estaba dedicada a Zeus y, como Delfos, albergaba un complejo de templos, tumbas y tesoros al que tenían acceso todas las polis. Acogió los primeros Juegos Olímpicos en el 776 a. C. Hay dos versiones sobre el origen de las Olimpiadas: una sostiene que los juegos conmemoraban la victoria del héroe Pélope en una carrera de cuadrigas, mientras que la otra atribuye su creación a Heracles. Aunque se cree que los primeros juegos solo constaron de una carrera en el estadio, con el tiempo se convirtieron en un festival de cinco días de duración con pruebas de atletismo, lucha y sacrificios de gran valor para los antiguos griegos.

Los persas y las Guerras del Peloponeso

La supervivencia de la cultura helénica dependía de la capacidad de los griegos para aunar fuerzas a la hora de repeler invasiones externas, sobre todo persas. En 490 a. C., el rey persa Darío I planeó un ataque contra Atenas y Eretria en represalia por el apoyo que estas prestaron a la sublevación de las ciudades-estado jónicas capturadas en Asia Menor. Atenas había enviado 20 barcos en ayuda de los jonios y la victoria se había saldado con la quema de la ciudad persa de Sardes. El desembarco de los persas en la llanura de Maratón, a solo 40 km de Atenas, acabó con la famosa victoria del ejército ateniense, superado en número por el persa. Esta primera guerra persa fue crucial para Atenas. Tras el ataque, los atenienses construyeron una flota impresionante que se alzó con el dominio del Egeo. Cuando los persas atacaron de nuevo la ciudad en el año 480 a. C., liderados por el hijo de Darío, Jerjes, se abrieron camino hacia el centro de Grecia a través del desfiladero de las Termópilas. Una pequeña fuerza espartana a las órdenes de Leónidas debía contener a los persas, pero, a pesar de sus heroicos esfuerzos, fracasó. Jerjes saqueó Atenas y penetró en la ciudad para destruir con su flota la de los atenienses. Sin embargo, en la batalla de Salamina, la nueva flota ateniense, más ligera, se proclamó vencedora y Jerjes huyó. La supremacía naval de Atenas redundó en un enriquecimiento de la ciudad. La alianza formada por los estados griegos para repeler a los persas otorgó a Atenas una posición imperial, la cual suscitó la envidia de otros estados, sobre todo de Esparta, y desencadenó un conflicto en 431 a. C. La lucha entre Atenas y Esparta era una guerra de la fuerza terrestre contra la naval y, aunque Atenas parecía impenetrable, la muerte de Pericles y una expedición para capturar la Sicilia corintia llevaron al desastre. Con apoyo de los persas, Esparta creó una flota capaz de desafiar a la ateniense y en la batalla marítima de Egospótamos, en 405 a. C., se proclamó victoriosa. Atenas tuvo que convertirse en un estado vasallo de Esparta y, si bien recuperó su independencia, nunca volvió a ser tan poderosa. Esparta fue derrotada por Tebas, que en 371 a. C. encabezó una alianza de estados descontentos. Las continuas disputas entre los estados griegos los tornaron vulnerables a ataques exteriores y en 338 a. C., la Antigua Grecia era ya parte de un nuevo imperio helénico.

Abajo: El Partenón, construido en el siglo v a. C., se alza en la Acrópolis de Atenas y es uno de los ejemplos más sublimes de arquitectura dórica. Página anterior: Busto de Alejandro, que conquistó Grecia en 336 a. C.

Filipo de Macedonia

Antes del ascenso de Filipo al trono, Macedonia, al norte de Grecia, había sido un país debilitado por las luchas internas. Pese a ser helénicos, los macedonios siempre habían estado marginados por los griegos, más cultos, y en la parte norte del país la escasa influencia griega creaba divisiones. En la fecha de la entronización de Filipo, los invasores ilirios amenazaban en el norte la estabilidad de Macedonia, y el nuevo rey pudo hacer uso de su ingenio político para repelerlos. Construyó un ejército excelente, entrenó a sus soldados en nuevas técnicas y los apoyó con una elite de caballería integrada por nobles. La derrota de Iliria le permitió anexionarse el norte de Macedonia y Filipo empezó su avance hacia Atenas. Otras disputas en el sur lo obligaron a intervenir primero en Tesalia, donde su explotación de minas de oro

le permitió sobornar a políticos y financiar a mercenarios griegos. La alianza con varios estados del norte otorgó a Filipo derecho a voto en la Anfictionía y, en 346 a. C., Filipo los condujo en una campaña victoriosa contra los focios, aliados de Atenas. La influencia de Filipo en la Grecia meridional creció a medida que este respaldó a estados menores en su lucha contra los más poderosos, sobre todo contra Esparta. Atenas, consciente de las intenciones de Filipo, empezó a responder a sus ataques y en 340 a. C. se declaró una guerra abierta con Tebas. Perdió la batalla contra Filipo en Queronea en 338 a. C. La victoria instauró la hegemonía macedonia en Grecia, que resultaría ser positiva. En 336 a. C., Filipo anunció sus intenciones de enfrentarse a Persia para expandir su imperio, pero fue asesinado antes del inicio de las operaciones.

Alejandro Magno

El hijo menor de Filipo, Alejandro, ascendió al trono con la oposición de la nobleza, pero no tardó en restablecer el control y demostrar una fuerza equiparable a la de su padre. Había luchado con honores en Queronea y, tras haber sido instruido por Aristóteles, estaba preparado para regir un imperio en expansión. En 334 a. C. lideró una expedición a través del Helesponto formada por el mayor ejército que hasta la fecha había abandonado el suelo griego. En solo tres años había conquistado toda Persia, incluido Egipto (en la fecha bajo dominio persa), donde fundó la ciudad de Alejandría. Continuó avanzando hacia el este a través de Babilonia, Susa y Persépolis, en pleno corazón de Persia. El vasto imperio en expansión se tornó cada vez más marcial al delegar el control de las ciudades conquistadas a guarniciones

de mercenarios que esclavizaron a sus habitantes. Alejandro se encaminó entonces a la India a través del Hindu Kush. Logró llegar al río Indo antes de que sus tropas finalmente se rebelaran y le obligaran a emprender el camino de regreso. A su vuelta a Babilonia en 323 a. C. contrajo unas fiebres y murió al poco tiempo. Aunque solo contaba 33 años de edad cuando le sobrevino la muerte, había conseguido alimentar la imagen de ser invencible y divino. Su convicción en que era descendiente de Heracles, Perseo y Zeus le impulsaron a reclamar la adoración de sus súbditos y, si bien los persas aceptaron esta forma de lealtad, los griegos y los macedonios se opusieron a ella. Pese a todo, Alejandro Magno acabó convirtiéndose en una figura fascinante y en un modelo a imitar para muchos de sus sucesores, como el general romano Pompeyo y Napoleón Bonaparte.

Tras la desaparición de Alejandro, su inmenso imperio se convirtió en un foco de luchas internas entre generales y políticos contrincantes. Al final acabaron por establecerse tres reinos dinásticos: la dinastía Antigónida en Macedonia y Grecia, la dinastía Seléucida en Asia y la dinastía Tolemaica en Egipto. Todos ellos entraron en decadencia. En ese momento surgieron dos nuevas potencias: en Asia se estableció el Imperio de Partia y en el Mediterráneo, el Imperio Romano.

0   200 km

0   200 millas

N

Bujaria

Maracanda

Alejandría de Eskaté

Sir Daria

Amu Daria

Sogdiane

Drapsaca

Paso de Katgala

Bactra

Bactria

Kabul

Paso de Kabura

Alejandría de Aria (Herat)

Alejandría (Ghazni)

Taxila

REINO DE POROS

Areia

Alejandría Arachton (Kandahar)

Indo

Arachosia

usia

sia (ra)

dría tasia

giane

Alejandría de Aracosia

IMPERIO MAURYA

Pura

Gedrosia

Kokala

Pattala

Arábigo

India

IMPERIO DE ALEJANDRO

Imperio de Alejandro, 323 a. C.

Ciudad fundada por Alejandro

El Imperio Romano

El Imperio Romano unificó por primera vez gran parte de Europa. Su desarrollo
y sus instituciones siguen influyendo en el mundo actual.

La fundación de Roma

Cuenta la leyenda que Roma la fundaron en 753 a. C. los
hijos gemelos de Marte, Rómulo y Remo. Abandonados al
nacer, fueron amamantados por una loba antes de decidir fundar su propia ciudad. Rómulo asesinó a su hermano tras una disputa por el emplazamiento de esta y con ello
se convirtió en soberano de lo que en la fecha era una
tribu feroz y temida. Al final de su vida, se dice que
Rómulo fue llevado por Marte a los cielos en un nubarrón
para ser deificado como Quirino.

En realidad, Roma llevaba habitada por humanos
miles de años. Los primeros romanos eran un pueblo
muy disciplinado y organizado que formó alianzas con
tribus latinas vecinas para sobreponerse a los etruscos
gobernantes y hacia 265 a. C. ya había subyugado toda
Italia. Los monarcas se escogían entre los nobles, muchos
de ellos etruscos, y empezaron a desarrollar sistemas
militares y cívicos. La monarquía iniciada por Rómulo
acabó en 509 a. C. cuando el tirano Tarquinio el Soberbio
fue derrocado y se fundó una nueva república romana.

La República

Temerosos de caer bajo el dominio de un nuevo tirano,
los romanos establecieron un sistema de gobierno republicano. El poder que previamente había recaído en el
monarca quedó así compartido por dos cónsules elegidos anualmente, quienes eran además integrantes de un
Senado más numeroso. Los senadores eran magistrados
de alto nivel, todos ellos elegidos por un proceso
democrático (la constitución de EE UU se modelaría
posteriormente basándose en este sistema). La República llevó a Roma estabilidad y, con el tiempo, prosperidad. Las ciudades-estado italianas a las que derrotó se
convirtieron en aliadas de Roma, en lugar de en súbdi-
tas de esta, y sus habitantes fueron declarados ciudadanos romanos al tiempo que proporcionaban soldados
para la maquinaria bélica romana.

Las Guerras Púnicas

A medida que su influencia en el Mediterráneo aumentaba, los romanos empezaron a suponer una amenaza
para el poderoso reino de Cartago, en el Norte de África.
En 264 a. C. estalló la primera de las tres Guerras Púnicas,
que concluyó con una derrota de los cartagineses y un
avance territorial de los romanos. La Segunda Guerra
Púnica empezó con el alzamiento de Aníbal en España y
su intento de invadir Italia cruzando los Alpes con una
manada de elefantes. Cuando el general romano
Cornelio Escipión finalmente derrotó a Aníbal y los
cartagineses, Roma sumó España a su lista creciente de
provincias ultramarinas. La guerra en el Mediterráneo
conllevó también la creación de una poderosa armada
que permitió otras conquistas en el extranjero. En el año
31 a. C., los romanos se habían anexionado toda la zona
mediterránea, incluidas Grecia, Chipre y Asia Menor.

Cultos romanos

El culto religioso desempeñaba un papel fundamental en
la vida romana. La base de la religión romana era la
mitología griega, pero los romanos rebautizaron a los
dioses griegos y les otorgaron nuevos títulos y características. El dios soberano del culto romano era Júpiter;
era tal su importancia que ninguna acción política se
emprendía sin su aprobación. Relacionado con el poder
de los relámpagos, Júpiter revelaba el futuro a los humanos mediante señales del cielo, como el clima o el paso
de aves. También se creía que podía alterar el curso de la
historia, motivo por el cual la celebración de ritos
regulares en su honor se consideraba crucial. La esposa
de Júpiter era Juno, considerada la protectora de las
mujeres y del matrimonio. La tercera deidad más importante era Minerva, de la que se contaba que había
surgido totalmente armada de la cabeza de Júpiter y que
representaba la sabiduría y el comercio. Otro dios
notable era el dios de la guerra, Marte, a quien inicialmente se asoció con la fertilidad, de ahí que preste su
nombre al mes primaveral de marzo. Jano, el dios de las
puertas, suele representarse con dos cabezas, una
mirando en cada dirección; asociado también con los
comienzos, de su nombre ha derivado el del primer mes
del calendario, enero. Neptuno es la versión romana del
dios griego Poseidón, dios del agua y protector de los
viajes por mar. A estas y a muchas otras deidades se les
rendía culto con regularidad, en los días especialmente
asignados a cada una de ellas. Se erigieron templos para
facilitar la adoración. En ellos se llevaban a cabo sacri-

CELTAS

ILIRIOS

LIGURES

Mar de Liguria

Pisa

Arretium
Volaterrae

Sentinum

Río Rubicon

Ariminum

Ancona

Mar Adriático

Etruria

Aurinia

Asculum

Volsinii

Hadria

Cosa

Nepet

Falerii

Volci

Caere

Tibur

Alba Fucens

ROMA

Praeneste

Ostia

Lacio

Interamna

Arpino

Lucera

Tarracina

Suesa

Saticula

Canusium

Capua

Benevento

Venusia

Cumas

Neapolis
(Nápoles)

Brindisi
(Brundisium)

Tarento

Metapontum

Mar
Tirreno

Córcega

Alalia (Aleria)

erdeña

Carales

Thurii

Rhegium

Locri

Panormus

CIUDADES

Lilibeo

Sicilia

Estrecho de Messina

Útica

GRIEGAS

Siracusa

Cartago

Cossyra

ficios. La expansión del mundo romano condujo inevitablemente a la inclusión de muchas otras formas de adoración, y los cultos como los rendidos a la diosa egipcia Isis y al dios del sol persa Mitra se aceptaban en la cultura romana.

El Imperio

El año 82 a. C., el teniente Sila conminó al Senado a proclamarlo dictador de Roma durante un periodo de diez años. La expansión de los romanos por el mundo conocido había hecho que la República confiara cada vez más en el poderío de sus ejércitos y, por consiguiente, de sus líderes. Las tensiones políticas y civiles habían aumentado hasta tal punto durante esta época que el malestar civil había desestabilizado la República y varios caudillos habían seguido el ejemplo de Sila, lo cual dio pie a una disputa por el control supremo. El más famoso de ellos era el político y estratega militar Julio César, quien en un principio había compartido el poder del Senado con los generales Pompeyo y Craso, formando un triunvirato. Pero César había utilizado algunos medios para dejar fuera de juego a sus dos iguales y en 44 a. C. confiscó para sí el control absoluto de Roma. Una conspiración

de los senadores republicanos liderada por Bruto puso fin al mandato de César asesinándolo. César había dispuesto que su sobrino Octavio heredara su título, pero el Senado lo sustituyó por Marco Antonio y provocó un descontento inevitable. Cuando Marco Antonio estableció una alianza demasiado íntima con la reina de Egipto, Cleopatra, Octavio aprovechó la coyuntura y derrotó a la pareja en la batalla de Accio, en 31 a. C., fecha que por tradición marca el principio del Imperio Romano. Octavio adoptó el nombre de Augusto, con una gran carga histórica y religiosa, y se autoproclamó «princeps», el primer ciudadano, título que dejaba entrever un estatus más democrático. No obstante, fue un gobernante absolutista y reinó sobre Roma como un auténtico emperador entre los años 27 a. C. y 14 d. C.

La época de Augusto se considera una época dorada. El Imperio continuó expandiéndose, los romanos por fin disfrutaron de estabilidad política y florecieron las artes y la cultura. Se dice que Augusto afirmó que «había encontrado Roma de ladrillo y la había dejado de mármol». A su muerte, fue divinizado y su sucesor, Tiberio, mantuvo la estabilidad que había heredado. Como no existía una ley definida sobre la sucesión, la posición de emperador era insegura; la política de alto nivel era tensa y a menudo sangrienta. Los sucesores inmediatos de Augusto, Calígula y Claudio, fueron asesinados, y el tiránico y paranoico Nerón acabó desterrado.

Hubo varios emperadores cuya labor fue destacable. Vespasiano (69-79 d. C.) es recordado por su contribución a la arquitectura de Roma y, en especial, por la construcción del Coliseo. El emperador Domicio mandó que los suelos y las paredes de su palacio se revistieran de un mármol muy pulido para poder detectar a posibles asesinos; pese a sus esfuerzos, fue asesinado en el año 96 de nuestra era. Marco Aurelio fue el emperador filósofo; pasó todo su reinado librando guerras en los confines exteriores de su Imperio y acabó muerto de agotamiento. El Imperio acabó por desmoronarse en el año 476, cuando Rómulo Augústulo fue depuesto por los bárbaros.

Izquierda: Anverso de un tetradracma romano del periodo de la dinastía Seléucida.

El nacimiento del cristianismo

Durante el reinado de Augusto, el Imperio impuso un control férreo sobre Palestina, sobre todo debido a la administración despiadada que ejercía en la zona Herodes, el rey cliente de Judea. Cuando Jesús de Nazaret, un carpintero judío, empezó a predicar al pueblo y a prometerle la salvación en el Reino de Dios recibió el apoyo popular. El mensaje que Jesús y sus doce apóstoles ofrecían atraía sobre todo a la gente corriente que sufría grandes penurias bajo la opresión. Muchos habían vaticinado la llegada de un Mesías. Sin embargo, los sacerdotes judíos tacharon las promesas de salvación hechas por Jesús de blasfemia y los romanos lo acusaron de sedición. Sus ataques a las clases privilegiadas y su influencia creciente hicieron que su figura se tornara impopular y acabaron en su arresto. Tras solo tres años de prédica, Jesús fue crucificado por las autoridades. Sus apóstoles afirmaron que se les había aparecido después de morir y les había instruido para que continuaran difundiendo el mensaje de Dios. A partir de entonces, la popularidad del cristianismo creció paulatinamente.

El Coliseo

Los romanos disfrutaban sobremanera con el espectáculo de los combates de gladiadores, motivo por el cual la mayoría de las ciudades romanas estaban equipadas con un anfiteatro o arena. El año 72, el emperador Vespasiano inició la construcción del Coliseo sobre el Domus Aurea de Nerón. Completado ocho años más tarde, el edificio podía albergar 80.000 espectadores y en su estructura subterránea cobijaba a los animales y las personas que actuarían en el ruedo central. Los juegos inaugurales duraron cien días con sus cien noches, durante los cuales murieron 5.000 animales. Los gladiadores eran prisioneros de guerra o esclavos condenados a luchar a muerte. El Coliseo era un ruedo político, además de deportivo; los animales exóticos y los extranjeros que desfilaban por él demostraban el poder y el alcance del Imperio en pleno corazón de Roma. También era el lugar en el que los insurrectos, y en concreto los cristianos, eran castigados brutalmente.

Arriba: El Coliseo, así llamado porque estaba situado junto a una estatua colosal de Nerón, se denominó en un origen el anfiteatro Flavio.

El ejército romano

El Imperio Romano no podría haberse expandido sin sus ejércitos disciplinados y organizados. Aunque el ejército romano cambió con el paso del tiempo, el patrón básico de organización se mantuvo inalterable. La fuerza terrestre estaba dividida en legiones integradas por unos 6.000 soldados. La unidad más reducida de una legión era el contubernio, compuesto por ocho hombres que compartían tienda y equipamiento. Cada diez contubernios formaban una centuria, dirigida por un centurión. Seis centurias componían una cohorte, la unidad básica de combate. Una legión contenía diez cohortes, la primera de las cuales estaba siempre integrada por soldados de elite al mando del mejor centurión de la legión. El símbolo del honor de la legión era el «aquila», un estandarte con un águila, y el hombre que lo portaba tenía un rango equiparable al del centurión. El comandante de la legión era el legado, quien contaba con la ayuda de seis tribunos militares que dirigían la legión en la batalla. Tanto el legado como los tribunos ocupaban escaños en el Senado. Al comienzo de la Segunda Guerra Púnica, Roma poseía el mayor ejército del Mediterráneo, integrado por seis legiones, con 32.000 hombres y 1.600 soldados de la caballería. A este se sumaban los 30.000 soldados de la infantería aliada y otros 2.000 de la caballería aliada. Equipadas con una variedad de armas que englobaba desde jabalinas hasta arcos de tiro y pesadas espadas, y respaldadas por una numerosa caballería, las legiones eran altamente eficaces. Su estructura de mando organizada garantizaba que las legiones podían poner en práctica rápidamente maniobras tácticas para derrotar al enemigo.

Pompeya

La ciudad de Pompeya, en la costa oeste, había sido colonia romana desde el año 80 a. C. Junto con su vecina Herculano, constituían puertos prósperos y florecientes. El año 63, Pompeya fue sacudida por un terremoto y en los años posteriores la ciudad destinó tiempo y dinero a reconstruir los muchos templos y villas que este había devastado a su paso. El 24 de agosto del año 79, el volcán Vesubio, situado al norte de la ciudad, hizo erupción. Plinio el Joven presenció la catástrofe y más tarde recogió sus observaciones en cartas que envió al historiador Tácito. Describió los terremotos que antecedieron a la

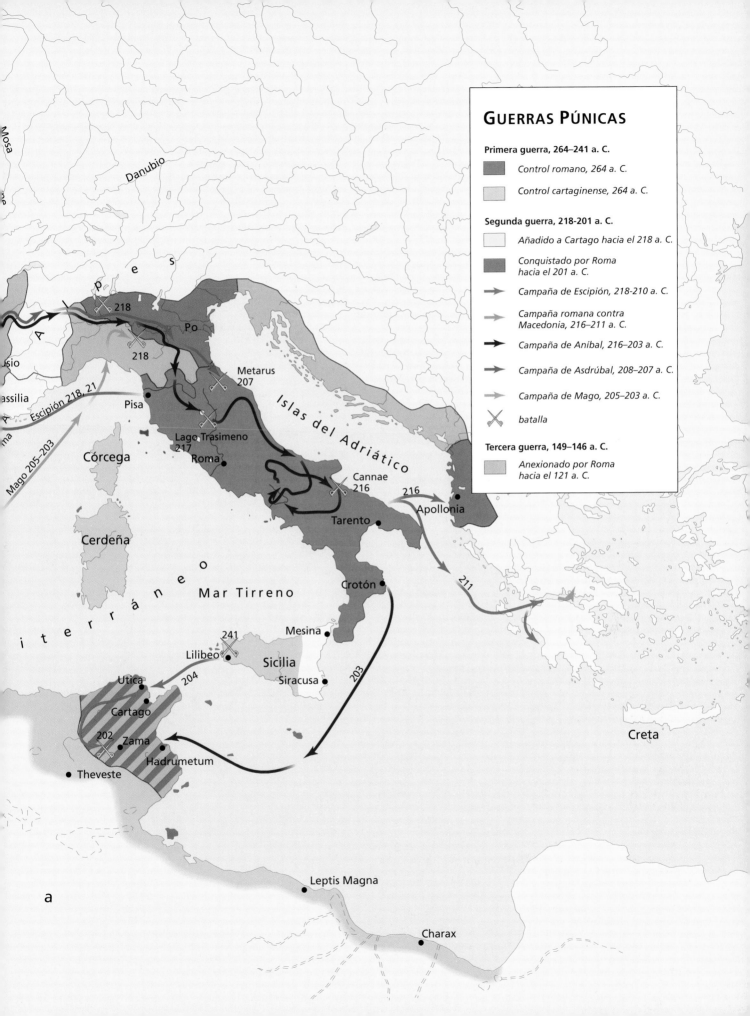

GUERRAS PÚNICAS

Primera guerra, 264–241 a. C.

Control romano, 264 a. C.

Control cartaginense, 264 a. C.

Segunda guerra, 218-201 a. C.

Añadido a Cartago hacia el 218 a. C.

Conquistado por Roma hacia el 201 a. C.

Campaña de Escipión, 218-210 a. C.

Campaña romana contra Macedonia, 216–211 a. C.

Campaña de Aníbal, 216–203 a. C.

Campaña de Asdrúbal, 208–207 a. C.

Campaña de Mago, 205–203 a. C.

batalla

Tercera guerra, 149–146 a. C.

Anexionado por Roma hacia el 121 a. C.

Mosa

Danubio

A l p e s

218

218

Po

Metarus 207

Pisa

Escipión 218, 21

Mago 205-203

assilia

sio

Córcega

Lago Trasimeno 217

Roma

Islas del Adriático

Cannae 216

216

Apollonia

Tarento

211

Cerdeña

Mar Tirreno

Crotón

i t e r r á n e o

203

Mesina

241

Lilibeo

Sicilia

Siracusa

Creta

204

Utica

Cartago

202 Zama

Hadrumetum

Theveste

Leptis Magna

a

Charax

erupción, la columna de humo de 32 km de altura, la caída de cenizas piroclásticas y los efectos del estallido en los habitantes. Unas dos mil personas fallecieron cuando aproximadamente tres metros de cenizas y piedra pómez al rojo vivo sepultaron Pompeya. Herculano, al sudeste del volcán, quedó enterrada bajo un río de barro volcánico. Aunque hubo emperadores que consideraron la reconstrucción de Pompeya, la ciudad fue abandonada finalmente y su ubicación cayó en el olvido hasta su redescubrimiento en el siglo XVIII.

Los bárbaros

El término «bárbaro» es de procedencia griega y alude a cualquier pueblo del norte de Europa, y en particular a los teutones, los escandinavos, los godos y los celtas. Para los griegos de la Antigüedad, y luego para los romanos, los bárbaros eran pueblos analfabetos, incultos e incivilizados. A medida que el Imperio Romano se expandía más allá de su centro en Roma, muchas de las tribus del norte de Europa empezaron a ejercer presión

Arriba: El templo de Apolo en Pompeya. La ciudad destruida permaneció enterrada y no fue descubierta hasta que se iniciaron las excavaciones en 1748.

en sus fronteras más remotas. Una frontera que planteaba especiales dificultades era la del Rin-Danubio, donde las tribus de la otra orilla lanzaban ataques sin tregua a las defensas romanas. En algunas zonas, los bárbaros recibieron la ciudadanía romana y hacia el siglo IV muchos fueron admitidos como soldados, en una «germanización» del ejército romano. Al armar a los bárbaros e intentar integrarlos en la cultura romana, los romanos permitieron que pueblos hostiles se infiltraran a gran escala en el Imperio occidental. Como resultado del contacto continuo con las fronteras del mundo civilizado, estos pueblos habían evolucionado de agricultores nómadas a culturas sofisticadas y civilizadas. Empezaron a establecer así nuevos reinos, como la Galia, y a afianzarse cada vez más contra un Imperio Romano que se desmoronaba.

Arriba: Un busto en las termas romanas de Herculano, ciudad que fue destruida junto con Pompeya por la erupción del Vesubio en el año 79.

La caída de Roma

El derrumbamiento del Imperio Clásico se prolongó durante varios siglos y se debió a diversas razones. Una de las fundamentales fue que el Imperio había alcanzado unas proporciones que a los romanos les resultaba difícil controlar. En las provincias exteriores, los militares y ciudadanos empezaron a adoptar las costumbres y prácticas locales, y muchos soldados decidieron abandonar el servicio militar en favor de la opción más pacífica de poseer una tierra. La presión de las fuerzas invasoras también contribuyó al debilitamiento del Imperio. Pequeñas tribus bárbaras hicieron causa común y formaron poderosas confederaciones. Los godos se unieron bajo un único líder y derrotaron al ejército del emperador Valente en la batalla de Adrianópolis el año 378, tras la cual los romanos no volvieron a derrotar a los godos.

La inmensidad del Imperio llevó a Diocleciano a dividirlo en dos partes (Este y Oeste) a finales del siglo III. Esta división causó varias guerras civiles. Los ejércitos debían lealtad en primer lugar a sus generales y luego a Roma, y los generales rivales los usaron para luchar por el poder imperial. Las intrigas políticas dieron pie a coronaciones y defenestraciones frecuentes de emperadores y, con ello, a gobiernos inestables cuyas consecuencias se hacían notar sobre todo en el pueblo llano, que buscó refugio en el cristianismo. En el año 313, los coemperadores Constantino y Licinio declararon el cristianismo la nueva religión del Imperio y otorgaron a los obispos cristianos grandes privilegios. Cuando Constantino derrotó a Licinio en 323 se convirtió en el gobernante único del Imperio y se autootorgó el título cristiano de Pontífice. Siete años después trasladó la sede de Roma a Bizancio, en Oriente, y rebautizó la ciudad con el nombre de Constantinopla. Roma se tornó cada vez más vulnerable a los ataques hasta que en el año 410 fue tomada por los visigodos y saqueada repetidamente. El fin del Imperio Romano de Occidente viene marcado por la deposición de Rómulo Augústulo en 476 por parte del germano Odoacro. El Imperio del Este se convirtió en el Imperio Bizantino y se mantuvo en pie hasta 1453.

La expansión de China

La unificación gradual de China, así como la fuerza y el poder crecientes de sus emperadores, marcaron el preludio de una época de expansión y crecimiento comercial.

Los Qin

Entre los años 403 y 221 a. C., China estuvo dividida en «estados enfrentados» que competían por el control. Había siete grandes contendientes y, entre 328 y 308 a. C., el estado de Qin, procedente del noroeste, empezó su ascenso y fue ampliando sus territorios. Poco a poco fue haciéndose con el poder sobre sus vecinos, hasta que en el 221 a. C. los Qin resultaron finalmente victoriosos al sojuzgar a todos sus oponentes y se convirtieron en gobernantes de China. El primer emperador que gozó de supremacía sobre una China unificada fue Zheng, quien se autoproclamó Qin Shi Huangdi, o primer emperador de la dinastía Qin.

Su dominio estuvo marcado por la instauración de una administración autoritaria que consolidó su poder por todo lo largo y ancho del inmenso país que se había anexionado. Implantó un gobierno legalista, una escuela de pensamiento que abogaba por el poder y la autoridad del Estado por encima del bienestar del pueblo. Qin Shi Huangdi aplicó con brutalidad el principio de que las personas debían estar regidas por un sistema estricto de recompensas y castigos. El antiguo sistema feudal de gobierno fue abolido y se implantó un sistema de prefectos controlados rígidamente por una burocracia centralizada. La población debía proveer de mano de obra a las colosales obras de construcción emprendidas y llenar las filas del ejército. La desobediencia civil era castigada sin piedad. Con todo, Qin Shi Huangdi fue el responsable de cambios en la infraestructura de China que serían de gran utilidad para los emperadores futuros y contribuirían al desarrollo del país. Se construyó un sistema de carreteras y canales para enlazar las ciudades y facilitar el paso de los administradores y mercaderes. Y se establecieron sistemas nacionales de pesos, medidas y escritura que facilitaron el

Abajo: En las fosas de la provincia de Shaanxi se han desenterrado más de 7.000 soldados de terracota, caballos, cuadrigas y armas.

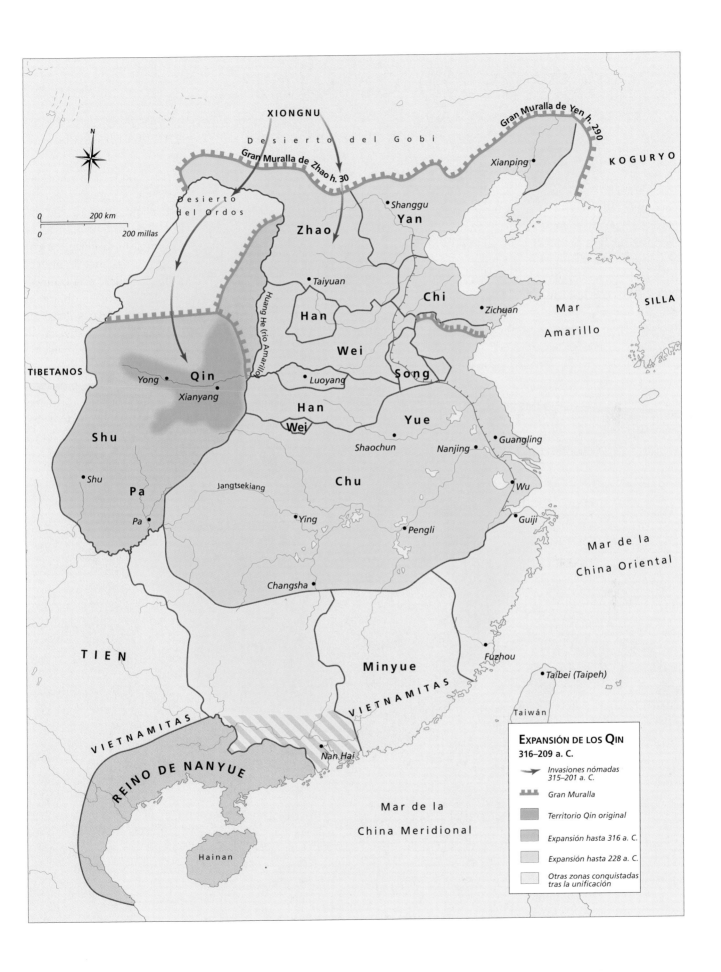

XIONGNU

Desierto del Gobi

Gran Muralla de Yen h. 290

Gran Muralla de Zhao h. 30

KOGURYO

•Xianping

N

Desierto
del Ordos

•Shanggu

Yan

0   200 km

0   200 millas

Zhao

SILLA

•Taiyuan

Chi

Mar

•Zichuan

Amarillo

Han

TIBETANOS

Wei

Yong •

Qin •

Luoyang •

Song

Huang He (río Amarillo)

• Xianyang

Han

Yue

Wei

Shu

Shaochun

Nanjing •

• Guangling

•Shu

Pa

Jangtsekiang

Chu

• Wu

• Ying

Pa •

Guiji •

Mar de la

• Pengli

China Oriental

Changsha •

TIEN

Minyue

Fuzhou •

•Taíbei (Taipeh)

VIETNAMITAS

Taiwán

VIETNAMITAS

REINO DE NANYUE

• Nan Hai

Hainan

Mar de la

China Meridional

EXPANSIÓN DE LOS QIN
316–209 a. C.

→ Invasiones nómadas
315–201 a. C.

Gran Muralla

Territorio Qin original

Expansión hasta 316 a. C.

Expansión hasta 228 a. C.

Otras zonas conquistadas
tras la unificación

La Gran Muralla

Quizá uno de los hitos más impresionantes de Qin Shi Huangdi sea la construcción de la Gran Muralla china. La erección de largas murallas no era ninguna novedad; de hecho, hay partes de la Gran Muralla que se levantaron en el siglo VII a. C., bajo el dominio Zhou, cuando los estados vasallos crearon sus propias murallas defensivas para delimitar sus territorios. La amenaza que suponían las tribus nómadas xiongnu en el norte de China alentaron a Qin a unir todas estas paredes para protegerse de los posibles invasores. Las murallas se extendieron luego más de 10.000 li o 5.000 km. Construida enteramente a mano usando solo piedra autóctona, la muralla serpentea entre montañas y desiertos. Se erigieron puestos para las guarniciones y torres vigía a intervalos, y la muralla no solo resultó útil como defensa sino que facilitó las comunicaciones por el territorio de los Qin. Al margen de su eficacia, la Gran Muralla tuvo un coste elevado para los súbditos de los Qin, tanto por lo que se refiere a los altos impuestos recaudados para financiar su construcción como a la pérdida de las vidas de muchos de los que participaron en ella.

El ejército de terracota

Qin Shi Huangdi había empezado a construir su mausoleo cerca de la capital, Xi'an, antes del año 221 a. C. Al fallecer en 210 a. C., fue enterrado en un inmeso complejo mortuorio en Lintong que contenía todo un ejército a tamaño real hecho de terracota. El ejército estaba integrado al menos por 8.000 guerreros y caballos, todos ellos dispuestos en varias formaciones de batalla, con los cuales Qin Shi Huangdi demostraba su poder y fuerza al entrar en la otra vida. Cada uno de los guerreros tenía una expresión y una pose únicas, y se cree que su elaboración corrió a cargo de un ejército de artesanos que emplearon moldes de las distintas partes del cuerpo y luego las unieron antes de imprimir rasgos individuales a cada uno de ellos. La tumba contenía asimismo objetos personales y joyas. Para garantizar que nadie pudiera saquearla, Qin Shi Huangdi mandó instalar ballestas

comercio. A pesar de estos cambios y de la brutalidad del régimen, la hostilidad y las tensiones regionales no desaparecieron y, al morir Qin Shi Huangdi, once años después de subir al poder, China volvió a quedar sumida en la guerra y el Imperio Qin cayó.

automáticas en la entrada, las cuales dispararían sobre los posibles asaltantes.

La dinastía Han

La muerte de Qin Shi Huangdi en 210 a. C. condujo a un breve periodo de guerra civil que concluyó en 206 a. C. con el ascenso al trono de la dinastía Han. Los Han se mantuvieron en el poder durante los siguientes 400 años y crearon uno de los mayores imperios de su tiempo. La dinastía Han Occidental, o dinastía Han Anterior, fue fundada por Liu Bang, quien ayudó a derrocar a los Qin y consolidó el proceso de unificación iniciado por estos. El sistema de administración centralizado se mantuvo bajo los Han, si bien en un princio hubo un cierto retorno al feudalismo, al entregar a los familiares y partidarios de la dinastía el control sobre feudos. Tal feudalismo sería abolido por Han Wudi, el primer emperador Han importante, quien gobernó entre los años 140 y 87 a. C.

Abajo: Una taza de oro perteneciente a un cargamento de la dinastía Tang encontrado por un cazador de tesoros sumergidos alemán. La colección se compone de 60.000 piezas.
Página anterior: Un fragmento de la Gran Muralla china, cuya longitud ronda los 6.700 km. Los distintos fragmentos de la muralla habían sido construidos por diversos gobernantes, pero fue bajo la dinastía Qin cuando todos ellos quedaron unidos para conformar la «gran» muralla.

Durante su mandato se reforzó el gobierno centralizado y se instauró un servicio civil para administrar los gobiernos provinciales recién fundados. El Estado asumió un papel vital en la economía y se hizo con el monopolio de artículos como el hierro, la sal y el alcohol. Wudi lideró un régimen mucho menos brutal que el de los Qin, bajo el cual el legalismo fue sustituido por el confucianismo como ideología dominante.

En la última fase de su gobierno, Wudi aplicó una política más expansionista y la China Han pronto englobó el norte y el sudoeste. Corea, Vietnam y Asia Central fueron colonizados, y esta expansión propició la apertura de rutas comerciales con Occidente. La capital de la dinastía Han Occidental se había fijado en Xi'an, pero, tras un breve interregno, fue trasladada a Luoyang, en el este, y pasó a ser conocida como dinastía Han Oriental o Posterior. Este último periodo, que se inició en el año 25, fue testigo de cómo los Han iban debilitándose al tiempo que las familias poderosas luchaban por entrar en la órbita de influencia de los emperadores. Tras una serie de levantamientos y una guerra civil, el Imperio Han tocó a su fin el año 220.

Las Rutas de la Seda

Los Han habían continuado luchando con las tribus xiongnu del norte y los prisioneros revelaron que era

posible llegar hasta unos pueblos conocidos como los kushan en la zona situada justo al norte de la India. Los kushan eran una tribu de ascendencia china afincada en el centro de Asia que había adoptado el budismo como religión y había recibido la influencia de la cultura helénica que existía en la región desde el reinado de Alejandro. Wudi, dispuesto a unirse a este pueblo en su campaña contra los xiongnu, envió expediciones exploratorias lideradas por Zhang Qian en el año 138 a. C. A su regreso, Zhang Qian trajo consigo artículos obtenidos a través de los lazos comerciales que había establecido durante su viaje y, de este modo, los Han abrieron el extremo chino a las rutas comerciales entre Asia Central y Europa. Los artículos que Zhang Qian importó eran altamente deseables, en especial la fuerte raza de caballos «celestiales» y un nuevo invento: el cristal.

El tránsito de caravanas a través de Asia Central era relativamente seguro y el intercambio de bienes entre China, Asia y con el tiempo Europa fue cobrando una importancia creciente. El comercio de productos chinos se amplió a Roma y poco a poco se introdujo en la cultura de Occidente, y viceversa. Esta vía comercial se apodó la Ruta de la Seda porque el artículo que más se exportó desde China fue la seda, un tejido desconocido en Occidente antes de la apertura de las rutas comerciales. Otros productos chinos, como las cerámicas esmaltadas, el marfil, el jade, las pieles y el té no tardaron en ganar popularidad y exportarse.

La calidad de los productos chinos era alta debido a los eficaces procesos de elaboración usados en el país. Los chinos habían inventado un método más eficaz de trabajar el hierro, con hornos capaces de arder a temperaturas más elevadas, gracias a lo cual se obtenía un hierro de mayor calidad. Dividían la mano de obra de modo que los artesanos se especializaban solo en un aspecto del proceso de producción, y con ello aumentaban la calidad y la cantidad. También fueron los inventores de la producción del papel. Sin embargo, por la Ruta de la Seda no solo transitaban artículos comerciales, sino que también se propiciaban los intercambios culturales y así el budismo se abrió camino hasta China.

Religión

La Ruta de la Seda desempeñó un papel crucial en la unificación de los imperios asiáticos. El budismo llegó a China en el siglo I procedente de la India y, aunque en un principio no gozó de popularidad, hacia el año 386 ya se había convertido en la religión dominante bajo la dinastía Wei. En la época de los Han, la religión en China estuvo influida en primer lugar por el culto a los ante-

pasados que había caracterizado la religión del país desde los Shang. La adopción del confucianismo añadió a este culto la importancia de observar rituales, sobre todo para rendir honores a los ancestros que intercederían con los espíritus celestiales en nombre de los vivos. El confucianismo también realzaba la relación simbólica entre el individuo y el Estado a través de la familia y sostenía que la conducta moral en la familia era la base de la sociedad. El budismo se oponía al confucianismo debido a que se centraba en la búsqueda de la iluminación del individuo, el nirvana, a través de la supresión de los deseos. El budismo enseñaba que hasta que el deseo no se extinguiera, los individuos continuarían renaciendo en el sufrimiento y deberían pagar por su «karma», o sus actos de la vida anterior, en la vida posterior. Cuando el budismo devino en culto religioso dominante, el confucianismo, en lugar de desaparecer, se convirtió en el principio de administración del Estado. El funcionariado que se había implantado bajo Wudi quedó finalmente atado por los ideales de Confucio, y se estableció un sistema de examen que requería a todos los futuros funcionarios que demostraran un conocimiento erudito de las enseñanzas de Confucio. Dicho sistema de examen estuvo vigente durante los siguientes 2.000 años.

La dinastía Tang

Los emperadores Tang

En 581, China fue reunificada por la dinastía Sui, que gobernó durante 36 años. Los Sui acabaron volviéndose impopulares por sus enormes gastos y por los medios tiránicos que empleaban para recaudar impuestos. Habían iniciado nuevas obras en la Gran Muralla y en el proyecto del Gran Canal, y a estas cabía añadir las costosas políticas de expansión hacia Corea y Vietnam.

Tras años de rebelión, los Sui fueron finalmente sucedidos por los Tang. En 624, Li Shimin convenció a su padre, Li Yuan, para que se rebelara y él mismo lideró el ejército victorioso. Li Yuan se convirtió así en el primer emperador Tang y acabó abdicando en favor de su hijo, que fue rebautizado como Tang Taizong. Bajo Taizong y otros primeros emperadores de la dinastía Tang, China se alzó como un país fuerte y centralizado cuyo imperio confiaba mucho menos en la aristocracia que en el funcionariado. En el año 690, Wu Zetian se convirtió en la cabeza de la dinastía, lo cual es importante porque fue la única mujer de la historia en ser proclamada emperador

(o emperatriz) de China. Bajo el emperador Xuanzong (685-762), China entró en una edad de oro cultural, con la aparición de la ópera china y el florecimiento de la poesía, la pintura y la escultura. La invención de la impresión mediante grabados de madera conllevó una mayor difusión de textos escritos, gracias a lo cual aumentó la tasa de alfabetización. La familia imperial también adoptó el budismo como religión oficial y, desde entonces, este pasó a formar parte permanente de la cultura china.

Rebelión

Con la creación de una imponente fuerza militar durante el siglo VII, los Tang empezaron a aplicar una política expansionista y el país creció a un nivel que no sería

Abajo: Este jarrón «Cizhou» con decoración de peonías datado en la época de la dinastía Song del norte es una rareza.
Página anterior: Una cantante de ópera cantonesa en plena actuación. La ópera china se remonta a la dinastía Tang, bajo el emperador Xuanzong, quien fundó el Jardín de las Peras, la primera compañía operística conocida de la China. La compañía vivía dentro de los confines del palacio imperial de Wu Han e interpretaba para deleite del emperador. Aún hoy a los profesionales de la ópera se les llama «Discípulos del Jardín de las Peras».

igualado hasta mil años después. Este inmenso imperio se tornó cada vez más difícil de controlar y en 755 estalló una rebelión a gran escala en el nordeste que debilitó gravemente a la dinastía Tang. El cabecilla de la rebelión fue An Lushan, un general militar del norte y, por lo tanto, sin ascendencia china, que había amasado una gran fortuna. An Lushan cosechó el éxito necesario para obligar a Xuanzong a abandonar la capital de Chang'an y se autoproclamó emperador de una nueva dinastía, pero en 757 fue asesinado por su propio hijo. La rebelión concluyó con la retirada de la ocupación china de la Asia Central, incluido el Turkestán y el Tíbet. También mermó la autoridad de los emperadores y devolvió el poder a las capitales de pronvicia y, en última instancia, a los generales militares y los caudillos que gobernaban estos puestos de avanzada.

Las Cinco Dinastías y los Diez Reinos

Durante la década de 870, una serie de revueltas campesinas a gran escala mermaron aún más el poder de los Tang. Finalmente, en 907, el último de los emperadores Tang fue depuesto. El periodo que siguió estuvo caracterizado por la agitación social y política. Una sucesión de dinastías efímeras gobernó el norte mientras una serie de caciques rivales establecían reinos y estados independientes en el sur. China acabó dividiéndose en diez regiones y no se reunificó hasta el ascenso de la dinastía Song en 960. Este periodo de desórdenes regionales y de disputas políticas constantes conllevó el declive de la clase aristocrática y otorgó una importancia creciente a las elites militar y mercantil. La economía se vio afectada por la corrupción existente y en muchas partes del país se volvió a instaurar el trueque. Mientras, la hambruna barría el norte de China.

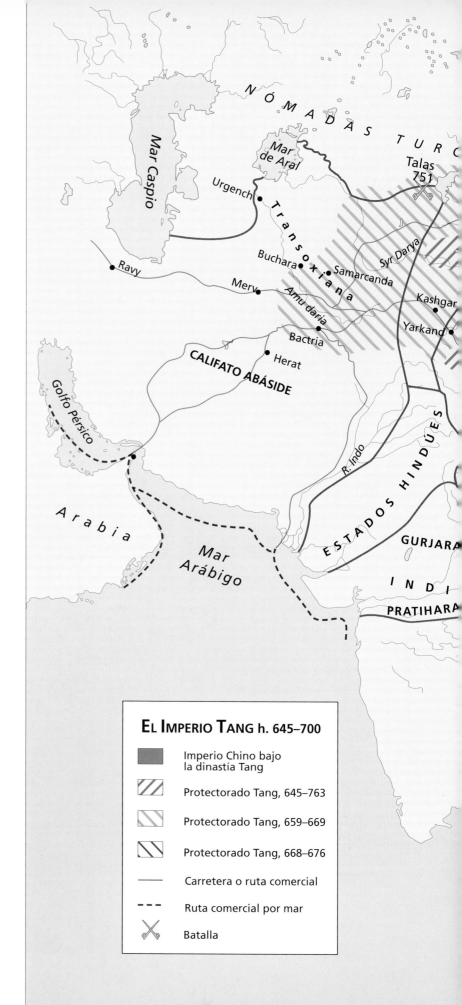

EL IMPERIO TANG h. 645–700

Imperio Chino bajo la dinastía Tang

Protectorado Tang, 645–763

Protectorado Tang, 659–669

Protectorado Tang, 668–676

Carretera o ruta comercial

Ruta comercial por mar

Batalla

Karakorum

KHITAN

KOGURYO

Mar del
Japón

V I G U R O S

ucha

Turfan

Hami

Sha-chou

Charkhlik

PERIO TIBETANO

Lhasa

SILLA

Kaesong

J
A
P
Ó
N

Jojun
(Pekín)

Wei Zhou

Huang He

Mar
Amarillo

Chang'an

Luoyang

Mar de la
China Oriental

Hangchou

Chengdu

C   H   I   N   A

Chang Jiang

NAN
CHAO

Cantón

Ganges

Tamralipti

Golfo de Bengala

P Y U

MON

Mar de la
China Meridional

DVARAVATI

JEMER

N

IMPERIO
SRIVIJAYA

0   400 km

0   400 millas

Europa en la Alta Edad Media

El turbulento periodo que siguió a la caída del Imperio Romano cambió Europa por completo. Durante esta época se sembraron las semillas del continente actual.

Europa después de Roma

Conocido como la Alta Edad Media o «la Edad de las Tinieblas», este periodo posterior al declive de Roma se caracterizó por un retroceso en los progresos culturales de los siglos precedentes. La sustitución del gobierno romano por las tribus germánicas, como los godos y los vándalos, cambió la faz de Europa. Estos pueblos fueron el origen de los grandes grupos culturales de la Europa posterior: los franceses, los escandinavos, los germanos y los ingleses. Las tribus germánicas procedían de los pueblos que vivían junto a la costa báltica en el I milenio a. C. y que a mediados del siglo III d. C. emigraron a la zona del mar Negro, en el sur de Rusia. En 375, una invasión huna las obligó a avanzar hacia el oeste y a adentrarse en territorio controlado por los romanos. La presión que ejercieron propició el fin del Imperio Romano de Occidente.

Los hunos habían sido responsables de muchas migraciones en el centro y el este de Asia. Eran nómadas guerreros descendientes de las tribus xiongnu del norte de China, contra las cuales las dinastías Zhou y Qin ha-

bían erigido su Gran Muralla. Habían aterrorizado a las tribus vecinas con sus habilidades marciales, en especial con su uso de los caballos para lanzar ataques de la caballería. En su expansión hacia el oeste habían colaborado con otras tribus, como los pueblos turcos y los ávaros, conquistando territorios y poder. Alrededor del siglo IV, los hunos negros de Europa se habían asentado en la zona al norte del Danubio, en la Europa del Este, en lo que posteriormente sería Hungría. Bajo el mando de Atila (406-453), los hunos hacían incursiones regulares en el oeste, incluida Italia, arrasando grandes áreas pobladas. Tras la muerte de Atila, los hunos empezaron a decaer y a dispersarse. Paralelamente, los pueblos germánicos empezaron a expandirse y acabaron por dominar la zona.

Las tribus germánicas

Tres grandes grupos de tribus germánicas habitaban al norte de los Alpes. Las tribus del norte residían en la zona sur de Escandinavia; las del este vivían junto a los ríos Oder y Vístula, y las del oeste cubrían la zona entre el mar del Norte y los ríos Rin y Elba. En un principio, el grupo más importante era el de los godos, que habían avanzado hacia el sur desde Escandinavia y se habían asentado en la región del Vístula. Hacia el siglo III se escindieron en dos confederaciones muy distintas: los ostrogodos y los visigodos. Al emigrar hacia el sur y el este y entrar en contacto con la cultura romana, sus sociedades se desarrollaron y formaron monarquías además de clases aristocráticas. Los visigodos fueron los primeros en migrar a Italia; en 410 apresaron Roma antes de proseguir su avance hacia el oeste para afincarse en España y proclamar Toledo su capital. En el sur de la

Galia establecieron un reino independiente: Tolosa. Los ostrogodos, liderados por Teodorico el Grande, invadieron Italia en 489, donde construyeron su propio reino corto pero civilizado junto a los romanos. Los godos se contaron entre los primeros cristianos y a ellos debemos la primera traducción de la Biblia a una lengua germánica. Se mostraron dispuestos a integrar los estilos de vida romanos en los suyos propios, si bien esta voluntad de asimilación de otras culturas fue una de las razones de la efímera vida de sus reinos.

Los vándalos, un grupo de tribus que habían emigrado al sur a través de la Galia y España, llegaron finalmente al norte de África y en 439 conquistaron Cartago. Establecieron allí un gobierno monárquico y despótico y fundaron una clase dirigente de nobles, borrando con ello todo vestigio de la administración romana. En el año 534 fueron finalmente destituidos por el general bizantino Belisario.

Los pueblos germánicos que tuvieron menos éxito contra Roma en un principio fueron los francos. Se trataba de un conjunto de pequeños grupos tribales procedentes de la región baja del Rin que formaron una confederación. Los romanos habían pactado con los francos su asentamiento en territorios acordados y estos pronto pasaron de ser sociedades militares móbiles a comunidades permanentes. Al principio se aliaron con Roma y ayudaron a los romanos en su lucha contra los hunos y los visigodos. Pero el primer rey franco importante, Clodoveo, se volvió contra Roma en 486 y obtuvo su independencia. Los francos se convirtieron en la única tribu romana que llegó a dominar Europa, creando un imperio que duró hasta el final del siglo IX.

Los francos

El primer logro de Clodoveo había sido unificar a los caciques rivales que ocupaban los valles del Rin. Su derrota del gobernante romano Siagrio en 486 estuvo seguida por una serie de victorias sobre otras tribus germánicas en la Galia, incluidos los borgoñones y los visigodos en Aquitania. En el año 493, Clodoveo contrajo matrimonio con la princesa borgoñona Clotilda, quien lo convirtió al cristianismo. Esta conversión fue fundamental para que Clodoveo se ganara el apoyo de los romanos, los bizantinos y los

Arriba: Clodoveo I, quien amplió el reino merovingio hasta englobar gran parte de la Galia y el sudoeste de Alemania.
Página anterior: Una ilustración temprana de una escena de arada.

galos, quienes le ayudaron a consolidar la hegemonía franca en la región. Clodoveo y su dinastía Merovingia establecieron su capital en París, que se convirtió en la tercera ciudad cristiana más importante tras Roma y Constantinopla. Los merovingios fundaron su imperio a base de conquistas, en lugar de colonizaciones, y la administración gubernamental estaba escasamente centralizada. Para conservar el control, el rey ofreció tierras a varios nobles, quienes, adoptando el término latino para jefe, «dux», empezaron a ser conocidos como duques. Estos ducados se tornaron sumamente poderosos y una familia en particular empezó a dominar el reino franco: la familia Carolingia. Los carolingios acabaron haciéndose con la corona de los merovingios en 751, con la autorización del Papa, que para entonces se había convertido ya en una figura política importante. Con su bendición, Pipino el Breve fue proclamado rey de los francos.

Los grandes imperios de la Alta Edad Media

Nuevos imperios surgieron a ambos extremos del antiguo Imperio Romano. Carlomagno estableció una nueva unidad en Occidente mientras que en Oriente nació Bizancio.

Carlomagno

El primogénito de Pipino el Breve, Carlomagno o Carlos el Grande, fue tal vez el emperador franco más importante. En un principio compartió su reino con su hermano Carlomán, pero la muerte de este apenas tres años después de su ascenso al trono convirtió en 771 a Carlomagno en el único gobernante de un reino unificado. Inició entonces una campaña de conquistas de los países que habían demostrado ser una amenaza constante tanto para los francos como para la Iglesia de Roma. Conquistó Lombardía en 774 y en el año 804 se proclamó al fin vencedor sobre los sajones, una poderosa

Abajo: Coronación de Carlomagno como rey de Lombardía en 774.

tribu germánica que había permanecido ajena al cristianismo. La batalla con Sajonia había sido larga y brutal, y se saldó con el bautismo forzado del líder sajón, Wittekind. Carlomagno no mostró piedad con quienes se negaron a convertirse en los nuevos territorios y se tomó como una empresa personal la consolidación de Europa como un imperio cristiano bajo Roma.

Se dirigió entonces contra los musulmanes de España, que habitaban en la región desde 711, liderando una cruzada a través de los Pirineos en 778. Carlomagno no logró expulsar a los musulmanes, si bien sí consiguió crear una especie de barrera en los Pirineos, entre España y las tierras francas. La derrota de los palatinos de Carlomagno en el desfiladero de Roncesvalles quedó inmortalizada en la canción de gesta medieval titulada *La canción de Roldán*. Carlomagno había logrado establecer la hegemonía cristiana en toda la Europa Central y en el año 800 fue recompensado por la Iglesia con una coronación imperial en Roma. Carlomagno se convirtió así en el primer emperador de la Roma Occidental desde Rómulo Augústulo, si bien en su tiempo esta posición solo podía designarla la Iglesia. La concesión del título de emperador por parte del Papa ejerció una presión en la relación entre la Iglesia y el Estado que aumentaría con el transcurso de los siglos. Carlomagno, que era reacio a demostrar una deferencia excesiva hacia el Sumo Pontífice, renunció en un principio a utilizar formalmente su nuevo título. No obstante, tanto él como la efímera dinastía que fundó, la dinastía Carolingia, se convirtieron en los primeros emperadores del Sacro Imperio Romano (Federico Barbarroja añadió el «sacro» en el siglo XII), un puesto que se mantuvo hasta los inicios del siglo XIX.

La reinstauración de un emperador del Imperio Romano de Occidente molestó al Imperio de Oriente, con sede en Constantinopla, que, pese a ser cristiano, no mantenía buenas relaciones con Roma. El nuevo emperador logró establecer Europa como un estado independiente de Bizancio y logró el reconocimiento de Constantinopla en 812. El gobierno de Carlomagno

ISLANDIA

N

EUROPA h. 1000

Mar de Noruega

Mar del Norte

PUEBLOS FINESES

NORUEGA

SUECIA

○ Ladoga

○ Nóvgorod

○ Uppsala
○ Birka

○ Pskov

Mar Báltico

A NORUEGA

CONDADO DE LAS ORCADAS

ESCOCIA

DINAMARCA

Roskilde ○   ○ Lund

PUEBLOS BÁLTICOS

ESLAVOS

REINOS
IRLANDESES
Dublin ○

○ York

Cork ○

ESTADOS
DE GALES   INGLATERRA

Londres ○

Hamburgo ○
Bremen ○

Rin

Aquisgrán ○

RUSIA
DE KIEV

○ Kiev

P O L O N I A

Wloclawek ○

○ Colonia

○ Cracovia

○ Frankfurt

REINO DE
ALEMANIA

HUNGRÍA

○ Neutra

PECHENEGOS

Lorch ○

*OCÉANO
ATLÁNTICO*

Rouan ○   ○ París

○ Orleans

F R A N C I A

Besançon ○

BORGOÑA

○ Lyón

Mosaburg ○

*Golfo de
Vizcaya*

Burdeos ○

○ Milán

○ Venecia

Danubio

○ Varna

CROACIA

○ Nish

B U L G A R I A

Coruña ○

Bayona ○

LEÓN

CASTILLA

NAVARRA

ARAGÓN

ESTADOS
MUSULMANES

○ Barcelona

Génova ○

REINO DE ITALIA

Mar Adriático

Avñón ○

○ Niza

Fraxinetum

○ Tarragona

○ Filipópolis

Adrianópolis ○

IMPERIO BIZANTINO

Córcega

Roma ○

Estados Papales

Pr. de Benevento

○ Bari

Tesalónica ○

○ Toledo

EMIRATO DE CÓRDOBA

○ Valencia

Islas Baleares

Sevilla ○

Cartagena ○

Condado de Capua

Nápoles ○

Salerno ○

Mar Egeo

○ Smyrna

Cerdeña

Palermo ○

Mar   Mediterráneo

Sicilia

Malta

Candía ○

Creta

Sétif ○

Túnez ○

F A T I M Í E S

Kairuán ○

Trípoli ○

Ariba: El circo y el hipódromo de la Constantinopla cristiana (alrededor del año 500).

señaló el inicio de una unión entre los territorios germánicos y Roma, trajo la paz entre el norte y el sur de Europa y estableció las bases de un continente europeo. Otro hito del imperio fue acuñar un renacimiento cultural. Bajo Carlomagno se erigieron iglesias y catedrales y florecieron las manufacturas y el comercio. Se promovieron la educación y las artes, y se instituyó el latín como lengua escrita y hablada oficial del Gobierno y el culto religioso. Este Renacimiento carolingio suele considerarse el fin de la Edad de las Tinieblas en Europa.

Bizancio

La Europa de principios de la Alta Edad Media estaba dividida en dos grandes imperios, los francos al norte y el antiguo Imperio Romano de Oriente, o los bizantinos, al sur. La mitad oriental del Imperio Romano seguía supeditada a los sucesores de Constantino y se mantuvo como un imperio hasta el siglo XV. La cultura bizantina contaba con tres grandes influencias: romana, helénica y asiática. Al principio, la influencia de Roma procedió de los sucesores de Constantino, sobre todo durante el reino de Justiniano (527-565), quien intentó restaurar un estilo romano clásico. Varias campañas militares exitosas lideradas por el general Belisario se saldaron con la reconquista del norte de África, España e Italia. Justiniano recopiló el Derecho romano, garantizando que todas las leyes quedaran registradas en forma de publicación. Su *corpus juris civilis* contribuyó a la posterior formación de muchos de los sistemas legales civiles y eclesiásticos europeos.

Fue durante el reinado de Heraclio (610-641) cuando la influencia helénica superó a la romana y Constantinopla fue declarada capital de un imperio cristiano grecoparlante. Los griegos habían sido los pueblos dominantes en la región de Asia Menor y su idioma se convirtió en la lengua oficial del Gobierno, desbancando al latín en la segunda mitad del siglo VI. Heraclio había sido una figura clave para reconquistar Jerusalén a los persas, contra los que combatió durante gran parte de su reinado. No obstante, a su muerte, Bizancio cayó bajo la amenaza de las fuerzas del islam, que se habían ido extendiendo hacia el este adueñándose de Palestina, Siria y Persia. Pese a que Bizancio era cristiana, la influencia de sus fronteras orientales dio lugar a una desunión religiosa. Durante los siglos VIII y IX, en el periodo conocido como Iconoclasia, varias facciones se enfrentaron por el uso religioso de imágenes y su lucha debilitó el Imperio, que perdió territorios a manos de los árabes.

Bajo el reino de un emperador macedonio, Basilio II, el Imperio se amplió por última vez con la conquista de Bulgaria el año 1015. En el siglo XI, el emperador Alejo I se vio obligado a solicitar la ayuda del papado al quedar Bizancio asediada por los turcos selyúcidas. Aquel asedio dio lugar al inicio en 1096 de la Primera Cruzada. El Imperio Bizantino y Constantinopla quedaron debilitados de forma irreversible por la serie de Cruzadas sagradas que siguieron, y cuando en 1453 los turcos otomanos atacaron Constantinopla, los griegos no fueron capaces de hacerles frente. Su último emperador, también llamado Constantino, murió luchando contra los turcos en las murallas de su ciudad.

Los albores de la sociedad europea

La peste bubónica

Entre 541 y 544, un brote de peste bubónica se extendió por el norte de África y el sur de Europa. Se calcula que hacia el año 590 se había cobrado la vida de un 25 por ciento de la población mediterránea. Conocida como la Peste de Justiniano, es la primera enfermedad pandémica de la que se dejó registro. Las bacterias atacantes fueron transportadas por ratas infestadas de pulgas que pasaron de África a Constantinopla y, de allí, a la cuenca del Mediterráneo a través de la ruta comercial del Nilo que unía el puerto egipcio de Alejandría con el este de África. La peste no se extendió al norte de Europa debido a la carencia de lazos comerciales con el sur del continente. En cambio sí azotó con toda su fuerza al corazón del Imperio Bizantino, Constantinopla.

En opinión de historiadores contemporáneos como Procopio, el asesor legal de Belisario, la epidemia segaba la vida a 10.000 personas al día en Constantinopla. La peste dejó tras de sí todo un reguero de problemas: la eliminación de los cadáveres fue especialmente peliaguda, ya que nadie podía ni quería realizar esta tarea. Los cadáveres eran incinerados, abandonados en las calles o se descomponían en las casas, propagando aún más la enfermedad. La hambruna no tardó en hacerse presa de la población y debilitar todo el Imperio.

El feudalismo

La sociedad de la Europa posclásica se organizaba en «feudos». El monarca otorgaba tierras a sus barones y obispos más destacados a cambio de su lealtad y de la entrega de una dotación de soldados para el ejército real. Estos nobles a su vez dividían el feudo entre nobles inferiores que se convertían así en sus vasallos. El estamento inferior de la escala social estaba ocupado por los campesinos o siervos. Los últimos emperadores romanos, como por ejemplo Diocleciano, habían gravado elevados impuestos, lo cual había generado una clase económicamente deprimida y había obligado a antiguos terratenientes a servir a sus vecinos más pudientes. Los campesinos trabajaban la tierra y producían los bienes que necesitaban el señor y su heredad. Aparte de los fuertes impuestos que pagaban, estaban obligados a entregar al señor feudal gran parte de su cosecha. A cambio de vivir y trabajar en sus tierras, el señor-vasallo ofrecía protección a sus campesinos, si bien eso solía implicar ejercer la justicia sobre ellos. La construcción de fortalezas o castillos constituía tanto un centro burocrático para el feudo como un medio de protección para muchos de sus siervos. El castillo permitía controlar la zona circundante y, en caso de conflictos con señores rivales, ofrecía refugio al noble residente.

La sociedad feudal dependía de los contratos y juramentos establecidos entre los nobles y los vasallos, quienes proporcionaban apoyo militar a la nobleza a cambio de sus parcelas de tierra. Este sistema feudal entró en declive durante el siglo XIV, cuando, tras la introducción del dinero, los reyes pudieron contratar mercenarios y pagar a soldados profesionales. Tener un ejército de infantería independiente era más eficaz para los gobernantes que confiar en unos nobles que por lo general se mostraban poco cooperantes.

Abajo: Un penique con Coenwulf, rey de Mercia (796-821), uno de los ocho únicos peniques de oro anglosajones encontrados hasta el momento.

Religiones del nuevo mundo

Las grandes religiones del mundo actual (el cristianismo, el hinduismo, el islam y el judaísmo) empezaron a desarrollarse y ampliar sus horizontes.

El islam

El fundador del islam fue el profeta Mahoma. Nacido en el seno de una familia pobre en el centro comercial árabe de la Meca alrededor del año 570, fue mercader antes de casarse con una viuda acaudalada. A los 40 años, Mahoma empezó a predicar una nueva religión que era una revisión del judaísmo y del cristianismo, pese a estar conectada con estas, y tenía un mayor atractivo para el pueblo árabe. Mahoma atacó la superstición y la idolatría que en su opinión corrompían a las otras grandes religiones. Como base de sus enseñanzas empleó el libro sagrado del Corán, afirmando que era la palabra de Dios tal como se la había revelado el ángel Gabriel. Exhortó a sus discípulos a llevar una vida piadosa y moral, respetando a un Dios todopoderoso, justo y misericordioso. La misericordia de Dios se obtenía mediante la oración, el ayuno y la limosna. El término «islam» es una traducción de la frase «sumisión a la voluntad de Dios». En un principio, las enseñanzas de Mahoma fueron vistas con recelo por los comerciantes de la Meca, a quienes preocupaba la popularidad creciente del islam. Las persecuciones a las que fue sometido obligaron a Mahoma y sus seguidores a huir a Medina en 622, una migración o «hégira» que marcó el principio de la era islámica. En Medina, Mahoma consolidó su poder, librando una guerra en la Meca de la que emergió victorioso. En 630, la Meca fue obligada a aceptar el islam y el último peregrinaje de Mahoma a ella, en 632, la confirmó como el corazón de la religión. Cuando la muerte le llegó a Mahoma en 632, el islam se había extendido por todo el centro y el sur de Arabia.

La expansión del islam

Durante los siguientes cien años, el islam se propagó hasta el norte de la India por el este y hasta España por el oeste. Esta expansión se vio facilitada por la labor de los ejércitos árabes que conquistaron las tierras previa-

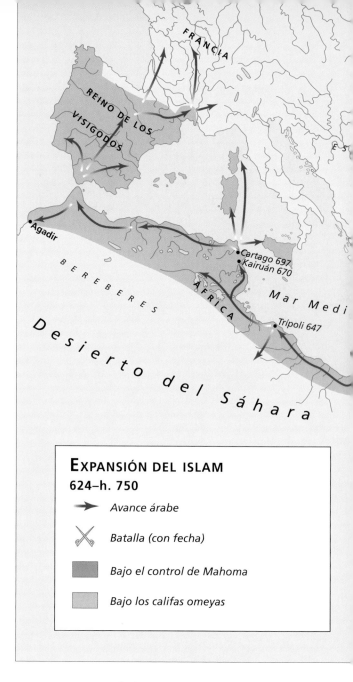

EXPANSIÓN DEL ISLAM
624–h. 750

→ Avance árabe

✕ Batalla (con fecha)

▨ Bajo el control de Mahoma

▨ Bajo los califas omeyas

mente en manos de los Imperios Bizantino y Persa. La sucesión de Mahoma, el llamado Califato, se inició con el gobierno electo de su yerno, Abubéquer, quien, tras aniquilar a sus rivales, tomó Persia, Iraq y Palestina. En 636, el segundo califa, Omar, derrotó a los bizantinos en Damasco y pudo adentrarse en Mesopotamia y Anatolia. Desde Persia, bajo la dinastía de califas Omeya, el islam se extendió hacia el este, conquistando Kabul en 664 y el norte de la India en 712. La marcha hacia el oeste se había iniciado tras la caída de Damasco en 636 con la conquista de Alejandría y Egipto en 643 y de Cartago en 698. Hacia el año 711, los ejércitos musulmanes se habían abierto camino en España desde el norte de África e intentaban hacer lo propio en Francia. Las divisiones políticas hicieron que ningún imperio musulmán unificado controlara esta inmensa región durante mucho

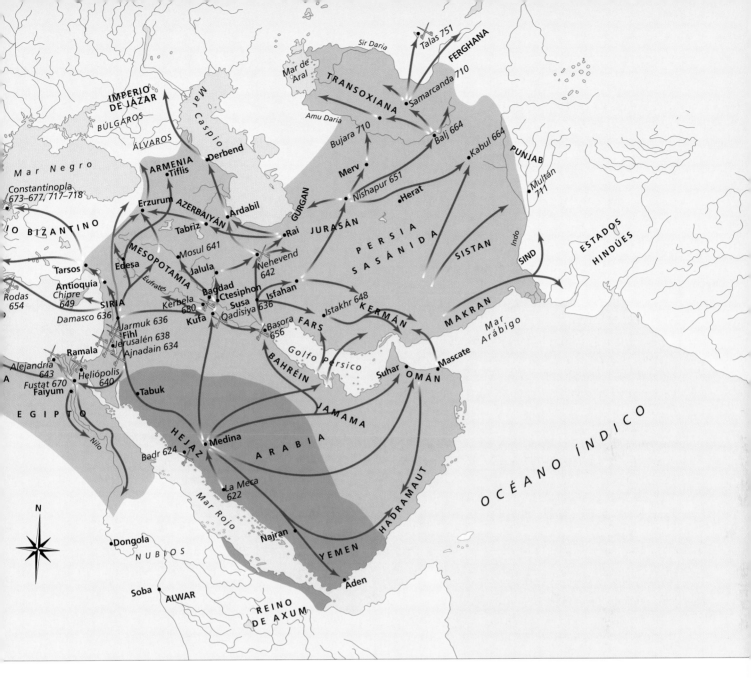

tiempo. Sin embargo, la religión permaneció inamovible y prosiguió su expansión, si bien fracturada en dos facciones claras: los chiíes y los sunníes.

Los califas

El término «califa» significa «vicario de Dios» y se aplica a los gobernantes del islam posteriores a la muerte de Mahoma. Los primeros califas fueron electos, pero hacia el año 644 se percibieron ya tensiones políticas provocadas no por disputas territoriales sino por desacuerdos acerca de la interpretación del Corán. En 656, una revuelta se saldó con la muerte del califa Otmán y la elección de su rival, Alí. El gobierno de Alí fue mal acogido por los partidarios de Otmán y, en concreto, por el gobernador de Siria, Moavia. Con el asesinato de Alí en 661, Moavia se hizo con el control del califato y trasladó

su capital a Damasco. La dinastía de los Omeya retuvo el control del Imperio Islámico hasta el año 750, cuando fue sustituida por la dinastía Abasí y la capital se estableció en Bagdad. Los abasíes afirmaban descender del tío de Mahoma y reclamaban ser los herederos legítimos del Califato. Pese a ello, se establecieron califatos rivales en Córdoba y El Cairo.

Este problema de sucesión derivó en una división del islam en dos facciones. Quienes reconocían la legitimidad de los primeros califas y las tradiciones de Mahoma representaban el islam ortodoxo y pasaron a ser conocidos como sunníes. El otro gran grupo de musulmanes eran los chiíes, partidarios de Alí y de sus descendientes. A pesar de que los chiíes son minoría, en la actualidad representan a la mayoría de los musulmanes en países como Irán e Iraq.

Primer cristianismo

Siguiendo la vida y la muerte de Jesús, y la creencia de sus discípulos en su resurrección de entre los muertos, la fe cristiana fue extendiéndose por todo el Imperio Romano. Las conversiones continuaron pese a la amenaza de la persecución, en parte porque constituían un rechazo al gobierno de los emperadores. Hacia el año 313, el emperador Constantino, consciente de la expansión del cristianismo, se convirtió al mismo y, con él, convirtió a su Imperio mediante el Edicto de Milán. Este acto confirmó y reforzó la autoridad de la Iglesia cristiana, en especial en Roma. El Concilio de Nicea, celebrado en 325, sirvió para calmar las disputas entre las distintas formas de cristianismo y, en concreto, para tildar de herejes a los cristianos arrianos, quienes negaban la divinidad de Jesús. Los arrianos postulaban que Jesús era un simple humano, no Dios, capaz del bien y el mal, mientras que en el concilio se decidió que Jesús fue a un tiempo Dios y hombre. Esta postura se convirtió en el eje central de las doctrinas posteriores de las iglesias romana, griega, anglicana y protestante.

Mientras se expandía, el cristianismo evolucionó en distintas sectas con creencias y prácticas diferentes, lo cual llevó a la Iglesia a organizarse en obispados con centros ecuménicos de control en Roma, Constantinopla, Alejandría, Antioquía y Jerusalén. La decadencia del Imperio Romano de Occidente y la pujanza del islam en un principio amenazaron a la Iglesia cristiana con la desintegración. Alejandría, Jerusalén y Antioquía cayeron bajo la influencia del islam, y Constantinopla era atacada mientras Roma se veía amenazada por los godos invasores. La religión sobrevivió merced a la obra de los misioneros cristianos. En Egipto, los cristianos coptos difundieron su fe por la zona norte del valle del Nilo, hasta Nubia y Etiopía, y en el siglo VI los misioneros celtas llevaron el cristianismo por el norte de Europa, convirtiendo a todos los pueblos, salvo a los sajones. Los nestorianos persas aunaban a millones de cristianos de toda Asia, hasta la India, donde el apóstol Tomás había fundado la Iglesia de santo Tomás, y hacia el oeste hasta China. Los nestorianos iniciaron su declive

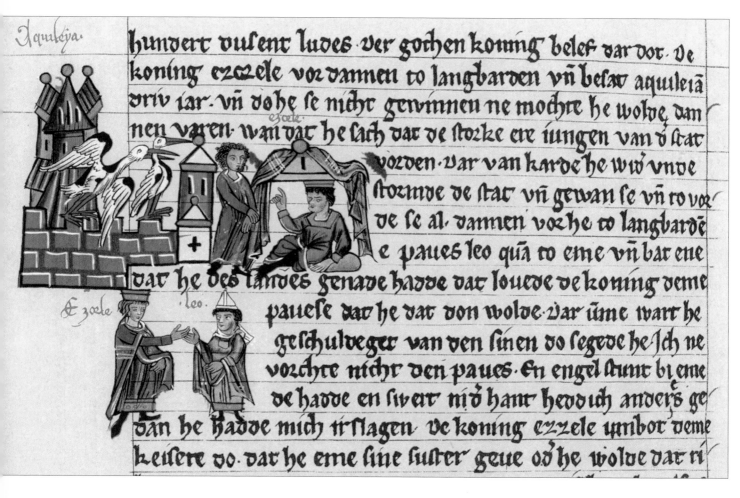

tras las Cruzadas, con el aumento de las persecuciones como represalia de los musulmanes; hacia el siglo XV, el cristianismo en Asia había desaparecido casi por completo.

El papado

El título de Papa no se utilizó hasta el siglo IV; hasta esa fecha este cargo lo ocupaba el «obispo de Roma». El primer papa fue el apóstol Pedro, quien murió mártir en Roma en el año 67. A partir de ese momento, los papas reclamaron la autoridad de representar a Cristo en la Iglesia y se convirtieron en los gobernantes de toda la Cristiandad. Durante los cinco primeros siglos de cristianismo, los obispos de Roma habían compartido el liderato de la Iglesia con otros obispados del Imperio de Oriente, pero cuando estas antiguas iglesias cayeron en manos de la expansión del islam, Roma se autoproclamó el centro de la Iglesia cristiana. El primer Papa importante fue León I (440-461), quien defendió Roma con éxito de Atila «el Huno» y de los vándalos. Uno de

Página anterior: Reimpreesión de un manuscrito con una ilustración del papa León I durante su encuentro con Atila el Huno, en el cual el Papa persuadió a Atila de no atacar Roma.
Arriba: La cúpula dorada de la Roca, las murallas de la Antigua Ciudad y un cementerio musulmán vistos desde el monte de los Olivos, en la parte este de Jerusalén, Israel.

sus sucesores, Gregorio I (590-604), reformó los sistemas y los rituales de la Iglesia y dio nombre a los cantos gregorianos. La Iglesia, liderada por el papado, cobró fuerza, en parte debido a que las iglesias del creciente Imperio Franco y las atenazadas por la invasión islámica se pusieron bajo su protección. El otro gran centro de la Cristiandad era Constantinopla, donde la práctica del culto había empezado a diferir de la de los cristianos occidentales. En 1054, el cristianismo se escindió en dos formas: el catolicismo en la Europa Occidental y la ortodoxia en la Europa del Este, Rusia y el oeste de Asia.

Después de 1059, los papas fueron elegidos por el Colegio de Cardenales y ejercieron su autoridad sobre grandes zonas de Italia, los llamados Estados Pontificios.

GALIA

ESPAÑA

Cartago

E u r o p a

Roma

Mar
Negro

Atenas

A n a t o l i a

Corinto

Antioquía

Tíra

Mar Mediterráneo

EGIPTO

Á f r i c a

Desierto del Sáhara

Mar Rojo

A r a b

Gracias a su riqueza y al hecho de que eran los soberanos de la Europa cristiana, los papas ejercían un importante poder político, que acabó generando tensiones con algunos gobernantes europeos.

Judaísmo

Orígenes

La fe judía se inició en la Edad de Bronce en la región de Mesopotamia, donde unas cuantas tribus se diferenciaron del resto por su creencia monoteísta o culto a un solo dios. Según sostiene la tradición, el primer patriarca de la religión fue Abraham, con quien Dios había acordado una alianza sagrada según la cual Dios reconocería a su pueblo como el pueblo elegido. Durante la época de Moisés, alrededor del 1200 a. C., el pueblo judío huyó de la esclavitud en Egipto hacia la tierra prometida, Canaán, posteriormente denominada

Palestina. Canaán había estado habitada por pueblos de lengua semítica desde el II milenio a. C. y la zona finalmente quedó sometida al mandato de reyes hebreos, entre ellos Saúl, Salomón y David. Fue en esta época cuando se construyó el gran templo de Jerusalén que más tarde sería destruido tanto por los babilonios durante su invasión de Israel en 586 a. C. como por los romanos en el año 70. Aunque para los inicios del I milenio a. C. los judíos habían erigido un reino poderoso, la invasión por parte de los babilonios y los asirios les obligó a exiliarse de Israel. Durante su exilio, el templo, que había sido el corazón del culto judío, fue reemplazado por sinagogas y las oraciones estuvieron conducidas por santos varones llamados «sofrim» y posteriormente rebautizados como rabinos. El exilio alentó la migración judía, o diáspora, por el mundo mediterráneo y, durante la época del Imperio Romano, la fe judía se aceptó y en ocasiones gozó de privilegios legales. En el año 140 a. C. surgió el estado judío de

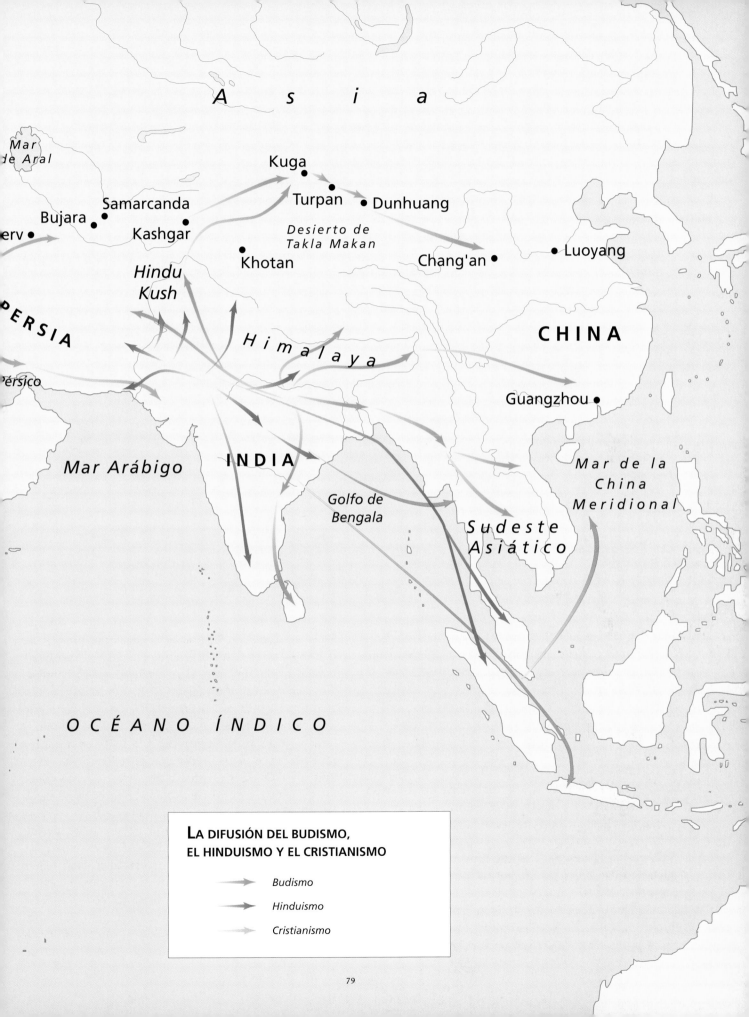

Mar
de Aral

Samarcanda

Bujara

Kashgar

erv

PERSIA

érsico

Kuga

Turpan • Dunhuang

Desierto de
Takla Makan

Khotan

Chang'an •

• Luoyang

Hindu
Kush

H i m a l a y a

CHINA

Guangzhou •

Mar Arábigo

INDIA

Golfo de
Bengala

Mar de la
China
Meridional

O C É A N O   Í N D I C O

Sudeste
Asiático

LA DIFUSIÓN DEL BUDISMO, EL HINDUISMO Y EL CRISTIANISMO

→ Budismo

→ Hinduismo

→ Cristianismo

Judea, gobernado por la dinastía de los Hasmoneos, que se autoproclamaron sumos sacerdotes.

Hacia el año 6, Roma se había anexionado Judea y la había convertido en una provincia del Imperio. Los judíos de Judea se resistían al dominio romano y, en el año 66, la primera revuelta judía concluyó con un breve lapso de control judío. Esta revuelta fue aplacada por Vespasiano en el año 70 con la quema de Jerusalén y la destrucción del templo. Entre este periodo y la conversión del Imperio al cristianismo, las comunidades y la cultura judía florecieron. El año 200, el rabí Yehudá codificó la Ley judía en la Mishná, la primera parte del libro judío de instrucciones, el Talmud.

La diáspora

El término «diáspora» significa «dispersión» y alude a la migración masiva de judíos fuera de Israel como resultado de su reubicación voluntaria o deportación. Se utiliza para describir el estado vital, o mental, de todos los judíos que viven fuera de Israel. Durante la época romana, grandes comunidades judías se instalaron en Asia Menor, Grecia e Italia. En la era cristiana, esta dispersión prosiguió y los judíos se afincaron de forma numerosa en la España musulmana, célebre por su tolerancia y convivencia de varias religiones. La expansión geográfica de comunidades judías que compartían lengua, prácticas y leyes comerciales proscritas por el Talmud contribuyó a su consolidación como comerciantes de éxito. Además, debido a las restricciones impuestas en Europa relativas a la posesión de tierras por parte de los judíos, sobre todo en las sociedades feudales del norte del continente, muchas comunidades judías se concentraron en los centros urbanos. A pesar de contribuir económicamente con sus países de acogida, estas comunidades judías sufrieron la intolerancia y fueron expulsadas por gobiernos y monarcas hostiles.

Culto

La piedra fundamental de la fe judía es la Torá, el texto que supuestamente Dios reveló a Moisés en el monte Sinaí. La Torá comprende los cinco primeros libros de Moisés y narra la historia del pueblo judío desde el Génesis hasta el Deuteronomio, tal y como la recoge la Biblia judía; estos cinco libros son también los primeros del Antiguo Testamento cristiano. Considerada la ley de Moisés, se cree que la Torá representa la alianza entre Dios y el pueblo y, por lo tanto, atañe a la humanidad. Como fe, el judaísmo fue la base a partir de la cual evolucionaron el cristianismo y el islam; sin embargo, la doctrina cristiana de un Dios, Padre, Hijo y Espíritu

Santo es considerada una herejía por los judíos. Del mismo modo, la creencia islámica en que Mahoma fue el último de una saga de profetas, a la que también pertenecía Jesús, es inaceptable para la ley judía, ya que los judíos creen en la posibilidad de que existan futuros profetas. El monoteísmo judío, como el cristiano y el islámico, prohíbe la adoración a intermediarios de rango inferior.

Hinduismo

El hinduismo, la religión más antigua del mundo, es una creencia compleja que viene desarrollándose desde el año 3000 a. C. y que ha absorbido numerosas fes y prácticas. No tienen un único fundador, profeta o maestro, ni es monoteísta: posee un amplio panteón de dioses. Sin embargo, la mayoría de los hindúes creen en una única alma universal, el Brahmán. Los orígenes del hinduismo cabe buscarlos en la fe arriana, registrada hacia el año 800 a. C. en los cuatro textos denominados Vedas.

El panteón hindú está dominado por Brahma, Visnú y Siva. Brahma es el creador del universo y el señor de todos los seres. Visnú, el protector, existe en múltiples formas, con nueve encarnaciones o avatares; estos avatares adoptan formas humanas y animales, o una mezcla de ambas, y aparecen en varias leyendas

religiosas. Visnú se retrata con cuatro brazos, portando un disco, una concha, un palo y un loto, y se lo percibe como un dios amable. Siva, el destructor, está relacionado con la muerte y la restauración. La fe hindú está arraigada en la creencia en la reencarnación, en que el hombre está sujeto a un ciclo de nacimiento, muerte y renacimiento. El destino de una persona en su existencia posterior está determinado por sus acciones en la presente, una creencia conocida como karma. Los arrianos habían concebido un sistema de clases que evolucionó hasta convertirse en el sistema de castas actual. Dicho sistema dividía la sociedad en clases. Hacia 600 a. C., el hinduismo se dividió en dos grandes sectas. El jainismo rechazaba el sistema de clases y acuñó el concepto de las «tres vías de salvación», incluida la no violencia. Pese a no ser un gran movimiento religioso, el jainismo ejerció una gran influencia en la política. La otra gran religión nacida del hinduismo fue el budismo.

Budismo

Buda, término sánscrito que significa «el Iluminado», fue el nombre dado a Siddhartha Gautama, un hindú procedente de la clase guerrera que fundó el sistema religioso que pasó a ser conocido como budismo. Criado entre grandes lujos, Gautama cobró conciencia de la pobreza y el sufrimiento extremos que le rodeaban y de la inexorabilidad de la muerte. Abandonó su riqueza y a su familia en lo que se denominaría la Gran Renuncia y vagó en busca de la iluminación. Tras seis años de estudio y meditación había resistido la tentación y recibió la iluminación a los pies de una higuera de agua, alcanzando con ello el nirvana, la supresión del deseo. Después de aquello se convirtió en maestro de la doctrina de las Cuatro Nobles Verdades y del camino hacia la iluminación. A diferencia de otras religiones, el budismo no se centra en un dios ni en un panteón de deidades, sino que realza la liberación de los individuos del sufrimiento eterno. El atractivo del budismo traspasó las fronteras de la India, donde el hinduismo siguió siendo la religión principal pese a una breve conversión por parte del emperador Asoka en el siglo II a. C. Se difundió a través de las rutas comerciales hasta China en torno al año 150, de allí a Corea y llegó a Japón en 550. También se extendió hacia el sudeste, hasta Birmania y Siam y hasta Sumatra y Java, donde se erigió el gran templo de Borobudur hacia el año 800.

Abajo: El templo de Borobudur fue el centro espiritual del budismo en Java. Permaneció perdido durante muchos siglos antes de ser redescubierto en el siglo XVIII.

Polinesia y Australasia

Los orígenes de la historia de Australia y Polinesia recogen migraciones e hitos de la navegación de sociedades cuyas creencias reflejan su estrecha relación con la naturaleza.

Tribus y pueblos

Los primeros humanos emigraron a Australasia desde Asia a través de pasos terrestres hace alrededor de 50.000, quizás 60.000 años. Estos fueron los ancestros de las poblaciones aborígenes de Australia y las islas de la Polinesia, junto con otro grupo de seres humanos, los melanesios, quienes emigraron a las islas del Pacífico: las Fiyi, las Vanuatu, las Salomón y Nueva Guinea. Australia y las islas de sus alrededores poseían grandes reservas de alimentos, en especial en las regiones litorales, donde abundaban el marisco y la pesca. Cuando el nivel del mar aumentó en el VI milenio a. C., los hombres empezaron a abrirse camino hacia el interior del continente, hasta que prácticamente todo el territorio quedó cubierto por asentamientos y poblados. Muchos pueblos empezaron también a viajar hacia el este, hasta el Pacífico Sur, llegando incluso a Tonga, Samoa y las islas Marquesas, y convirtiéndose así en navegantes expertos. De las islas

Marquesas zarparon los primeros grupos de exploradores que descubrieron y habitaron las islas Hawai, la Isla de Pascua y Nueva Zelanda. Al alejarse tanto del centro, estos isleños empezaron a acunar sus propias tradiciones y culturas.

Las tribus australianas indígenas tenían tradiciones y lenguas muy distintas. Cuando los europeos llegaron al continente descubrieron una multiplicidad de tribus que hablaba hasta 200 lenguas diferentes. La mayoría de los australianos aborígenes vivían en sociedades nómadas como cazadores-recolectores y con el tiempo empezaron a manipular el entorno, creando herramientas y objetos de artesanía sofisticados y usando el fuego como medio de cazar y deforestar la tierra.

Culto

La cultura aborigen estaba estrechamente vinculada a su adoración a la tierra, lo cual queda bien demostrado en

Página anterior: El monte Uluru o Ayers Rock es el mayor monolito del mundo, con una altura de 318 m sobre el suelo del desierto y 8 km de circunferencia.
Arriba: Algunas de las célebres estatuas de la Isla de Pascua, las cuales oscilan entre los dos y los diez metros de altura.

su sistema de creencias, «el tiempo de soñar» o *dreamtime*. Este tiempo remite a una compleja mitología en la que los relatos narran historias a la vez que aportan información sobre la tierra, como dónde hallar abrevaderos. La conexión entre el tiempo de soñar y la tierra implicaba que muchos lugares tenían un significado espiritual para los aborígenes, siendo el más famoso el monte Uluru o Ayers Rock. Había espíritus animistas, como el bunyip, el monstruo que vive en los pantanos, lechos fluviales y arroyos, y que devora a quien penetra en estos lugares de noche.

El culto en las islas de la Polinesia difería del de los aborígenes australianos. Pese a las distancias geográficas, muchas religiones de las islas polinesias compartían la misma mitología. Existe un dios supremo y una serie de dioses subordinados que interfieren en los asuntos humanos. Los mitos de la creación se centran en la formación de las islas y describen desde cómo una isla fue extraída del lecho marino con ayuda de un anzuelo hasta cómo otra surgió al desprenderse del cielo una roca gigante. Dada la relación de estos pueblos con el mar, muchas mitologías narran viajes marinos.

La Isla de Pascua

Rapa-Nui o la Isla de Pascua es conocida sobre todo por sus gigantescas estatuas de piedra, las cuales fueron esculpidas por los primeros pobladores polinesios, llamados rapanui. Los rapanui creían en la existencia de un dios supremo y varios dioses menores integrados por sus antepasados fallecidos. Se cree que estas estatuas representan a dichos antepasados. Existen en torno a 900 diseminadas por la isla. Unas 288 de ellas se erigieron sobre plataformas, mientras que las demás permanecen en la cantera en la que se tallaron. Casi todas están talladas en toba volcánica de gran dureza y, tras su creación, debieron de ser arrastradas por grandes equipos de hombres hasta su emplazamiento. Pese a que las

estatuas parecen cabezas de piedra gigantes, tienen torsos y algunas incluso poseen partes talladas en toba volcánica roja. En la actualidad, la isla está deforestada, pero en la época en que arribaron a ella los primeros pobladores polinesios, alrededor del año 300, era un lugar frondoso. Hacia el año 1400, la mayoría de los árboles de la isla habían sido talados, ya fuera para

usarlos como leña, como material de construcción o posiblemente como troncos para transportar rodando las estatuas. La deforestación tuvo repercusiones catastróficas en el entorno y cuando el almirante holandés Roggeveen descubrió la isla el Domingo de Pascua de 1722, se halló ante un territorio yermo cuyos habitantes estaban enzarzados en guerras intertribales.

Golfo de México

Mar Caribe

Hawai

P A C Í F I C O

P o l i n e s i a

anning
Kirimati
(Isla Christmas)

Islas Galápagos

Islas Marquesas

Islas de la Sociedad
Tahití
Meridionales

Touamotú

Henderson
Ducie

Tubai

Isla de Pitcairn

Easter

SOCIEDADES DE OCEANÍA

Límite de los asentamientos humanos, 28000 a. C.

Expansión de asentamiento humano

Dirección de la expansión

Los vikingos

Grandes marineros y exploradores, los vikingos asaltaron tierras remotas y comerciaron con todo el mundo, extendiendo su influencia desde América hasta Kiev.

Asaltantes y comerciantes

En el periodo comprendido entre los años 750 y 1100, los escandinavos, los pueblos de Dinamarca, Noruega y Suecia, viajaron de forma extensiva; los daneses y los noruegos lo hicieron principalmente hacia Gran Bretaña y, más allá, hasta el Atlántico Norte, mientras que los suecos lo hicieron hacia el este, hasta llegar a Rusia y partes de Asia Central. Estos pueblos han pasado a ser conocidos con el nombre colectivo de vikingos o escandinavos y por la brutalidad de las incursiones que realizaron en la Europa Occidental. De hecho, el término «vikingo» se aplicaba en un principio solo a estos asaltantes, como sinónimo de «pirata». Sin embargo, existe cierto debate sobre su origen, que puede derivar de «vik» o «wic», un golfo en el litoral o un lugar dedicado al comercio, respectivamente. No en vano, se cree que las rutas comerciales entre Escandinavia, Gran Bretaña y la región báltica debieron de establecerse mucho antes de que se iniciasen los saqueos. Es más, todo apunta a que cuando las hostilidades vikingas dieron comienzo en Gran Bretaña, a finales del siglo XVIII, tomaron a los británicos por sorpresa.

Primeros asaltos y toma de Gran Bretaña

La primera referencia histórica de un ataque a Gran Bretaña remite a un suceso ocurrido en 789, cuando un oficial fue a dar la bienvenida a tres barcos vikingos en Portland y fue asesinado. Tras ello, en 793, tuvo lugar el primer gran asalto del que se tiene constancia, ocurrido en la isla de Lindisfarne, frente a la costa de

Northumberland, donde el monasterio fue saqueado y sus monjes asesinados. Varios ataques similares se sucedieron por toda la costa británica durante cientos de años. Sin embargo, los vikingos no solo eran piratas, sino también agricultores y artesanos, y muchos de ellos nunca participaron en los asaltos. No cabe duda de que emplearon métodos brutales en ocasiones, pero quizá lo que más horrorizaba era que estos paganos convirtieran en objetivos lugares de culto cristiano.

Se desconoce con exactitud por qué dieron comienzo aquellos ataques vikingos y cuándo. Algunos factores que se han apuntado incluyen el crecimiento de la población, la necesidad de disponer de más tierras para el cultivo y recursos naturales, y el deseo de poseer riquezas y poder (aprovechando la economía floreciente del este y el oeste de Europa). Este último explicaría que atacaran monasterios, que por lo general contaban con poca protección y albergaban objetos preciosos. Los primeros fueron ataques relámpago. De hecho, no se lanzó una campaña a gran escala hasta el año 825, cuando los vikingos se hicieron con las islas Feroe, antes de asentarse en las Hébridas, Shetland y Orcadas. Hacia

Página anterior: Réplica de un drakar o «dragón vikingo» a toda vela. Estas embarcaciones podían surcar los mares con ayuda del viento o bien ser impulsadas por remeros para lanzar un ataque rápido sobre una población. Arriba: Lindholm Hoje, un cementerio vikingo, en Alborg, Dinamarca.

841 habían tomado Dublín, en Irlanda. Empleando sus impresionantes embarcaciones, que podían viajar por mar a largas distancias y transitar por vías fluviales de interior, y ayudados por vientos favorables, los vikingos realizaron varias incursiones entre los años 842 y 862 en la Europa Occidental, entre ellas el saqueo de Hamburgo y París y varios ataques en el Mediterráneo. En el este, Constantinopla fue atacada y Kiev apresada en la misma época, y en el año 860 se lanzaron exploraciones desde las Feroe hasta Islandia, que fue colonizada entre 870 y 930. En 930 se fundó en Islandia un Parlamento, el Althing, aún vigente.

La colonización de Gran Bretaña y la expansión posterior

El año 865 dio comienzo la colonización de Gran Bretaña con una gran invasión de Inglaterra por parte de los vikingos daneses: el «Gran Ejército Danés». Esta fuerza

Mar
Noru

estaba integrada por varios miles de hombres y logró hacerse con vastos
territorios en Inglaterra y Escocia. Antes de su llegada, grandes hordas de
vikingos habían desembarcado en el litoral británico, pero sus ataques se habían
evitado gracias al pago de grandes sumas de plata, un impuesto conocido como
Danegeld. York fue tomado en 867, y en 870 los vikingos controlaban ya los reinos de East
Anglia, Mercia y Northumbria. Solo Wessex permaneció en manos de los ingleses, defendido
por Alfredo el Grande. Tras ser derrotados por Alfredo el Grande en 878, se estableció el Danelaw y
se llegó a un pacto que ofrecía a los daneses la mayor parte del territorio al norte del río Támesis, donde
se instalaron entre 876 y 879, si bien Londres fue reconquistado en 886. En el año 900, el noroeste de
Inglaterra fue colonizado por los vikingos noruegos y dos años después Dublín volvió a manos
irlandesas, en las que permaneció unos 15 años. En esta época, los vikingos también centraron
su atención en Francia, asediaron París entre 885 y 886, y establecieron sus territorios en la
cuenca del Sena. Aquel asentamiento conduciría a la fundación de Normandía en 911 y la
ocupación de Bretaña entre 914 y 936.

Exploración

Entre tanto, en el este tuvieron lugar varias incursiones alrededor del mar Caspio en
912 y 913, si bien hacia 940 el poder de los vikingos parecía que empezaba
a desvanecerse, prueba de lo cual fue su intento fallido de tomar Constantinopla
en 941 y una serie de derrotas a manos de los ingleses que pondría fin al York
vikingo en 954. Con todo, las exploraciones vikingas continuaron y Groenlandia
fue colonizada a partir de 985, fecha en la que Norteamérica fue avistada por
primera vez desde un navío vikingo perdido que viajaba a Groenlandia desde Islandia.
Tras estas primeras exploraciones del litoral siguieron viajes más lejanos, hacia «Vinland»,
entre 1003 y 1012, y probablemente el breve asentamiento vikingo en L'Anse aux
Meadows, Terranova, existiera ya en torno al año 1020.

Asimilación

En la primera parte del siglo XI, Gran Bretaña volvió a ser objeto de incursiones
vikingas y ataques a gran escala, los cuales culminaron en 1014 con la conquista
de Inglaterra por parte del rey de Dinamarca, Sven I Barba de Horquilla, quien
fue proclamado posteriormente rey de Inglaterra, título que heredó su
hijo, Canuto, solo tres años después. El reinado de Canuto se prolongó
hasta 1035 y durante él el rey afianzó su poder en Noruega y Suecia;
no obstante, su imperio carecía de cohesión y, en 1042, el dominio
danés de Inglaterra había tocado a su fin. Aunque hubo algunos
ataques tras la invasión normanda de 1066, Escandinavia era cada
vez más estable y las incursiones en el extranjero se tornaban más
innecesarias. Hacia finales del siglo XI, los vikingos habían quedado en gran parte asimilados en las poblaciones de las zonas en
las que se habían asentado, un proceso sin duda acelerado por su
conversión al cristianismo, iniciada en el siglo X. Para el siglo XII,
el poder vikingo fuera de Escandinavia se había extinguido por
completo. Noruega continuó reinando sobre Islandia y Groenlandia en el siglo XIII, pero devolvió las Hébridas y la Isla de Man
a Escocia en 1266. A partir del año 1341, los inuit o esquimales
empezaron a expulsar a los invasores vikingos de Groenlandia,
un proceso que se prolongaría hasta finales del siglo XV, época en
la que Dinamarca también retornó las Orcadas y las Shetland
a Escocia.

REINO DE LAS ORCADAS

NORTHUMBRIA

REINOS
IRLANDESES

York

Dublín

Danelaw

Cork

ESTADOS
DE GALES

WESSEX

Londres

Normandía

Pa

Orleans

REINO OCCIDEN
DE LOS FRANC
(FRANCIA)

OCÉANO
ATLÁNTICO

Burdeos

Bayona

Aviñó

Coruña

NAVARRA

ARAGÓN

Fr

LEÓN

Barcelo

Oporto

ESTADOS
MUSULMANES

Tarragona

Toledo

Valencia

EMIRATO DE CÓRDOBA

Islas Baleare

M

Sevilla

Ibn
Hafsun
(autónomo)

Cartagena

IDRISÍES

RUSTEMÍES

PUEBLOS FINESES

Hladir

NORUEGA

aupang (Oslo)

SUECIA

Uppsala

Birka

Aldeigjuborg
(Staraya Ladoga)
Holmgard
(Nóvgorod)

Mar Báltico

DINAMARCA
Lund
Roskilde

Hedeby

emen

PUEBLOS BÁLTICOS

RUSIA
DE KIEV

Colonia

Frankfurt

ESLAVOS

Cracovia

Kiev

NO ORIENTAL
LOS FRANCOS
ALEMANIA)

çon

Lorch

Nitrava

HUNGRÍA

PECHENEGOS

Mosapurc

R. Danubio

Mar Negro

Milán
Venecia

Génova

Niza

CROACIA

SERBIA

Nish

BULGARIA

Presov

Córcega
Roma

Bari

Filipópolis

Adrianópolis

Constantinopla

Nápoles

Cerdeña

Pr. de Benevento

IMPERIO BIZANTINO

Tesalónica

Mar
Egeo

Esmirna

Panormus

Sicilia

Túnez

Kairván

Malta

Chandax

Creta

Trípoli

**LOS VIKINGOS: INCURSIONES,
COMERCIO Y ASENTAMIENTOS,
h. 910**

➡ Invasiones vikingas

La vida cotidiana

Aunque los vikingos han pasado a la posteridad por su piratería y saqueo de monasterios, puertos y poblaciones, la mayoría de los pueblos escandinavos de la época estaban integrados por agricultores apacibles. Vivían en pequeños poblados rurales donde cultivaban cebada, repollos y judías y arreaban vacas, cabras, ovejas y cerdos. La caza y la pesca probablemente fueran las principales fuentes de alimentación de las zonas menos adecuadas para la agricultura, mientras que gracias al comercio de artículos como pieles y colmillos de morsa pudieron comprar madera para construcción y metales como el hierro. Tanto los agricultores como los guerreros debieron de participar en la actividad comercial en algún momento, ya que las incursiones bélicas no eran más que una actividad estacional. Otros vikingos prefirieron cobrar un impuesto a cambio de protección (*Danegeld*) a continuar luchando y parece que algunos grupos actuaron como mercenarios a sueldo, protegiendo ciertos reinos de otros vikingos. Con la expansión de las rutas comerciales hacia el este y las migraciones musulmanas hacia la Europa del Este empezó a circular plata en grandes cantidades en forma de monedas y joyas. Los

vikingos eran expertos trabajando el metal. Los broches de plata eran un artículo común.

La típica granja vikinga era una estructura larga y rectangular de piedra y madera o turba, con una cubierta de paja. Constaba de una única estancia en la que tenían lugar todas las actividades domésticas, entre ellas cocinar, comer y dormir. Otras edificaciones anexas más pequeñas y semienterradas se usaban como almacenes. A principios de la época de los vikingos, los grandes asentamientos eran algo inusual en Escandinavia. De hecho, no hubo auténticas poblaciones hasta finales del siglo VIII. Sin embargo, con las riquezas crecientes, la consolidación del poder y el desarrollo de centros eclesiásticos tras la difusión del cristianismo, hacia el año 1000 existían ya varias poblaciones en el mundo vikingo. En Gran Bretaña, los primeros asentamientos fueron simples campamentos, antes de la aparición de poblados agrícolas. Tras las invasiones a gran escala, las poblaciones existentes, como York, fueron ocupadas y fortificadas con vallas y terraplenes. Los edificios vikingos en estos lugares adoptaron la forma de pequeñas cabañas de madera. Las excavaciones en estos yacimientos han revelado que en ellos se trabajaban pieles y metales, y también se acuñaban monedas.

La religión vikinga: del paganismo al cristianismo

En su origen, los vikingos eran paganos. Creían en múltiples dioses y semidioses relacionados con distintos aspectos de la vida. Si bien no existía ningún concepto de espiritualidad personal, ninguna teología dogmática ni sacerdocio, parece que su religión se basaba en prácticas rituales, como el sacrificio de animales. Sin embargo, poco se sabe acerca de las verdaderas prácticas religiosas de los vikingos. Sus cementerios aportan algunas pistas, y también los muchos relatos relacionados con dioses vikingos que nos han llegado en las Eddas, las colecciones de poemas cuyo origen se sitúa antes de la época de los vikingos y que aparentemente son la base de sus creencias. Pese a todo, se cree que no se codificaron por escrito hasta después de la conversión al

cristianismo a gran escala, ocurrida entre finales del siglo XII y mediados del XIII, y por entonces se consideraban más relatos mitológicos que los fundamentos de una religión.

Aún así, las Eddas permiten conocer de cerca las creencias vikingas en torno a las relaciones entre el hombre, el universo y todos sus dioses, su creación y destrucción. Las deidades más importantes eran Odín, el creador y dios de la guerra, de la sabiduría, de la muerte y de la poesía; Thor, el dios del martillo mágico, de la fuerza y la climatología; los hermanos Frey y Freya, dios y diosa de la fertilidad, y Loki, dios del engaño.

El hecho de que los vikingos fueran politeístas, de que creyeran en más de un dios, les permitía asimilar aspectos de la doctrina cristiana sin mayor dificultad. Es probable que entraran en contacto con el cristianismo en el año 725, cuando la primera misión cristiana viajó a Escandinavia, y luego de forma más extensiva mediante el saqueo a espuertas de monasterios. Durante el siglo IX se establecieron misiones en Escandinavia, pero se cree que tuvieron un impacto menor. Todo apunta a que la conversión al cristianismo ocurrió sobre todo tras el establecimiento de asentamientos vikingos en tierras cristianas, como Gran Bretaña y Normandía, en particular cuando las relaciones adoptaron un tono más pacífico y los vikingos fueron asimilados en la población mediante el matrimonio. Políticamente, la conversión en los países cristianos podía reportar ventajas; en 878, Guthrum, un líder vikingo, fue decretado rey de East Anglia tras aceptar el cristianismo.

En Escandinavia todo este proceso fue más gradual, pero probablemente tras él también se ocultaban motivos políticos, al menos por parte de los dirigentes vikingos, quienes buscaban mejorar sus relaciones con las naciones cristianas y reforzar y consolidar los reinos escandinavos. Sin duda tanto la autoridad inherente a la ideología de la ordenación divina como la eficaz administración por parte de los obispados ejercieron una gran influencia. El cristianismo se estableció de forma generalizada en Dinamarca hacia mediados del siglo XI, tras la conversión de Harald Dienteazul en el año 965, y después, y quizá de forma más importante, tras el ascenso de Canuto I el Grande al trono inglés en 1016. Hacia principios del siglo XII, el rey noruego Sigurdo encabezaba cruzadas hacia Jerusalén.

En términos de restos arqueológicos, las pruebas más sorprendentes de esta transición del paganismo al cristianismo tal vez se encuentren en el cambio registrado en los ritos funerarios. Los primeros vikingos tenían por costumbre incinerar a sus muertos junto con sus

Arriba: Cruces funerarias talladas en madera descubiertas en un yacimiento cerca de Groenlandia, que fue colonizada por los vikingos en torno al año 985.
Página anterior: Parte de una colección de utensilios de cocina hallada en las proximidades de un asentamiento vikingo en Groenlandia. Los vikingos utilizaban materiales orgánicos como huesos y madera para fabricar sus objetos cotidianos.

pertenencias, guardar sus cenizas en una urna y enterrarlas, marcando el lugar en el que se encontraban con un montón de piedras. En algunos casos, estas piedras se disponían en forma de barcos, como oucrre en Lindholm Høje, en Dinamarca, donde muchas tumbas aparecían señalizadas de este modo. Con el tiempo los vikingos empezaron a enterrar a sus muertos junto con bienes como herramientas, armas y joyas, e incluso a veces con sus barcos y caballos. Sin embargo, con la expansión del cristianismo adoptaron la práctica cristiana de enterrarlos sin pertenencias. También dan fe de esta conversión las primeras iglesias escandinavas, decoradas con motivos paganos.

Los orígenes de Japón

En las islas de Japón, una selección de influencias externas y la fuerte identidad interna contribuyeron al desarrollo de una cultura palaciega y militar sofisticada.

Los orígenes de Japón

Japón consta de varios archipiélagos, pero el país siempre ha estado dominado por las cuatro islas de mayor superficie: Honshu, Kyushu, Shikoku y Hokkaido. El primer ejemplo de una cultura japonesa organizada se dio en las llanuras de la isla de Honshu. La región, Yamato, dio su nombre al primer periodo de la historia japonesa. Al ser un archipiélago, Japón se mantuvo relativamente ajeno a las influencias foráneas durante muchos miles de años. De hecho fue con la llegada de pueblos procedentes de la península de Corea y China cuando la cultura japonesa empezó a florecer. Los reyes

Abajo: El Gran Buda de Kamakura es la segunda mayor estatua de Buda de Japón. Esculpida en 1252, en un principio se hallaba en el interior de un gran templo que fue arrasado por un tsunami a finales del siglo XV. La estatua se encuentra actualmente al aire libre.

Yamato establecieron su capital en Naniwa, la actual Osaka. Entre los siglos V y VI, los Yamato conocieron el budismo y las formas de gobierno de China, hecho que condujo a la redacción de una constitución basada en los principios del confucianismo. Cuando un clan rival usurpó el trono a los Yamato en 645, el nuevo dirigente, Tenchi Tenno, se autoproclamó emperador e inauguró las reformas Taika, mediante las cuales se determinó que el emperador gobernaba con la autoridad de los cielos y que ejercía un poder absoluto sobre todos los clanes y estados que previamente habían permanecido separados. Japón se convirtió así en un imperio unificado con un gobierno central.

El Periodo Heian

Con la llegada de la dinastía Heian en 794 y un periodo de una paz y una prosperidad relativas, la cultura japonesa pudo al fin florecer al margen de las influencias chinas. La corte imperial se trasladó a una nueva capital llamada Heian-kyo, la «Ciudad de la Paz», que sería conocida posteriormente como Kioto. En ella, los japoneses desarrollaron su caligrafía y sus propios e intricados rituales, por lo general centrados en las damas cortesanas. Hasta el año 1192, el Imperio Japonés mantuvo la estabilidad, sobre todo gracias a la influencia de la familia Fujiwara, una dinastía de asesores imperiales que lograron conservar su influencia en el trono entablando lazos matrimoniales con la línea imperial. Asegurándose de ser los padres de las consortes imperiales y los abuelos de los futuros emperadores, pudieron manipular la política de la corte. El gobierno por debajo del emperador estaba organizado según el patrón chino, con un Consejo de Estado regido por los clanes más poderosos de Japón, el cual se ocupaba de los asuntos cotidianos. Estos clanes solían enzarzarse en disputas entre sí y, poco a poco, dos de ellos se perfilaron como dominantes: los Taira y los Minamoto. En el ocaso del Periodo Heian, ambos rivalizaban por el control del imperio. El estallido de la guerra civil marcó el fin del Primer Imperio Japonés.

Tsushim
Shimono
Estrecho de Iki
Dazaifu
Nakadori
Fukae
Mar de la China Oriental
Amakusa
Koshiki

Yaku

Los sogunes

Cuando Minamoto no Yoritomo derrotó al clan de los Taira en 1185, se hizo con el trono con ayuda de su imponente fuerza militar integrada por guerreros samurái, soldados profesionales que en un principio fueron campesinos pero que finalmente acabaron formando una casta propia.

Al establecer una dictadura militar, Yoritomo se autoproclamó sogún. Un sogún era en esencia un cacique militar que gobernaba en nombre del emperador, si bien en realidad los emperadores eran poco más que figuras decorativas y durante este periodo fueron los sogunes quienes realmente dirigieron Japón. El emperador vivía de las rentas que generaban sus propias propiedades y recibía el respaldo de los sogunes siempre que a cambio este les ofreciera el suyo. En caso contrario, era depuesto. Bajo el gobierno de los sogunes, las provincias de Japón recuperaron parte de su independencia y sus gobernantes, los daimios, ejercieron derechos feudales sobre sus súbditos y rindieron honores a los propios sogunes.

Los distintos sogunados establecieron alianzas de poder con clanes diferentes y vincularon su suerte a la de estos. Así, el primer sogunado, los Kamakura, perdió el poder en 1335 cuando cayó el clan Hojo. El gobierno de los sogunes se mantuvo como principal estructura política de Japón hasta mediados del siglo XIX, si bien con el tiempo los sogunes dejaron de ser caciques feudales para devenir príncipes herederos y ejercer de virreyes.

REFORMAS TAIKA EN JAPÓN, H. 646–710

- ■ Capital nacional
- ● Capital provincial
- ○ Centro administrativo
- ⌐ Fortaleza, con fecha
- —— Frontera provincial
- —— Carretera

Las Cruzadas

Durante dos siglos, pese a la desunión existente en el continente, las Cruzadas lanzadas por la Europa cristiana tenían por objetivo «reclamar» o «proteger» la Tierra Santa.

Las Primeras Cruzadas

En 1095, el emperador bizantino Alejo I Comneno pidió auxilio a su correligionario cristiano, el papa Urbano II, a quien solicitó que enviara tropas de mercenarios para ayudar a los bizantinos a defender su territorio amenazado por la expansión del islam. Los bizantinos llevaban lidiando con los ejércitos islámicos desde el siglo VI, pero una importante derrota en la batalla de Manzikert en 1071 los había debilitado. Urbano II envió mucho más que un ejército bizantino, tras proclamar en el Concilio de Clermont que era necesario librar una guerra santa que devolviera

Jerusalén a los cristianos. Urbano tenía motivos políticos además de espirituales. Enviar un gran ejército al extranjero le ayudaría a combatir las disputas internas entre los diversos nobles que gobernaban la Europa feudal. Además, enviar una Cruzada a Bizancio permitiría al Papa consolidar su poder sobre los bizantinos.

El fervor que suscitó Urbano incitó a una malhadada Cruzada popular a partir antes que la Cruzada

de la nobleza y causó estragos a su paso por Europa. A su llegada a Anatolia, esta Cruzada fue barrida por los turcos. Los principales ejércitos cruzados avanzaron hacia Jerusalén de forma más eficaz, saqueando ciudades y poblaciones a su paso. La «Cruzada de los Príncipes» estuvo dirigida por algunos de los nobles más poderosos de la Europa occidental, quienes tardaron dos años en llegar a Tierra Santa. Establecieron cuatro estados cruzados en Edessa, Antioquía, Trípoli y Jerusalén, que fue capturada tras un largo asedio en 1099. La Primera Cruzada gozó de gran popularidad entre la población y fueron muchos quienes abandonaron sus hogares para peregrinar a Jerusalén.

Quienes regresaron fueron recibidos como héroes de una nueva era caballeresca.

La derrota del ejército musulmán fue posible debido a la desunión existente entre los árabes, pero, tras la Primera Cruzada, estos se aliaron para expulsar a los cristianos. En 1144, la captura de Edessa desencadenó la Segunda Cruzada. El papa Eugenio III, con la ayuda del cisterciense Bernardo de Claraval, disuadió a Luis VII de Francia y al Sacro Emperador Romano Conrado III para que partieran a la lucha. Esta Cruzada se saldó con una serie de derrotas, la más destacada la de Damasco, y concluyó en 1149 con la deshonra de los cruzados.

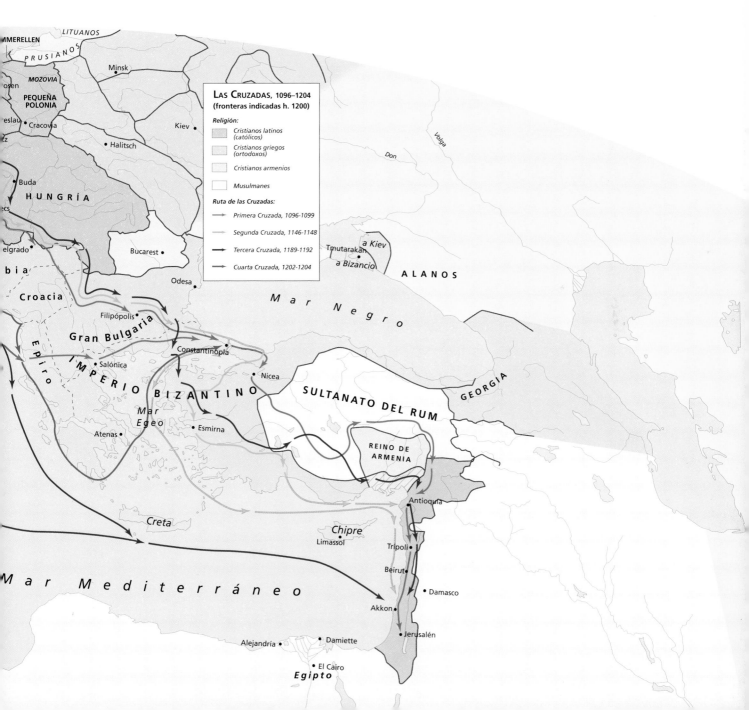

LAS CRUZADAS, 1096–1204
(fronteras indicadas h. 1200)

Religión:

- Cristianos latinos (católicos)
- Cristianos griegos (ortodoxos)
- Cristianos armenios
- Musulmanes

Ruta de las Cruzadas:

- Primera Cruzada, 1096-1099
- Segunda Cruzada, 1146-1148
- Tercera Cruzada, 1189-1192
- Cuarta Cruzada, 1202-1204

Conflicto en Europa: el Sacro Imperio Romano

El cargo de emperador en la Edad Media fue otorgado por primera vez por el Papa a Carlomagno en el año 800. Este cargo se asociaría posteriormente con los príncipes de las dinastías germanas. Carlomagno había sido rey de los francos, cuyo imperio englobaba Francia y Alemania y quedó escindido por el Tratado de Verdún de 843 en tres zonas diferenciadas.

Otón I el Grande, gobernante de la sección oriental, integrada por Sajonia, Turingia y Baviera, fue coronado emperador en 962, arrebatando este cargo a los regentes del reino central. A finales del siglo X, los emperadores de Alemania eran elegidos por los líderes de la población germana que habitaba en la región; estos líderes pasarían a ser conocidos posteriormente como los «electores». Únicamente el gobernante electo podía ser coronado por el Papa, y su título implicaba la función de protector de la Iglesia. Pese a ser un cargo electo, el título solía permanecer en el seno de las dinastías. La primera dinastía importante fue la de los Hohenstaufen, que dirigió el Imperio entre los años 1138 y 1254, y a la cual perteneció Federico I Barbarroja, quien añadió el término «sacro» al título. El cargo de sacro emperador romano reunió un poder creciente durante los siglos XI y XII, lo cual fue origen de disputas frecuentes con el papado.

El Imperio y el papado

Los papas podían coronar a los sacros emperadores romanos, pero se daba el caso de que los emperadores también tenían el poder de elegir a los papas. La relación armoniosa entre ambos se quebró en 1059, cuando el concilio eclesiástico de Roma desposeyó a los gobernantes seculares del poder de designar o «investir» oficiales de la Iglesia, incluido el Papa. Esta función pasaría a partir de aquel momento al recién creado Colegio de Cardenales, que sigue siendo el encargado de elegir al Papa en nuestros días. Aquel concilio eclesiástico también solicitó el fin de la investidura de obispos y arzobispos por parte de los regentes seculares. La polémica sobre la investidura subsiguiente condujo al papa Gregorio VII a excomulgar a Enrique IV, quien a su vez había «destituido» a Gregorio como Papa. Entre tanto, Enrique IV había sido atacado por sus propios nobles, quienes habían aprovechado la coyuntura política para rebelarse. La disputa con la Iglesia en torno al tema de la investidura se prolongó cinco décadas, durante las cuales el poder del emperador se vio seriamente mermado. En 1122 se alcanzó al fin un acuerdo en el Concordato de

Worms, por el cual la investidura quedó abolida y la Iglesia recuperó el poder de elegir a los obispos. Las disputas entre emperadores y papas continuaron durante los siglos que siguieron, y el emperador nunca más logró recuperar el control que le habían arrebatado los príncipes y duques de su territorio.

Tercera y Cuarta Cruzadas

En 1187, el gran sultán Saladino atacó y recapturó parte del territorio cruzado de Siria. Su toma de Jerusalén desató la tercera gran Cruzada. Los tres reyes principales de la Cristiandad (el sacro emperador romano Federico Barbarroja, Felipe II de Francia y Ricardo Corazón de León de Inglaterra) comandaron la Cruzada para reclamar la Tierra Santa. La muerte de Federico en Anatolia en 1190 dejó una alianza inestable entre los franceses y los ingleses, naciones enemistadas que previamente habían librado una guerra. La victoria tras el asedio del bastión de Acre en 1191 dio lugar a una lucha por el control entre Felipe y Ricardo, la cual se saldó con el abandono de Tierra Santa por parte del primero para regresar a Francia. Ricardo se embarcó entonces en una serie de batallas con Saladino, en un intento por recapturar Jerusalén y en 1192 firmó una tregua que permitió a los peregrinos cristianos entrar en Jerusalén pero dejó la ciudad en manos musulmanas. Fue en esta época cuando se fundó la Orden Teutónica, creada para ofrecer ayuda y protección a los peregrinos cristianos, que acabó convirtiéndose en un ejército cruzado de mercenarios con ambiciones territoriales propias. La Tercera Cruzada fracasó y Ricardo Corazón de León regresó a Inglaterra en 1192.

Seis años después, cuando el papa Inocencio III predicó otra Cruzada, su petición fue desoída por los gobernantes de la Europa Occidental, quienes o bien se hallaban enfrentados a la Iglesia (Alemania) o bien entre sí (Francia e Inglaterra). La financiación corrió a cargo de la acaudalada ciudad-estado de Venecia, que accedió a transportar a los cruzados al otro lado del Mediterráneo, hasta su destino, Egipto. Pero los venecianos no tardaron en hacerse con el control de los cruzados y redirigir el ataque contra la propia Constantinopla con la intención de sentar a un nuevo emperador en el trono bizantino. La ciudad fue saqueada y se fundó el nuevo Imperio Latino, que duró hasta 1261. El objetivo inicial de la Cruzada no fue abordado y todos los esfuerzos posteriores de librar Cruzadas no obtuvieron ni el respaldo del pueblo ni el apoyo de los países cristianos.

Arriba: El Krak des Chevaliers, en Siria, fue tomado por la Orden de los Hospitalarios en 1142 y se convirtió en un bastión cruzado. Página anterior: Miniatura miniada de una crónica universal en la que se describe el saqueo de Jerusalén tras su toma por los cristianos en 1099.

La caída del Imperio Bizantino

Aunque los bizantinos habían desatado la Primera Cruzada, pronto se distanciaron de la Iglesia de Roma, de la que recelaban. Los bizantinos hacían frente a ataques de los turcos, de los normandos cristianos de Sicilia y de los venecianos, y además los acontecimientos de la Cuarta Cruzada debilitaron el Imperio de forma irreversible. En 1261, los griegos de Constantinopla lograron expulsar a los venecianos de la ciudad ayudados por Génova, ciudad-estado rival de Venecia. Se instauró entonces una nueva dinastía en la capital bizantina de Constantinopla, los Paleólogos, que reinaron sobre una población menos diversa étnicamente e integrada sobre todo por griegos.

El Imperio Bizantino continuó sujeto a amenazas de invasión por parte de venecianos y turcos y, en un intento por protegerse, decidió unir su Iglesia ortodoxa con Roma, pese a lo impopular de aquel movimiento. Pero Roma se negó a ayudar a los bizantinos y, cuando los turcos otomanos lanzaron su invasión, el Imperio se encontró solo. Cuando cayó por fin, lo único que quedaba de él era Constantinopla, el sur del Peloponeso y Trebisonda en la orilla oriental del mar Negro. El ataque final sobre Constantinopla dio comienzo en abril de 1453, a las órdenes de Mehmet II, y la ciudad fue tomada tan solo un mes después. Muchos de sus habitantes huyeron a Italia, portando consigo un gran número de textos de la Antigua Grecia, cuyo posterior descubrimiento contribuyó al Renacimiento europeo.

República de Nóvgorod

Nóvgorod

Varsovia
Minsk
POLONIA

Principados rusos

Moscú

Kiev

Odesa

IMPERIO DE LA HORDA DE ORO

Bulgar

IMPERIO BIZANTINO

Constantinopla

Mar Negro

Nueva Sarai
Volga
Antigua Sarai

Irtish

Yenisei

Tiflis

Mar Caspio

Mar de Aral

Damasco

Trebisonda

Urgench

R. Sir Daria

IMPERIO DE CHAGATAI

IMPERIO MAMELUCO

R. Éufrates

Bagdad

IMPERIO DE IL-KHAN

Bujara
Samarcanda
R. Amu Daria

Taschkent
Kokand

Kashgar

Merv

Khotan

Kabul

Kerman

Medina

La Meca

Arabia

Golfo Pérsico

Ormuz

OMÁN

R. Indo

Mirath
1329

TÍBET
(independencia en

SULTANATO DE DELHI

Delhi

Sana

YEMEN

Mar Arábigo

N

Gujerat

Somnath

Ganges

Patna

Bengala

Golfo de Bengala

Estados

Goa

hindúes

Orissa

Calcuta

Madurai

Ceilán

0   400 km

0   400 millas

→ Campañas de Kublai Kan, 1268-1279

→ Campañas de Kubla Kan, 1274-1292

→ Otras campañas mongolas

EL IMPERIO DEL GRAN KAN
1260–h. 1300

- El Gran Kanato, 1268
- Conquistas del Gran Kan (Kublai Kan)
- Kanatos occidentales con lealtad nominal al Gran Kan
- Estados tributarios del Estado mongol

Karakorum

IMPERIO DEL GRAN KAN

Khanbalik

Xian

Huang He

Hsian · Kaifeng

Nanjing

Mar Amarillo

Yangzhou

Mar del Japón

Kao-li

1274 y 1281

J A P Ó N

1281

Hangzhou

R. Yangtzé

Mar de la China Oriental

Chang Jian

Taiwán

Fuchou

Quanchou

Dali

Chongqing · Wuchou

Cantón (Guangzhou)

1287

1285 Shenglong

Hainan

1281

expedición infructuosa a Java

1292

gan

O GU

egu

REINO JEMER

ANNAM

CHAMPA

Vijaya

Angkor

Imperio Mongol

Por primera vez, la mayor parte de Asia quedó bajo un único gobierno, unificada en el Imperio Mongol, el imperio más vasto que jamás ha existido.

El auge de los mongoles

Los mongoles eran un grupo de tribus que compartía la misma lengua y habitaba en los confines del desierto de Gobi, en Asia Central. Cuando estos pueblos nómadas gobernados por distintos jefes se unieron bajo un mismo líder se convirtieron en un implacable ejército de guerreros que acabaría por conquistar la mayor parte de Asia y ciertas zonas de Europa. Los mongoles estaban integrados principalmente por turcos, kitanos, tátaros, ruruanos y hunos, etnias todas con una larga historia de conflictos con China. De hecho, fue un grupo de antepasados de los mongoles, los xiongnu, quien hizo construir la Gran Muralla de China. Las tribus mongolas estaban formadas por jinetes y arqueros avezados temidos por sus artes bélicas. Sin embargo, su desunión y sus luchas internas impidieron que supusieran la seria amenaza que más tarde demostrarían ser. En términos geográficos, el Imperio Mongol devendría el más extenso en la historia de la Humanidad, con un territorio que alcanzaba desde la frontera oriental de Alemania hasta Vietnam, desde la costa del Ártico hasta el norte de Rusia y desde el golfo Pérsico hasta el océano Índico al sur. Pero el mayor logro de los mongoles no fue conquistar vastos territorios, sino derrotar a las naciones más prósperas y populosas de la época, y en concreto a los chinos, a los persas y a la dinastía Abasí de Iraq.

Gengis Kan

Fue la influencia de un hombre la que impulsó a las distintas tribus mongolas a construir un poderoso imperio. Gengis Kan, nacido durante la década de 1160 y cuyo nombre real era Temujin, era el hijo de un jefe tribal. Tras ser asesinado su padre por los tátaros vecinos, fue expulsado de su clan. Poco a poco fue adquiriendo un estatus más elevado en el seno de una nueva tribu y ya de joven demostró ser un líder carismático e intrépido. Al convertirse en jefe de su tribu inició una larga campaña de subyugación de los clanes vecinos hasta que todos ellos le cedieron el poder. Alrededor de 1206 pudo por fin unificar a las distintas tribus y fue proclamado Gengis Kan o «dirigente universal».

El éxito de Gengis Kan radica en su inteligencia militar y su previsión administrativa. Movilizó a los mongoles en un ejército eficaz compuesto de jinetes expertos que podían perpetrar ataques con rapidez y precisión. Este ejército estaba organizado en unidades de cien, mil y diez mil hombres, cada una de las cuales podía ser redirigida rápidamente durante el curso de la batalla. A causa de su reputación por el trato brutal con el que castigaba a los pueblos conquistados y por la eficacia del ejército mongol para abatir a sus enemigos, las poblaciones se rendían ante la mera amenaza de un ataque. Asimilaron la cultura de muchos de los pueblos que conquistaron y también incorporaron sus ejércitos,

en particular los pueblos túrquicos del Asia Occidental. Como resultado de esta asimilación, el Imperio Mongol acabó estando dominado por hablantes de turco.

Gengis Kan encabezó un gobierno regido por el Gran Yasa, un código formal de leyes escritas cuya finalidad era mantener a las tribus mongolas unidas erradicando toda posibilidad de disputa. Este código establecía asimismo castigos severísimos incluso para las ofensas más insignificantes. Sin embargo, en temas de religión, Gengis Kan fue un líder tolerante y bajo el gobierno mongol tanto el islam como el budismo tuvieron la oportunidad de florecer. Las ambiciones expansionistas de Gengis Kan se proyectaban sobre todo hacia China, el país que él consideraba el mayor enemigo de Mongolia. En 1211 invadió el territorio del norte del Imperio Jin y, pese a que falleció antes de completar su conquista, sus acciones permitieron a sus descendientes concluir su labor, cosa que hicieron hacia el año 1241. Sus ejércitos también avanzaron hacia el oeste, cruzando Asia, y tomaron zonas de los alrededores del mar Caspio antes de dirigirse hacia la región del Cáucaso en el sur de Rusia.

La dinastía Yuan

A la muerte de Gengis Kan, el inmenso Imperio Mongol quedó dividido en cuatro kanatos, cada uno de ellos gobernado por uno de sus descendientes directos. El kanato de la Horda de Oro gobernó sobre Rusia; el kanato Chagatai controló los territorios de Asia Central; el Ilkanato quedó al mando del Asia Occidental y, en concreto, de Persia e Iraq, y el Gran Kanato regentó Mongolia y China.

En 1260, el nieto de Gengis, Kublai Kan, fue proclamado Gran Kan y, en 1264, trasladó su capital de Mongolia a Pekín. Al expulsar a la dinastía Song del sur y a sus partidarios, Kublai Kan se convirtió en el primer mongol que gobernó sobre toda China, instaurando la que pasaría a la historia como dinastía Yuan. Los mongoles no eran gobernantes dinásticos, por lo que al convertir su gobierno en una dinastía, Kublai Kan reconocía la importancia cultural que los chinos otorgaban a tal concepto. Por su condición de gobernantes foráneos, los

Yuan nunca gozaron de popularidad entre la población china, pese a contribuir a los grandes proyectos de construcción iniciados por sus antecesores, como el Gran Canal. El principal motivo de esta impopularidad estribaba en que el gobierno de los Yuan era esencialmente opresivo. Para mantener a los chinos subyugados, el comercio quedó restringido y se los despojó de todos los recursos. Los mongoles se negaron a aprender la lengua china y guardaron las distancias con la mayoría de la población. Los funcionarios gubernamentales, miembros de la administración china, eran incapaces de comunicarse de forma eficaz con las clases altas de la sociedad, lo cual era fuente de animosidad y conflicto.

Pese a todo, Kublai Kan y sus sucesores fueron adoptando ciertos aspectos de la cultura china, alentaron la difusión del budismo e incorporaron el confucianismo en los exámenes para entrar en la administración. El progresivo «achinamiento» de los emperadores Yuan hizo que acabaran perdiendo su influencia en el resto del Imperio Mongol y, en 1368, los Yuan fueron depuestos en China por los Ming.

La Horda de Oro

Cuando el Gran Kan Ogoday, el hijo de Gengis Kan, ordenó la invasión de Rusia en 1236, el país no era un Estado unificado, sino una compilación de principalidades denominada Rus. Los mongoles planearon un ataque rápido y agresivo y vencieron en la única invasión de territorio ruso perpetrada en los meses invernales. Habían realizado incursiones de exploración en las estepas durante la década de 1220, las cuales les permitieron lanzar un ataque decisivo en 1236. Utilizaron el frío ruso en beneficio propio, aprovechando que el Volga estaba congelado para penetrar en territorio hostil. Los mongoles destruyeron ciudades y poblaciones enteras, incluida Kiev en 1240, y devastaron regiones situadas tan al norte como Novgorod. A resultas de aquella invasión, los mongoles lograron establecer un estado dominante, el kanato de la Horda de Oro, encabezado por su dirigente Batu, el nieto de Gengis.

En su mayoría, los integrantes de la Horda de Oro regresaron a la estepa, desde donde administraron los territorios rusos. Designaron recaudadores de impues-

Arriba: Ilustración de un texto literario persa en la que se muestra a Gengis Kan en su tienda.
Página anterior: Retrato de Gengis Kan (1206-1227), fundador de la dinastía imperial de los Yuan, que convirtió China en el centro del gran Imperio Mongol.

tos locales que supervisaban el pago de los tributos por parte de las principalidades rusas y garantizaban la sumisión ciega a los mongoles imponiendo un régimen del terror. Pese a todo, hacia finales del siglo XIV, la Horda de Oro empezó a desplomarse a causa de disputas internas y crisis de sucesión. Poco a poco los mongoles fueron expulsados a sus territorios de Mongolia y el norte de China, si bien el kanato de la Horda de Oro continuó existiendo como kanato de Crimea hasta su derrota en 1783, cuando la emperatriz rusa Catalina II la Grande lo anexionó a su imperio.

La Peste Negra

Brote y transmisión de la peste

Nadie sabe a ciencia cierta dónde se originó la llamada Peste Negra. La leyenda popular culpa de su contagio a los ejércitos mongoles, que llevaron la enfermedad a Europa desde Asia Central. Se dice que durante un asedio a la ciudad de Kaffa, controlada por Génova, los mongoles catapultaron cadáveres infectados por encima de las murallas de la ciudad y que los ciudadanos de esta, huyendo de la peste, se embarcaron en dirección a Italia. Desde allí la peste se extendió a toda Europa a una velocidad alarmante, arrasando a su paso comunidades rurales y urbanas.

Sea cual fuere su origen, el principal portador de la peste fue la rata negra, muy extendida en Europa, que transportaba pulgas infectadas con el bacilo *Yersinia pestis*. La enfermedad tenía otras dos variantes altamente contagiosas: la neumónica, que afectaba al sistema respiratorio y se contagiaba por el aire, y la septicémica, que infectaba la sangre. Su transmisión se vio facilitada por la desnutrición generalizada de una población acostumbrada a la pestilencia y a pasar penurias económicas, situación que la peste no hizo sino agravar. Se calcula que, entre 1347 y 1350, la peste segó la vida a entre un tercio y la mitad de la población europea, y durante los siguientes cuatro siglos reapareció en forma de brotes puntuales.

Síntomas

La variante bubónica de la peste fue la más extendida. Esta variante se caracterizaba por una gran inflamación de los ganglios o bubones, que podían alcanzar el tamaño de una manzana. Estas inflamaciones, dolorosísimas, solían localizarse en puntos propicios a la picadura de las pulgas, sobre todo en la garganta, las axilas y las ingles. Al principio presentaban un color rojizo que iba virando al morado y finalmente al negro, de ahí el nombre popular con el que se conoce esta epidemia. La variante bubónica provocaba la muerte en menos de una semana. La mutación neumónica provocaba tos y estornudos en el enfermo, gracias a lo cual se propagaban las bacterias. Por su parte, la variante septicémica ocasionaba una muerte casi inmediata una vez que las bacterias penetraban en el flujo sanguíneo. La velocidad con la que esta peste mataba a sus víctimas aterrorizó a la población medieval, cuya fe en la Iglesia y en la alquimia de los curanderos menguó con rapidez.

Las consecuencias de la Peste Negra

Si bien la peste diezmó a la población y acrecentó sus penurias, paradójicamente también propició un cambio fundamental en el clima social de la Europa medieval. La desaparición de tantos campesinos tuvo repercusiones beneficiosas para los que sobrevivieron, que vieron cómo la demanda de sus servicios aumentaba. Algunos lograron prosperar. Los terratenientes buscaban desesperadamente mano de obra, lo cual permitió a los campesinos cambiar de latifundio y exigir salarios más elevados. Con el fin de poner freno a las demandas crecientes de los siervos, muchos países aprobaron leyes para limitar sus desplazamientos y leyes suntuarias que especificaban qué ropas podían vestir las distintas clases y cuyo objetivo era recalcar la inferioridad de los siervos. El número de contribuyentes mermó y con él la recaudación de los impuestos con los que se financiaban las guerras de la nobleza. Hubo revueltas campesinas en toda Europa Occidental y empezó a extenderse una cierta animadversión hacia las clases acomodadas y, en especial, hacia la Iglesia.

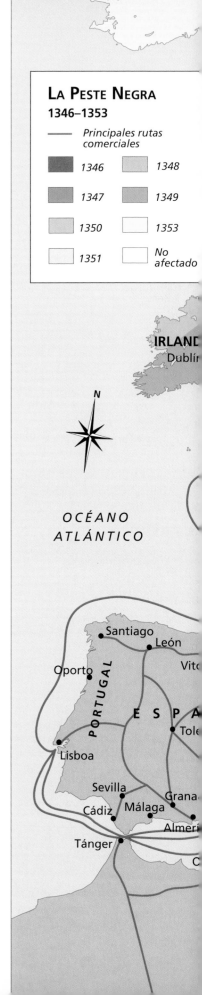

LA PESTE NEGRA
1346–1353

— Principales rutas comerciales

1346
1347
1350
1351
1348
1349
1353
No afectado

IRLAND[A]
Dublín

N

OCÉANO ATLÁNTICO

Santiago
León
Oporto
Vito[ria]
PORTUGAL
ESPA[ÑA]
Tole[do]
Lisboa
Sevilla
Grana[da]
Cádiz Málaga
Almer[ía]
Tánger

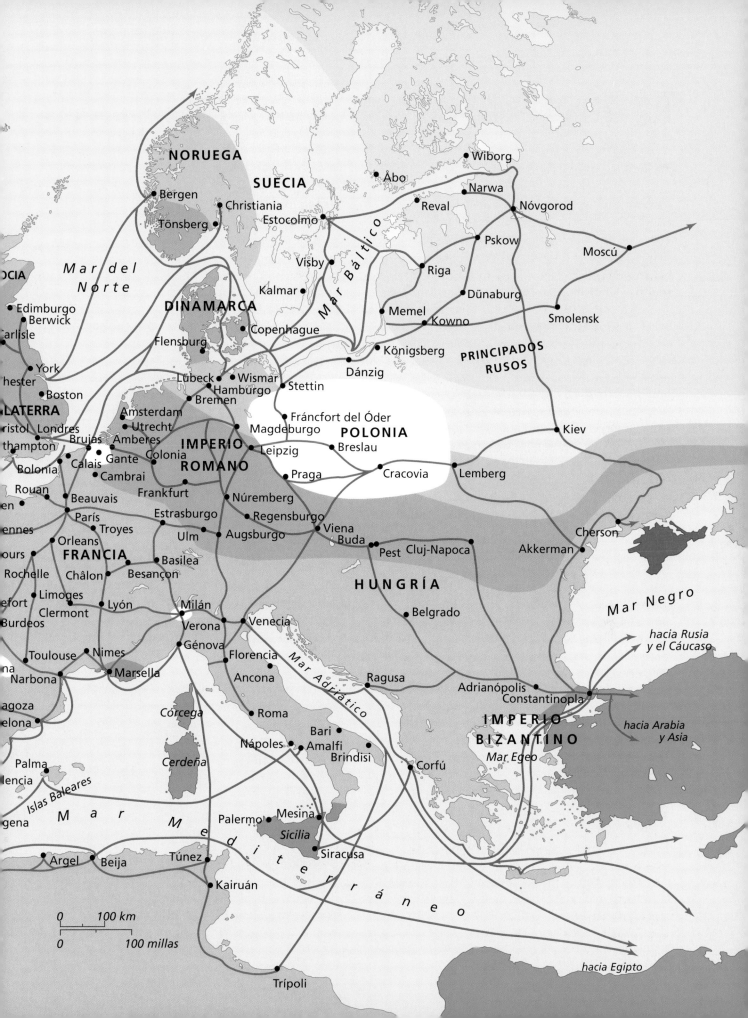

NORUEGA

SUECIA

Wiborg

Åbo

Bergen

Narwa

Christiania

Reval

Nóvgorod

Tönsberg

Estocolmo

Moscú

Visby

Pskow

Mar del Norte

Kalmar

Riga

Dünaburg

DINAMARCA

Copenhague

Memel

Smolensk

OCIA

Flensburg

Königsberg

PRINCIPADOS RUSOS

Edimburgo

Dánzig

Berwick

Lübeck

Wismar

Stettin

arlisle

Hamburgo

York

Bremen

Fráncfort del Óder

hester

Amsterdam

Magdeburgo

POLONIA

Kiev

Boston

Utrecht

LATERRA

Londres

Amberes

Colonia

Leipzig

Breslau

ristol

Brujas

Gante

IMPERIO ROMANO

hampton

Calais

Cambrai

Praga

Cracovia

Lemberg

Bolonia

Frankfurt

Rouan

Beauvais

Núremberg

en

París

Estrasburgo

Regensburgo

Viena

Cherson

ennes

Troyes

Ulm

Augsburgo

Buda

Akkerman

ours

Orleans

Basilea

Pest

Cluj-Napoca

FRANCIA

Châlon

Besançon

Rochelle

HUNGRÍA

Mar Negro

efort

Limoges

Lyón

Milán

Belgrado

hacia Rusia y el Cáucaso

Clermont

Verona

Venecia

Burdeos

Florencia

Mar Adriático

Nimes

Génova

hacia Arabia y Asia

Toulouse

Ancona

Ragusa

na

Marsella

Adrianópolis

Narbona

Córcega

Roma

Corfú

Constantinopla

agoza

Bari

IMPERIO BIZANTINO

elona

Nápoles

Amalfi

Mar Egeo

Palma

Cerdeña

Brindisi

lencia

gena

Islas Baleares

M a r   M e d i t e r r á n e o

Palermo

Mesina

Sicilia

Argel

Beija

Túnez

Siracusa

Kairuán

0   100 km

0   100 millas

Trípoli

hacia Egipto

El auge de Moscovia: 1462-1505

Iván el Grande amplió su estado de Moscovia hasta crear un reino que abarcaba gran parte del norte de Rusia y con el cual pudo desafiar por fin a la Horda de Oro mongola.

Iván el Grande

Iván III Vasilevich gobernó como gran príncipe de Moscú entre 1462 y 1505 y pasó a la posteridad como Iván el Grande. Consolidó la obra de sus antepasados reforzando la posición de Moscovia, uniendo los principados hasta entonces autónomos de Rusia y zafándose del yugo de los mongoles. Fue el primer príncipe de Moscú que pudo proclamarse soberano de toda Rusia.

En un principio compartió el poder con su padre, Basilio II, durante los últimos años de vida de este. Al sucederlo, Iván se fijó la meta de unificar Rusia, pero abordó su labor con prudencia. La primera república rusa que llamó su atención fue Novgorod, pero esta, consciente del poder creciente de Moscovia, se había aliado con Polonia. Esgrimiendo tal alianza como pretexto para lanzar una guerra, Iván invadió Novgorod en 1470, derrotó al principado y cortó sus lazos con Polonia. Tras años de represión, la república de Novgorod finalmente aceptó a Iván como su regente autocrático en 1477. Con el tiempo, otros principados fueron cayendo en manos de Iván, ya fuera mediante conquistas o por medios diplomáticos. Así, en 1485, con la absorción de Tver, Rusia se había convertido en una única nación bajo el control de un solo líder.

Iván el Grande fue el primer regente autocrático que Rusia conoció. Se consideraba heredero del imperio recién abatido de Constantinopla, ya que la Iglesia ortodoxa rusa, como la bizantina, era ajena a Roma. Su matrimonio con Sofía Palaeologina, sobrina del último emperador bizantino, también influyó en Iván, a quien impresionaban el fasto y las tradiciones imperiales. Tal matrimonio le hizo merecedor del emblema del águila de dos cabezas que anteriormente había pertenecido a los bizantinos. Iván se consideraba de una casta superior a la del resto de la aristocracia rusa y subyugó a los boyardos (nobles) a su soberanía, lo cual generó un amplio resentimiento. A su muerte, Iván fue sucedido por su hijo, Basilio III.

El declive del poder mongol

El otro gran logro de Iván el Grande fue rechazar el caciquismo de los mongoles, o tártaros. Los mongoles habían invadido el estado medieval Rus de Kiev en 1223, en su avance hacia Europa del Este a través de Asia. Un contingente del ejército mongol había permanecido en la zona del río Volga. Se trataba de la llamada Horda de Oro. Aunque esta región era básicamente un estado mongol, entre su población había turcos, tártaros, uzbecos y otros pueblos del Asia Central. La Horda de Oro tenía la misión primordial de recaudar impuestos entre los príncipes rusos, quienes, convertidos ahora en vasallos de señores feudales, debían pagar tributos regulares a sus caciques. Pero dos sucesos debilitaron a la Horda de Oro. Uno de ellos fue la Peste Negra de 1346-1347, que causó estragos en sus filas. El otro fueron las luchas internas entre los herederos al kanato. Durante la década de 1440, la Horda de Oro se sumió en una guerra civil que dio lugar a la aparición de cinco kanatos distintos.

Aquellos cinco estados separados eran mucho más débiles que el estado ruso de Moscovia, el cual había empezado a florecer pese al control tártaro. En 1476, Iván III se negó a pagar más impuestos al kanato de la Gran Horda, el más importante surgido de la división de la Horda de Oro. En un principio, el kan estaba más preocupado por las luchas militares que tenían lugar en Crimea, pero al final decidió castigar a Iván. Así, en 1480 movilizó a su ejército para invadir Moscú. Los moscovitas exigieron a Iván que emprendiera medidas para derrotar a los mongoles, y el príncipe se preparó para conducir a su ejército a la lucha contra el kan. Las tropas rivales se encontraron a orillas del río Ugra, pero la batalla no dio comienzo de inmediato, pues ambos ejércitos aguardaban la llegada de refuerzos. Los de Iván llegaron, pero no así los del kanato y, tras varias semanas de pulso en medio del gélido invierno, las tropas del kan se batieron en retirada. Aquel fue el primero de una serie de desastres que desembocaría en la desintegración de la Horda de Oro. Varios meses después, el kan fue asesinado por un rival y el poder mongol sufrió un nuevo varapalo. Los actos de Iván libraron a los rusos de pagar impuestos y les valieron por fin la independencia.

El Kremlin

La fortaleza del Kremlin se alzaba en la colina de Borovitsky, en Moscú, desde el siglo IX. Sin embargo, durante su reinado, Iván III mandó rediseñar el complejo y reconstruirlo para demostrar el poder y la superioridad de los moscovitas, convertidos en el centro de una nueva

Rusia unificada. Iván III mandó venir a constructores y arquitectos de Italia para diseñar los palacios y las catedrales de su «nuevo» Kremlin, pero estos, en acuerdo a su ubicación, optaron por construir edificios de estilo ruso, no italiano. La ciudadela había ido ampliándose durante el reinado de los predecesores de Iván y en 1368 se habían levantado murallas almenadas de piedra blanca alrededor del emplazamiento triangular de 27,5 hectáreas.

En la década de 1470, Iván III mandó construir la catedral de la Asunción, que acogería la sede de la Iglesia ortodoxa rusa y las futuras coronaciones, asambleas y ceremonias de Estado. Encargó el diseño de la catedral al arquitecto italiano «Aristóteles» Fioravanti, quien viajó por toda Rusia para imbuirse de la esencia del diseño eclesiástico propio del país. Cuando cuatro años después concluyó su obra, Iván el Grande estaba tan complacido con el resultado que ordenó encarcelar a Fioravanti para impedirle que abandonara Rusia, y el arquitecto murió

Arriba: Una vista del campanario de Iván el Grande, parapetado entre las catedrales del Kremlin.

en cautividad. Fue en la escalinata de la catedral de la Asunción donde Iván el Grande rasgó el fuero que vinculaba a los príncipes rusos con la Horda de Oro.

El regente encargó también erigir la catedral del Arcángel San Miguel, el lugar donde reposarían los restos de los gobernantes rusos durante muchos años, y la catedral de la Anunciación, con su cúpula dorada. La residencia de Iván III se estableció en el palacio de Terem. Además, el sobernao mandó construir la Cámara Facetada para celebrar las audiencias de la Corte en una magnífica sala del trono, así como para entretener a sus súbditos con impresionantes fiestas y celebraciones. Los emperadores y las emperatrices que lo sucederían al trono irían añadiendo nuevos edificios al complejo, entre ellos el enorme campanario dorado dedicado a Iván el Grande.

Europa alrededor de 1400

División y desunión: los siglos XIV y XV fueron testigos de tumultos y desacuerdos en la Europa Occidental. En Italia surgieron ciudades-estado independientes, y esa misma consolidación nacional fue avanzando hacia Oriente.

Malestar social

El orden social imperante en Europa durante el siglo XIII había sido el feudalismo, pero el declive económico y la brutal merma de la población causada por la hambruna y la peste empezaron a hacer mella en él. La rápida inflación y la subida de precios tuvieron graves repercusiones para los pobres y el cobro de impuestos para financiar las guerras libradas por la nobleza no hizo más que agravar la situación. La nobleza no supo abordar con eficacia los efectos devastadores de la Peste Negra y, frente a las demandas crecientes, se limitó a ejercer un mayor control sobre el campesinado.

En 1358 se desató una rebelión en Francia que se extendió como la pólvora por todo el país. Los campesinos protagonizaron una rebelión violenta contra la nobleza, a la cual culpaban de su funesta situación vital. En muchas zonas los campesinos contaron con el apoyo de los obreros y comerciantes de las ciudades, e incluso con el de los párrocos. Esta *jacquerie* fue finalmente aplacada por la aristocracia. En Inglaterra, en la década de 1380 se desató una revuelta campesina de las mismas características tras la implantación de un impuesto comunitario de capitación. Los campesinos lograron reunirse con el rey Ricardo II, quien accedió a adoptar reformas. En lugar de cumplir su promesa, Ricardo II ordenó sofocar brutalmente aquel levantamiento.

La corrupción y la criminalidad quedaron reflejadas en la literatura de la época. En Inglaterra, la leyenda de Robin Hood, un noble forajido que robaba a los ricos para ayudar a los pobres, denunciaba la impunidad con la que terratenientes como el *sheriff* de Nottingham robaban a los pobres. Los *Cuentos de Canterbury* (1387) de Chaucer dan fe de la mezquina corrupción que imperaba tanto en las comunidades seculares como religiosas. En

los Países Bajos y Alemania, las fábulas de Reynard e Isengrim, protagonizadas por animales, eran sátiras de la sociedad que giraban en torno a la lucha por el poder entre la Iglesia y la aristocracia, presentando ambos estamentos bajo una luz negativa.

El Gran Cisma de Occidente

En 1305, con el fin de librarse de las peligrosas luchas entre las familias nobles romanas, el papado se retiró a Aviñón, en el sur de Francia. Entre 1305 y 1378 se coronaron siete papas franceses que han pasado a los anales de la historia como los «papas de Aviñón». Gregorio XI regresó a Italia, pero murió al poco de hacerlo y los romanos insistieron en elegir a un italiano como su sucesor al papado. El carácter temperamental y exigente de Urbano VI hizo que los cardenales lamentaran su elección. Trece de ellos se retiraron a Fondi, Italia, y eligieron a un nuevo pontífice, Clemente VII. Los cardenales habían designado dos papas oficiales, hecho que provocó una profunda escisión en la Iglesia y originó el llamado Gran Cisma de Occidente. Los gobernantes europeos se vieron obligados a reconocer a uno u otro papa, elecciones que estuvieron condicionadas por sus alianzas y divisiones políticas. Entre los partidarios del papa francés, Clemente VII, figuraban Francia, Escocia, Castilla, Aragón, Portugal, Savoya y algunas partes de Alemania. El papa romano, Urbano VI, recibió el apoyo de

Arriba: El palacio del Dux, en Venecia, se construyó en el siglo XIV. La ubicación estratégica de Venecia en el mar Adriático le reportó grandes riquezas como enclave comercial.
Página anterior: Vista de Florencia, una de las ciudades-estado italianas más poderosas, la cual estuvo dominada por la familia de los Médici durante todo este periodo.

Italia, Inglaterra y gran parte del Sacro Imperio Romano. El año 1409, con vistas a resolver el conflicto, la Iglesia convocó un concilio en Pisa que se saldó con la elección de un tercer pontífice. Finalmente, en 1417, en el Concilio de Constanza se puso fin a las tres corrientes papales con la deposición del tercer papa y el papa de Aviñón y la renuncia del romano Gregorio XII. Con el nombramiento de un nuevo papa romano se decretó que la línea romana era la auténtica y el poder de destituir a un papa se reservó al propio pontífice.

Las ciudades-estado italianas

Durante este periodo, se incubó en las ciudades del norte de Italia una forma independiente de gobierno, por la cual quedaron convertidas en ciudades-estado. La ubicación de la mayoría de estos estados en la cuenca del Mediterráneo o en puntos de escala en las rutas marítimas de Europa, hizo que ciudades como Milán, Bolonia, Florencia, Amalfi, Venecia, Pisa y Génova se convirtieran en prósperos centros comerciales. Su nueva riqueza les permitió establecerse como poderes autónomos con

110

LOS LAZOS COMERCIALES, h. 1300

Zona comercial
de la Liga Hanseática

Ruta Hanseática

Zona comercial de Génova

Ruta genovesa

Zona comercial de Venecia

Ruta veneciana

Ciudad con lazos
comerciales con Amberes

Producción de seda

Producción de lana

Producción textil

Mar de Noruega

NORUEGA

SUECIA

Wiborg

Åbo

Narwa

Reval

Bergen

Oslo

Estocolmo

Nóvgorod

Tönsberg

Mar Báltico

Pskow

Moscú

Visby

Riga

ESCOCIA

Mar del Norte

Kalmar

Dünaburg

Smolensk

Falkirk

Edimburgo

DINAMARCA

Memel

Kowno

Berwick

Flensburg

Copenhague

Königsberg

PRINCIPADOS RUSOS

Carlisle

Danzig

IRLANDA

York

Lübeck

Wismar

Stettin

Dublín

Chester

Boston

Hamburgo

Bremen

INGLATERRA

Amsterdam

Magdeburgo

Fráncfort del Óder

POLONIA

Kiev

Bristol

Londres

Brujas

Utrecht

SACRO

Leipzig

Breslau

R. Dniépe

Southampton

Calais

Amberes

IMPERIO

Praga

Cracovia

Lemberg

Bolonia

Gante

Lille

Colonia

ROMANO

Núremberg

Arras

Cambrai

Frankfurt

Rouan

Beauvais

Estrasburgo

Regensburgo

Viena

Cluj-Napoca

Cherson

Caen

París

Ulm

Augsburgo

Buda

Akkerman

OCÉANO ATLÁNTICO

Rennes

Troyes

Pest

Orleans

FRANCIA

Basilea

HUNGRÍA

Mar Negr

Tours

Châlon

Besançon

Milán

Belgrado

hacia Rus y el Cáuca

La Rochelle

Limoges

Lyón

Verona

Venecia

R. Danubio

Rochefort

Clermont

Génova

Florencia

Burdeos

Nîmes

Ancona

Ragusa

Adrianópolis

Santiago

Toulouse

Montpellier

Marsella

Mar Adriático

Constantinopla

hacia Arab y A

León

Bayona

Narbona

Córcega

Roma

IMPERIO BIZANTINO

Oporto

Vitoria

Bari

Amalfi

Corfú

Zaragoza

Barcelona

Nápoles

Brindisi

Mar Egeo

Lisboa

ESPAÑA

Cerdeña

PORTUGAL

Toledo

Palma

Valencia

Cartagena

Islas Baleares

Palermo

Mesina

Sicilia

Cádiz

Sevilla

Granada

Mar Mediterráneo

Siracusa

Málaga

Almería

Tánger

Argel

Beija

Túnez

hacia Arabia

Orán

Kairuán

hacia Egipto

Trípoli

gobiernos comunes, los *Communi*, al amparo del Papa o del emperador. Las ciudades-estado favorecían las oligarquías, normalmente controladas por una única familia o *signorie*, que por lo común ejercía políticas agresivas contra las familias rivales y vecinas. Muchas de estas *signorie* no tenían origen noble, sino que pertenecían a las clases de mercaderes, y el establecimiento de sociedades leales a la ciudad, en lugar de a la aristocracia, conllevó el fin de la sociedad feudal en Italia. En lugar de llenar las filas de sus ejércitos con sus ciudadanos, las *signorie* decidieron recurrir a unos soldados mercenarios llamados *condottieri*, que fueron los encargados de luchar en los conflictos desatados por las rivalidades entre estados. Los estados más fuertes resultaron ser Venecia, Florencia y Milán al norte, los estados papales en el centro del país y Nápoles en el sur. Tanto Venecia como su principal rival, Génova, eran asimismo poderosos estados navales. De hecho, Génova ejercía el control sobre el mar Tirreno y Venecia sobre el Adriático y el Egeo. Ambos estados colonizaron diversas islas y puertos.

Europa del Este

Mientras Europa Occidental sufría de depresión económica, hambruna, pestes, malestar político y desorden social, los reinos de Europa del Este empezaban a consolidar su poder. El reino germanoparlante de Bohemia se unificó bajo el rey Carlos IV (1316-1378) de Luxemburgo, posterior emperador del Sacro Imperio Romano, quien concentró sus esfuerzos en establecer el sistema de elección imperial. Las afinidades culturales y políticas de Polonia y Lituania quedaron consolidadas con el matrimonio del noble lituano Ladislao Jagellón y la reina Eudivigis de Polonia en 1386, el cual dio origen a la dinastía polaca de los Jagellón. Hungría se recuperó poco a poco de la devastación causada por los ejércitos nómadas de la Horda de Oro y se convirtió en una civilización más moderna y culta bajo la batuta de Luis I el Grande (1342-1382).

La migración de pueblos germanos hacia la región del Báltico conllevó la aparición de múltiples ciudades germanas en el litoral. Lübeck, Wismar, Dánzig y Konigsburg pronto establecieron una alianza comercial que se dio a conocer como la Liga Hanseática o Hansa en 1358. A lo largo del siglo XIV, el mar Báltico se convirtió en una de las rutas comerciales más importantes del mundo. Aunque las ciudades de la Hansa eran independientes, debían lealtad al Sacro Imperio Romano. En Prusia, el control estaba en manos de la Orden Teutónica, integrada por caballeros venidos en auxilio de los duques polacos para someter a las tribus prusianas. El emperador Federico II garantizó la soberanía a los teutones en

1226, y estos impusieron un régimen militar en sus territorios. La amenaza que suponían llevó a los lituanos a aliarse con Polonia y, en 1466, la Orden Teutónica fue conminada a reconocer la soberanía de los Jagellón.

El comercio en Europa

Durante la Edad Media, las rutas comerciales europeas se ampliaron y sobrepasaron las fronteras del continente. Venecia, por ejemplo, no solo comerciaba con Bizancio, sino con todo el Mediterráneo árabe. En la Europa Septentrional, las ciudades germanas de la Hansa eran un punto de venta de tejidos procedentes de Occidente. Flandes e Inglaterra exportaban tejidos de lana hasta Constantinopla y la zona del mar Negro e importaban artículos exóticos, como especias. La prosperidad del comercio en el interior de las fronteras de Europa también contribuyó al desarrollo de grandes centros comerciales como Génova y Amberes. Los gremios (o asociaciones) comerciales impulsaron el contacto más allá de las fronteras nacionales mediante mercaderes que comerciaban en todo el continente, y ese contacto cimentó las bases del desarrollo económico.

La Guerra de los Cien Años

La lucha por el control de Francia

En 1337, el rey inglés Eduardo III se autoproclamó gobernante legítimo de Francia y se otorgó el título de «Rey de Inglaterra y Francia». En su defensa alegaba ser descendiente de Felipe IV de Francia por línea materna. Felipe el Hermoso, el último de los reyes Capetos, no tenía ningún descendiente varón y los franceses, sintiéndose vulnerables, promulgaron una ley que establecía que el trono no podía transmitirse por línea femenina.

Eduardo III invadió Francia para hacerse con la corona, que había sido impuesta a Felipe de Valois. En 1346, el ejército inglés, pese a haber quedado debilitado por la peste y ser inferior en número a los franceses, se proclamó victorioso en Crécy. Sus armas, entre las que figuraban arcos y picas, les concedieron ventaja. Con el ánimo henchido por aquella victoria capturaron también Calais y, en 1356, hicieron prisionero al monarca francés Juan II. En 1415, en Agincourt, bajo Enrique V, la infantería y los arqueros ingleses, muy inferiores en número a la caballería francesa, se anotaron una segunda gran victoria. Los ingleses registraron menos de 500 bajas en la batalla, una cifra pírrica comparada con los más de 5.000 soldados franceses caídos. Los ingleses se hicieron

con Normandía y Enrique III se autoproclamó heredero de pleno derecho al trono francés. Su muerte en 1422 dejó a su hijo infante como heredero, pero durante el periodo inestable que siguió los franceses empezaron a aunar sus fuerzas. En 1428 estalló de nuevo la guerra y los ingleses sitiaron la ciudad de Orleans. Alentados por Juana de Arco, los franceses lograron levantar el sitio un año después. Tras una serie de victorias francesas, el Delfín, hijo de Carlos VI el Bienamado fue coronado Carlos VII el Bienservido. Ello no impidió, no obstante, que Enrique VI fuera coronado en París en 1430. Pero cuando el duque de Borgoña cambió de bando y se alió con Francia en 1435, el rey francés recuperó París. Los ingleses fueron expulsados paulatinamente del territorio francés. En 1453 solo les quedaba Calais. La derrota en Francia propició el estallido en su propio país de una guerra civil, la guerra de las Rosas. La hostilidad entre ambas naciones se prolongó varios siglos, pero esta fecha suele considerarse el fin de la Guerra de los Cien Años.

Juana de Arco

Nacida alrededor de 1412, Juana de Arco, una niña campesina, afirmaba que el arcángel San Miguel, santa Catalina y santa Margarita se le habían revelado y le habían ordenado expulsar a los ingleses de Francia y conducir al Delfín a Reims para su coronación. Fue presentada ante el Delfín en 1428 disfrazada de niño. Tras ser sometida a exámenes por los teólogos de Carlos VII durante tres semanas, recibió permiso para dirigir el ejército hasta la ciudad asediada de Orleans.

Vestida con armadura y portando un estandarte blanco, Juana alzó la moral de las tropas y las alentó a proclamarse victoriosas. Tras conducir con éxito al Delfín a Reims, Juana participó en el asalto a París, donde fue capturada por los borgoñones, aliados de Inglaterra. Estos la vendieron a los ingleses, quienes la juzgaron por herejía en 1431 en Ruán. Acusada de brujería, de tener visiones demoníacas, de practicar el travestismo y de ser una asesina despiadada, Juana fue declarada culpable. Cuatro meses después ardió en la hoguera. Los testigos de su quema afirmaron haber visto salir volando una paloma blanca de entre las llamas. El año 1456, el Papa autorizó una apelación a su sentencia y fue proclamada mártir oficialmente por la Iglesia. En 1920 fue canonizada como santa.

Izquierda: Juana de Arco, «la Doncella de Orleans», asiste en la catedral de Reims a la coronación del Delfín como rey Carlos VII.
Página siguiente: Johann Gutenberg, inventor de los tipos móviles.

Renacimiento cultural europeo

Durante los siglos XIV y XV, la cultura floreció en Europa, sobre todo en Italia. Estos siglos se caracterizaron además por la aparición de la imprenta y la difusión de la enseñanza.

El Renacimiento italiano

«Renacimiento» es el término que resume los logros culturales que los italianos realizaron en los siglos XIV y XV. En realidad hubo varios «renaceres» de la enseñanza, la cultura y el arte clásicos. En el siglo XII, por ejemplo, se renovó el interés por las escrituras de Aristóteles. Sin embargo, el Renacimiento italiano tal vez sea más conocido por la cantidad de hitos artísticos, arquitectónicos y culturales que registró.

Las acaudaladas ciudades-estado ocupaban una posición geográfica y financiera excelente para acuñar el «Renacimiento». Por las ciudades del norte no solo circulaban los artículos comerciales que se importaban de África del Norte y Asia, sino también bienes culturales y conocimiento. Desde Constantinopla, España y el mundo árabe llegaban textos clásicos y saberes matemáticos y científicos. Además, la proximidad de las ciudades-estado a los restos de la Antigua Roma les permitía analizar in situ los estilos artísticos y arquitectónicos.

Uno de los núcleos del Renacimiento italiano fue Florencia, gobernada por la poderosa familia Médici, mecenas, entre otros, del artista y escultor Miguel Ángel. Otros artistas renacentistas destacados fueron Donatello, Botticelli, Rafael y Leonardo da Vinci. En el campo de la literatura, Petrarca fue en gran parte responsable del surgimiento del humanismo, una escuela de pensamiento que aseguraba que el ser humano era intrínsecamente bueno, en oposición a la Iglesia, que lo concebía como un pecador que debe ser redimido. Otras plumas ilustres fueron Dante, autor de *La divina comedia*, y Boccaccio, cuyo *Decamerón* inspiró muchos relatos de Shakespeare. La arquitectura renacentista también estuvo influida por el clasicismo; se construyeron espléndidos edificios en Florencia, Venecia, Milán y Roma. Las columnas como motivos decorativos de fachadas y las cúpulas proliferaron. Entre los edificios renacentistas clave destacan el Duomo de Florencia y la basílica de San Pedro en Roma.

El humanismo

El humanismo surgió en parte en respuesta a la desilusión creciente con respecto a la Iglesia. Era una corriente de pensamiento literaria y erudita, interesada en la gramática, la retórica, la historia, la filosofía y la poesía, doctrinas todas producto del pensamiento humano. En su corazón latía el interés por reavivar la cultura clásica, en particular mediante el estudio del griego y el latín. El humanismo postulaba que el ser humano podía aplicar las habilidades que le eran propias, el razonamiento y la lógica, para mejorar y ganar en dignidad. En su difusión hacia el norte alcanzó otros países europeos y, con la aparición de las técnicas de impresión, llegó a un público cada vez mayor. Cuando sus tesis se aplicaron al estudio de la Biblia, se exigió una revisión humanista de la Iglesia, la cual derivó en la llamada Reforma.

Universidades

La aparición de centros de enseñanza o «universidades» en Europa contribuyó al fin de la «Edad de las Tinieblas» y a la difusión del Renacimiento. En Grecia y en el mundo árabe habían existido academias de enseñanza desde hacía siglos. De hecho, el primer centro de aprendizaje lo había establecido Carlomagno para formar a los profesionales que debían dirigir su imperio. Pese a todo, el estudio intelectual había quedado relegado a los monasterios, donde el centro de interés había sido inevitablemente el estudio de la Biblia. Las primeras universidades que aparecieron en la Europa medieval fueron las de París y Bolonia, concentradas todavía en la preparación para la carrera eclesiástica. En Bolonia, la universidad era una institución autorregulada cuya dirección no se hallaba en manos de

los profesores sino de los alumnos; su principal asignatura era el estudio de la Ley. La universidad de París, en cambio, estaba gobernada por el profesorado y, gracias a ello, atrajo a algunos de los grandes pensadores de la época, incluidos Pedro Abelardo y Tomás de Aquino. En París, los estudios se centraron en asuntos teológicos, en parte debido a que los docentes estaban financiados por la Iglesia. Todas la universidades europeas eran en esencia organizaciones independientes que se regían por sus propias normas y leyes, pero poco a poco quedaron subyugadas al control estatal.

Johannes Gutenberg

La invención de las matrices de impresión de tipos móviles fue vital para el progreso cultural e intelectual de Europa, ya que puso la literatura de la época al alcance de un público mayor y permitió la difusión de distintas versiones de la Biblia. La prensa de Gutenberg amplió las posibilidades de las técnicas de impresión mediante grabados de madera en uso al permitir imprimir varios materiales de forma rápida. Gutenberg, un obrero metalúrgico de Maguncia, produjo su primer libro impreso, la llamada Biblia de Gutenberg, en 1454. Dedicó tres años a imprimir 180 ejemplares de esta Biblia en latín, el mismo tiempo que hasta la fecha habían dedicado los amanuenses a producir una única versión manuscrita. En la Feria del Libro de Frankfurt de 1455, una de las ferias del sector más antiguas del mundo, Gutenberg vendió sus ejemplares producidos en serie y obtuvo pingües beneficios. Sin embargo, siempre fue un hombre de negocios pobre y, cuando la muerte le sorprendió en 1468, se hallaba casi en la ruina, pues la imprenta estaba en manos de su antiguo socio, Johann Fust. El invento de Gutenberg no solo contribuyó a la difusión de la teología, sino que propició la proliferación de las publicaciones científicas y con ello echó a rodar la revolución científica que acontecería en los siglos venideros.

Miguel Ángel y Leonardo da Vinci

Michelangelo Buonarotti nació en 1475 en territorio florentino y en 1488 entró como aprendiz de un artista de la ciudad. Sus dones le valieron una recomendación a Lorenzo de Médici, quien lo acogió en la academia de la familia durante tres años. Tras una breve estancia en Roma, Miguel Ángel regresó a Florencia en 1500 para concluir su estatua de David. En 1503 fue llamado a Roma por el nuevo pontífice, Julio II, quien le encargó diseñar su tumba. En 1508, el Papa le encargó pintar el techo de la Capilla Sixtina. Tras cuatro años de trabajo, Miguel Ángel reveló su obra maestra, que describía escenas del Génesis, incluida la *Creación*. Años después pintó el *Juicio Final* en la pared del altar de la capilla. En 1546 fue nombrado arquitecto de la basílica de San Pedro y acometió la construcción de su cúpula.

El gran rival de Miguel Ángel fue Leonardo da Vinci, otro florentino. Como su coetáneo, Leonardo empezó como aprendiz de un pintor. En 1482 viajó a Milán, donde trabajó para el duque Ludovico Sforza como ingeniero y diseñador. Produjo los diseños de varios inventos, incluidos cañones y ametralladoras, máquinas voladoras, submarinos y tanques acorazados, que no obstante no llegaron a construirse. Su interés en la ciencia se extendía a la anatomía y en 1490 creó su famoso dibujo del Hombre de Vitruvio, en el que subrayó las proporciones matemáticas y la simetría del cuerpo humano. Sus dos lienzos más célebres son *La Última Cena* y *La Giaconda* o *Mona Lisa*.

NORUEGA
(danés)

● Christiania

S U E C I A

Uppsala
1477

● Estocolmo

Danés

Danés

Mar Báltico

0   200 km

0   200 millas

OCIA

🏛 Aberdeen
1494

ow 🏛 St. Andrews
1411

■ Edimburgo
82

Mar del
Norte

● York

ATERRA

Cambridge 1229

istol

🏛 *Oxford 1167*

ondres ■

🏛 Lund
1688

Copenhague
1478

DINAMARCA

Rostock
1419

Kiel 🏛
1655

Greifswald
1456

Königsberg 🏛
1544

DINAMARCA

● Lübeck
Hamburgo

SACRO

Franeker
1585

1631 🏛

Groninga
1614

Amsterdam ●

Harderwijk
1648

🏛 Osnabrück
1630

Leiden 🏛
1574

Utrecht
1636

Paderborn
1614

🏛 Frankfurt
1506

Helmstedt 1576

🏛 Wittenberg
1502

POLONIA

Amberes ●

Halle 1694

Marburgo 1527

Leipzig
1409

● Breslau

Calais ●

Bruselas ●

Colonia 🏛
1388

Gießen
1607

Erfurt 1392

Cracovia
1364

Löwen
1426

Mainz
🏛 1476

Bamberg
1648

Prag
1348

🏛 Olomouc
1576

Luxemburgo ●

Tréveris
1473

Würzburgo 1582

IMPERIO

Caen
1432

Port-à-
Mousson
1572

■ París
h. 1150

Heidelberg 1385

Ingolstadt
1472

Tyrnau
1635

Angers
1337

Orleans
1309

Tubinga
🏛 1476

Estrasburgo
1621

Dillingen
1549

Linz
1669

Pressburgo
1467

● Viena

Salzburgo
1623

● Budapest

Dôle
1422

Basilea
1456

Friburgo
1457

● Múnich

REINO DE
HUNGRÍA

ntes

Bourges
1464

Poitiers
1431

Besançon
1485

ROMANO

🏛 Graz
1585

F R A N C I A

🏛 Ginebra
1559

Vicenza
1204

Treviso
1318

Burdeos

Cahors
1332

Grenoble
1339

Vercelli
1228

● Milán

Padua
1222

● Venecia

Orange
1365

Valence
1452

Piacenza
1248

VENECIA

Turín
1405

Pavia
1361

Ferrara 1391

Toulouse

Aix-en-
Provence
1409

Génova

Parma
1502

Reggio 1188

Bolonia 1088

1229/33

Avignón
1303

Pisa 1343

Florencia 1349

Montpellier
1289

Marsella

Arezzo 1215

uesca
1354

Siena
1357

Perugia
1308

Urbino
1564

IMPERIO
OTOMANO

Perpiñán
1349

Córcega

ESTADOS PONTIFICIOS

Roma ●
1303

REINO DE
NÁPOLES

érida
1300

● Barcelona
1430

Mar Adriático

encia

● Palma
1483

Cerdeña

Nápoles ●

Salerno
1173

Cagliari
1626

Napoles
1224

Mar Mediterráneo

● Palermo
1637

Mesina
1549

Catania
1434

Sicilia

SEDES DE ENSEÑANZA
EUROPEAS ENTRE 1401 Y 1700

🏛🕆 *Universidades y escuelas religiosas
fundadas alrededor de 1400*

🏛 Universidad fundada
entre 1401 y 1500

🏛 Universidad fundada
entre 1501 y 1700

Las Américas a finales del siglo XV

Antes de la llegada de los europeos, las Américas eran cuna de culturas sofisticadas, que iban desde las civilizaciones inca y azteca hasta los cazadores-recolectores del norte.

Los incas

Los incas, o Tahuantinsuyu, eran una civilización imperial que floreció en Suramérica desde principios del siglo XV hasta la llegada de los españoles en 1533. El término «inca» significa emperador. De hecho, la sociedad inca giraba en torno a la soberanía imperial. Los incas eran originarios de la zona ocupada por el actual Perú y su capital era Cuzco. Durante su existencia relativamente breve llegaron a dominar gran parte de la Suramérica civilizada. Antes de alcanzar tal supremacía, los incas habían sido uno más de los muchos grupos tribales afincados en el sur de los Andes, pero durante el reinado de sus tres emperadores, Viracocha, su hijo Pachacuti y su nieto Topa, llevaron a cabo un proceso de expansión y conquista. Sus territorios se extendían hacia el sur hasta las actuales Chile y Argentina.

Para poder gobernar con eficacia un imperio tan vasto, los incas concibieron un sofisticado sistema jerárquico. A la cabeza del Gobierno se hallaba el inca, o emperador, y bajo él había cuatro Gobiernos provinciales dirigidos por familiares suyos. Estos nobles a su vez delegaban la autoridad en funcionarios locales, cuyas responsabilidades incluían garantizar una productividad elevada y la aplicación de la Ley. En la base de la sociedad se hallaban los trabajadores de la tierra y los mineros. Los funcionarios de cada población tenían la misión de supervisar grupos de diez familias a los que reclamaban el pago de tributos para el imperio. Además, los trabajadores incas del estrato social más bajo tenían el deber de colaborar en proyectos sociales, como, por ejemplo, la construcción de puentes, y de servir en el ejército. A cambio se les garantizaba el apoyo de la comunidad en la vejez y en la enfermedad, y en las épocas de cosechas escasas o hambrunas recibían alimentos de las provisiones estatales.

La base de la civilización inca era la agricultura. Los incas transformaron su paisaje montañoso con terrazas que les permitieron aumentar la cantidad de suelo arable. También crearon un arte intricado y fueron expertos trabajadores del metal: produjeron elaboradas piezas de plata y oro, minerales a los que tenían acceso.

Los incas son también célebres por sus prácticas médicas y, en concreto, por sus conocimientos quirúrgicos, que aplicaron a la cirugía craneal.

Creencias y prácticas religiosas

Las prácticas religiosas de los incas se centraban principalmente en su adoración al dios del sol Inti. Su mitología sobre la creación explicaba que Inti envió a su hijo Manco Capac a la tierra para fundar una ciudad y que este primer emperador de los incas fue el creador de Cuzco. La adoración del sol protagonizaba la mayoría de las ceremonias incas. Los incas construyeron magníficos templos dedicados al sol, todos ellos situados en el punto más elevado de la zona, para estar más cerca de su objeto de culto. Sus sacerdotes vivían en los templos, donde llevaban a cabo actos de adivinación para guiar a los incas en todos los aspectos de la vida. Diariamente se realizaban sacrificios de animales, sobre todo de llamas blancas, en honor a la salida del sol. Los sacerdotes utilizaban los pulmones diseccionados de las llamas para predecir el futuro y para diagnosticar problemas concretos tales como una enfermedad.

Pero Inti no era el único dios al que los incas rendían culto. Sus otros grandes dioses representaban a la luna, la tierra, el rayo y el trueno. La creencia en el poder del mundo natural se extendía también al reino animal. Varios espíritus animales que poblaban la tierra revestían una gran importancia para los incas; por ejemplo, el cóndor representaba el paraíso y la anaconda el infierno. Los incas también rendían tributo a los espíritus que habitaban en la multiplicidad de lugares sagrados diseminados por todo su mundo; dichos espíritus podían adoptar no solo forma de animales sino también de rocas, montañas y ríos.

Machu Picchu

Posiblemente el yacimiento inca más célebre sea el de la ciudad de Machu Picchu, situada a unos 2.100 metros por encima del nivel del mar, en una cordillera montañosa de Perú. La ciudad en sí nunca estuvo habitada durante

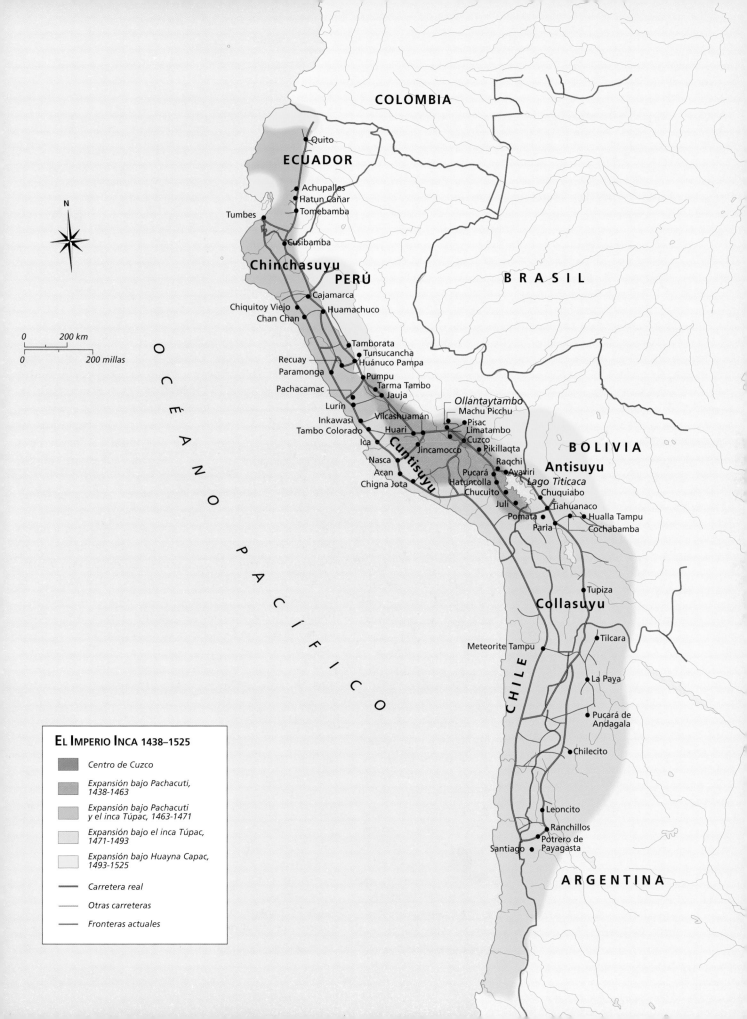

COLOMBIA

● Quito

ECUADOR

● Achupallas
● Hatun Cañar
● Tomebamba

Tumbes ●

● Cusibamba

Chinchasuyu

PERÚ

● Cajamarca

Chiquitoy Viejo
Chan Chan ● Huamachuco

B R A S I L

● Tamborata
● Tunsucancha
Recuay ● ● Huánuco Pampa
Paramonga ● Pumpu
● Tarma Tambo
Pachacamac ● ● Jauja

Lurín ●
Vilcashuamán
Inkawasi
Tambo Colorado ● Huari

Ollantaytambo
● Machu Picchu
● Pisac
● Limatambo
● Cuzco

Ica ● Jincamocco ● Pikillaqta

Cuntisuyu

Nasca ●
Acan ● Pucará ● Raqchi
Chigna Jota Hatuncolla ● ● Ayaviri
Chucuito ● *Lago Titicaca* ● Chuquiabo

BOLIVIA

Antisuyu

Juli ● ● Tiahuanaco
Pomata ● ● Hualla Tampu
Paria ● ● Cochabamba

● Tupiza

Collasuyu

Meteorite Tampu ● ● Tilcara

CHILE

● La Paya

● Pucará de
Andagala

● Chilecito

● Leoncito

● Ranchillos
● Potrero de
Santiago ● Payagasta

ARGENTINA

O C É A N O   P A C Í F I C O

N

0 ——— 200 km
0 ——— 200 millas

EL IMPERIO INCA 1438–1525

Centro de Cuzco

*Expansión bajo Pachacuti,
1438-1463*

*Expansión bajo Pachacuti
y el inca Túpac, 1463-1471*

*Expansión bajo el inca Túpac,
1471-1493*

*Expansión bajo Huayna Capac,
1493-1525*

—— Carretera real

—— Otras carreteras

—— Fronteras actuales

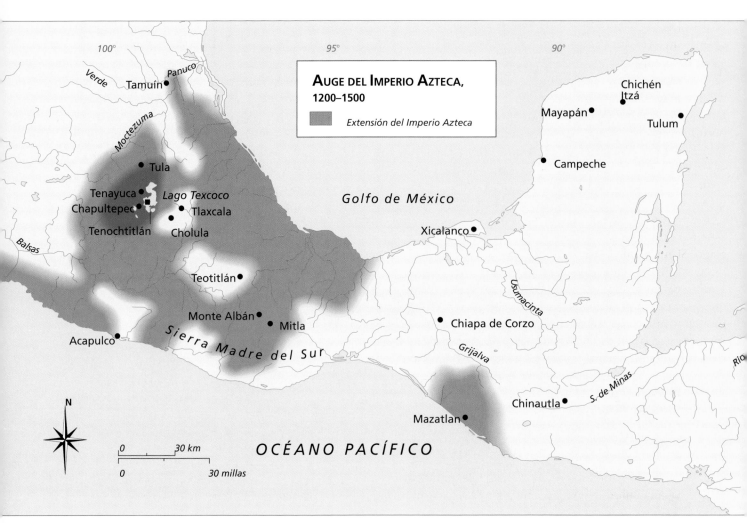

todo el año, sino que más bien servía como lugar de retiro religioso para los nobles incas. Se construyó bajo el mandato del inca Pachacuti alrededor de 1460 y constaba de unos 200 edificios, incluidas viviendas y templos. En lugar de tallar la roca en los alrededores, los edificios se construyeron con bloques de granito sueltos esculpidos y ensamblados con precisión sin ayuda de mortero. Pese a que muchos de esos bloques tenían varias vetas, las juntas que los unían eran tan mínimas que no cabía entre ellas ni la hoja de un cuchillo. Los incas aplicaron también su conocimiento del paisaje agreste para erigir edificios en lugares aparentemente impracticables, como colinas abruptas y precipicios. Alrededor de la ciudadela se construyeron terrazas para cultivar hortalizas e impedir la erosión del suelo. De este modo se garantizaba la autosuficiencia de Machu Picchu. Entre las ceremonias de adoración al sol destacaba la *intihuatana*, en la que un sacerdote representaba el anclaje del sol a una gran columna para impedir que el astro desapareciera para siempre. Esta ceremonia cobraba un interés adicional para los incas en los meses de invierno,

durante los cuales el sol permanecía en el cielo menos horas al día. En la ciudad sagrada de Machu Picchu se han hallado numerosos cuerpos momificados. Los incas creían en la reencarnación y muchos de sus miembros más destacados fueron momificados tras su muerte, a menudo en posición sentada. Gracias a su ubicación recóndita, los conquistadores españoles no descubrieron la ciudad y ello la salvó de la destrucción. Ello no fue óbice para que la ciudad fuera abandonada por los incas durante la época de la conquista española, tal vez huyendo de la epidemia de viruela que importaron los europeos.

Los aztecas

Los aztecas fueron el pueblo más poderoso de Mesoamérica durante los siglos XV y XVI. En un principio estaban integrados por diversos grupos tribales procedentes del norte enzarzados en una guerra con los toltecas. Los aztecas fundaron una ciudad refugio en una isla en medio del lago Texcoco, que posteriormente se convirtió en la capital, Tenochtitlán (la actual Ciudad de México). Tenochtitlán se convirtió en la mayor ciudad habitada de la región a medida que los aztecas fueron drenando zonas pantanosas y construyendo un sistema de pasos elevados, canales e islas artificiales.

Cuando los aztecas dejaron de ser un colectivo de tribus con líderes propios y se convirtieron en un pueblo unido iniciaron su agresiva política expansionista. Poco a poco fueron subyugando a las tribus vecinas. A tal fin, al principio establecieron alianzas políticas y, luego, una vez dominados los grupos más débiles, se volvieron contra sus aliados. Así lograron someter rápidamente gran parte del México Central y recaudar impuestos y materias primas de unos 500 estados menores. Los aztecas ejercieron su papel de caciques con brutalidad y despotismo. Si un estado no podía o se negaba a pagar los impuestos requeridos, el ejército imperial corría presto a infligirle los castigos establecidos. Los aztecas creían que mantener un estado de guerra constante era vital para garantizar un suministro continuo de guerreros avezados en la lucha, de modo que no necesitaban esgrimir ninguna excusa para atacar a sus tribus vecinas

o estados vasallo. Empleaban unas estrategias bélicas sumamente peculiares. En lugar de organizar a los ejércitos como unidades combinadas con la intención de acabar con el enemigo, los soldados aztecas luchaban de forma individual y tenían la misión de capturar a los presos de guerra con vida. El objetivo era abastecer al imperio con las ingentes cantidades de víctimas para sacrificios que necesitaba. El guerrero azteca solo alcanzaba el honor si había apresado a tres o más cautivos y, dado que los hombres tenían prohibido cortarse el cabello hasta haber logrado este objetivo, se consideraba una deshonra llevar una larga melena.

Esta naturaleza agresiva fue la causante del fin de los aztecas. Cuando los españoles llegaron en 1519 con apenas 500 soldados, muchos pueblos subyugados de Mesoamérica se aliaron con ellos y más de 150.000 hombres les ayudaron a combatir a los aztecas.

Abajo: El espectacular emplazamiento del Machu Picchu.

Sociedad y religión

Al margen de sus métodos bárbaros, los aztecas eran una civilización culta y sofisticada. La sociedad se dividía en tres clases principales: la nobleza, los campesinos y los mercaderes. De la clase noble surgían los sacerdotes, eruditos y dirigentes, mientras que el campesinado proveía a los soldados, artesanos y agricultores. Los aztecas tenían también esclavos, si bien estos parecían disfrutar de más libertad que sus homólogos europeos clásicos. Aunque los esclavos podían ser comprados y vendidos, nadie nacía en la esclavitud y, si un esclavo lograba escapar, podía solicitar que lo liberasen. Todos los varones aztecas iniciaban una educación formal a los 15 años: recibían formación sobre religión, rituales, historia, comercio y artes marciales. Las ciudades aztecas carecían de instituciones educativas, pero en cambio sí albergaban multitud de templos y mercados donde se vendía la amplia variedad de artesanías locales. Las ciudades solían estar divididas en zonas y en su centro se erguía un complejo

Abajo: Primer plano del centro de la Piedra del Sol azteca, que encierra tanto un significado mitológico como astronómico.

de templos, en el cual se hallaban también las escuelas. Los aztecas, ingenieros avezados, no solo lograron drenar las ciénagas de los alrededores de Tenochtitlán, sino que también instalaron un eficaz sistema de alcantarillado y dotaron a la mayoría de sus viviendas con letrinas. Asimismo, construyeron grandes acueductos para abastecer la ciudad con agua dulce.

Los aztecas veneraban a diversas deidades y, al igual que otras civilizaciones, instauraron diversos festivales y ceremonias especiales para cada una de ellas. Entre las deidades aztecas más prominentes figuran: Huitzilopochtli, dios supremo y señor del fuego, del sol y de la guerra; Itzli, dios del sacrificio, y Quetzalcóatl, el dios representado como una serpiente emplumada que creó a los aztecas y patrono de los sacerdotes.

Sacrificio

La práctica del sacrificio humano estaba firmemente instaurada en Mesoamérica durante el Periodo Azteca. Si bien el sacrificio de víctimas humanas se camuflaba so pretexto religioso, lo cierto es que respondía a motivos políticos y constituía una herramienta sumamente eficaz de control civil. Los dioses requerían diversos tipos de

sacrificios; a algunos se les ofrendaban doncellas, a otros prisioneros y a otros se les entregaban las personas débiles y deformes. Las víctimas podían morir por diversos métodos, pero solían hacerlo a manos de uno de los sacerdotes del templo. En Tenochtitlán, las calaveras de los sacrificados se exponían en el Tzompantli o «Altar de cráneos». Era frecuente efectuar sacrificios con ocasión de las fiestas populares; en estos casos se sacrificaban un elevado número de víctimas en un mismo día. Aunque los observadores españoles declararon que miles de personas fueron sacrificadas en un espacio de tiempo de apenas unos días, posiblemente estas cifras se exageraron por motivos propagandísticos. Sin embargo, parece cierto que, si no por miles, sí debió de sacrificarse a las víctimas por cientos. Grosso modo, se calcula que cada año se sacrificaba en el Imperio Azteca a unas 10.000 víctimas.

Tribus americanas indígenas

En comparación con las civilizaciones de la América Central y del Sur, los indígenas del norte estaban mucho menos avanzados tecnológicamente y seguían llevando una existencia nómada. Estos pueblos, empero, se organizaban en unidades tribales definidas, cada una de las cuales tenía sus propias costumbres, lengua y reglas sociales. Las tribus de la costa noroeste, como los tlingits, los chinooks y los makahs, eran principalmente pueblos pesqueros que vivían del mar. En cambio, los habitantes de las Grandes Llanuras, como los sioux, los cheyene, los pawnee y los comanches, eran hábiles cazadores-recolectores que aprovechaban las virtudes del búfalo autóctono. Las tribus del sur, como los choctaws, los natchez y los apaches, fueron adoptando poco a poco los métodos agrícolas de las tribus del norte. En el extremo septentrional del continente, dentro del círculo polar ártico, los inuit o esquimales llevaban una vida dura pero agradable en un territorio inhóspito.

La sociedad americana indígena

Las distintas unidades tribales tenían a su vez distintas costumbres y tradiciones, si bien la sociedad americana indígena en su conjunto tenía ciertos aspectos en común. En su mayoría, las sociedades se organizaban en asentamientos en los que la vida familiar era primordial. La guerra y la religión desempeñaban un papel esencial. Los conflictos con las tribus vecinas por reclamaciones territoriales imponían la necesidad de contar con guerreros y cazadores diestros. Muchas sociedades indígenas sometían a sus jóvenes varones a ritos iniciáticos para convertirlos en guerreros osados y compartían la tendencia a usar danzas tribales para invocar a los espíritus protectores y prepararse para la guerra. Si bien no todas las tribus estaban dirigidas por un único gran jefe, este era el sistema de gobierno más extendido entre las sociedades tribales. Los jefes solían ostentar también una posición espiritual destacada dentro de la sociedad y muchas tribus, como las pertenecientes a los pueblos iroquois del nordeste, celebraban consejos de varones adultos, quienes se reunían para asesorar al gran jefe. En la mayoría de las tribus, las mujeres desempeñaban el mismo papel: sembraban, recolectaban y cuidaban del ganado y de la familia. En algunas tribus, como por ejemplo entre los apaches, los clanes familiares estaban gobernados por matriarcados, pero en el fondo todas las sociedades nativas amaricanas eran patriarcales.

Tratos con los primeros colonos

La mayoría de los americanos indígenas acogieron con hospitalidad a los primeros europeos llegados en el siglo XVI. Mantener relaciones amistosas con los nativos era fundamental para los nuevos colonos, pues sin su guía no habrían sido capaces de sobrevivir en un entorno que les era completamente ajeno. Los indígenas enseñaron a los europeos dónde encontrar las mejores cosechas y cómo cultivarlas, y les instruyeron sobre las mejores caza y pesca. A cambio, los colonos les entregaron caballos y con ello esta especie se reintrodujo en las llanuras del norte tras varios siglos de extinción. La llegada de los caballos amplió enormemente las posibilidades de comerciar y viajar para los indígenas.

Sin embargo, los colonos también llevaron consigo enfermedades como el sarampión y la viruela, a las que los indígenas no eran inmunes. Los muertos se contaron por miles. Las buenas relaciones iniciales entre colonos y nativos se deterioraron a medida que los recién llegados fueron desplazando a los indígenas y recortándoles sus derechos. Cuando los colonos se enfrentaron entre sí por la supremacía del nuevo mundo, muchos nativos se encontraron aliándose con una u otra nacionalidad colonial. Los mohawks quedaron divididos incluso en su propio seno, cuando algunos miembros se aliaron con los británicos y otros, convertidos al catolicismo por los misioneros, apoyaron a los franceses en el conflicto entre ambas potencias europeas.

La resistencia a la invasión de los pobladores blancos desembocó en las Guerras Indias, ocurridas entre los años 1622 y 1890. Ya a principios del siglo XVIII, los indígenas habían sido expulsados de sus territorios y reubicados forzosamente en reservas, o bien desplazados hacia el oeste, allende las fronteras.

La dinastía Ming

Con los emperadores Ming al frente, China atravesó un periodo de renovación cultural, así como de expansión, comercio y exploración, que se prolongó tres siglos antes de decaer.

Zhu Yuanzhang (Chu Yuanziang)

La decadencia de la dinastía Yuan mongol sumió de nuevo a China en una época de inestabilidad política, enfrentamientos entre señores de la guerra y división entre provincias. Durante la primera mitad del siglo XIV se registraron varias rebeliones que se saldaron con la instauración de diversos reinos dirigidos por individuos que habían pertenecido al estamento social de los mercaderes o al campesinado. Uno de estos dirigentes rebeldes fue Zhu Yuanzhang o Chu Yuanziang, hijo de campesinos y líder de la secta de los «Turbantes Rojos». En

1356, Yuanzhang capturó Nanjing y poco a poco fue conquistando los territorios vecinos. Hacia 1369 había logrado conquistar toda China y expulsar a los Yuan. Esta fecha marca el comienzo de la dinastía Ming. Yuanzhang adoptó el nombre de Ming, que significa «brillante», y se autoproclamó Ming Hongwu.

Su reinado estuvo marcado por la necesidad de consolidar el poder absoluto del imperio. Construyó la capital en Nanjing y estableció una serie de complejos rituales relacionados con el papel del imperio que le sirvieron para adquirir un aura divina. Suprimió la oficina del primer ministro y se adjudicó el control absoluto de la Administración imperial, una tarea ardua y exigente. También erradicó la amenaza de las peligrosas intrigas de la corte reduciendo el poder de los eunucos, las concubinas y las damas de la corte. Además, trató sin piedad a los disidentes y desplegó una brutalidad desmedida con los eruditos, a los que acusaba de haberle injuriado, en lo que tal vez fuera un reflejo de sus orígenes de clase baja.

Considerado por muchos el mayor emperador de China, Hongwu se propuso deshacer el daño causado por los mongoles y se concentró, sobre todo, en reconstruir la maltrecha economía agrícola de China. Fue el responsable de los bajos niveles de tasación del suelo y de la reforestación, así como del repoblamiento de las tierras abandonadas. Las reformas administrativas introducidas por Hongwu buscaban fortalecer la burocracia del funcionariado y controlar a la enorme población. Reestableció el sistema de exámenes de acceso al servicio civil desaparecido bajo los Yuan y aumentó el grado de rigurosidad de dichos exámenes, lo cual le permitió crear una institución que continuó vigente hasta 1905.

Izquierda: La Ciudad Prohibida, hogar de dos dinastías de emperadores, la Ming y la Qing, fue inaccesible para la mayoría de la población china durante 500 años.

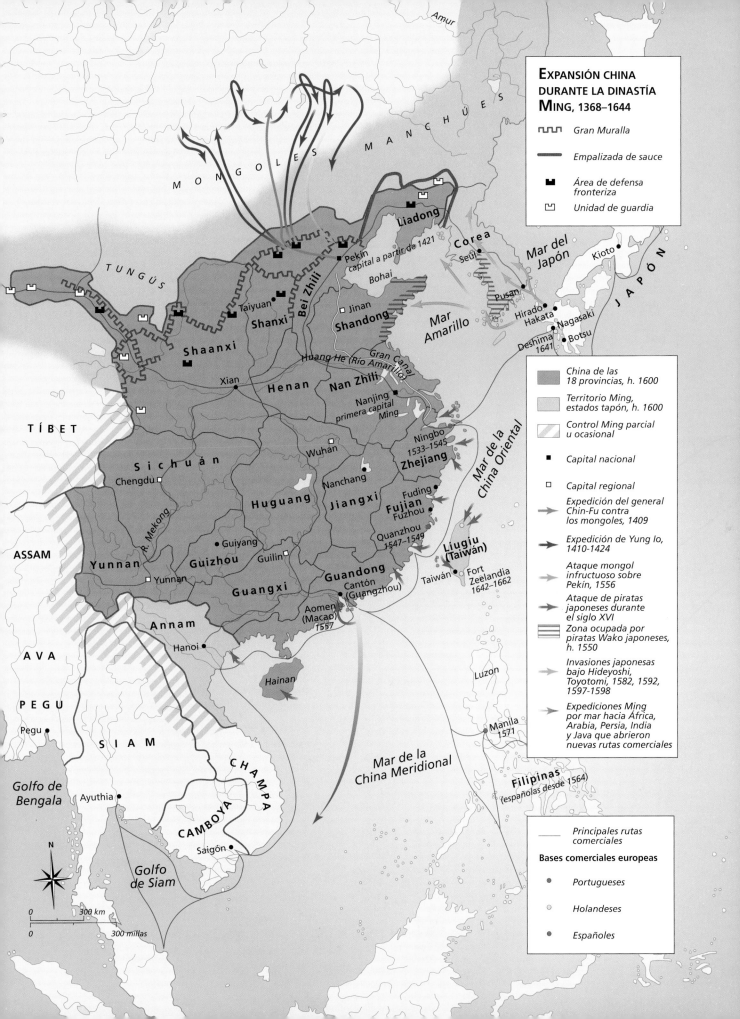

MONGOLES   MANCHÚES

Amur

Liadong

Pekin
capital a partir de 1421

Bohai

Corea

Seúl

Mar del
Japón

Kioto

JAPÓN

TUNGÚS

Taiyuan

Jinan

Shanxi

Bei Zhili

Shandong

Mar
Amarillo

Pusan

Hirado
Hakata

Nagasaki

Deshima
1641

Botsu

Shaanxi

Xian

Huang He (Río Amarillo)

Gran Canal

Henan

Nan Zhili

TÍBET

Nanjing
*primera capital
Ming*

Ningbo
1533–1545

Zhejiang

Mar de la
China Oriental

Sichuán

Chengdu

Wuhan

Nanchang

Huguang

Jiangxi

Fuding

Fujian
Fuzhou

Quanzhou
1547–1549

Liugiu
(Taiwán)

ASSAM

Guiyang

Guizhou

Guilin

Yunnan

Yunnan

Guangxi

Guandong

Cantón
(Guangzhou)

Taiwán

Fort
Zeelandia
1642–1662

AVA

PEGU

Pegu

SIAM

Annam

Hanoi

Hainan

CHAMPA

Mar de la
China Meridional

Luzon

Manila
1571

Filipinas
(españolas desde 1564)

Golfo de
Bengala

Ayuthia

CAMBOYA

Saigón

Golfo
de Siam

N

Aomen
(Macao)
1557

0   300 km

0   300 millas

También llevó a cabo un censo de la población y, conocedor de primera mano de los peligros que entrañaba la movilidad social, decretó que las tierras ocupadas fueran hereditarias, con lo cual redujo el riesgo de que la clase baja protagonizara levantamientos. La sociedad china quedó dividida en tres estamentos: el campesinado, el artesanado y el ejército. Hongwu falleció en el año 1398 y fue sucedido por su nieto Zhu Yunwen, el emperador Jianwen.

Exploración y comercio

El imperio de Jianwen tuvo una vida efímera. En 1402, su tío, el cuarto hijo de Hongwu, le arrebató el trono, se proclamó Ming Yongle y gobernó durante 22 años. Durante el imperio de Yongle, China emprendió una política de expansión naval. En 1405, Yongle financió una serie de expediciones marítimas destinadas a descubrir nuevos territorios y a difundir el comercio. El programa de reforestación iniciado por Hongwu había provisto de madera con la que crear los barcos de la nueva Armada china y se organizaron nuevas expediciones al frente de las cuales marcharon los eunucos de la corte y el asesor imperial, Cheng Ho. Entre 1405 y 1433, Cheng Ho con-

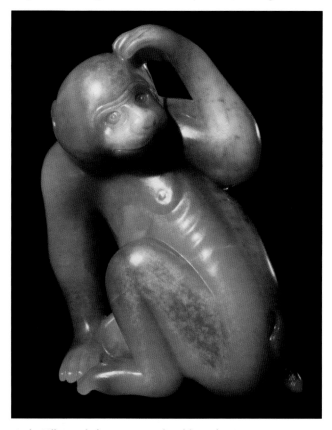

Arriba: Talla en jade de un mono que data del Periodo Ming.
Página siguiente: Escultura de un dragón recortada sobre una pared alicatada de la Ciudad Prohibida.

dujo a la flota china en siete viajes de descubrimiento en los que atravesaron el océano Índico y llegaron hasta Jiddah en Arabia y Mogadiscio en la costa este de África. También viajaron hacia el sur, hasta las islas de Sumatra y Java, y hasta el archipiélago Malayo. Durante estos viajes, los chinos vendieron seda, papel y perfumes a cambio de especias, té y algodón. En aquel momento, la marina china era la mayor del mundo y, comercialmente, era más potente que la portuguesa. Pero la población china desaprobaba los costes de mantener la Armada y, a la muerte de Chung-Ho en 1433, el gasto se redujo y la flota empezó a decaer. La merma en el poderío marítimo permitió que el litoral chino fuera atacado de forma regular por piratas, en su gran mayoría japoneses. Y aunque la primera parte del imperio de Yongle se había saldado con la invasión de Annam (Vietnam) y Corea, el intento fallido de anexionarse Mongolia en 1449 propició que los Ming adoptaran una actitud más defensiva y el imperio se volvió cada vez más aislacionista.

La Ciudad Prohibida

En 1421, Yongle trasladó la capital de Nanjing a Pekín, donde ha permanecido hasta nuestros días. El corazón de la nueva capital era el complejo palaciego construido por Yongle, llamado la Ciudad Prohibida. El complejo, a cuya construcción se dedicaron 14 años y unos 200.000 hombres, albergaba 17 palacios y un 9.999 estancias y media, y cubría una superficie de 72 hectáreas. No podía contener 10.000 estancias, ya que este era el número divino de la infinitud, que solo podía existir en el cielo, y la «media estancia» en realidad era una escalera. Las ceremonias imperiales y los asuntos públicos del Estado se celebraban en los tres salones principales del palacio: el salón de la Armonía Suprema, el salón de la Armonía Central y el salón de la Armonía Conservada. Los asuntos rutinarios se despachaban en los apartamentos privados de la Corte Interior, como el palacio de la Pureza Celestial y el salón para Cultivar la Mente. La vida palaciega se organizaba según rutinas y rituales estrictos que servían para alimentar el aura divina del emperador. Las mujeres y los eunucos vivían en zonas restringidas, y los privilegiados que podían entrar al palacio para hablar con el emperador debían postrarse ante él. Muchos de quienes entraban en el complejo palaciego en calidad de sirvientes, concubinas y eunucos nunca lo abandonarían.

Boom demográfico

Desde los albores de la dinastía Ming, la población de China empezó a aumentar. La política agrícola de Hongwu había conllevado un incremento constante de los alimentos disponibles. A este se sumaron las políticas comerciales adoptadas por los emperadores posteriores, cuyos excedentes alimenticios propiciaron una mejora del nivel de vida. Además, el periodo cubierto por la dinastía Ming fue relativamente estable, mientras que las dinastías previas se habían visto atosigadas por rebeliones que habían provocado cuantiosas pérdidas de vidas. En los siglos XVI y XVII, varias plagas sucesivas ralentizaron el crecimiento demográfico temporalmente, pero, para cuando la dinastía tocó a su fin en 1644, la población total del imperio se había duplicado y rozaba los 130 millones de personas. Este *boom* demográfico requería mejoras en las técnicas agrícolas, y los bienes procedentes del norte, como el algodón, empezaron a transportarse a través de la red del Gran Canal. El comercio con Europa se había reducido, sobre todo a causa de la convicción de los chinos en que su cultura no necesitaba nada del exterior; sin embargo, seguían manteniéndose algunos lazos comerciales y gracias a ellos los cultivos del Nuevo Mundo llegados a Europa, como las patatas, el tabaco y el maíz, se establecieron en China.

Porcelana

La prosperidad económica alentó la demanda de arte y artículos de lujo, hecho que, junto con las mejoras en los procesos de fabricación, propició el florecimiento de los textiles y la cerámica. El Periodo Ming se relaciona sobre todo con la producción de porcelana decorada con escenas muy características pintadas a mano con azul sobre blanco. Los motivos decorativos más populares eran los dragones, el ave fénix, otros animales y plantas y las escenas de jardín. Con el tiempo, la porcelana Ming se volvió más colorida e incorporó el rojo, el amarillo y el verde. El comercio con los portugueses en el siglo XVI conllevó un aumento de la demanda de porcelana Ming, muy buscada en Europa. La producción de porcelana se hallaba bajo control estatal y se concentraba en las fábricas de la provincia de Jiangxi, pero estas eran incapaces de satisfacer la demanada de producción y el control pasó a manos locales.

Declive

Son varios los motivos que explican la decadencia del Imperio Ming. A pesar de sus logros económicos, la Administración seguía haciendo frente a graves asedios en sus fronteras, en especial protagonizados por los japoneses en el litoral y por los mongoles en el norte. Varias expediciones militares contra los mongoles del norte y los manchús del nordeste acarrearon grandes costes y el Gobierno aprobó subidas de impuestos sumamente impopulares. A principios del siglo XVII estallaron diversas rebeliones en el norte y el noroeste, las cuales, combinadas con años de cosechas pobres, extendieron el hambre en la provincia de Shanxi. Aprovechando la coyuntura, los ambiciosos manchús invadieron Pekín en 1644, tomaron la capital y forzaron el suicidio del último emperador Ming, Chung-Chen. La derrota de los Ming se vio exacerbada por el fracaso de la Administración establecida por Hongwu. El poder absoluto del emperador había cosechado sus éxitos en un primer momento, pero con el tiempo, sus sucesores, más pagados de sí mismos, optaron por disfrutar del poder y desocuparse del gobierno de la nación. Esta desatención, junto con la inexistencia de un primer ministro, derivó en una falta de continuidad en el gobierno y el imperio acabó sumido en la negligencia y la corrupción. Finalmente, el control administrivo recayó en manos de los eunucos.

La India mogol

Desde Delhi, los mogoles musulmanes ampliaron su dominio por el norte de India. Florecieron las artes y el comercio y se instauraron los primeros puertos comerciales europeos.

La India posgupta y mogol

Cuando el Imperio Gupta se desmoronó con la llegada de los hunos entre los años 400 y 500 y el control centralizado se debilitó, el poder se disperó entre señores feudales locales, quienes fundaron diversos reinos pequeños. Varias dinastías rivalizaron por el poder antes de que emergieran las tres principales formaciones imperiales entre los años 550 y 750: los Pushyabhutis, los Chalukyas y los Pallavas. Estas serían sucedidas por los Rashtrakutas, Pratiharas y Palas, antes de que los Cholas se impusieran en el siglo X y el poder se trasladara al sur. El norte, fragmentado y debilitado por las guerras entre sus reinados y por las incursiones procedentes del sur, se tornó cada vez más vulnerable a los ataques de los ejércitos turcomusulmanes reunidos en el noroeste. Estos empezaron por establecer un sultanato en Delhi en 1206, desde el cual el dominio musulmán se extendería con el tiempo a gran parte de la India, bajo el mandato de cinco dinastías islámicas sucesivas de origen turco y afgano. Con todo, hubo que aguardar a la llegada de una sexta, la dinastía Mogol, para que el poder se consolidara por completo.

Babur

La dinastía Mogol la instauró en la década de 1520 Zahir al-Din Muhammad Babur, «el Tigre», un príncipe descendiente de dos feroces guerreros. Por vía paterna descendía de Timur, conocido en Occidente como Tamerlán, quien había saqueado Delhi en 1398, y por vía materna de Chingiz Khan, más conocido como Gengis Kan, el conquistador mongol. De hecho, «mogol» no es más que la versión persa del término «mongol». A pesar de su linaje, o tal vez debido a este, tras unos inicios adversos, Babur se convertiría en un gran conquistador. Nacido en 1483, heredó el trono del principado relativamente pequeño de Fergana o Turkestán a la edad de 11 años y pasó mucho tiempo intentando retomar la capital timurí, Samarkand, una empresa que jamás conseguiría. Pero en el año 1504 sí logró ampliar su reinado con la captura de Kabul, en Afganistán, desde donde puso la vista en Delhi. En 1526, atravesó el Indostán y atacó al ejército del sultanato de Delhi en Panipat, donde consiguió deponer al sultán afgano Ibrahim Lodi. Babur lideraba un ejército reducido, de apenas 12.000 hombres,

pero en sus conquistas contó con la ventaja de usar una tecnología superior: sus fuerzas estaban equipadas con artillería y mosquetes primitivos. Tras aquella primera victoria, Babur tomó Agra y Delhi y se autoproclamó el nuevo sultán, si bien no pudo afianzar su posición como tal hasta haber logrado repeler los ataques de una confederación de ejércitos rajputíes en 1527. A lo largo de los tres años sucesivos y hasta su muerte en 1530, Babur extendió sus territorios hacia el este, atravesando el Ganges y llegando hasta la frontera con Bengala, y ejerció el control sobre un imperio que abarcaba desde Turkestán en el sur hasta el Decán. Dada la brevedad de su reinado en la región, Babur apenas tuvo tiempo para establecer una Administración consolidada y el imperio que legó a su hijo Humayun era más propio de una ocupación que de un reinado.

Humayun

El reino que heredó Humayun se hallaba aún en ciernes y, como consecuencia, se enfrentaba a numerosos obstáculos, incluidos entre ellos las sublevaciones por parte de los reyes rajputíes y los generales afganos y las traiciones protagonizadas por sus propios hermanos, que ansiaban su poder. De hecho, entre los años 1530 y 1540, Humayun fue perdiendo paulatinamente el control de la región y en 1540 fue depuesto por el general afgano Sher Shah Sur, o Sher Kan, quien había servido a las órdenes de Babur como gobernante de Bengala. Humayun se exilió a Persia, donde, en el transcurso de 15 años, reagrupó a sus fuerzas y recompuso un ejército con el que volvería a reconquistar sus territorios perdidos. Con la ayuda del rey de Persia, Humayun se hizo de nuevo con el control de Kabul y Kandahar, y, hacia 1555, tras haber derrotado a los ejércitos del hijo de Sher Shah Sur, Islam Shah, volvió a ascender al trono en Delhi. Humayun emprendió entonces mejoras gubernamentales, sociales y culturales, tomando como referencia el modelo persa, pero, justo un año después de garantizar el futuro de la dinastía Mogol, falleció en un accidente fortuito, al romperse el cuello tras caer por una escalera. A pesar de que la dinastía había arrancado con un equilibrio precario durante el reinado de Humayun, en la época en la que este falleció los mogoles se hallaban

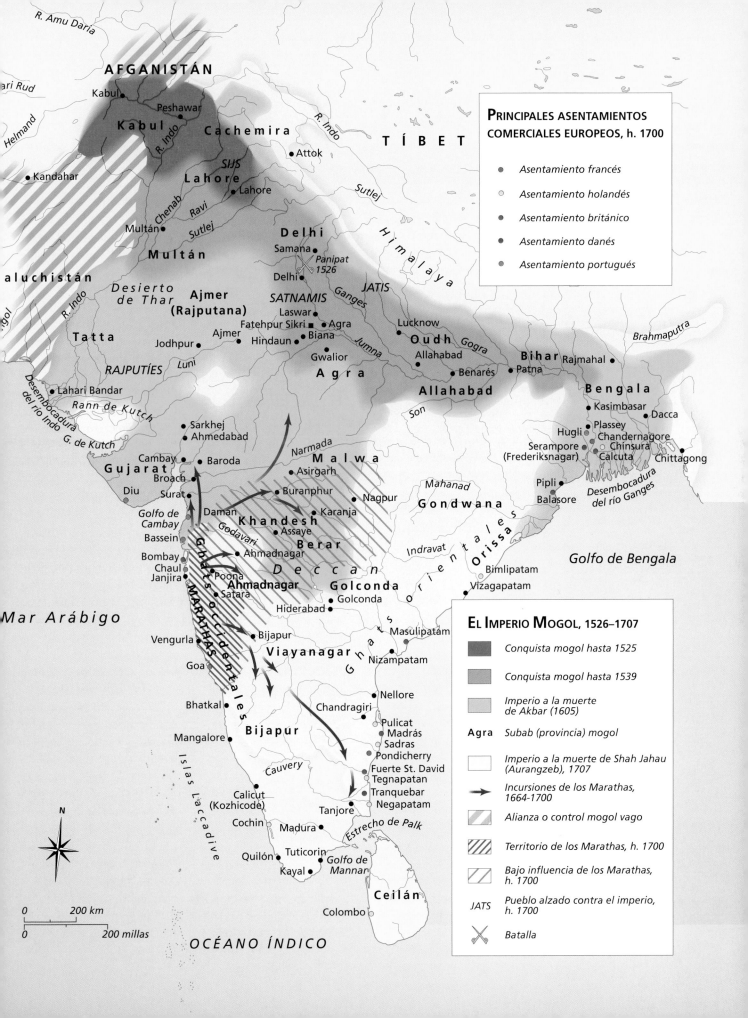

AFGANISTÁN

R. Amu Daria
ari Rud
Helmand
Kabul
Peshawar
Kandahar
Kabul
Cachemira
R. Indo
R. Indo
Attok
TÍBET
SIJS
Lahore
Lahore
Chenab
Ravi
Sutlej
Sutlej
Himalaya

aluchistán
Multán
Multán
D e l h i
Samana
Panipat
1526
Delhi
JATIS
Sutlej
**Desierto
de Thar**
**Ajmer
(Rajputana)**
SATNAMIS
Laswar
Fatehpur Sikri
Agra
Ganges
Lucknow
Oudh
Gogra
Bihar
Rajmahal
Brahmaputra
R. Indo
Tatta
Jodhpur
Ajmer
Hindaun
Biana
Gwalior
Jumna
Agra
Allahabad
Benarés
Patna
Bengala
RAJPUTÍES
Luni
Allahabad
Son
Kasimbasar
Dacca
Lahari Bandar
Desembocadura
del río Indo
Rann de Kutch
G. de Kutch
Sarkhej
Ahmedabad
Narmada
M a l w a
Asirgarh
Nagpur
Mahanad
G o n d w a n a
Hugli
Plassey
Chandernagore
Serampore
(Frederiksnagar)
Chinsura
Calcuta
Chittagong
Gujarat
Cambay
Baroda
Broach
Diu
Surat
*Golfo de
Cambay*
Daman
Khandesh
Buranphur
Karanja
Godavari
Assaye
Berar
Indravat
Orissa
Pipli
Balasore
Desembocadura
del río Ganges
Golfo de Bengala
Bassein
Bombay
Chaul
Janjira
Ahmadnagar
D e c c a n
Poona
Satara
Ahmadnagar
Golconda
Golconda
Bimlipatam
Vizagapatam
Hiderabad
Masulipatám
Viayanagar
Nizampatam
Vengurla
Bijapur
Goa
Mar Arábigo
Bhatkal
Nellore
Chandragiri
Mangalore
Bijapur
Pulicat
Madrás
Sadras
Pondicherry
Fuerte St. David
Tegnapatan
Tranquebar
Negapatam
Cauvery
Calicut
(Kozhicode)
Tanjore
Cochin
Madura
Estrecho de Palk
Quilón
Tuticorin
Kayal
*Golfo de
Mannar*
Ceilán
Colombo
OCÉANO ÍNDICO

Islas Laccadive

N

0 ____ 200 km
0 ____ 200 millas

PRINCIPALES ASENTAMIENTOS COMERCIALES EUROPEOS, h. 1700

- ● Asentamiento francés
- ○ Asentamiento holandés
- ● Asentamiento británico
- ● Asentamiento danés
- ● Asentamiento portugués

EL IMPERIO MOGOL, 1526–1707

Conquista mogol hasta 1525

Conquista mogol hasta 1539

Imperio a la muerte de Akbar (1605)

Agra Subab (provincia) mogol

Imperio a la muerte de Shah Jahau (Aurangzeb), 1707

→ Incursiones de los Marathas, 1664-1700

Alianza o control mogol vago

Territorio de los Marathas, h. 1700

Bajo influencia de los Marathas, h. 1700

JATS Pueblo alzado contra el imperio, h. 1700

✕ Batalla

Arriba: Akbar, el emperador mogol que ejerció su poder durante el siglo XVI, a lomos de un elefante.
Página siguiente: Shah Jahan ordenó que se iniciaran las obras del Taj Mahal en 1630, después de que su esposa muriera dando a luz.

de nuevo en disposición de consolidar su dominio en la India, labor que se confió a su hijo y sucesor, Akbar.

Akbar el Grande

Akbar, «el Grande», hizo honor a su nombre y bajo su reinado se anotó los mayores logros de la dinastía Mogol. Amplió el imperio en lo relativo a sus riquezas y territorios y, además, lo unificó implantando reformas políticas y sociales radicales. Consciente de que la estabilidad del imperio dependía de forjar alianzas con los reyes rajputíes, los designó para cargos militares y civiles de alto rango, les permitió mantener las fronteras estatales y les garantizó cierto margen de gobierno autónomo. Así, el imperio quedó dividido en provincias, en lugar de en reinos feudales dispares. Por otro lado, Akbar se ganó los favores de los rajputíes al contraer matrimonio con una princesa rajputí. Y se granjeó la lealtad de sus súbditos hindúes aboliendo un impuesto que solo abonaban quienes profesaban una religión distinta a la musulmana, traduciendo la literatura hindú y participando en festivales hindúes. Además, incorporó a hindúes entre sus ministros y demostró un elevado grado de tolerancia religiosa.

Pese a ser analfabeto, Akbar tenía inquietudes intelectuales. Le interesaban sobre todo la filosofía y la teología y reunió a representantes de todas las fes para debatir los asuntos religiosos. De aquellos debates derivó una teoría propia, el Din Ilahi, que aunaba ideas de varias fuentes y abogaba por la tolerancia universal. Akbar también sentía un vivo interés por la música, el arte, la arquitectura y la literatura, disciplinas que florecieron bajo su mandato. Fundó una completísima biblioteca y cientos de librerías, adoptó a artesanos y eruditos de orígenes heterogéneos y construyó ciudades amuralladas. En la capital, Agra, Akbar erigió un impresionante fuerte de arenisca para su corte. El complejo estaba integrado por cientos de pabellones profusamente ornamentados con tallas y pinturas murales.

A pesar de sus magníficos logros, en los últimos días de su imperio, Akbar quedó sumido en una profunda tristeza a causa de los conflictos con su propio hijo, el príncipe Salim, quien en 1600 y de nuevo en 1602 intentó arrebatarle el poder y se autoproclamó emperador mientras su padre se hallaba ausente. Pese a que padre e hijo acabaron reconciliándose, cuando la muerte sobrevino a Akbar en 1605, aquella experiencia lo había devastado.

La dinastía Mogol después de Akbar

A la muerte de Akbar, Salim ascendió al trono y adoptó el nombre de Jahangir, que significaba «Conquistador del Mundo». Sin embargo, pese a que su hijo y sucesor, el príncipe Khurram o Shah Jahan, «Rey del Mundo», dirigió con éxito diversas campañas militares, cuyas victorias Jahangir se anotó para sí, durante su reinado la expansión territorial fue mínima y el hecho de que regentara un imperio relativamente estable en realidad puede atribuirse a los actos de Akbar. Es más, a causa de su grave alcoholismo, Jahangir delegó alegremente gran parte de sus responsabilidades en su esposa Nur Jahan, así como en el padre y el hermano de esta, Itimad-ud-Daula y Asaf Khan respectivamente, y mientras que ellos dirigían una economía altamente productiva, Jahangir disfrutaba sin tapujos de su pasión por la naturaleza, el arte y la arquitectura. Tras una muerte inducida por el alcohol en 1627, Jahangir dejó tras de sí un legado de opulentos mausoleos y otros monumentos en Agra, Sikandra, Lahore y Allahabad.

Shah Jahan probablemente heredó el reino más rico existente en el mundo en aquel entonces y durante su mandato la arquitectura mogol alcanzó su máximo esplendor, sobre todo con la construcción del Taj Mahal en Agra, la tumba que mandó erigir para su amada esposa, Mumtaz Mahal, y en la que también reposarían sus restos tras su muerte en 1666. Aunque el sucesor de Shah Jahan, Aurangzeb, «Conquistador del Universo», proclamado emperador en 1658 tras el encarcelamiento de su padre, logró sostener y ampliar el imperio durante su largo reinado, las raíces de su decadencia se remontan en esta época en la que la esencia de la dinastía Mogol fundada por Babur y desarrollada por Akbar experimentó cambios radicales.

Aurangzeb no demostró ni el más mínimo ápice de la tolerancia religiosa exhibida por Akbar y se propuso convertir toda la India al islam. Esta decisión desencadenó conflictos continuos e irreconciliables que sirvieron para poner a prueba sus recursos y le valieron el desafecto de una parte importante de la población. Aurangzeb reintrodujo el impuesto exclusivo para los no musulmanes, desacralizó los templos y construyó mezquitas en ellos. Además, declaró ilegales muchas de las artes, la música y las danzas que habían definido el carácter de la India mogol. Y al tiempo que él implantaba estas medidas, los Marathas hindúes, a los que Aurangzeb estaba decidido a conquistar, fueron acumulando poder y riquezas a resultas del establecimiento de numerosos enclaves comerciales por parte de los franceses y los portugueses en las provincias litorales. Cuando Aurangzeb falleció en 1707, dejó tras de sí 17 pretendientes potenciales al trono, lo cual derivó en una lucha por el poder que concluiría con siete años de derramamiento de sangre y acabaría fracturando aún más el imperio. La debilidad creciente de la dinastía Mogol alentó las sublevaciones internas y atrajo la atención de las potencias extranjeras ansiosas por ampliar sus propios imperios.

La era de las exploraciones

La curiosidad de los europeos acerca del resto del mundo los llevó a realizar exploraciones sistemáticas en busca de oportunidades comerciales y recursos materiales, y dichas exploraciones acabaron dando lugar al establecimiento de imperios coloniales.

Los inicios

La exploración y el descubrimiento de un mundo más ancho por parte de Europa se aceleró durante el siglo XV. Los relatos de un nuevo mundo traídos por viajeros en el pasado se habían tachado de imaginarios o exagerados, pero, a partir de mediados de la década de 1400, la exploración se tornó más sistemática y a menudo respondió más a motivos económicos que a la simple curiosidad.

A partir del siglo XII, Europa había vivido una suerte de «renacimiento» tecnológico. Además, las Cruzadas habían ampliado la concepción del mundo de los europeos, que gracias a ellas habían entrado en contacto con el saber y la tecnología árabes. Entre tanto, la prosperidad y el fortalecimiento creciente de la dinastía Yuan (mongol) en China habían propiciado el comercio y el intercambio de conocimientos con los árabes, a través de los cuales estos habían llegado también a Europa. Se establecieron nuevas rutas comerciales por mar, las cuales se sumaron a la principal ruta por tierra, la Ruta de la Seda, y permitieron ampliar las importaciones a Europa procedentes de Oriente. Y no se importaron exclusivamente artículos de lujo, sino también nuevas tecnologías que permitieron a los europeos convertirse en los grandes exploradores del mundo. Dichas importaciones, entre las que figuraban el timón con codaste, el compás magnético y la pólvora, demostraron ser vitales.

El comercio, tanto de bienes como de ideas, era un factor sumamente estimulante; la intrepidez en la búsqueda de nuevas rutas comerciales y pasos seguros a las nuevas tierras reportaba pingües recompensas económicas. Paralelamente, los europeos también se sumieron en una campaña de difusión del cristianismo que constituyó una parte fundamental de su expansión.

Marco Polo

Uno de los primeros individuos que viajó en busca de nuevas oportunidades fue Marco Polo. Hubo relatos de otros, como Preste Juan, un legendario rey y sacerdote cristiano de Oriente, pero todo apunta a que fueron ficticios. Cuando Marco Polo falleció en 1324, había visto más mundo que ningún europeo con vida. Veneciano de origen, había viajado desde su ciudad natal hasta China

a través de la India y había cruzado el océano Índico para llegar al mundo árabe.

Su padre y su tío, mercaderes de profesión, habían anticipado las posibilidades de comerciar con Oriente y se embarcaron en un viaje hasta el Imperio Mongol y a través de China. Su primera expedición duró nueve años

Arriba: Cristóbal Colón desembarca en la isla que bautizó como El Salvador.
Página anterior: Cuando Marco Polo falleció en 1324 había visto más mundo que ningún europeo con vida.

y en ella conocieron al primer emperador mongol de China, Kublai Kan. El viaje de regreso les llevó tres años y, dos años después, en 1271, regresaron llevándose consigo a Marco, que por entonces tenía 17 años.

Tardaron tres años y medio en acceder al Kan. Marco permaneció en su corte como sirviente leal durante un lapso de 17 años, en el transcurso del cual recorrió Asia de punta a punta registrando las costumbres locales para el Gran Kan. En 1295 regresó a Venecia y tres años después fue apresado por los genoveses en una batalla naval. Compartía celda con un escritor llamado Rustichello, quien lo persuadió para que le dictase sus relatos. Se cree que Rustichello adornó las historias, pero también se dice que, siendo anciano, Marco Polo afirmó que solo había narrado la mitad de lo que había visto y que, de haberlo contado todo, nadie le habría creído.

Los portugueses

Los portugueses fueron los pioneros en la exploración martítima europea. En 1415 lanzaron la primera de una serie de expediciones para explorar la costa de África. Aquellos viajes, al menos en parte, eran una respuesta a su nueva situación económica y a la necesidad de hallar una ruta directa con Oriente sin tener que hacer frente a los obstáculos y los peligros de los viajes por tierra.

El príncipe Enrique de Portugal, también conocido como Enrique el Navegante, estableció su base naval en Sagres. La ciudad se convirtió en un centro de excelencia y atrajo a las personas más eminentes de muchos

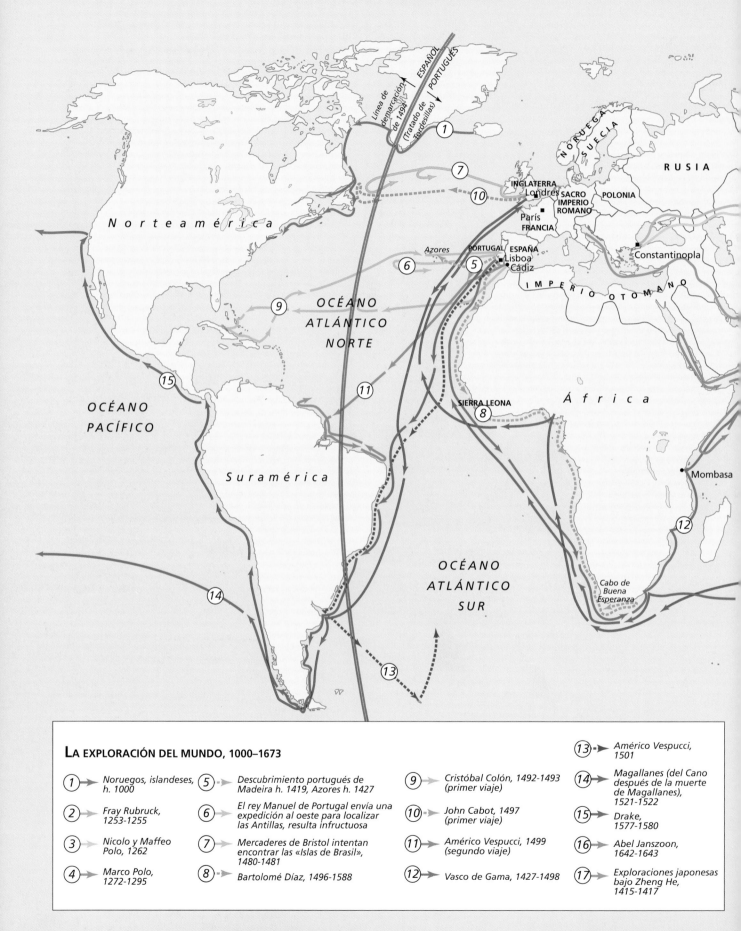

ESPAÑOL | PORTUGUÉS

Línea de demarcación de 1494 (Tratado de Tordesillas)

INGLATERRA
Londres
SACRO IMPERIO ROMANO

París
FRANCIA

NORUEGA
SUECIA

RUSIA

POLONIA

Constantinopla

Azores

PORTUGAL
ESPAÑA
Lisboa
Cádiz

IMPERIO OTOMANO

N o r t e a m é r i c a

OCÉANO ATLÁNTICO NORTE

OCÉANO PACÍFICO

SIERRA LEONA

Á f r i c a

Mombasa

S u r a m é r i c a

OCÉANO ATLÁNTICO SUR

Cabo de Buena Esperanza

LA EXPLORACIÓN DEL MUNDO, 1000–1673

1. Noruegos, islandeses, h. 1000
2. Fray Rubruck, 1253-1255
3. Nicolo y Maffeo Polo, 1262
4. Marco Polo, 1272-1295
5. Descubrimiento portugués de Madeira h. 1419, Azores h. 1427
6. El rey Manuel de Portugal envía una expedición al oeste para localizar las Antillas, resulta infructuosa
7. Mercaderes de Bristol intentan encontrar las «Islas de Brasil», 1480-1481
8. Bartolomé Díaz, 1496-1588
9. Cristóbal Colón, 1492-1493 (primer viaje)
10. John Cabot, 1497 (primer viaje)
11. Américo Vespucci, 1499 (segundo viaje)
12. Vasco de Gama, 1427-1498
13. Américo Vespucci, 1501
14. Magallanes (del Cano después de la muerte de Magallanes), 1521-1522
15. Drake, 1577-1580
16. Abel Janszoon, 1642-1643
17. Exploraciones japonesas bajo Zheng He, 1415-1417

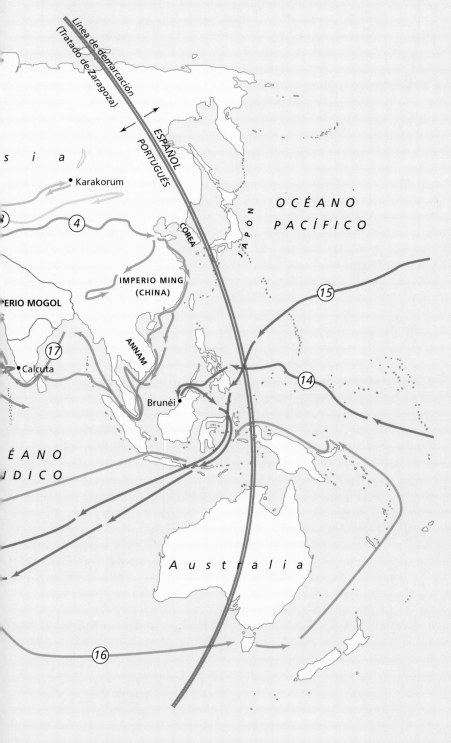

ámbitos, incluidos entre ellos la navegación y la construcción naval. Gracias a ello, las carabelas portuguesas, navíos que combinaban cascos europeos con tecnología naviera árabe, pudieron salvar las adversidades de los mares que rodeaban África.

Los portugueses abordaron las exploraciones de forma sistemática, imbuidos por la profesionalidad de su rey. Con tesón, fueron abriéndose camino alrededor de las costas de África y ampliando sus conocimientos con cada viaje. El paso decisivo lo dio Gil Eanes al lograr sobrepasar el cabo Bojador, en la costa del actual Sáhara Occidental. Ningún barco hasta entonces había conseguido superar aquel estrecho de agua aparentemente infranqueable, que, de hecho, muchos consideraban el fin del mundo. El hito psicológico fue casi tan importante como el naval: a partir de entonces los navegantes portugueses vieron en el mar un desafío, no un obstáculo insuperable. En 1460 habían llegado ya a Sierra Leona y, junto con oro y especias, habían traído esclavos. Para 1474 habían cruzado el ecuador y, en 1488, Bartolomeu Dias había logrado doblar el cabo de Buena Esperanza.

En un principio, el soberano de Portugal Juan II había encargado a Dias, superintendente de los almacenes reales de Lisboa, partir al encuentro del mítico sacerdote-rey Preste Juan. Para tal empresa, puso a su mando tres navíos y le encomendó navegar rodeando África. Los portugueses se llevaron a bordo a seis africanos vestidos con ropas europeas y los dejaron en distintos puntos de la costa con la misión de mostrar a los habitantes los artículos que los portugueses podían venderles. Al desembarcar al último de ellos, la flota quedó atrapada por un tremendo vendaval que finalmente amainó, pero los alejó del mar. Virando sus barcos hacia el este, navegaron durante varios días sin avistar tierra antes de alterar el rumbo y dirigirse hacia el norte. Al fin divisaron

unas montañas en la lejanía y los exploradores se encaminaron hacia la costa y viajaron bordeándola hasta alcanzar la punta de África, el cabo de Buena Esperanza. Dias quería continuar, pero la tripulación se negó rotundamente y emprendieron el viaje de regreso a Lisboa.

El navegante portugués Vasco da Gama bordearía África en 1497. Después de su hazaña, los portugueses tuvieron vía abierta con Oriente, donde había nuevas rutas comerciales por dominar y tierras por conquistar. Para proclamar su supremacía en aquellas aguas, libraron una terrible batalla con los mercaderes árabes que comerciaban entre África y Asia. Tras derrotarlos en 1510, establecieron un bastión en Goa, en la costa india. Goa se convirtió en la principal ciudad portuguesa en la India y en el principal nudo comercial de las exportaciones hacia Oriente, básicamente de especias y oro. En Goa, los portugueses construyeron iglesias y monasterios, dejando tras de sí una huella indeleble en la zona.

Cristóbal Colón

Cristóbal Colón nació en 1451 en Italia, de padre maestro tejedor. Poco se sabe sobre sus primeros años de vida. Sin embargo, se tiene la certeza de que en 1476 llegó a Portugal. Navegante experto, amplió sus conocimientos marítimos con sus viajes a tierras tan remotas como Gran Bretaña en el norte o el golfo de Guinea en el sur. Estaba convencido de que era posible llegar a las Indias (en aquel entonces, China y Japón) navegando hacia el oeste. En los tiempos de Colón, las personas más cultas creían que el mundo era redondo, pero no existía un consenso sobre sus dimensiones y se desconocía qué había más allá de las islas Canarias. El propio Colón pensaba que era posible llegar a Japón navegando hacia el oeste desde Portugal. La monarquía portuguesa, creyendo que se equivocaba en sus cálculos, se negó a financiar la expedición de Colón, que buscó entonces el apoyo de España. Los Reyes Católicos Fernando e Isabel también rehusaron ayudarle en un principio.

Pero Colón era un hombre testarudo. No solo era ambicioso y decidido, sino que creía que contaba con el apoyo de Dios. Su fervor religioso (y la posibilidad única de negocio de establecer una nueva ruta comercial) impresionó a algunos prohombres españoles, quienes abordaron el tema de nuevo con la reina Isabel. Finalmente, Colón obtuvo el permiso de la Corona, si bien la financiación procedió de mercaderes independientes, y el 6 de septiembre de 1492 zarpó de las islas Canarias.

La carabela de Colón, la *Santa María*, viajó en compañía de otras dos más pequeñas, la *Pinta* y la *Niña*, capitaneadas por los hermanos Pinzón. El viaje estuvo marcado por las tensiones crecientes entre Colón y los Pinzón, que temían llegar al fin del mundo. Por fortuna para Colón, cuando la tripulación planeaba amotinarse, avistaron tierra. Era el 12 de octubre. Colón siempre creyó que había llegado a las Indias, aunque, en realidad, la isla en la que desembarcó y a la cual bautizó con el nombre de El Salvador se hallaba frente a la costa de lo que se dio a conocer como América.

Lo primero que Colón afirmó sobre los nativos fue que serían «buenos esclavos» y decidió reclamar la tierra para España y explorarla en busca de oro. Halló los suficientes indicios que justificaban que dejara tras de sí una colonia de hombres. Regresó a España convertido en un héroe, pero, a pesar de realizar otros descubrimientos valiosos en expediciones posteriores a la región, su popularidad fue mermando a medida que se difundieron los rumores sobre su comportamiento hacia los pueblos nativos y su propia tripulación. Su reputación sigue siendo ambigua en nuestros días. Algunos lo consideran el «padre de América», mientras que otros ven en él al símbolo de la muerte y la destrucción de los habitantes autóctonos del continente.

Europeos en la estela de Colón

Portugal descubrió Brasil en 1500. Las oportunidades de expansión que ofrecía este territorio virgen eran sumamente valiosas, y no solo por los recursos materiales que ofrecían. Se establecieron puestos de esclavos en toda la costa. En ellos se desembarcaba a los esclavos traídos de África, donde las reservas de oro se habían agotado, para trabajar en las plantaciones de Brasil.

Su condición de pioneros en la exploración marítima reportó a los portugueses una posición dominante en el comercio mundial a principios del siglo XVII. Pero fue un dominio breve, ya que las naciones europeas se negaron a permitirles conservar el monopolio.

El primer rival serio de los intereses portugueses de ultramar fueron los holandeses, quienes, tras zafarse del dominio español, empezaban a emerger como una nación. Los holandeses tenían una flota comercial implacable, los llamados «mendigos del mar». La Compañía Holandesa de las Indias Orientales se fundó en 1601 con el objetivo inicial de financiar las guerras holandesas de independencia. Con el tiempo se convertiría en la fuerza comercial más poderosa del mundo. En 1619 estableció su base en Batavia (la actual Yakarta), al sudoeste de las colonias portuguesas de Goa y Malaca. Esta base otorgó a los holandeses una ventaja esencial y, mediante la fundación de bastiones estratégicos y relaciones estrechas con los líderes lugareños, se hicieron con el monopolio de bienes preciados procedentes del sudeste asiático. Los holandeses pudieron reivindicar numerosos enclaves comerciales de importancia y crearon colonias en Borneo, Indonesia e India, colonias que mantuvieron con una disciplina férrea.

Los franceses fundaron colonias en la costa canadiense ya a finales del siglo XV. Al principio, estas colonias sirvieron de base para conservar el pescado capturado frente al litoral de Terranova, pero el comercio de pieles (inicialmente de castor) con los habitantes nativos demostró ser lucrativo. Se establecieron otras colonias en Canadá y el acceso a las tierras del interior se vio facilitado por la exploración del río San Lorenzo.

Los ingleses no descubrieron ninguna línea litoral del mundo. Su éxito radicó en la colonización de los nuevos territorios descubiertos por otros. Sir Francis Drake fue quien propulsó a Inglaterra hacia un futuro de éxito imperial. En 1577, la reina Isabel I le encargó circunnavegar el mundo. Extraoficialmente, su misión consistía también en saquear cuantos navíos españoles encontrara a su paso. Regresó con tesoros suficientes para pagar todas las deudas externas de Inglaterra y aún otros para asentar los cimientos de lo que se convertiría en la Compañía Británica de las Indias Orientales.

Izquierda: El 4 de abril de 1581, la reina Isabel I de Inglaterra nombró caballero al explorador Francis Drake a bordo de su barco, el Golden Hind, en Deptford. Drake había regresado en septiembre de 1580, tras circunnavegar con éxito el planeta, trayendo consigo un cargamento de especias.
Página anterior: El explorador y navegante portugués Vasco da Gama es recibido por el rajá en Calicut, en la costa de Malabar, en la India.

Las Américas: conquista y colonización

A partir de las pequeñas conquistas de las islas del Caribe, los españoles se hicieron con el control de grandes áreas de las Américas, destruyendo cuantos imperios hallaron a su paso.

Los inicios

Cristóbal Colón había desembarcado en las Américas en 1492; y en el transcurso de los 12 años siguientes descubrió diversas islas en el Caribe, incluidas Cuba y La Española, e incluso llegó a tierra firme, a la actual Venezuela. Sus descubrimientos, junto con los de los exploradores portugueses que habían desembarcado en Brasil en 1500, alentaron a muchos otros a probar suerte en el Nuevo Mundo.

Hasta 1518, la exploración española estuvo confinada al Caribe y el golfo de México. Sus intentos de establecer puestos comerciales en la región no fueron fructuosos; la economía local operaba a un nivel excesivamente bajo para mantenerlos. Ello llevó a los españoles a implantar una economía de la explotación, empleando mano de obra forzosa tanto en la minería como en la agricultura. Pero las atroces condiciones laborales y la llegada de «nuevas» enfermedades se cobraron numerosas vidas entre la mano de obra indígena y los españoles se quedaron sin trabajadores suficientes para mantener sus nuevas colonias. Entonces focalizaron su atención en el continente.

Los conquistadores

Los conquistadores, que en esencia eran militares aventureros, fueron grupos de exploradores españoles que, a partir de principios del siglo XVI, partieron rumbo a la América Central y del Sur en busca de tierras y riquezas en nombre de España. Funcionaban como ejércitos individuales. A menudo reclutaban población indígena y tendían a predicar la superioridad del cristianismo. El éxito de Colón fue su inspiración.

Uno de los primeros y más célebres conquistadores fue Hernán Cortés, nacido en 1485. En 1518, el gobernador de Cuba lo envió a explorar la península del Yucatán, pero, tras zarpar, Cortés declaró no reconocer más autoridad que la del soberano español. Fundó Veracruz y quemó sus barcos en un acto simbólico. Luego marchó con su reducido ejército hacia el interior del continente. Allí estableció una alianza con los tlaxcaltecas, uno de los pueblos sometidos por los aztecas.

Junto con sus aliados, entró en la capital azteca de Tenochtitlán en 1519. Fue llamado entonces a personarse en la costa para dar explicaciones de sus actos al ejército enviado desde Cuba. Durante su ausencia, los españoles que permanecieron en la ciudad se ganaron tal impopularidad que, al regresar Cortés, fueron expulsados por los aztecas. A su retorno, el emperador Moctezuma fue asesinado en un incidente confuso y la resistencia azteca se rindió ante el temor de que Cortés pudiera ser una encarnación de una de sus deidades. El resentimiento de los pueblos a los que habían subyugado también jugó en contra de los aztecas. Cuando Cortés y sus aliados lanzaron su ataque sobre la ciudad en 1521, esta cayó y el desmoronamiento del Imperio Azteca dejó en manos de los españoles todos sus territorios.

La imagen de Cortés a ojos del Gobierno español es indicativa de la posición política de los conquistadores. Aunque lo respetaban, veían con recelo sus ansias de poder y se negaron a nombrarlo gobernador de la «Nueva España». La conquista del Imperio Inca fue un acto de una gran osadía que, no obstante, supuso un desengaño para los conquistadores y, en concreto, para Francisco Pizarro. Pizarro, nacido en España en 1476, viajaba con la expedición que avistó por primera vez el Pacífico al cruzar Panamá en 1513, hecho en el cual basaría sus exploraciones posteriores por el litoral peruano.

Pizarro desembarcó en Perú con un ejército de tan solo 177 hombres y, entre 1531 y 1533, logró conquistar las principales ciudades del Imperio Inca, sobre todo mediante subterfugios. El emperador inca Atahualpa fue capturado, ejecutado y sustituido por un gobernante títere. Sin embargo, la situación en Perú se tornó más inestable que la de México, pese a que las circunstancias en ambos eran aparentemente comparables. Estallaron guerras civiles, tanto entre los propios conquistadores como entre los incas, quienes se rebelaron contra el emperador títere Manco. El mismo Pizarro fue víctima de la venganza: el hijo de uno de sus hombres, que había sido asesinado por el hermano de Pizarro, le arrebató la vida en Lima en 1541.

OCÉANO
ATLÁNTICO
NORTE

VIRREINATO DE NUEVA ESPAÑA

**Audiencia
de Nueva
Galicia**

Monterrey

Durango

Saltillo

San Luis Potosí

Golfo de México

La Habana

Guadalajara

Tampico

**Audiencia de
Santo Domingo**

Guanajuato

Mérida

Santiago

México

Veracruz

Santo
Domingo

Oaxaca

**Audiencia
de Nuevo
México**

Campeche

**Audiencia
de Guatemala**

Mar Caribe

Maracaibo

Guatemala

Coro

Caracas

Santa Marta

Mérida

Cumaná

Granada

Cartagena

Panamá

Audiencia de Santa Fe

**Audiencia
de Panamá**

Bogotá

Cali

territorio español sin explorar

Popayán
Pasto

Quito

**Audiencia
de
Quito**

Guayaquil

Tumbes

Amazonas

Moyobamba

VIRREINATO

Cajamarca

territorio español sin explorar

Trujillo

Lima

DE PERÚ

Cuzco

La Paz

Audiencia de Lima

Arequipa

La Plata

Arica

Potosí

**Audiencia
de
Charcas**

Salta

Asunción

Tucumán

Corrientes

Mendoza

Córdoba

Valparaíso

Santiago

Buenos
Aires

**Audiencia
de Chile**

Concepción

OCÉANO
ATLÁNTICO
SUR

OCÉANO
PACÍFICO

N

El mito de El Dorado

Se dice que Cristóbal Colón fue la primera persona que oyó hablar de El Dorado. Sin embargo, este mito no se popularizó hasta después de 1530, cuando, alentados por el éxito de Cortés y Pizarro, otros exploradores se aventuraron a avanzar hacia Suramérica y adentrarse en la zona que hoy conocemos como Colombia.

Al establecer contacto con las tribus lugareñas, los conquistadores conocieron el relato de un hombre «de oro»: El Dorado. Según cuenta la leyenda, durante un rito iniciático, una tribu había cubierto a su nuevo gobernante con polvo de oro y lo había lanzado al agua en una balsa de juncos para que atravesara el lago Guatavita. En la balsa, junto a él, viajaban los jefes de la tribu y una gran cantidad de oro. El príncipe lanzó el tesoro al lago y se zambulló en el agua, y al hacerlo se le desprendió el oro con el que le habían cubierto la piel. Los objetos dorados hallados a las orillas del río dieron credibilidad a la leyenda (si bien los intentos posteriores por drenar el lago demostraron ser un fracaso).

Al poco de su aparición, el mito fue cambiando y, al final, El Dorado resultó ser una inmensa ciudad enteramente fabricada en oro y situada en algún rincón de Suramérica. La idea de una gran ciudad de oro resultaba sumamente estimulante para los españoles, a quienes ya

habían impresionado las riquezas halladas por los primeros exploradores. Como es de suponer, la ciudad de El Dorado nunca se encontró, aunque muchos creían que se hallaba en algún punto a orillas del río Orinoco. Sin embargo, aquel mito no solo atrajo a los españoles: el aventurero inglés sir Walter Raleigh realizó dos viajes río arriba por el Orinoco en busca de El Dorado, el primero de ellos en 1595 y el segundo en 1617.

Bienes del Nuevo Mundo

Aparte de los metales preciosos que tanto ansiaron, los españoles llevaron a Europa muchos productos de las Américas que hoy en día se consideran normales. Importaron nuevos tipos de madera y nuevos tintes para tejidos y otros materiales. Y también llevaron alimentos, quizá el bien más importante a largo plazo. Tal vez el alimento importado más destacado sea la patata; fue descubierta en los Andes y su cultivo se introdujo en Europa hacia 1570. Además se usó para alimentar a los esclavos y los enfermos en las colonias españolas.

Otro alimento muy difundido en nuestros días es el chocolate, cuyo nombre procede de la palabra maya «xocolatl». Los aztecas atribuían propiedades sagradas a la planta del cacao, a partir de la cual se elabora el chocolate. Así, creían que la primera bebida de chocolate que elaboraron les aportaría conocimientos y sabiduría. Cortés introdujo el chocolate en Europa en 1528 y, hasta el año 1606, solo los españoles conocieron el secreto de su elaboración, lo cual les reportó pingües beneficios comerciales. La planta del coca aportaba asimismo la materia para elaborar cocaína que, a parte de emplearse con fines lúdicos, se aprovechaba por sus propiedades médicas para paliar el dolor.

Con todo, quizá la «medicina» más extendida que los españoles trajeron de las Américas sea el tabaco. Se cree que el cultivo de tabaco se inició en América en torno al 6000 a. C., mientras que en Occidente era desconocido. Los pueblos indígenas le daban múltiples usos; creían que la planta procedía de una diosa y fumar era un ritual que se practicaba en comunidad. A su llegada a las Américas, los indígenas ofrecieron a Colón hojas de tabaco secas en señal de amistad.

Medio siglo después, el uso del tabaco en Europa se había difundido ampliamente; los españoles fueron pioneros en su exportación comercial. A principios de 1570, los médicos españoles lo recetaban como cura para más de una treintena de enfermedades y, en 1577, se recomendaba ya en Inglaterra, entre otras cosas, como cura para el cáncer.

Consecuencias coloniales para España y Portugal

La península Ibérica se convirtió en el centro del comercio europeo durante el periodo relativamente breve en el que España y Portugal lideraron la exploración del mundo. Del Nuevo Mundo llegaron impresionates botines de oro y plata que convirtieron España y Portugal en grandes potencias económicas. Sin embargo, la llegada de riquezas procedentes de las nuevas colonias también tuvo efectos negativos: al poco, las economías ibéricas sufrían una gran inflación.

La elevación desmedida de los precios cambió el panorama económico. Quienes antaño habían tenido riquezas y poder vieron cómo el valor de sus fortunas se devaluaba día tras día. Así, resultó más ventajoso ser comerciante (un lugar social antiguamente despreciado) que terrateniente. El antiguo sistema feudal, en el que la posesión de tierras era un elemento fundamental, empezaba a flaquear y ceder paso a un sistema moderno basado en el comercio.

Derecha: Francisco Pizarro logró conquistar Perú en apenas unos años, pero fue asesinado en Lima, ciudad que él había fundado y a la cual había bautizado como Ciudad de los Reyes, en 1541. Página anterior: Detalle de un manuscrito en el que se muestra a los tlaxcaltecas negociando la paz con Hernán Cortés.

Los imperios europeos entre los siglos XVI y XVIII

Entre los siglos XVI y XVIII, Europa estuvo dominada por la aparición de grandes Estados nacionales. Francia, Inglaterra y España desarrollaron monarquías e identidades ajenas tanto a la Iglesia como al Sacro Imperio Romano. Al concluir la Guerra de los Cien Años, Francia había impulsado su prosperidad y seguridad, pese al conflicto con el Sacro Imperio Romano. Las divisiones religiosas internas derivadas de la Reforma debilitaron al país, pero el ascenso de Enrique II de Navarra, el primer rey Borbón, puso fin a la situación. La dinastía Borbónica gobernó en Francia hasta la Revolución del siglo XVIII, y sus monarcas fueron restituidos en el trono en 1814. Los Borbones más célebres fueron Luis XIV, el «Rey Sol», y Luis XVI, esposo de María Antonieta, que murió decapitado en la gillotina.

En Inglaterra, la lucha interna entre las casas de Lancaster y York en las guerras de las Rosas concluyó con el ascenso al trono de la dinastía Tudor. Los dos monarcas más notables de esta dinastía fueron Enrique VIII y su hija Isabel I. Les sucedió al trono la familia de los Estuardo, cuya dinastía quedó interrumpida en 1649 con la ejecución de Carlos I tras la guerra civil que enfrentó al soberano con el Parlamento. En 1660, tras la muerte del

líder parlamentario Oliver Cromwell, el hijo y heredero de Carlos retomó el trono como Carlos II, pero sus poderes se hallaban ya muy limitados.

En España, los reinos de Castilla y Aragón quedaron unificados con el matrimonio de Isabel y Fernando, cuyo primer éxito fue expulsar a los musulmanes de la península y establecer un Estado católico. Los ingresos procedentes del Nuevo Mundo garantizaban la riqueza del país y, cuando Carlos I ascendió al trono de España en 1516 y del Sacro Imperio Romano en 1519, amplió la influencia española. El monarca fue sucedido por su hijo Felipe II, quien defendió el catolicismo frente al reformismo. Durante su reinado, España amplió sus territorios de ultramar y el poder de la Inquisición alcanzó nuevas cotas. Sin embargo, Felipe fue el último rey Habsburgo que gobernó España y el país poco a poco fue decayendo bajo el mandato de monarcas genéticamente desfavorecidos.

Más hacia el este, el incremento de poder de los príncipes de Moscovia y el declive de la Horda de Oro propiciaron el nacimiento de un Imperio Ruso. El gobernante que unificó toda Rusia fue Iván III, pero fue Iván IV, más conocido como Iván el Terrible, quien se convertiría en el primer zar oficial en 1547. Durante los últimos años de reinado de Pedro el Grande, Rusia se modernizó y se convirtió en una potencia con más peso en Europa, adoptando una política de expansión agresiva hacia China, Persia y Suecia.

Por su parte, Suecia también se había expandido ampliamente a lo largo del siglo XVII tras una serie de conflictos con sus vecinas Noruega, Dinamarca y Polonia en los que se proclamó victoriosa. Los pactos que pusieron fin a la guerra de los Treinta Años otorgaron a Suecia el territorio al este y al sur del Báltico, y el consiguiente dominio de la región. Los Países Bajos también salieron beneficiados con estos pactos, que les valieron la independencia de España y su expansión como gran potencia naval y económica.

Izquierda: Isabel y Fernando, los Reyes Católicos de España, apoyaron a Cristóbal Colón en su viaje para descubrir América.

Círculo Polar Ártico
Mar de Noruega

EL IMPERIO DE LOS HABSBURGO EN EUROPA h. 1600

Frontera del Sacro Imperio Romano, 1618

Territorio español-Habsburgo

Territorio austriaco de los Habsburgo

Aliados tradicionales de los Habsburgo

Enemigos de los Habsburgo

Territorios eclesiásticos

«Ruta española», principales rutas de abastecimiento hacia las posesiones de los Habsburgo

0   200 km
0   200 millas

NORUEGA
(territorio danés)

IMPERIO SUECO

Mar Báltico

T. danés

T. danés

Lituania

D. de Prusia

ESCOCIA

Edimburgo

Mar del Norte   DINAMARCA

Lübeck   Stettin

IRLANDA

Dublín   York

BRANDEBURGO

POLONIA

INGLATERRA

Bristol

Revuelta holandesa de 1566

Hamburgo

Berlín

Amsterdam   PROVINCIAS UNIDAS   Münster

La Haya

Londres

Utrecht

Breslau

SILESIA

Amberes   Kleve   Berg   Westfalia   Paderborn   Anhalt

Bruselas

Hesse

Calais   HOLANDA MERIDIONAL

Mainz

Bohemia

Moravia

Luxemburgo   Renania-Palatinado   Bamberg

REINO DE HUNGRÍA

Alto Palatinado

Württemberg

OCÉANO ATLÁNTICO

Brest

París   Lorena   Baviera   Augsburgo

Pressburgo

Buda

FRANCIA

Orleans

Múnich

Viena

Nantes   Sundgau   Basilea   Vorarlberg   Salzburgo   Arch. de Austria

R. Danubio

Besançon   Confederación Suiza   Tirol

Charolais

Mohács

Borgoña   Ginebra   Milán   Trento   REP. DE VENECIA   Krain

Burdeos   Franco Condado   D. de Saboya   D. de Milán   Modena   Venecia

IMPERIO OTOMANO

Mantua

Toulouse   Génova   REP. DE FLORENCIA

San Sebastián   REP. DE GÉNOVA   Lucca

Mar Adriático

León   NAVARRA   Marsella   REP. DE SIENA   Siena

Burgos   Pamplona   Rosellón   ESTADOS PONTIFICIOS

Córcega

CASTILLA   Zaragoza   CATALUÑA   Roma

PORTUGAL   ARAGÓN   Barcelona   REINO DE NÁPOLES

Madrid

Toledo   Nápoles

Lisboa   Valencia   *Cerdeña*

Palma

REINO DE MALLORCA
1521-1524

Córdoba   Jaén

Sevilla   Murcia

Palermo

Granada   *Sicilia*

Cádiz   GRANADA   Cartagena

Mar Mediterráneo

Argel   Beija   Túnez

Los descubrimientos científicos

Los Estados nacionales en expansión de Europa crearon el caldo de cultivo perfecto para una época de extraordinarios descubrimientos en los campos de las matemáticas, las ciencias (sobre todo la astronomía y la medicina) y la filosofía.

Arriba: Retrato del astrónomo, físico y matemático Galileo realizado por Justin Susterman.

Astronomía

En 1543, Nicolás Copérnico publicó su tratado *Sobre las revoluciones de los orbes celestes*. Lo había escrito en 1530, pero su polémico contenido le había impedido publicarlo hasta el año de su muerte. En él, Copérnico explicaba que los planetas del sistema solar conocidos por entonces giraban alrededor del Sol, cada uno siguiendo su propia órbita. Pero no se detenía ahí, sino que aseguraba que cada planeta, incluida la Tierra, rotaba sobre su propio eje. Muchos de sus coetáneos tacharon aquellas ideas de ridículas. Desde los tiempos de Tolomeo se

había aceptado de forma generalizada que los cuerpos celestes giraban alrededor de la Tierra, que permanecía estática en el centro del Universo, y la sabiduría de los clásicos no se ponía en duda. No obstante, las predicciones astrológicas basadas en las teorías de la Antigüedad resultaban erróneas si se las contrastaba con las observaciones del momento. Copérnico, que había estudiado teología en las universidades de Bolonia y Padua, había empezado a experimentar matemáticamente con la posibilidad de que el Sol se hallara en el centro del Universo. Sus descubrimientos explicaban las discrepancias astrológicas existentes.

En 1598, el astrónomo italiano Galileo fue juzgado por la Iglesia y la Inquisición por respaldar la teoría de Copérnico. Su sugerencia de que el hombre no era el centro del Universo fue considerada herejía y Galileo fue sometido a juicio en Roma y condenado a arresto domiciliario hasta su muerte en 1642. Él mismo había realizado numerosos descubrimientos científicos. Entre ellos, había descubierto los satélites de Júpiter y las manchas solares. Galileo se había construido su propio telescopio, perfeccionando un sistema inventado en 1609 por el holandés Hans Lipperhay. Debatió sus ideas copérnicas con el astrónomo y matemático alemán Johannes Kepler. Kepler también creía en la teoría de Copérnico e intentaba demostrarla mediante la matemática y la geometría. Además, descubrió que todos los planetas se mueven en órbita alrededor del Sol y que su velocidad de orbitación está relacionada con su distancia del Sol.

Medicina

Gran parte de la teoría médica practicada en Europa durante los siglos XVI y XVII seguía basándose en las ideas de Galeno, el médico griego de la era romana fallecido en el año 201. Las creencias establecidas se basaban en los cuatro elementos clásicos: el fuego, la tierra, el agua y el aire. Se creía que la salud podía recobrarse si todos estos elementos volvían a equilibrarse en los humores del cuerpo. También pervivía la creencia de que la enfermedad podía estar provocada por motivos espirituales, como la brujería, el pecado o las fuerzas astrales. Y todo ello explica que los estudios médicos en Europa topasen a menudo con el control eclesiástico.

En contraste, los conocimientos médicos estaban mucho más avanzados en el mundo musulmán, donde médicos como Al-Razi (860-930) y Avicena (980-1038) habían realizado ya importantes descubrimientos anatómicos y químicos. Durante el Renacimiento, muchos textos arábigos de importancia llegaron a Europa y, combinados con un interés tardío por la experimentación anatómica en el continente, poco a poco se fueron registrando avances. Realdo Colombo (1516-1559) realizó importantes descubrimientos anatómicos, como la estructura del ojo y la relación entre los pulmones y el corazón. El cirujano William Harvey, influido tanto por el conocimiento islámico como por René Descartes, describió correctamente la circulación de la sangre por el cuerpo. Los progresos en anatomía registrados en Europa contaron con el apoyo de la fundación de sociedades instruidas como la Sociedad Real de Londres (1662) y la Academia de las Ciencias de París (1666).

Descubrimientos

Los descubrimientos clave en los campos de la ciencia, las matemáticas y la filosofía contribuyeron al rápido desarrollo de la sociedad europea de la época. Entre los

Arriba: Nicolás Copérnico, cuya teoría sobre el sistema solar se publicó en 1543.
Izquierda: Diagrama del sistema solar presentado en 1685 por el filósofo francés René Descartes.

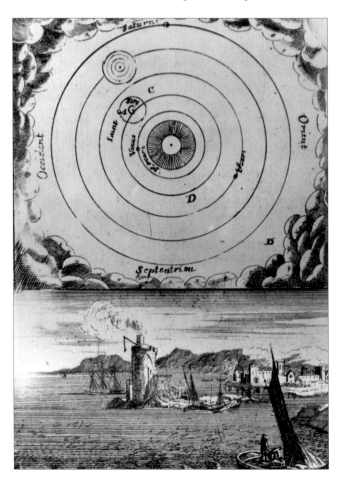

inventos científicos más destacados figuraba la construcción del microscopio durante el siglo XVI. Si bien se desconoce quién fue su inventor, su perfeccionamiento suele atribuirse al holandés Anton van Leeuwenhoek. En 1643, Torricelli inventó el barómetro, usado para medir la presión atmosférica. La bomba de vacío, construida por vez primera por Otto von Guericke en 1645, fue un invento que posteriormente demostró ser vital para la innovación industrial y la invención del motor. El primer motor a vapor lo patentó en 1698 Thomas Savery, a quien habían encargado idear un dispositivo que extrajera el agua de los tiros de las minas mediante bombeo. En 1714, Daniel Gabriel Fahrenheit creó el primer termómetro de mercurio de precisión y, en 1731, John Hadley inventó el sextante, que mejoró sobremanera la navegación náutica. René Descartes vivió entre 1596 y 1650 y realizó contribuciones esenciales a los métodos matemáticos. Descartes, cuyos métodos estaban estrechamente ligados al pensamiento filosófico, suele considerarse el padre de la matemática moderna. Isaac Newton (1642-1727), filósofo y matemático inglés, fue autor de tres descubrimientos cruciales: el método de cálculo, la composición de la luz y, el más famoso de todos ellos, la ley de la gravedad. Estos y otros descubrimientos alentaron una sensación general de entendimiento del mundo y fueron el preludio de la era conocida como la Edad de la Razón o el Siglo de las Luces.

El Imperio Otomano

A partir de un pequeño estado en la Anatolia Occidental los gobernantes otomanos crearon un inmenso imperio de gran poderío, complejidad y sofisticación artística.

Los orígenes de los otomanos

Los orígenes del Imperio Otomano se sitúan en la Anatolia Occidental. Durante el siglo XIV, el pequeño estado que rodeaba el Sogut empezó a aprovechar la decandencia de los turcos selyúcidas para ampliar su territorio. El derrumbe de los selyúcidas desencadenó una lucha por el poder en la región, en la que los musulmanes otomanos participaron movidos por su deseo de convertir nuevas tierras al islam. Encabezados por Osmán I (1259-1326), que da nombre al imperio, los otomanos tomaron cautiva la ciudad de Bursa y la convirtieron en su capital. En el año 1345, el sucesor de Osmán, Orjan I, tomó Karasi. En 1361, los otomanos apresaron Edirne (Adrianópolis) y la proclamaron su nueva capital. Desde ella amenazaron Constantinopla e iniciaron una serie de largos e infructuosos asedios. Casi todas las conquistas realizadas antes del cambio de siglo se habían circunscrito a los Balcanes. Constantinopla seguía siendo el trofeo más ansiado.

Hacia 1403, los otomanos habían sometido Bulgaria, Macedonia, Serbia y gran parte de Grecia; sin embargo, un ataque perpetrado en 1402 por el líder mongol Tamerlán puso fin a las campañas en la región. Cuando el conquistador mongol de Persia y Asia Central se adentró en Anatolia, Bayaceto I (1360-1403) se vio obligado a responder. En la batalla de Ankara, en 1402, Tamerlán derrotó a Bayaceto y lo apresó. La muerte de Tamerlán en 1405 supuso el fin de los avances mongoles, al tiempo que el deceso de Bayaceto I también dejó a los otomanos sumidos en una crisis de sucesión que se prolongaría 11 años. Durante este hiato, los estados balcánicos y anatolios se zafaron del dominio otomano. Cuando Mehmet I fue proclamado al fin sultán en 1413, inició la restauración del imperio.

La estructura política del imperio

El dirigente del Imperio Otomano era el sultán, que disfrutaba de un poder absoluto. En un principio, los gobernantes otomanos se habían denominado «gazis», o guerreros de la guerra santa, pero durante el mandato de Murat (1360-1389), el título fue sustituido por el de sultán, o monarca. En los siglos posteriores se adoptó también el título de califa, o líder religioso. Aunque el sultán ostentaba un control absoluto, para la administración del imperio contaba con la ayuda de un cuerpo burocrático de funcionarios dirigido por el consejo supremo, el Diván. En el siglo XIV, el Diván estaba integrado únicamente por tres visires, cifra que para el siglo XVII se había aumentado a once visires. Este grupo se hallaba bajo el control del gran visir, que departía directamente con el sultán.

La otra institución poderosa dentro del Gobierno otomano era el harén. El harén estaba gobernado por la «sultana valida», la madre del

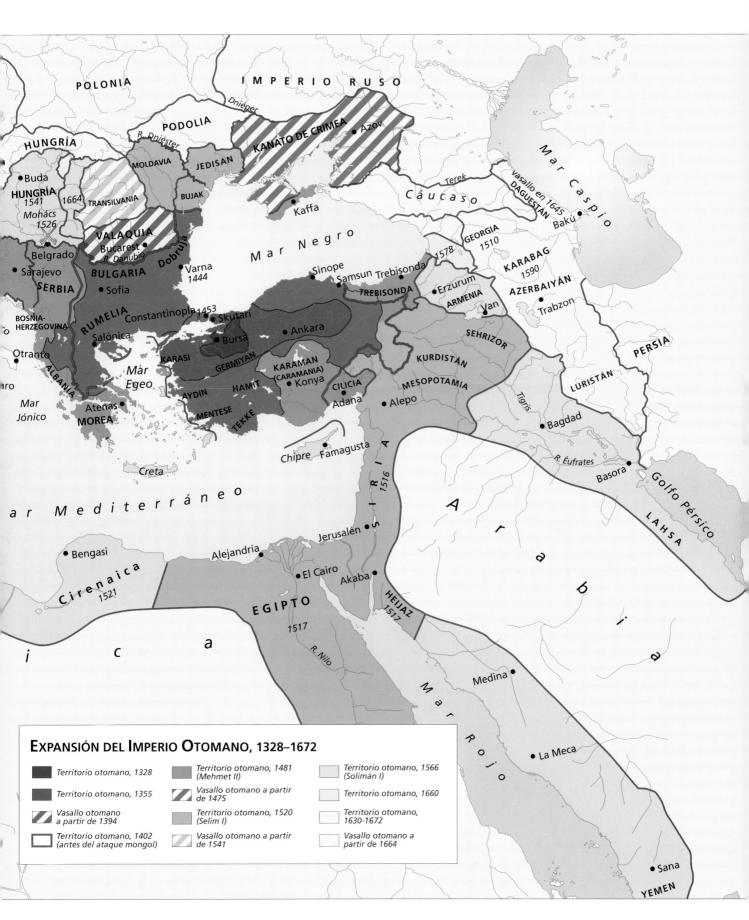

POLONIA

IMPERIO RUSO

Dniéper

PODOLIA

R. Dniéster

HUNGRÍA

• Buda
HUNGRÍA
1541
Mohács
1526

1664

MOLDAVIA

JEDISAN

KANATO DE CRIMEA
• Azov

Terek

TRANSILVANIA

BUJAK

Cáucaso

vasallo en 1645
DAGUESTÁN
• Bakú

Mar Caspio

VALAQUIA
Bucarest
R. Danubio

• Belgrado

• Sarajevo

SERBIA

BOSNIA-HERZEGOVINA

Dobruja

• Kaffa

Mar Negro

1578 **GEORGIA**
1510

KARABAG
1590

BULGARIA
• Sofía

Varna
1444

• Sinope

• Samsun Trebisonda
TREBISONDA

• Erzurum
ARMENIA
• Van

AZERBAIYÁN

• Trabzon

RUMELIA
Constantinopla *1453*
Salónica

• Skutari

■ Bursa

• Ankara

ŞEHRIZOR

PERSIA

Otranto

ALBANIA

KARASI

GERMIYAN

**KARAMAN
(CARAMANIA)**
• Konya

KURDISTÁN

LURISTÁN

*Mar
Egeo*

AYDIN

HAMIT

CILICIA

MESOPOTAMIA

Tigris

*Mar
Jónico*

• Atenas
MOREA

MENTEŞE

TEKKE

Adana

• Alepo

• Bagdad

Creta

Chipre Famagusta

**S
I
R
I
A**
1516

R. Éufrates

Basora

Golfo Pérsico

LAHSA

ar Mediterráneo

**A
r
a**

Jerusalén

• Bengasi

Alejandría

C i r e n a i c a
1521

• El Cairo

Akaba

EGIPTO
1517

R. Nilo

HEIJAZ
1517

**b
i
a**

i   **c**   **a**

**M
a
r

R
o
j
o**

• Medina

• La Meca

• Sana

YEMEN

Expansión del Imperio Otomano, 1328–1672

- Territorio otomano, 1328
- Territorio otomano, 1355
- Vasallo otomano a partir de 1394
- Territorio otomano, 1402 (antes del ataque mongol)
- Territorio otomano, 1481 (Mehmet II)
- Vasallo otomano a partir de 1475
- Territorio otomano, 1520 (Selim I)
- Vasallo otomano a partir de 1541
- Territorio otomano, 1566 (Solimán I)
- Territorio otomano, 1660
- Territorio otomano, 1630-1672
- Vasallo otomano a partir de 1664

sultán, quien solía tomar partido en los asuntos de Estado. En grado de importancia, bajo ella se situaba la primera esposa del sultán o madre de su primogénito y, en un tercer nivel, las otras cuatro esposas oficiales. En el harén vivían también las concubinas, tanto del sultán como de sus oficiales más destacados, así como muchachas usadas para concertar matrimonios políticos. Al servicio del harén había dos niveles de eunucos, los negros y los blancos. Los eunucos negros eran esclavos africanos que servían a las mujeres y se hallaban bajo el control de un eunuco negro jefe, un miembro de la corte con gran poder. Los eunucos blancos eran principalmente esclavos balcánicos y servían en la escuela de palacio donde estudiaban los niños escogidos que más tarde se convertirían en oficiales o jenízaros. Los jenízaros eran la caballería de elite del sultán. Acostumbraban a ser esclavos cristianos cuidadosamente seleccionados en las tierras conquistadas e instruidos en condiciones monásticas estrictas. Aunque no estaban obligados a convertirse al islam, muchos de ellos lo hacían.

Conquistas

Con la reconstrucción del estado otomano durante los reinados de Mehmet I (1413-1421) y su hijo Murat II (1421-1451), el imperio pronto estuvo listo para reemprender su expansión. En 1444, los otomanos derrotaron a los cruzados polacos en la batalla de Varna, en la costa oeste del mar Negro. Murat acabó con la resistencia

balcánica y subyugó a los estados balcánicos del este y el sur al control otomano. Bajo Mehmet II, «el Conquistador», el Imperio Otomano se convirtió en una gran potencia mundial.

En 1453, Mehmet II logró por fin tomar Constantinopla y convirtió el otrora centro del mundo bizantino en la nueva capital otomana. La ubicación estratégica de Constantinopla como nexo del Mediterráneo con el mar Negro y punto de confluencia entre Europa y Asia hizo que aquella fuera una victoria fundamental. Gracias a ella, los otomanos no solo se convirtieron en los herederos de los bizantinos, sino que se hicieron con el control de las principales rutas comerciales. Mehmet II lideró también la anexión total de Bosnia, Serbia y Herzegovina a su imperio, así como la supresión definitiva de los demás estados anatolios rivales. Bajo Selim I (1512-1520), el imperio tuvo que hacer frente a la agresión del Imperio Iraní de los Safawíes, quienes, al igual que los musulmanes chiitas, estaban enfrentados religiosamente a los otomanos. En 1514, los otomanos derrotaron a los safawíes y ampliaron su influencia en el este. Selim inició entonces los ataques contra el Imperio Mameluco de Egipto y Siria y hacia 1517 había conquistado El Cairo. El éxito de las conquistas otomanas se debía en parte a la desorganización y el poder en declive de muchos de sus adversarios. Además, los otomanos asimilaba las culturas que encontraban y no tardaron en adoptar algunas ideas de las sociedades helénicas y egipcias que dominaron. El trato considerado que daban a las poblaciones conquistadas solía granjearles una buena acogida.

La captura de Constantinopla

Mehmet II estaba decidido a derrotar Constantinopla, que siempre había repudiado con éxito el ataque otomano. Preparó el asalto final de la ciudad con sumo esmero, estableciendo fortalezas estratégicas a lo largo del Bósforo, las cuales servirían para impedir que llegaran provisiones a la ciudad y para defenderse de los posibles refuerzos enviados por la Iglesia y el Sacro Imperio Romano. Había formado a su ejército en el uso de las últimas tecnologías militares, en especial de cañones de diseño húngaro. El 2 de abril de 1453, el ejército de Mehmet II inició su asedio a Constantinopla. Pese a usar los cañones, los turcos no lograron abrir ninguna brecha en las murallas externas de la ciudad y durante varias semanas Constantinopla aguantó estoicamente. Pero al final una de sus puertas principales cedió y la ciudad no tardó en caer en poder de los otomanos. El último emperador bizantino, Constantino XI, murió luchando por salvar su ciudad. Pese a las peticiones de auxilio enviadas al Papa, no recibió refuerzos. La ciudad fue saqueada por los conquistadores, pero Mehmet II instó a sus tropas a refrenarse para facilitar la conquista y muchos ciudadanos acogieron abiertamente a sus nuevos dirigentes.

Hagia Sofía, la basílica de Santa Sofía

La basílica de Santa Sofía era la mayor iglesia del mundo cristiano cuando los otomanos invadieron Constantinopla. La había erigido en el siglo VI el emperador Justiniano I sobre las ruinas de otra iglesia destruida durante una insurrección. Justiniano encargó a los arquitectos proyectar una estructura sin parangón. La enorme cúpula de la basílica medía 30 metros de diámetro y, en lugar de apoyarse en pilares, pendía sobre el espacio interior principal, soportada por cuatro arcos. La iglesia estaba profusamente decorada con mosaicos bizantinos elaborados en vidrio y oro, y con pilares de mármol verde, blanco y púrpura. Cuando Mehmet II capturó la ciudad, la basílica permaneció intacta, aunque convertida en mezquita. Esta conversión implicó tapar los mosaicos con imágenes de Cristo y otros santos, ya que el islam prohíbe la representación de la forma humana. El alminar de madera que Mehmet II hizo añadir al edificio fue sustituido posteriormente por Solimán por cuatro estructuras más vistosas. Hagia Sofía representaba el pináculo de la arquitectura bizantina e influyó en el diseño futuro de las mezquitas de la ciudad y de todo el imperio. El fracaso del arquitecto Atik Sinan de mejorar las dimensiones geométricas de la cúpula impulsó al decepcionado Mehmet II a ordenar su ejecución.

Solimán I el Magnífico

El Imperio Otomano alcanzó su máximo apogeo bajo el sultanato de Solimán I (1494-1566). Durante los 46 años que duró su reinado, el imperio amplió sus territorios a Europa, con la toma de Hungría en 1526 y la amenaza sobre Austria. Solimán sentía un especial interés por desestabilizar Europa, a la que consideraba la mayor amenaza para los otomanos, y construyó una flota con la que dominó el Mediterráneo y capturó Grecia e islas importantes como Chipre y Rodas, hasta entonces en manos de los venecianos. También apresó grandes territorios en el norte de África, desde Marruecos hasta Egipto. Solimán se autoproclamó califa, o gobernante del islam, título que justificaba la anexión de otros países islámicos como Azerbaiyán, Iraq y Arabia. Las enormes riquezas que Solimán obtuvo con el control del Mediterráneo y, sobre todo, de Egipto, le proveyeron con los recursos necesarios para erigir un imperio poderoso y espectacular, cuyo centro fue Constantinopla. Excelso

Arriba: Solimán, llamado «Kanuni» el Legislador en su tierra natal, siempre ha sido conocido entre los europeos como Solimán el Magnífico.
Página anterior: La basílica cristiana Hagia Sofía fue convertida en mezquita por Mehmet II tras la conquista turca de Estambul en 1453.

mecenas de las artes, Solimán promovió la construcción de numerosos edificios arquitectónicos fascinantes en Constantinopla (la actual Estambul). Por otra parte, también organizó la administración del imperio con el fin de hacerla más eficaz, y reescribió el sistema legal otomano existente de acuerdo con las leyes de la *sharia*, la ley islámica derivada del Corán.

En su vida personal, Solimán fue un ser menos fascinante. Influido por su antigua concubina y posterior esposa Roxelana, Solimán mandó ejecutar a dos de sus hijos más capaces para promover al primogénito de Roxelana como heredero. Durante el reinado de Solimán, existía entre los otomanos un temor generalizado con respecto a los europeos, pues solo el monarca francés Francisco I había establecido relaciones diplomáticas con Solimán. Al fallecer el sultán en 1566 y ascender al trono su hijo Selim II, un auténtico inútil, el imperio entró en una lenta decadencia.

División religiosa en Europa

El creciente conocimiento, interés e implicación en la religión, junto con el desafecto hacia la Iglesia establecida, desembocaron en importantes levantamientos en el mundo cristiano que afectaron a todo el continente europeo.

La génesis de la Reforma

Se conoce como «Reforma» a la revolución religiosa ocurrida durante el siglo XVI en Europa, revolución desencadenada por múltiples causas. En primer lugar, existía un sentimiento generalizado de insatisfacción hacia la Iglesia católica romana, el cual había ido extendiéndose desde el Renacimiento. Muchos, en particular los europeos del norte, consideraban que la Iglesia se había vuelto displicente en su papel de guardiana del cristianismo; demasiados miembros del clero se tenían por vagos y corruptos, y su adecuación moral e intelectual para el cargo que ocupaban se ponía en cuestión. Este descontento se combinaba con una mayor devoción a la Biblia y las Escrituras, alimentada por el invento de la imprenta en 1445. Las nuevas traducciones de la Biblia la habían puesto al alcance de un mayor número de

lectores, hecho que desafiaba la autoridad de la Iglesia. El Renacimiento se había caracterizado por el desarrollo del humanismo y su difusión en el norte de Europa, donde fue adoptado por teólogos como Desiderio Erasmo.

Erasmo (1466-1536), cristiano devoto y humanista, consideraba que los rituales y las prácticas de la Iglesia se oponían a las enseñanzas de Cristo. Sus textos defendían reformar la Iglesia desde dentro, pero lo cierto es que acabaron influyendo en quienes deseaban reformarla por cualquier medio. El destacado humanista británico Tomás Moro (1478-1535) era otro católico devoto que acabaría siendo ejecutado por Enrique VIII por negarse a renunciar a Roma. Moro, como Erasmo, consideraba necesaria una reforma y también escribió ensayos en los que criticó los abusos del papado y la Iglesia. Los textos de estos y otros humanistas prominentes fueron muy influyentes. Entre sus lectores más avezados se contó un monje agustino alemán cuyos actos precipitarían la Reforma, Martín Lutero.

Martín Lutero

Nacido en 1483, Martín Lutero pasó tres años en un monasterio agustino antes de su ordenación en 1507. En 1510 visitó Roma, donde fue testigo directo de la práctica de vender indulgencias para financiar la construcción de la basílica de San Pedro. La venta de indulgencias era una de las prácticas más polémicas de la Iglesia y muchos reformadores la consideraban ofensiva. La doctrina religiosa se centraba en parte en la creencia de que el hombre solo podría entrar en el paraíso si se arrepentía de sus pecados. El arrepentimiento en sí era un estado personal e interno y se demostraba al mundo exterior mediante la realización de buenas acciones y obras caritativas. El concepto de la indulgencia se ideó para conceder a las personas la oportunidad de comprar obras buenas y caritativas realizadas por el clero como prueba de su arrepentimiento. Ello permitía a la Iglesia recaudar grandes sumas de dinero con las que autofinanciarse y financiar sus funciones, y a los pecadores pecar y comprar el perdón.

Cuando Lutero regresó a Wittenberg empezó a desarrollar su argumento teológico contra las indulgencias, que expuso en público por primera vez en 1517, clavando sus 95 Tesis completas en el pórtico de la iglesia de Wittenberg. Este acto blasfemo desencadenó una disputa violenta y, cuando Lutero fue llamado a Roma para responder por sus actos, se negó a acudir. Al ser excomulgado por el Papa en 1521, quemó la bula papal emitida contra él. Carlos V lo convocó a la Dieta de Worms, donde se negó a retractarse de sus teorías y, pese a ser condenado por el emperador, halló protección bajo el manto del elector de Sajonia. Durante sus últimos años de vida, Lutero produjo una nueva traducción al alemán de la Biblia. Falleció en 1546.

División protestante

Los actos de Lutero habían desatado levantamientos religiosos violentos, que habían acabado derivando en una guerra civil. Sus principios fueron adoptados por diversos dirigentes que ansiaban zarfarse de su relación con la Iglesia católica romana. Así pues, la Reforma no se saldó con una reforma de la Iglesia católica, sino con la escisión del cristianismo occidental en dos ramas distintas, el catolicismo y el protestantismo. A su vez, el protestantismo se subdividía en múltiples interpretaciones, sectas e iglesias diferentes. En las ciudades-estado suizas, los llamados cantones, el gobernante de Zúrich era Ulrich Zwingli, quien, influido por Lutero, adoptó sus propias reformas eclesiásticas. Decretó que todo aquello que no estuviera específica y literalmente permitido ya fuera por el Antiguo o por el Nuevo Testamento debía ser considerado contrario al espíritu cristiano. El cristanismo radical y fundamentalista de Zwingli acabó adoptándose en toda la región suiza.

Otros estados siguieron el ejemplo suizo y, de este modo, el protestantismo se extendió por todo el Sacro Imperio Romano hasta llegar a los países bálticos al este y Francia al oeste. Las ideas de Juan Calvino, un humanista francés que se vio obligado a refugiarse en Ginebra, gozaron de especial popularidad durante la segunda mitad del siglo XVI. Calvino había publicado sus teorías más relevantes en 1541 y, ya en 1562, habían surgido iglesias calvinistas en Francia, Alemania, los Países Bajos y Escocia. El calvinismo se halla en la base del presbiterianismo y el puritanismo ulteriores. Los calvinistas defendían el poder supremo de Dios, proclamaban la idea de que solo los elegidos se salvarían y abogaban por la represión del placer y la frivolidad.

Arriba: Retrato de Juan Calvino (1509-1564), teólogo y reformador francés que adoptó el protestantismo en 1534 y fundó un Gobierno religioso en Ginebra.
Página anterior: Martín Lutero, líder de la Reforma protestante, fue excomulgado por la Iglesia católica en 1521.

Otras sectas y grupos minoritarios surgieron en esta época. Los anabaptistas destacaban especialmente por practicar el bautismo de adultos, tal y como se retrataba en la Biblia. Su creencia en una disciplina eclesiástica estricta, opuesta a las leyes estatales, hacía que estuvieran perseguidos tanto por los católicos como por los protestantes. Estos grupos protestantes más radicales se concentraban en Moravia, Frisia y Alemania, y gozaban

NORUEGA

SUECIA

Mar del Norte

DINAMARCA

Mar Báltico

⚐ Misión escocesa, 1653-1694
● St. Andrews
● Glasgow

③ **IRLANDA**
● Dublín

● York

⚐ Misión inglesa, 1623-1688
● Norwich

① **INGLATERRA**

● Canterbury

● Middleburgo

Groninga
● Amsterdam
● Leiden
● Utrecht
Países Bajos
Gante ● Breda ● Amberes
② *1594, 1597*
Lille
Tournai

Schleswig
Holstein
● Lübeck
● Emden
● Bremen ● Hamburgo
Mecklemburgo **Pomerania**
● Stettin
Brandeburgo
● Berlín

⚐ Misión del norte 1673, 1678, 1688
⚐ Königs
PRUSIA
LA ORD
TEUTÓN
● Danzig

② **REINO DE POLONIA** Varso *1572*

● Magdeburgo
● Münster
● Dortmund
Colonia
Maastricht
Wetzlar
Frankfurt
Renania
Palatinado
Worms Ansbach
Heilbronn
Würt-temberg
Estrasburgo
Munster

Hesse
● Mühlhausen
● Wittenberg
Sajonia **Silesia**
● Dresde ● Breslau
● Leipzig
● Zwickau
Bamberg
Würzburg
Alto
Palatinado
● Núremberg
Halle
Regensburgo *1538*
Donauwörth
② ● Ulm
Augsburgo *1573,1583*
● Münich *1573, 1583*
● Innsbruck

Praga *1576, 1612*
BOHEMIA
Moravia
REINO DE HUNGRÍA
Viena *1524*
Graz *1581, 1621*
②

IMPERIO OTOMANO

● Rouan
París ⚐ ● Meaux *1500*
Alençon ●
● Troyes
26

FRANCIA
Marmoutiers ◼
Congregación francesa, 1580
● Bourges

La Rochelle ●

OCÉANO ATLÁNTICO

● Limoges
Lyón ✴
● Périgueux
Burdeos ● Bergerac
● Rodez ● Orange
Montauban ● Albi Millau
Gaillac ● Nîmes
● Toulouse
Montpellier ● Aviñón
Pères doctrinaires, 1592–1597

Basilea *1529*
Zürich
Lucerna
Friburgo ● Berna *1528*
Ginebra *1536*

Savoya
Turín ⚐
Barnabiter, 1530
Milán ●
● Trento
R. de Venecia
Brescia
Ursulinas, 1535
Venecia *1500*
Verona
Mantua
Ferrara
Bolonia
Génova
Ravena
Padres del Buen Jesús, 1526
Florencia *1560*

① ■ *Congregación dálmat*

Estados Pontificios
187
Camerino
Capuchinos, 1525–1528
Mar Adriático

● Pamplona
NAVARRA
CASTILLA
31
● Manresa

⚐ Madrid *1505*
● Toledo

CATALUÑA

Islas Baleares

Córcega
Cerdeña

Roma
Teatinas, 1524
Jesuitas, 1540
Nápoles
⚐ Nápoles *1511*

● Mesina

Mar Mediterráneo

Sicilia

Islas Grieg

de especial popularidad entre el campesinado. En 1521 se incitó una revuelta campesina con la intención de iniciar una revolución cristiana contra toda forma de autoridad. Al margen del breve establecimiento de un Estado anabaptista en Münster, la revuelta fue aplastada brutalmente.

Enrique VIII

La llegada de la Reforma a Inglaterra tuvo repercusiones más importantes en términos políticos que religiosos. Enrique VIII llevaba 24 años casado con la española Catalina de Aragón cuando decidió anular su matrimonio. Tenía varios motivos para ello: aparte de no haber podido engendrar un heredero varón al trono, Enrique VIII había sucumbido a los encantos de Ana Bolena, quien le urgía para que se casara con ella. La petición de divorcio de Enrique al Papa fue denegada y, en respuesta a ello, el monarca inglés rompió sus relaciones con la Iglesia, se divorció de Catalina y contrajo matrimonio con Ana. Tras cortar todos los lazos con Roma, Enrique VIII se autoproclamó cabeza de la Iglesia anglicana y se autootorgó el título de «Defensor de la Fe». Todo aquel que se negara a reconocer el poder eclesiástico supremo del monarca era acusado de traición y, a partir de 1534, empezaron a perpetrarse ejecuciones. Enrique VIII incluso ordenó ejecutar a Ana Bolena por brujería en 1536 y contrajo matrimonio en otras cuatro ocasiones. Su único hijo varón, Eduardo, nació en 1537.

Arriba: Enrique VIII de Inglaterra, tras romper todos los lazos con Roma, se autoproclamó «Defensor de la Fe».

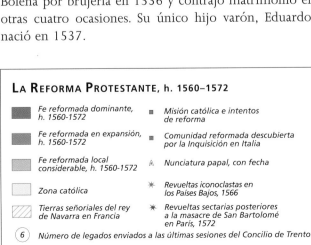

LA REFORMA PROTESTANTE, h. 1560–1572

- Fe reformada dominante, h. 1560-1572
- Fe reformada en expansión, h. 1560-1572
- Fe reformada local considerable, h. 1560-1572
- Zona católica
- Tierras señoriales del rey de Navarra en Francia

- ■ Misión católica e intentos de reforma
- ■ Comunidad reformada descubierta por la Inquisición en Italia
- Å Nunciatura papal, con fecha
- ✳ Revueltas iconoclastas en los Países Bajos, 1566
- ✳ Revueltas sectarias posteriores a la masacre de San Bartolomé en París, 1572
- ⑥ Número de legados enviados a las últimas sesiones del Concilio de Trento

Las tensiones entre los anglicanos y los católicos continuarían atormentando la política inglesa hasta el siglo XVIII. El niño-rey protestante Eduardo VI reinó únicamente durante seis años, tras los cuales lo sucedió al trono su hermana mayor, María, hija de Catalina de Aragón y católica devota. María I Tudor, llamada «María la Sanguinaria» (*Bloody Mary* en inglés) fue responsable de las ejecuciones masivas de herejes con las que intentó subvertir las reformas protestantes. Fue sucedida en 1558 por su hermana menor Isabel, protestante e hija de Enrique VIII y Ana Bolena. Al igual que su padre, Isabel sería una de las monarcas inglesas más famosas y, aunque tuvo que hacer frente a agitaciones religiosas, durante su reinado, que se prolongó 45 años, la Iglesia anglicana acabó por consolidarse.

Arriba: Retrato de Gaspard de Coligny II (1519-1572), almirante hugonote francés y converso al protestantismo que apoyó a Enrique II de Navarra. Fue asesinado la Noche de San Bartolomé.
Página siguiente: Oliver Cromwell, un puritano, comandó las fuerzas parlamentarias contra el rey Carlos I durante la Guerra Civil inglesa.

La Contrarreforma católica

La Iglesia católica romana respondió a la amenaza de la Reforma protestante. Aunque muchos reformadores habían rechazado la autoridad del Papa, otros seguían siéndole leales e insistieron en que se efectuaran reformas internas. En 1545, el papa Pablo III encomendó a unos cuantos cardenales que investigaran las indulgencias abusivas y las designaciones de clérigos y obispos corruptos. Aquel primer encuentro del Concilio de Trento sentó las bases de la respuesta católica a la Reforma. Y aunque el concilio mantuvo la estructura básica de la Iglesia y apoyó la mayoría de las prácticas que los protestantes habían criticado, lo cierto es que conllevó ciertas reformas administrativas. Durante el papado de Pablo IV se adoptaron medidas más agresivas para sofocar el movimiento protestante. Así, aumentó el poder de la Inquisición y la quema de herejes. Diversas órdenes monásticas revivieron durante esta época, incluidas entre ellas los capuchinos, cuya misión consistía en ofrecer caridad a los pobres, y los oratorios. La fundación de la Orden Jesuita por parte de Ignacio de Loyola también sirvió a los propósitos de la Contrarreforma. La misión de los jesuitas era educar en la obediencia a las Escrituras y predicar la obediencia a la Iglesia, y su obra misionera en toda Europa y el Nuevo Mundo captó nuevos adeptos al catolicismo. Con todo, aunque la Contrarreforma tuvo cierto éxito en el restablecimiento de la Iglesia católica, se vio continuamente desgastada por el avance de la Reforma.

Las Guerras de Religión francesas

En 1562 estalló en Francia la primera de las guerras entre católicos y hugonotes calvinistas. Cuando el débil Francisco II, de tan solo 15 años, subió al trono en 1559, tres familias nobles francesas rivalizaron por el Gobierno: los Guisa, los Borbones y los Montmorency. De todas ellas, la Casa de los Guisa era la más poderosa y la más católica, y como tal controlaba al monarca, para desagrado de los hugonotes franceses. A la muerte de Francisco, lo sucedió al trono su también débil hermano Carlos IX, totalmente dominado por su madre, Catalina de Médici, una regente política poderosa. Catalina buscó el apoyo de los hugonotes contra la Casa de los Guisa y les garantizó una mayor tolerancia, pero en el fondo era católica y quería que Francia siguiera siendo un país católico. Los Guisa atacaron una congregación de hugonotes en 1562, incidente que desencadenó la guerra, si bien el acto más injurioso de esta fue la masacre de la Noche de San Bartolomé, ocurrida en 1572. Catalina, temerosa del poder creciente de los hugonotes, había convencido a Carlos de que se estaba tejiendo una conspiración para asesinarlo y este, creyéndola, ordenó la masacre de París. En el transcurso de tres días, más de 20.000 personas fueron asesinadas por la Liga Católica, encabezada por los Guisa.

La inestabilidad de Francia se vio alentada por el apoyo del monarca español Felipe II a la Liga Católica y de la reina inglesa Isabel I a los hugonotes. El nuevo rey francés, Enrique III, más moderado, pactó una alianza con el hugonote Enrique de Navarra, a quien designó su heredero. Como Enrique IV, este se convirtió al catolicismo y puso fin a las guerras mediante el Edicto de Nantes, que garantizaba a los hugonotes libertad de culto.

La Guerra de los Treinta Años

La Guerra de los Treinta Años fue un complejo conflicto religioso y político ocurrido entre 1618 y 1648. En esencia, fue una lucha de poder entre los reyes de Francia y los gobernantes Habsburgo del Sacro Imperio Romano. Por entonces, el imperio era un compendio de estados autónomos, la mitad de ellos católicos y la otra mitad protestantes. La mayoría se acabaría uniendo para fundar Alemania. Las diferencias religiosas derivaron en rivalidades, como la desatada entre el estado calvinista de los Palatinos y la Baviera católica. Cuando Federico IV, elector del Palatinado, formó una alianza con Inglaterra, Francia y los Países Bajos contra España, Maximiliano de Baviera fundó la Liga Católica y la guerra acabó estallando entre ambas facciones. La Guerra de los Treinta Años fue la primera guerra en la que se vio sumida toda Europa, incluidas las potencias de Suecia, Dinamarca y Transilvania. Durante su desarrollo fueron múltiples las alianzas y los conflictos. El derrumbe final de España supuso una amenaza para el Imperio de los Habsburgo y, en 1648, con la Paz de Westfalia, la Guerra de los Treinta Años concluyó a favor de los franceses.

La Guerra Civil inglesa

La última gran guerra religiosa europea fue la Guerra Civil inglesa (1642-1648). Las facciones rivales eran el monarca, Carlos I, y sus aliados por un lado y el Parlamento inglés por el otro. Pese a que el monarca era el jefe divino del Estado, el Parlamento desempeñaba un papel fundamental en la administración de Inglaterra. La preocupación creciente por el incremento de poder del rey y la influencia de su reina católica impulsaron al Parlamento, dirigido por protestantes puritanos, a poner límites a la autoridad real. Tras un aumento paulatino de las hostilidades, que incluyó la expulsión de Carlos de Londres, estalló la guerra. En un principio, los monárquicos se impusieron y amenazaron con tomar Londres a los parlamentarios. Pero el Parlamento se alió con su

vecina protestante del norte, Escocia, y amenazó a Carlos por dos frentes. La creación de un ejército altamente disciplinado y motivado a las órdenes de Cromwell permitió a los parlamentarios derrotar a Carlos en la batalla de Naseby. En 1647, el monarca se entregó a los escoceses, quienes lo trasladaron a Londres y lo pusieron bajo custodia parlamentaria. El rey se negó a aceptar las condiciones impuestas por los parlamentarios y, estos, para evitar que hubiera más derramamientos de sangre, ordenaron su ejecución. La decapitación en público del monarca en 1649 tuvo repercusiones importantes en toda Europa. Hasta entonces se creía que los monarcas ocupaban su posición por derecho divino y que eran omnipotentes. Los ingleses, con el establecimiento de la República de Cromwell, redujeron el poder del soberano y demostraron que la revolución era posible.

Francia 1643-1715

Durante su dilatado reinado, Luis XIV reconstruyó Francia y la amplió hasta convertirla en una potencia dominante manifiesta en su legado imperecedero, el palacio de Versalles.

Luis XIV

Durante el reinado de Luis XIV (1638-1715), el llamado Rey Sol, Francia se convirtió en el país más influyente y temido de Europa. Luis tenía solo cuatro años cuando heredó el trono en 1643 y el poder recayó en la reina regente, su madre, Ana de Austria, quien buscó ayuda en el impopular cardenal Mazarino. La imposición de elevados impuestos por parte de Mazarino le reportó una gran oposición entre la población y Ana ordenó arrestar a los líderes disidentes en 1648. Los parisinos se lanzaron entonces a las calles y la familia real se vio obligada a huir. Tras cinco años de caos, se pactó una amnistía general en 1653.

A la muerte de Mazarino en 1661, Luis XIV asumió sus responsabilidades y empezó a reconstruir Francia, que padecía los reveses de los años de guerra y los conflictos sociales. El monarca estaba decidido a convertir Francia en una potencia capaz de competir con sus vecinas europeas, sobre todo con la Casa de los Habsburgo de España, que amenazaba Francia por dos de sus fronteras. Tras hacerse con un ejército y una Armada imponentes, Luis XIV inició una campaña de política exterior agresiva diseñada para ampliar y reforzar las fronteras de Francia. También resolvió mejorar la red de carreteras y vías fluviales francesa, todo lo cual redundó en beneficio de un mayor comercio para el país. El soberano había suprimido el cargo de primer ministro al principio de su mandato y gobernaba de forma absolutista, lo cual le permitió zafarse de la influencia de otras familias nobles. Sin embargo, era un monarca extravagante y, pese al poderío exterior de Francia, su pueblo debía hacer frente a impuestos opresivos con los que se financiaban las guerras y los proyectos de construcción. Tanto el clero como la nobleza estaban exentos del pago de impuestos, de modo que la carga recaía principalmente en los campesinos y obreros, lo cual alentó un resentimiento que acabaría por estallar en 1789. Luis XIV murió en 1715, tras un reinado de 72 años, el más largo de una gran monarquía europea.

Expansión y agresión

El deseo de Luis XIV de lograr la gloria militar le llevó a declarar diversas guerras. En 1670, Francia era la mayor potencia europea. Atacó Holanda en 1672, desencadenando una guerra que duraría siete años y que alertó al resto de Europa sobre sus ambiciones. En la década siguiente, la mayoría de sus países vecinos se le habían unido. Luis XIV inició su avance hacia el este con gran brutalidad; en el Palatinado se perpetraron atrocidades bajo sus órdenes directas. Pese a ello, tras nueve años de guerra, tuvo que renunciar a muchas de sus ganancias.

En la batalla de Blenheim, en 1704, Francia sufrió una fuerte derrota en la que perdió a 30.000 de sus 50.000 soldados, y años después sufriría más pérdidas en la batalla de Malplaquet. Luis XIV recuperó territorios antes de concluir su reinado, pero Francia estaba arruinada.

Persecución religiosa

Luis XIV se fijó la meta de convertir Francia en un país totalmente católico y, en 1685, revocó la ley que otorgaba a los protestantes franceses, los hugonotes, libertad de culto y otros derechos. Con batidas armadas, torturas, una política de arrasar con todo y la confiscación de bienes y propiedades, en unos cuantos meses consiguió que la población de hugonotes franceses hubiera decrecido de forma sustancial. Muchos de ellos se convirtieron, otros fueron apresados mientras intentaban huir y muchos lograron refugiarse en países protestantes. Poseían valiosas habilidades económicas y muchos de ellos se alistaron en los ejércitos de los enemigos de Luis XIV. El monarca también actuó contra los jansenistas, una secta que intentaba reimplantar la disciplina y la simplicidad de la primera Iglesia. Sus acciones tuvieron graves repercusiones.

Versalles

Cuando Luis XIV ascendió al trono, decidió encontrar un sitio para su nueva corte cerca de París, pero alejado del ajetreo de la ciudad. Eligió un palacete construido en un coto de caza para su padre y empleó a un equipo de arquitectos y decoradores para que reconvirtiera aquella estructura relativamente sencilla en un palacio suntuoso. Luis XIV se trasladó a Versalles en 1682, si bien la construcción del palacio se prolongó hasta 1688. Versalles era un emblema del poder y la posición de Luis XIV. La sede de sus Gobierno y sus estancias personales se hallaban, literalmente, en el corazón del complejo palaciego. Luis XIV exigió una presencia regular en Versalles que le permitió tener a los nobles más difíciles «encarcelados» en el palacio. Manteniéndolos alejados de la ciudad y en un lugar donde les resultaría más difícil conspirar contra él, Luis XIV pudo centralizar su Gobierno y conservar el poder absoluto en sus manos. A su muerte, Versalles fue abandonado temporalmente, para ser reocupado después por Luis XVI y María Antonieta, quienes mandaron construir anexos significativos en el conjunto palaciego.

El hombre de la máscara de hierro

La leyenda del hombre de la máscara de hierro está inspirada en una historia verdadera. En 1703, un preso no identificado de la Bastilla falleció y fue incinerado con su máscara de hierro aún puesta. Aquella persona había permanecido en la prisión de Piñerolo durante más de 40 años antes de su traslado a la Bastilla. Circulaban distintos rumores sobre la verdadera identidad del misterioso prisionero. Uno de ellos sostenía que se trataba del hermano gemelo de Luis XIV, que había permanecido encarcelado en la torre desde niño para proteger el puesto del rey. Este rumor dio lugar a una serie de obras de teatro y relatos, la más conocida de las cuales es la que escribió Alejandro Dumas, autor de la novela *Los tres mosqueteros*. En la versión de Dumas, los mosqueteros suplantan al enmascarado por el joven monarca mimado y el primero, más responsable, acaba por convertirse en el Rey Sol. En realidad, se cree que el prisionero fue un ministro traidor, el conde Girolamo Mattioli.

Abajo: Una vez completado, el palacio de Versalles tenía capacidad para albergar a 20.000 personas, incluido el servicio.
Página anterior: Luis XIV estableció una monarquía absoluta en Francia que resumió con la frase «L'état, c'est moi» («El Estado soy yo»).

La Norteamérica colonial

El dominio de las colonias españolas en el Caribe y Norteamérica se vio desafiado por otras naciones europeas, por lo que se desató un periodo intenso de colonización y rivalidad.

La expansión española

Tras la conquista de los Imperios Azteca e Inca a principios del siglo XVI, y el posterior descubrimiento de enormes cantidades de plata, aumentaron rápidamente los asentamientos de españoles en las Américas, quienes viajaban atraídos por la perspectiva de acumular grandes riquezas y por la abundancia de suelos fértiles para el cultivo. Los misioneros cristianos que les siguieron hicieron suyo el deber de predicar la palabra de Dios a los «nativos paganos». A medida que se afianzaron los territorios y aumentó la exportación de plata surgió una necesidad imperiosa de establecer bastiones defensivos, sobre todo alrededor del Caribe y el golfo de México, donde abundaban los piratas ingleses, franceses y holandeses. A mediados del siglo XVI, los españoles dominaban gran parte de Centroamérica y Suramérica y empezaban a ampliar sus posesiones hacia el norte, superado México, hasta Norteamérica.

Simultáneamente, otras llegadas europeas, las más destacadas las de los ingleses, franceses, rusos y holandeses, comenzaban a desafiar la supremacía española en las Américas. Aquello motivó a los españoles a ampliar sus reclamaciones, establecer fortificaciones en Texas y avanzar hacia el oeste hasta California y hacia el norte hasta la costa del Pacífico y Alaska para comprobar los avances de los nuevos colonos.

Primeros asentamientos franceses e ingleses

Los primeros territorios de importancia que se adhirieron los franceses se hallaban en el nordeste. Los franceses llevaban pescando bacalao en las aguas que rodean Terranova desde principios del siglo XVI y algunos de ellos empezaron a comerciar con los habitantes lugareños. En torno al 1600, tras una exploración tierra adentro desde el golfo de San Lorenzo, se establecieron numerosos asentamientos, los primeros en Quebec en 1608 y en Ville-Marie en 1642. Estos constituirían la base de un lucrativo negocio de pieles y de una mayor expansión hacia el oeste, a través de Ottawa y hasta los Grandes Lagos. A finales de siglo, los franceses avanzaron hacia el sur a lo largo del valle del Misisipí hasta llegar al golfo de México. Sin embargo, aunque fundaron algunas ciudades más y

Izquierda: Grabado del Mayflower, que transportó a los padres peregrinos desde Plymouth hasta América.
Página siguiente: Los colonos fundaron Jamestown en el año 1607.

reclamaron la región, que bautizaron como Luisiana, tuvieron que aguardar a 1750 para consolidar sus posesiones; los colonos seguían concentrados en el norte.

Entre tanto, los ingleses, que se habían embarcado en viajes de exploración en la estela del descubrimiento del Nuevo Mundo y habían saqueado navíos españoles durante todo el siglo XVI, también posaron su mirada en la posibilidad de la colonización. En 1584, una misión de reconocimiento organizada por Walter Raleigh descubrió la isla Roanoke frente al litoral de la actual Carolina del Norte. Raleigh la bautizó con el nombre de Virginia y, aunque fundó una colonia en ella al año siguiente, cuando llegó la misión de reemplazo en 1590, la isla estaba desierta: nunca se conoció el paradero de los colonos. En 1606, Jaime I firmó fueros con dos empresas, una con sede en Londres y la otra con sede en Plymouth. Ambas intentaron colonizar la península de Norteamérica. El primer asentamiento permanente, Jamestown, lo fundó la Compañía de Londres a orillas del río James, Virginia, en 1607.

El capitán John Smith y Jamestown

En un principio, Jamestown y sus colonos lucharon por sobrevivir. Ante la inexistencia de un líder, muchos colonos se negaron a trabajar y se sumieron en una búsqueda obsesiva de oro. Algunos sucumbieron a la enfermedad y el hambre, y a sus muertes se sumaron las perpetradas por los pueblos indígenas durante sus ataques. En 1608, el capitán John Smith fue proclamado presidente del consejo de Jamestown y mejoró las relaciones con el pueblo de los Powhatan, que empezó a proveer de maíz a los nuevos pobladores. De hecho, Smith había sido apresado por ellos el año anterior y se había librado de ser ejecutado merced a la intervención de la hija del jefe, Pocahontas. Smith puso en vigor un régimen laboral más estricto, aumentó las provisiones y, en última instancia, garantizó la supervivencia de Jamestown. En 1609, la Compañía de Londres, a la sazón rebautizada como Compañía de Virginia, asumió el mando de la colonia. Sustituyó a Smith y su consejo por un gobernador y un Gobierno propios y Smith regresó a Inglaterra. En el transcurso de la década siguiente, aproximadamente, más de 8.000 nuevos pobladores llegaron a la

colonia, pero, pese a las reformas implantadas, la disponibilidad de tierras y una producción a gran escala de tabaco para su exportación a Ingalterra, Jamestown continuó acosada por los problemas. Los ataques por parte de las tribus indígenas se reanudaron y la enfermedad y el hambre persistieron varios años. Smith volvió a explorar el Nuevo Mundo en 1614, navegando hacia el norte de Virginia, entre la bahía de Penobscot y cabo Cod, una región que bautizó como Nueva Inglaterra.

La llegada de los padres peregrinos

La Reforma protestante en Inglaterra, seguida por el ascenso al trono de Isabel I en 1558, generó numerosos disidentes, entre los que figuraba un grupo de puritanos que para 1606 había formado ya una iglesia separatista. Frente a la opresión religiosa, los integrantes de este grupo empezaron a emigrar a Holanda en 1607 y 1608, donde permanecieron durante diez años en Leiden. Pero la vida en Holanda les resultaba ardua. Acosados por la pobreza, recelosos de que los holandeses influyeran en sus costumbres y prácticas religiosas inglesas, y ante la perspectiva de una nueva guerra entre los Países Bajos y España, empezaron a ver en el Nuevo Mundo un refugio potencial. En 1617 se pactaron los acuerdos pertinentes con la Compañía de Virginia para organizar el pasaje, primero de regreso a Inglaterra y luego a través del Atlántico. Hubo que esperar hasta 1620 para que los primeros 35 peregrinos, junto con otros 70 pasajeros,

Nuevos asentamientos

Poco después de fundarse la colonia de Plymouth empezaron a surgir en Nueva Inglaterra nuevos asentamientos, el primero en torno a 1626 en Naumkaeg, la posterior Salem, seguido en 1630 por la creación de Boston por parte de la Compañía de la Bahía de Massachusetts. Dicha compañía la había organizado un año antes un grupo de puritanos deseoso de huir de los continuos enfrentamientos religiosos en Inglaterra y, en lo que parece que fue un despiste o una desatención del rey hacia sus inclinaciones religiosas, obtuvo fueros reales para el comercio y la colonización. Antes de abandonar Inglaterra, sus integrantes firmaron un acuerdo que los autorizaba asimismo a gobernar la colonia, lo cual les permitió establecer una teocracia puritana en Massachusetts. Entre los años 1630 y 1642, durante la «Gran Migración», más de 20.000 inmigrantes llegaron a Nueva Inglaterra. En su gran mayoría, los colonos prosperaron, fundando poblaciones alrededor de la Bahía de Massachusetts y dividiendo las tierras asignadas por la compañía de forma equitativa, salvo en el caso de los dirigentes, por lo común cabezas de familia cultos y formados, que solían recibir una parcela algo mayor que legaban a sus hijos.

Sin embargo, a medida que las generaciones sucesivas subdividieron las tierras familiares, las poblaciones fueron quedándose pequeñas y se alzaron voces que exigieron una mayor implicación de los colonos en los asuntos de Estado. Las familias fueron disgregándose para fundar nuevas comunidades al oeste de Massachusetts, en Maine y en New Hampshire, lo cual desencadenó conflictos, ya que los consejos municipales se negaban a renunciar a los impuestos que les gravaban. Aunque la mayoría de los colonos se decían puritanos, estallaron conflictos religiosos y, con el aumento de la inmigración, creció también la diversidad religiosa, lo cual a su vez dio lugar a que los colonos se escindieran y fundaran colonias como la de Rhode Island y Connecticut.

En 1633, los primeros inmigrantes ingleses católicos fundaron Maryland en el norte de Virginia, pero recibieron con los brazos abiertos a los protestantes y a los colonos que practicaban la tolerancia religiosa, incluso durante la Guerra Civil inglesa de la década de 1640,

los apodados «extraños», zarparan en el *Mayflower* rumbo a América. Aunque supuestamente debía dirigirse a Virginia, el *Mayflower* arribó a cabo Cod, Nueva Inglaterra, donde estalló un conflicto entre los peregrinos y los extraños.

Para evitar un motín y establecer y garantizar los derechos de todos los implicados, se firmó el Pacto del Mayflower y, en diciembre, el *Mayflower* desembarcó en Plymouth, donde inmediatamente se fundó un asentamiento. El agotamiento, la enfermedad y el riguroso clima invernal se cobraron las vidas de la mitad de los colonos de Plymouth, mientras que el resto de ellos se salvó gracias a la ayuda de los indígenas, que les enseñaron a cazar y cultivar. El otoño siguiente, los colonos les dieron las gracias por su primera cosecha en lo que devendría el Día de Acción de Gracias.

cuando la población católica de Maryland había quedado en minoría. En 1664, Inglaterra reclamó territorios a los holandeses, incluidos entre ellos Delaware, Nueva Jersey y Nueva Amsterdam, que fue rebautizada como Nueva York. Hacia principios del siglo XVIII, los ingleses se habían hecho con gran parte de la costa este de Norteamérica, así como con el control de la bahía de Hudson e importantes territorios en el Caribe.

La colonización del Caribe

El primer asentamiento europeo en el Caribe había surgido de forma involuntaria, al naufragar la *Santa María* frente a la costa norte de La Española durante el primer viaje de Cristóbal Colón. Sin embargo, dicho asentamiento no pasó de su primer año y la idea de establecer un puesto comercial se abandonó rápidamente ante la escasez de mercancías. La primera auténtica colonia la establecieron los españoles al este de La Española en 1502, cuando unos 2.500 colonos fundaron Santo Domingo, desde donde los españoles avanzaron con rapidez por todo el Caribe, asentándose en Jamaica en 1509 y en Trinidad un año después. Tras conquistar México y des-

cubrir oro en él, el interés en buscar oro en las islas descendió, debido también a la diezma de las poblaciones nativas. Para paliar esa escasez de mano de obra, se trasladaron al Caribe los primeros esclavos africanos.

En los primeros años del siglo XVII, mientras unos europeos se establecían en las Américas, otros posaron la vista en el Caribe y, en 1621, los holandeses empezaron a avanzar hacia territorios españoles, misión en la que se les uniría el asentamiento inglés de Santa Cruz en 1625. Las Barbados fueron colonizadas ese mismo año por los ingleses, quienes, en 1628, se hicieron con Nevis y en 1632 con Antigua y Montserrat. También se fundó una colonia en Santa Lucía en 1638, pero en 1642 los caribeños nativos la habían destruido.

Paralelamente, los franceses colonizaron Martinica y Guadalupe, y luego ampliaron sus posesiones a San Bartolomé, San Martín, Granada, Santa Lucía y el oeste de La Española. En 1655, Inglaterra arrebató Jamaica a los españoles; la isla contaba con una población de 3.000 españoles y sus esclavos (la población india había sido aniquilada) y no tardó en convertirse en la adquisición más importante de Inglaterra en la región. Como gran

Abajo: La Harvard University, en la población de Cambridge, establecida por los dirigentes puritanos de la Colonia de la Bahía de Massachusetts.
Página anterior: Ilustración en la que se describe a un squanto americano nativo de la tribu Pawtuxet que ejerció de guía e intérprete para los colonos peregrinos de Plymouth y Massasoit. Falleció a causa de la viruela mientras guiaba la expedición de William Bradford por cabo Cod, Massachusetts.

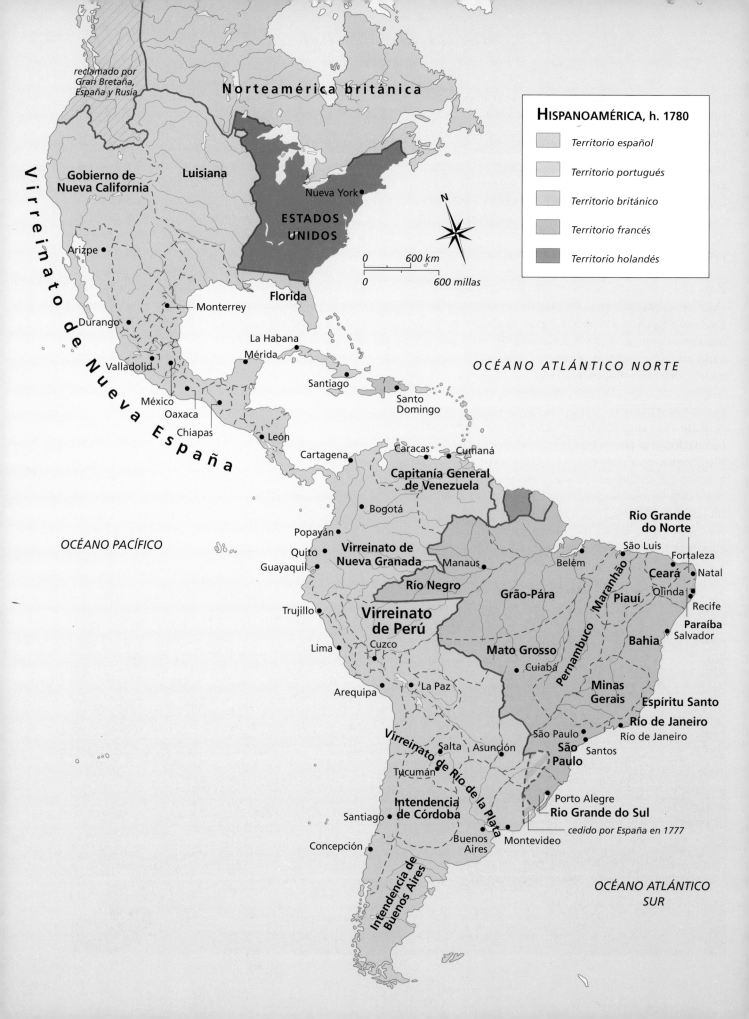

reclamado por
Gran Bretaña,
España y Rusia

Norteamérica británica

Luisiana

**Gobierno de
Nueva California**

Nueva York •

**ESTADOS
UNIDOS**

N

Virreinato de Nueva España

Arizpe •

Monterrey

Durango •

Florida

Valladolid •

La Habana •

México •

Mérida •

Oaxaca •

Santiago •

Chiapas •

León •

Santo
Domingo

Cartagena •

Caracas • Cumaná •

**Capitanía General
de Venezuela**

**Rio Grande
do Norte**

Bogotá •

São Luis •

Popayán •

Fortaleza •

Quito •

**Virreinato de
Nueva Granada**

Manaus •

Belém •

Ceará

Natal •

Guayaquil •

Río Negro

Olinda •

Grão-Pára

Piauí

Recife •

Trujillo •

**Virreinato
de Perú**

Paraíba
Salvador •

Bahia

Lima •

Cuzco •

Mato Grosso

Cuiabá •

Arequipa •

La Paz •

**Minas
Gerais**

Espíritu Santo

Río de Janeiro

Río de Janeiro

São Paulo •

Santos •

Salta •

Asunción •

**São
Paulo**

Tucumán

Porto Alegre •

Rio Grande do Sul

**Intendencia
de Córdoba**

cedido por España en 1777

Santiago •

Buenos
Aires

Montevideo •

Concepción •

*Intendencia de
Buenos Aires*

OCÉANO ATLÁNTICO NORTE

OCÉANO PACÍFICO

**OCÉANO ATLÁNTICO
SUR**

Virreinato de Río de la Plata

Maranhão

Pernambuco

0   600 km

0   600 millas

HISPANOAMÉRICA, h. 1780

Territorio español

Territorio portugués

Territorio británico

Territorio francés

Territorio holandés

parte de los colonos pioneros de la Norteamérica peninsular, los primeros pobladores británicos del Caribe intentaron recrear un microcosmos de sociedad europea, importando las leyes, las instituciones políticas y la Iglesia de Inglaterra. Y si bien estas instituciones perduraron, con el tiempo y las circunstancias cambió el contexto social y surgieron diversas sociedades de plantaciones en las que se utilizó mano de obra esclava traída de África para producir grandes cantidades de azúcar y ron para los mercados europeo y norteamericano.

Rivalidad entre franceses y británicos

Durante los siglos XVII y XVIII, Inglaterra y Francia estuvieron sumidas en una batalla a gran escala por el dominio del mundo que dio lugar a una serie de guerras, tanto en suelo europeo como en las colonias. Mientras ambas naciones ampliaban su reclamación territorial en Norteamérica, las amargas rivalidades entre ellas acabaron por desencadenar conflictos. Esta hostilidad se debía en parte a la expansión territorial, pero también guardaba relación con el comercio de pieles. Los franceses habían empezado a comerciar con los pueblos algonquino y hurón en los albores del siglo XVII y se habían aliado con ellos contra la Confederación Iroquesa, principal proveedora de pieles a los colonos holandeses e ingleses. Alentados por los ingleses, los iroqueses realizaban incursiones frecuentes para interceptar la pieles destinadas a Montreal y Quebec, y hacia 1649 prácticamente habían exterminado a los hurones, amenazando con ello gravemente el futuro del comercio de pieles francés. La situación empeoró en 1670 con la creación de la Compañía de la Bahía de Hudson por parte de los ingleses, que asumió el control de toda la cuenca fluvial de la bahía de Hudson. Los franceses se encontraron atrapados entre la Compañía de la Bahía de Hudson y las colonias inglesas del sur, mientras que las colonias inglesas de la costa Atlántica se veían a su vez contenidas por Nueva Francia y Acadia en el norte y por la expansión de los franceses por el valle del Misisipí. El conflicto estalló finalmente en torno a 1686, fecha en que los franceses tomaron algunos de los puestos de la Compañía de la Bahía de Hudson, y se prolongaron hasta la firma del Tratado de Utrecht, en el año 1713.

Siguieron 30 años de paz, durante los cuales Francia reforzó su posición, construyendo fuertes en el valle del río Ohio y entablando nuevas alianzas con los americanos nativos. No obstante, cuando la lucha entre ingleses y franceses por dicho valle desató en 1754 el conflicto que señaló el inicio de la guerra Francesa e India, los franceses y sus aliados se vieron incapaces de contener a la población colonial inglesa, que superaba el millón de personas y contaba con el respaldo de la fuerza naval y militar de Gran Bretaña. La guerra concluyó en 1759 con la rendición de Quebec y el pacto que le puso fin, refrendado por el Tratado de París de 1763, entregó el control de Nueva Francia a los británicos.

África y el comercio de esclavos

El uso generalizado de esclavos fue fundamental para el éxito colonial. La gestación
y las consecuencias del comercio de personas continúa afectando al mundo actual.

Las primeras civilizaciones africanas

La historia de la civilización en África se remonta a
tiempos ancestrales. Una de sus civilizaciones más antiguas fue la surgida en Nubia, el actual Sudán. Se desarrolló en paralelo al Antiguo Egipto y, aunque ambas
culturas se beneficiaron mutuamente de su contacto
tanto en términos de comercio como de difusión de
ideas, su relación se vio enturbiada por los conflictos.
Durante unos 500 años, a partir aproximadamente del
2800 a. C., Egipto ocupó Nubia. Por su parte, el Imperio
Kush nubio ocupó Egipto a partir de 770 a. C. El Imperio Kush había unificado las distintas partes de Nubia
unos 70 años antes y prosperó hasta el siglo IV. La llegada
del cristianismo y el auge del reino de Aksum etíope
conllevaron su declive.

En el África Occidental también existía una larga
tradición de grandes civilizaciones. En el siglo IV, el rey
de Ghana regentaba una sociedad compleja, con un
sistema ferroviario y un código legal defendidos por
más de 200.000 soldados. Fue sucedido por el Imperio
Malía a partir de 1200, y la ciudad de Tombuctú se convirtió en un centro de comercio y enseñanza.

Más al sur, en la meseta de Zimbabúe surgió una
poderosa cultura que se enriqueció gracias al comercio
con los estados litorales del África Oriental. Su capital,
Gran Zimbabúe, cuya construcción se inició en 1250,
gozó de prosperidad. Sus edificios estaban rodeados por
grandes muros de piedra que encerraban una torre có-
nica y la ciudad llegó a contar con 18.000 habitantes.

Los inicios del comercio de esclavos

Hacía tiempo que existían lazos comerciales entre el
África mediterránea y Europa. Los griegos de la Antigüedad habían establecido relaciones con culturas africanas y los romanos tenían sólidos vínculos con el continente, en particular con los egipcios. Sin embargo, en
el siglo XV, el conocimiento que en Europa se tenía de
África se fundamentaba en una mezcla de los resquicios
de las enseñanzas clásicas, leyendas y relatos contemporáneos y los vislumbres de las referencias bíblicas.

Poco a poco fueron organizándose expediciones
europeas por el continente negro y, en 1482, los portugueses establecieron un puerto comercial en Elmina, en

Arriba: Un grupo de esclavos abisinios con collares y cadenas de hierro.
Página anterior: Ilustración de 1835 en la que se muestra cómo los esclavos eran encadenados antes de descender a los calabozos de un barco.

la costa de la actual Ghana. Vasco da Gama circunnavegó el continente en 1497 y, a partir de entonces, los europeos posaron su atención en África, de la que exportaron materia prima para la construcción, oro y marfil.

Pero el negocio más lucrativo sin duda fue el comercio negrero. Se instalaron «fábricas» a lo largo de la costa occidental, desde Senegal hasta Angola. Incluso en esta primera fase, la brutalidad excepcional de esta actividad quedó en evidencia, así como la implicación en él de los propios africanos. La participación de los europeos era nueva, pero el tráfico de esclavos se practicaba desde hacía tiempo en el interior de África, entre los gobernantes africanos del este, por ejemplo, y entre estos y sus vecinos árabes. Los portugueses confiaron en los dirigentes locales, que reunían cautivos y los vendían a los europeos. En un principio, los esclavos africanos se usaron como mano de obra en las islas colonizadas frente a la costa del continente y algunos se trasladaron a Europa. El primer cargamento enviado a América, que se convirtió en el centro del comercio negrero, zarpó de Lisboa en 1518.

La difusión de la esclavitud

A mediados del siglo XVI se alcanzó un punto de inflexión al empezar a transportar esclavos en cifras considerables al otro lado del Atlántico, hasta las islas del Caribe, Brasil y la Norteamérica peninsular. El comercio negrero escaló a una velocidad de vértigo desde este momento y sus consecuencias, tanto políticas ocmo económicas y demográficas, siguen afectando al mundo actual.

Para los comerciantes, los esclavos eran una mercancía más y denominaban su transporte por el Atlántico «paso intermedio». Eran el elemento central del conocido como «comercio triangular»: se transportaban mercancías a África, donde se cambiaban por esclavos, que eran a su vez transportados a América y desde allí se enviaban exportaciones a Europa. Para algunos comerciantes, transportar esclavos era simplemente un modo de rellenar sus bodegas vacías entre Europa y las Américas y obtener dinero con ello. Se trataba de un negocio importante que reportaba pingües beneficios. Esto, junto con el hecho de que los esclavos eran tratados como cargamento y no como seres humanos, hacía que los transportaran en unas condiciones atroces. El terrible estado de muchos barcos negreros propició la propagación de enfermedades y la tasa de mortalidad media se situó en el 10 por ciento, si bien en muchos viajes superaba esta cifra con creces. Además, si un barco negrero se hallaba en una situación adversa, la tripulación no dudaba en arrojar el «cargamento» por la borda.

El valor del comercio negrero provocó disputas diplomáticas, conflictos bélicos puntuales y la lucha por su control entre las naciones. La prosperidad de muchas colonias, y su existencia misma, dependía de la mano de obra esclava. Entre 1518 y 1650, las colonias españolas y portuguesas importaron en torno a medio millón de

EL COMERCIO DE ESCLAVOS, 1619–1808

Zona de origen de esclavos

Zona de inmigración de esclavos transportados

Transporte de esclavos (cifra indicada en miles)

FULA Tribu abastecedora

Puerto negrero principal

Rutas para el transporte de esclavos hasta la costa

Norteamérica

MÉXICO

• México

Nueva Orleans

Charlestown

Baltimore
Jamestown

La Habana

Cuba

ESTADOS UNIDOS

CANADÁ

Europa

OCÉANO ATLÁNTICO

Mar Mediterráneo

399

Santo Domingo

Cartagena

Maracaibo

Puerto Rico

Posesiones españolas

Georgetown

Caribe británico 1.665

Caribe francés 1.600

Caribe danés 28

Caribe holandés 500

1.552

50

Brasil (portugués)

Suramérica

Ceará

Recife

Bahía

3.646

SÁHARA

ÁFRICA

Arguin

St. Louis
Gorea

WALO

CAYOR

BAOL

MANDINGO

FULA

SUSU

Sherbro

Little Sestos

Níger

FANTA

ANNAMABU

Axim

Elmina

Cape Coast

BENIN

Lagos

Ouidah

Forcados

Porto Novo

Bonny

Calabar

BOBANG

TEKE

LOANGO

Loango

Malembo

Cabinda

Congo

CONG

Luanda

Benguela

ANGC

NDONG

esclavos, y el comercio se disparó a partir de 1650. Muchos de ellos se emplearon en las plantaciones de azúcar. Los esclavos de los españoles también trabajaron en las minas de plata mexicanas, aunque la mayoría trabajó en Colombia, Venezuela y Cuba, enclaves fundamentales para la economía española. Los portugueses ampliaron sus plantaciones en Brasil e importaron más esclavos a partir de 1700 con el fin de explotar al máximo las minas de plata de Minas Gerais. Los esclavos de los holandeses, británicos y franceses trabajaron en las colonias que estos países tenían en el Caribe y las Guyanas, además de en la Norteamérica peninsular, donde se emplearon grupos más reducidos de personas, por ejemplo en las plantaciones de tabaco de Virginia y Maryland.

Los esclavos eran un recurso, por eso no solo era importante que trabajaran, sino también que se reprodujeran, para que sus hijos proveyeran otra generación de esclavos. Pero su fertilidad era baja, debido a que estaban exhaustos y desnutridos, a que se los sometía a malos tratos y a que sucumbían a todo un espectro de enfermedades «nuevas». La mortalidad era elevada y cualquier nueva expansión requería la importación de más esclavos de África. Se desconoce con certeza cuántas personas fueron objeto del comercio negrero, pero se cree que solo en el siglo XVIII se transportaron más de seis millones de África a América. Solo en zonas contadas, como Virginia y Maryland, la población esclava aumentó de manera natural. El entorno en ellas era más favorable, las enfermedades tuvieron menos incidencia y las condiciones laborales eran ligeramente mejores que en las plantaciones del sur. Pero el hecho era que, vivieran donde vivieran, los esclavos eran considerados por ley una propiedad y, como tal, simple mercancía.

En las colonias hubo levantamientos de esclavos a finales del siglo XVIII y principios del XIX, pero únicamente prosperaron los alzados en 1791 bajo Toussaint Louverture en la colonia francesa de Santo Domingo, que se convirtió en el Estado independiente de Haití en 1804.

Abolición de la esclavitud

En Europa siempre había habido voces contrarias a la esclavitud, personas opuestas al comercio de seres humanos, pero el movimiento abolicionista no cobró ímpetu hasta la década de 1770. Las semillas del abolicionismo en Gran Bretaña se sembraron cuando Granville Sharpe solicitó al jefe de Justicia que liberara a James Somerset, un esclavo de América que se había fugado y había sido apresado en Gran Bretaña, y su petición fue aceptada. Sin embargo, este pequeño éxito no tuvo mayores repercusiones y, en la década de 1780, un grupo de cristianos evangelistas empezó a hacer campaña por la abolición total de la esclavitud. Su postura fue ganando adeptos y, al final, un movimiento abolicionista nacional se dedicó a recopilar pruebas, hacer publicidad y presionar al Parlamento. William Wilberforce, uno de los portavoces del movimiento, luchó de forma incansable por concienciar a la opinión pública. Además, a la luz de la idea del libre comercio traída por la Revolución Industrial y de la proclama de la Revolución Francesa sobre la igualdad de todos los seres humanos, la esclavitud empezó a considerarse un anacronismo y una barbarie.

En 1807, el Parlamento británico declaró ilegal comprar, vender y transportar esclavos y, en 1834, ilegalizó su posesión. Aquel año, todos los niños de las Indias Occidentales menores de seis años fueron liberados y los esclavos fueron transferidos a programas de formación no remunerados de seis años de duración. Aquellos programas eran tan explotadores como la propia esclavitud, aunque menos permanentes, y fueron ilegalizados en 1838. Los abolicionistas británicos iniciaron una campaña en favor del fin de la esclavitud en América. También allí la causa abolicionista había ido cobrando fuerza, sobre todo en el norte, donde había cuajado un movimiento antiesclavitud radical y muy eficaz. Los esclavos huidos o liberados, como Frederick Douglass, daban conferencias y muchos escritores se confesaban abolicionistas. En este sentido, el libro de Harriet Beecher Stowe *La cabaña del tío Tom* fue especialmente influyente. El final de la esclavitud en América llegó en 1865, con la conclusión de la Guerra Civil estadounidense, la llamada Guerra de Secesión.

En último término, la abolición de la esclavitud respondió tanto a las campañas abolicionistas como al declive económico y a la coyuntura política. Con todo, la esclavitud tradicional en África se prolongó hasta finales del siglo XIX y en Nigeria fue abolida en 1936. Aún sigue habiendo lugares en el continente donde se practica y los abolicionistas siguen haciendo campaña.

Consecuencias

En África, una de las repercusiones más graves del comercio negrero fue la despoblación: en la cuenca del Níger, por ejemplo, comunidades enteras fueron devastadas por la caza de esclavos y ello dejó tras de sí una estela de hambre y enfermedades.

Pero tal vez el legado más dañino del comercio negrero fue que impuso la violencia como norma y creó un clima que llevó a los blancos a considerarse superiores a los negros. La influencia perniciosa de esta creencia sigue viva en el mundo actual.

La expansión de Rusia: 1547-1796

Los reinos de los zares Iván el Terrible, Pedro el Grande y Catalina la Grande se caracterizaron por la expansión y la modernización, pero también por la represión y la violencia.

Iván el Terrible

Iván IV, nieto de Iván el Grande, heredó el trono de Rusia con solo tres años de edad. Lo ocupó una década después, a los 13, en 1547, y los primeros años de su reinado llevaron la paz, la estabilidad y la prosperidad al país. Sin embargo, el mandato de Iván IV se fue volviendo cada vez más inhumano. Aprobó leyes que ataban a los campesinos a la tierra y creaban una clase de siervos. Y estableció la primera fuerza de seguridad, los *oprichniki*, un ejército privado que el zar podía utilizar contra la nobleza rusa, los boyardos.

En 1558, Iván IV sumió el país en una guerra costosa y fútil contra la región de Livonia y en la cual acabaron participando Polonia, Lituania y Suecia. La guerra duró 22 años y no reportó ninguna anexión

Abajo: Retrato de Iván el Terrible.
Página siguiente: El palacio de Catalina se halla a 25 km de San Petersburgo. Su construcción la encargó Pedro el Grande en honor a su esposa, la emperatriz Catalina I.

territorial. Durante este periodo falleció su esposa Anastasia y el zar, quizá estando en lo cierto, pensó que la habían asesinado los boyardos. Poco a poco fue volviéndose más paranoico e inestable, y sus *oprichniki* se encontraron súbitamente dueños de un poder del que no tardaron en abusar. Iván IV inició entonces un reino del terror en el que miles de rusos fueron deportados a rincones remotos de su imperio o ejectuados brutalmente. El fanatismo religioso del zar le alentó a idear medios de ejecución basados en las descripciones bíblicas del infierno e incluso fue el responsable de la muerte de su primogénito. Los remordimientos le llevaron a rebautizarse como monje y, al fallecer, fue enterrado vestido con su hábito de monje. La riqueza de Rusia se agotó rápidamente y, en la fecha del deceso de Iván IV, en 1584, el país se hallaba al borde de la ruina.

Pero Iván IV no solo fue célebre por sus crímenes deleznables. También sumó con éxito a Rusia los territorios de Kazán, Astracán y gran parte de Siberia. La anexión de Astracán le otorgó el control de todo el curso del río Volga. Iván IV fue el primer regente ruso coronado como «zar», traducción del término latín César.

La sociedad rusa

Diversos factores determinaron la identidad de Rusia entre 1547 y 1680, en especial el legado de los caciques mongoles. Los mongoles habían importado su estilo de vida característicamente oriental, el cual dejaría una huella indeleble en la cultura rusa. Con el auge de Moscovia y el inicio del Imperio Ruso, los territorios del este que antaño habían pertenecido a los mongoles fueron tomados con facilidad y el imperio adquirió unas dimensiones gigantescas.

No obstante, Rusia estaba rodeada por naciones hostiles por todos los flancos: al este estaban Suecia, Finlandia, Polonia y el Sacro Imperio Romano; al sur, los otomanos, y al este, China. Este factor supuso un elemento aislacionista que determinó la cultura rusa. Mientras que el resto de Europa vivía en la Ilustración y la Reforma, Rusia, en su aislamiento, quedó rezagada. Tras la caída de Constantinopla, considerándose el último bastión del cristianismo ortodoxo, el imperio fue invadido por una intolerancia despiadada hacia el resto de las religiones, sobre todo del islam y del judaísmo. La sociedad rusa estaba dividida, debido a un sistema feudal que otorgaba grandes riquezas a los príncipes regentes y los boyardos y sumía en una pobreza extrema al campesinado. Los campesinos se encontraron atados a la tierra, convertidos en siervos que podían ser comprados o vendidos junto con las tierras que trabajaban.

Pedro el Grande

Pedro ascendió al trono a la muerte de su hermano mayor, Fiódor, en 1682. En un principio compartió el trono con su hermanastro Iván, discapacitado mental, y, puesto que Pedro solo tenía diez años en la fecha de su coronación, Rusia estuvo regentada en realidad por su hermanastra, Sofía. El joven Pedro no sentía excesivo interés por el arte del Gobierno y prefería dedicarse a sus aficiones, el arte de la navegación y la construcción naval, que le llevaron a Europa a estudiar los métodos

occidentales. El interés que sentía por la estrategia militar le permitió derrocar a su hermana en 1689 y, cuando su hermano Iván falleció en 1696, se convirtió en el único regente de Rusia.

Pedro I es quizá más conocido como el zar que occidentalizó Rusia. Construyó la primera Armada rusa y logró arrebatar el puerto de Azov a los otomanos. En su guerra contra los otomanos, Pedro volvió la vista a Europa en busca de aliados, viajando a Brandeburgo, Holanda, el Sacro Imperio Romano e Inglaterra. Y pese a no obtener el apoyo requerido, aprendió mucho durante su periplo y, a su retorno, creó un ejército a imagen y semejanza de los occidentales. Además, instauró un sistema educativo para todos los varones, fundó la Academia de Ciencias y modificó el calendario, sustituyendo el sistema ruso por el calendario juliano. Incluso ordenó que los cortesanos abandonaran el estilo de vestir tradicional ruso en pro del estilo europeo.

El reinado de Pedro I se caracterizó por la expansión y el progreso, pero también por su falta de humanidad. El zar aumentó los impuestos con el fin de financiar sus expediciones militares, eximiendo de su pago a la nobleza y la Iglesia. Pedro I gravó elementos básicos como la sal, el alcohol… e incluso las barbas. En el apogeo de su crueldad, fue responsable de la tortura masiva y el exterminio de los nobles rebeldes que intentaron devolver el trono a su hermana en 1698. El propio Pedro I ejerció como ejecutor y ordenó que los cuerpos se colgaran del Kremlin. En 1718 mandó torturar y ejecutar a su hijo y heredero, Alexei, por manifestarse en desacuerdo con su política. En 1721, Pedro I se autoproclamó emperador, descartando el título de zar. Cuando le sobrevino la muerte en 1725, Rusia había dejado de ser la nación atrasada que había heredado para convertirse en una potencia europea.

Las ganancias territoriales de Pedro I

En línea con sus objetivos culturales para Rusia, la ambición expansionista de Pedro I se centró en las fronteras occidentales del país. En particular se interesó por tomar los territorios fronterizos al mar Báltico para otorgar a Rusia un acceso sin obstáculos a la Europa Occidental. En 1700 desencadenó la guerra del Norte contra Suecia, que a la sazón controlaba Ingria, Estonia y Livonia y dominaba el Báltico. Aunque la primera gran batalla concluyó con una derrota del ejército ruso, el zar aprendió de sus errores y se concentró en construir una flota superior con la que combatir a los suecos. En 1703 había tomado Ingria y mandó construir la nueva capital de su imperio, San Petersburgo, a orillas del Báltico. Seis años después los rusos obtuvieron una victoria sonada frente a los suecos en Poltava, con la cual redujeron el control sueco del Báltico y lo ganaron para los rusos. Cuando se acordó la paz en 1721, Pedro el Grande había conquistado vastos territorios alrededor de las orillas austral y oriental del Báltico, además de tierras al sur, incluidas Lituania y Ucrania.

San Petersburgo

Mientras se libraba la Guerra del Norte, Pedro necesitaba una fortaleza para defender los territorios recién conquistados en el Báltico y, en 1703, edificó las fortalezas de San Pedro y San Pablo. En torno a ellas creció una pequeña ciudad que hacia 1712 era ya lo suficientemente grande para que Pedro I la proclamara su nueva capital, San Petersburgo. Aunque la mayoría de edificios eran de madera, el emperador obligó a sus nobles a

CÉANO ÁRTICO

RUSIA

TUNGÚS

Siberia

• Arcángel

Montes Urales

KIRGUÍS

Surgut
1594

Obski Goradok 1585
KANATO
DE SIBIR
1584

Tobolsk
1587

Tara
1594

Kuznetsk
1618

Tiumen
1586

KANATO
DE KAZÁN
1552

Nishniy-
Nóvgorod

Kazán
1557

• Moscú

Álaty

Kolomna

Volga

Samara
1586

Ural

Saratov
1590

Vorónezh
1586

KANATO DE
ASTRACÁN
1556

C
O
S
A
C
O
S

Tsaritsyn
1589

Azov •

Astracán •

chisaray

Cáucaso

Mar Caspio

egro

IMPERIO
PERSA

TOMANO

Expansion de Rusia

Rusia, h. 1530

Ganancias rusas
hasta 1613

Pérdidas rusas
hasta 1613

1584   Fecha de conquista

•
1584   Fecha de asentamiento

KIRGISEN   Pueblo, tribu

Incursión militar infructuosa
contra los tátaros
de Crimea, 1556-1559

Ruta de Yermack hacia
el interior de Siberia,
1581-1584

Invasión tártara
de Crimea, 1552-1571

Campaña polaca
y lituana en la guerra
de Livonia, 1579-1581

Campaña de Iván IV

*Arriba: Catalina la Grande fue una entusiasta mecenas de las artes.
Mandó construir el Museo del Ermitage y erigir edificios en toda Rusia,
además de fundar multitud de academias y bibliotecas.*
*Página siguiente: Oficiales rusos cortando las barbas y las mangas
a los boyardos durante el nuevo reinado de Pedro el Grande.*

nieros europeos. Para asegurarse de que la obra en San Petersburgo se concluyera sin demora, Pedro prohibió construir edificios de piedra fuera de la ciudad y todos los mamposteros fueron llamados a trabajar en la capital. En 1714, Pedro ordenó edificar un palacio de verano y posteriormente uno de invierno junto al río Neva. Dada la ubicación estratégica de la ciudad junto al puerto, gran parte de ella quedó ocupada por edificios dedicados a la construcción naval y la Armada, el principal de ellos el complejo del Almirantazgo. En el año 1725, fecha de la muerte de Pedro, un 90 por ciento del comercio de Rusia pasaba ya por San Petersburgo. A la muerte del emperador, la construcción en la ciudad prosiguió y se levantaron diversas iglesias y palacios barrocos.

Catalina la Grande

El siguiente gran periodo de expansión rusa tuvo lugar bajo la emperatriz Catalina II la Grande. Catalina, princesa alemana, había contraído matrimonio con el heredero ruso, el ulterior Pedro III. No sentía interés alguno por su esposo débil e inútil, al que sustituyó por numerosos amantes cortesanos, muchos de los cuales gozaron de influencia política. Seis meses después de ser proclamado zar, el impopular Pedro III fue depuesto y asesinado por una facción liderada por el amante de Catalina en la época, Grigori Orlov. Catarina se convirtió en emperatriz de Rusia en junio de 1762 y su reinado se prolongó 34 años.

Instituyó reformas en la sociedad rusa que favorecieron a los nobles. Les devolvió los derechos hereditarios de los que los había desposeído Pedro el Grande y les garantizó tierras y siervos. También intentó emprender reformas en la agricultura, impulsando una economía libre y alentando la inversión extranjera en las zonas subdesarrolladas. Sin embargo, para el pueblo ruso la vida apenas experimentó cambios y su regencia estuvo plagada

abandonar los lujos de Moscú e instalarse en su nueva ciudad. Pese a estar construida sobre terrenos cenagosos, San Petersburgo se expandió rápidamente; Pedro mandó construir un sistema de canales que drenaban las aguas de la tierra e hicieron que la ciudad pasara a ser conocida como la «Venecia del Norte».

También reclutó a gran número de campesinos para que trabajaran en los suntuosos proyectos de construcción diseñados por equipos de arquitectos e inge-

de revueltas y rebeliones. Como Pedro el Grande, Catalina procuró occidentalizar Rusia y amplió los territorios hacia el oeste y el sur. En 1768 provocó la primera de las guerras con el Imperio Otomano al entrar una tropa de cosacos en territorio otomano y masacrar a los habitantes de Balta. A la conclusión de la guerra, Catalina se había anexionado el anterior estado otomano de Crimea, en el mar Negro, que dio a los rusos acceso a numerosos puertos vitales en el sur y los reforzó aún más. La expansión hacia el oeste se saldó con el control de Polonia y Lituania, que habían quedado debilitadas por una serie de guerras contra los rusos, suecos y prusianos durante el siglo XVII. El declive del Gobierno polaco permitió a los rusos hacerse con el control y, en 1764, Catalina sentó en el trono polaco a otro de sus amantes. Las particiones de Polonia ocurridas en la segunda mitad del siglo XVIII derivaron en el reparto del territorio lituano en manos polacas entre Rusia, Prusia y Austria; Rusia se anexionó la mayor parte. Pero a Catalina no solo le interesaban las ganancias territoriales, sino que también intentó inyectar algunos elementos de la Ilustración europea en la cultura rusa y se convirtió en una gran mecenas de las artes. Catalina falleció en 1796 y fue sucedida por su hijo Pablo I.

Los cosacos

En las zonas esteparias situadas al sur de Rusia y Ucrania habitaba una serie de comunidades independientes de campesinos-guerreros conocidos con el nombre de cosa-cos. Su presencia en las fronteras entre Moscovia y el Sacro Imperio Romano había servido para proteger a los rusos, más débiles, de sufrir una agresión turca, aunque no fuera algo que los cosacos hubieran pretendido de forma voluntaria. Los cosacos eran pueblos agresivos que perpetraban ataques frecuentes contra las tierras vecinas, y no solo las pertenecientes a los turcos y los tártaros, sino también contra territorios rusos y polaco-lituanos. El belicismo de los cosacos acrecentó las tensiones entre los europeos del este, los rusos y los otomanos durante los siglos XV y XVI y, pese a que nadie se responsabilizaba de los ataques de los cosacos, lo cierto es que tanto los rusos como los polacos solían contratarlos como mercenarios. Los cosacos proveían experiencia militar a cambio de autonomía y poco a poco se convirtieron en siervos del Imperio Ruso, que les garantizó la libertad que tanto ansiaban. En 1670, una banda de cosacos del río Don se rebeló contra las férreas leyes impuestas a los campesinos rusos y, aunque al final los cosacos fueron derrotados, el respaldo que obtuvieron entre los campesinos sirvió para poner en evidencia la relación que los cosacos tenían con la clase obrera rusa. Durante el reinado de Catalina la Grande, el levantamiento de los cosacos liderado por Emelyan Pugachev se saldó con la muerte de aproximadamente 30.000 personas y demostró con contundencia el poder que podía alcanzar una revuelta campesina.

La Revolución Americana

La Guerra de la Independencia estadounidense, también llamada la Revolución Americana, concluyó con la creación de un nuevo y poderoso país: Estados Unidos de América.

El germen del descontento colonial

Antes de que la Guerra Francesa e India concluyera en 1763, los colonos americanos habían disfrutado de unos cien años de «abandono saludable». Pese a ser súbditos del Imperio Británico y contar con gobernadores designados por la Corona, en la práctica los pobladores de Norteamérica tenían una larga tradición de autogobierno. Además, muchas leyes inglesas, que de haberse aplicado habrían obstaculizado la prosperidad de las colonias, se pasaban por alto. Sin embargo, a partir de 1763, con un territorio ampliado que administrar y un enorme déficit presupuestario, Gran Bretaña decidió retomar un mayor control de las colonias, en las que vio una fuente potencial de ingresos con los que saldar sus deudas. En 1763, promulgó la Ley de Proclamación, que demarcaba la frontera occidental de su territorio y prohibía establecer asentamientos más allá de los Apalaches. Y aunque supervisar el acatamiento de esta ley era imposible, aquel movimiento contrarió a muchos colonos que esperaban que la victoria en la Guerra Francesa e India conllevara una ampliación hacia el oeste. En el transcurso del siguiente decenio, esta afronta inicial estuvo seguida por la aprobación de medidas que engendraron un resentimiento cada vez mayor hacia Gran Bretaña. Entre ellas figuraba, por ejemplo, una regulación más estricta de los impuestos comerciales existentes o la introducción de nuevos deberes.

La Ley del Azúcar y la Ley del Timbre

La primera revisión de los impuestos se materializó en la Ley del Azúcar aprobada en 1764, cuyo objetivo era mejorar la regulación de la Ley de la Melaza de 1733 para poder competir con los comerciantes franceses y evitar el contrabando. Pero esta ley regulaba también otros productos, como el café, algunos vinos y los tejidos estampados, así como las exportaciones de madera e hierro, y en consecuencia desbarataba la economía colonial. Los colonos se negaron a acatarla, alegando que no estaban representados en el Parlamento británico.

Abajo: La «Fiesta del Té de Boston» se celebró el 16 de diciembre de 1773.

COMPAÑÍA DE LA BAHÍA

TERRANOVA

Golfo de
San Lorenzo

Lago Superior

Isla de St. Jean

Isla de Cape Breton
(Isle Royal)

Quebec

Lago Michigan

Lago Huron

PROVINCIA DE QUEBEC

Montreal

Río San Lorenzo

NUEVA ESCOCIA

Halifax

Lago Ontario

New
Hampshire

Lago Eerie

Nueva York

Portsmouth

Albany

Salem

Mass.

Boston

Marblehead

Plymouth

Conn.

Newport

Pensilvania

Rhode Island

Piscalaway

Nueva York

Amwell Twp.

Elizabeth Town

Woodbridge

Filadelfia

Brunswick

Baltimore

Nueva Jersey

Frederick Town

Delaware

Reserva india

Elk Ridge Landing

Md.

Salem

Lewes

Annapolis

Talbot

Dumfries

Leeds

Tappahannock

Virginia

Williamsburg

Norfolk

OCÉANO
ATLÁNTICO

Carolina del Norte

Cross Creek

New Bern

Duplin

Brunswick

Wilmington

Carolina
del Sur

Fort Johnston

Bermuda
(británica)

Georgia

Charlestown

Savannah

UNIONISTAS
Y PATRIOTAS, h. 1775

Americanos nativos
unionistas o neutrales

Zona rebelde

Totalmente neutral

Zona unionista

Posesión española

• Lugar de una gran
manifestación contra
la Ley del Timbre

■ Ayuda pasiva
a los rebeldes

Florida

Ifo de México

Islas Bahamas

Cuba

Además, temían que el Gobierno británico intentara ampliar su poder recaudador. Y eso hizo. Apenas un año después aprobó la Ley del Timbre, que establecía que cualquier documento formal escrito o impreso, incluidos los documentos legales, los anuncios, los periódicos, los panfletos e incluso los naipes, debía emitirse en papel timbrado, es decir, gravado impositivamente. En un intento por frenar el descontento entre los colonos, la recaudación de esta ley se destinó a la defensa de las colonias. Días después se aprobó la Ley del Alojamiento, que obligaba a los colonos a proveer hospedaje y avituallamiento a las tropas británicas.

Frente a estas leyes, los estadounidenses atestiguaron que habían destinado dinero, mano de obra y provisiones a su propia defensa durante la Guerra Francesa e India y que ya no corrían ningún riesgo grave de ataque. Así, la presencia militar británica continuada se aceptó cada vez con mayor recelo y acabó por extenderse la convicción de que los soldados únicamente estaban destacados en las colonias para hacer cumplir la Ley del Timbre y suprimir los derechos y las libertades de los colonos, en lugar de velar por su protección.

Oposición

Las asambleas constitucionales condenaron la Ley del Timbre y acordaron que «no debería haber imposición sin representación», pero el Gobierno británico, indiferente a esta reclamación, se negó a capitular ante sus demandas. El malestar se agravó en las calles de Nueva York y Boston, donde la población empezó a protagonizar actos de desobediencia violenta. La situación de Boston, una ciudad afectada por la recesión de la posguerra y en la que por tradición la población había defendido los intereses locales realizando manifestaciones (que en más de una ocasión habían acabado en disturbios), era particularmente inestable. Al poco de aprobarse aquel impuesto sin precedentes, la ira se hizo presa de la población y degeneró en actos de agresión. Durante el verano, turbas iracundas destruyeron las casas de los recaudadores de impuestos y los funcionarios británicos de alto rango, incluida la del vicegobernador. Las manifestaciones, los episodios de violencia y la intimidación se propagaron rápidamente por las colonias y con ello se garantizó que, para cuando la ley entrara en vigor en noviembre, nadie se atreviera a recaudar los impuestos. En octubre, nueve de las treces colonias estuvieron representadas en el Congreso de la Ley del Timbre de Nueva York, donde se aprobaron resoluciones condenando la ley y propuestas para presionar al Parlamento británico a través de un boicoteo comercial. Ante la negación de los

opositores a la Ley del Timbre a importar mercancías británicas, los comerciantes británicos solicitaron a la corona la derogación de la ley. La Ley del Timbre fue finalmente revocada en marzo de 1766.

Pero paralelamente Gran Bretaña introdujo la Ley Declaratoria, que confirmaba su derecho a gobernar América. Además, el problema de intentar recaudar impuestos seguía vigente. En 1767 se intentó darle solución mediante las Leyes de Townshend, que gravaban artículos cotidianos como el papel, la pintura, el vidrio y el té, establecían el pago directo de los gobernadores coloniales por parte de la Corona y ampliaban la Ley del Alojamiento, todo lo cual impulsó un nuevo llamamiento al boicoteo de las importaciones británicas. El malestar cuajó sobre todo en Boston, donde un grupo de patriotas, los llamados Hijos de la Libertad, organizadores de las protestas contra la Ley del Timbre, amenazó la autoridad del gobernador. Un año después, en respuesta a las súplicas de su gobernador, Boston fue ocupado por el ejército británico y tuvo lugar un pulso incómodo. En marzo de 1770 estalló la violencia al abrir fuego los soldados británicos sobre una muchedumbre enojada que se había reunido a las afueras de la Casa de Aduanas y provocar la muerte de cinco colonos en un episodio que se conoce como «La matanza de Boston».

La «Fiesta del Té de Boston» y las Leyes Intolerables

Ese mismo año, la mayoría de los impuestos gravados por las Leyes de Townshend fueron anulados, pero se mantuvo el aplicado al té, lo cual indignó a los colonos. En la práctica, este impuesto se esquivó de forma generalizada gracias a que los mercaderes holandeses pasaron de contrabando grandes cantidades de té a las colonias. El Parlamento respondió a la situación en 1773 aprobando la Ley del Té, que otorgaba a la Compañía de las Indias Orientales el monopolio del comercio del té y rebajaba los precios de este artículo al permitir su transporte directamente a las colonias. Una vez más, los colonos protestaron, los trabajadores de los muelles se negaron a decargar los cargamentos y, ante el temor de los gobernadores a que se produjeran levantamientos, muchos de los barcos de la Compañía de las Indias Orientales regresaron a su origen o bien vieron cómo su cargamento se dejaba pudrir en los puertos. Sin embargo, las autoridades de Boston eran insistentes y exigieron que los cargamentos se descargaran y que los impuestos aplicables se abonaran, exigencia que desencadenó un acto de sabotaje que ha pasado a la historia como «la Fiesta del Té de Boston». El 16 de diciembre de

1773, varios hombres disfrazados de indios mohawk abordaron el *Eleanor*, el *Beaver* y el *Dartmouth*, anclados en el puerto de Boston, y arrojaron su cargamento de más de 40 toneladas de té al mar. Los británicos reaccionaron aumentando su dotación de tropas en Boston, aprobando en mayo y junio de 1774 leyes que revisaban la Ley del Alojamiento e introduciendo otras cuatro: el Acta del Puerto de Boston, que cerró el puerto a los colonos hasta que pagaran los desperfectos causados por la Fiesta del Té; la Ley de la Administración de Justicia, que establecía que los funcionarios británicos no podían ser juzgados por crímenes capitales en tribunales coloniales, sino que debían ser extraditados y juzgados en Gran Bretaña; la Ley del Gobierno de Massachusetts, que anulaba el autogobierno de la colonia, y la Ley de Quebec, que ampliaba las fronteras del territorio canadiense de Quebec en manos británicas hacia el sur hasta la zona alta del valle del Ohio y hacia el oeste hasta la Línea de la Proclamación, absorbiendo las tierras de los primeros colonos.

Aquellas leyes, conocidas formalmente como Leyes Coercitivas, fueron rebautizadas por los colonos como «Leyes Intolerables» y alentaron la convocatoria de un congreso intercolonial para debatir una respuesta unificada a la actuación británica. En septiembre de 1774 se celebró el Primer Congreso Continental en Filadelfia. A él asistieron representantes de todas las colonias, salvo Georgia. Se firmó una declaración que establecía que las Leyes Coercitivas o Intolerables eran inconstitucionales y rechazaba la autoridad británica para interceder en asuntos internos. También se acordó retomar el boicot a las importaciones británicas y se pactó que, en caso de ser atacado Massachusetts, las colonias se unirían en su defensa. Por último, se decidió que, si no se lograba una reconciliación antes de mayo de 1775, se celebraría un Segundo Congreso Continental.

La batalla de Lexington y Concord

Justo un mes antes de que se reuniera el Segundo Congreso se produjeron los primeros disparos de la Guerra de la Independencia en Lexington, Massachusetts. El general británico Thomas Gage había enviado una dotación

Abajo: Grabado de la quema de Charlestown, ocurrida durante la batalla de Bunker Hill en 1775.

Arriba: George Washington se convirtió en el primer presidente de Estados Unidos en 1789.
Página siguiente: 4 de Julio de 1776: firma de la Declaración de Independencia, el documento en el que los colonos norteamericanos proclamaban su escisión política del Gobierno británico.

afanaba en ocultar sus armas y munición en las poblaciones vecinas y las filas de los milicianos empezaban a engrosar. Tras encontrar y destruir una pequeña parte de las provisiones de los colonos, los soldados emprendieron su regreso a Boston, pero, de camino, fueron atacados por una milicia de *minutemen*, campesinos y vecinos de la ciudad. Para cuando las tropas llegaron a Boston, contaban con más de 70 bajas y 174 heridos en sus filas, y la guarnición británica se vio seriamente asediada.

Cuando el Segundo Congreso Continental se reunió en Filadelfia en junio tuvo que abordar la posibilidad más que factible de un conflicto a gran escala. Hubo grandes debates antes de alcanzar el acuerdo final de destinar una provisión de fondos a la defensa militar para hacer frente a una eventual guerra. George Washington fue designado comandante en jefe del Ejército Continental y trazó planes inmediatos para viajar a Boston.

La batalla de Bunker Hill

Antes de que Washington pudiera partir de Filadelfia, los británicos, con la previsión de afianzarse el vasto territorio que rodea Boston, intentaron sitiar los cerros de Dorchester y la península de Charlestown. Pero los americanos, a quienes había llegado la noticia de los planes británicos, sitiaron y fortificaron la península de Charlestown primero, estableciendo posiciones defensivas en Bunker Hill, aunque, por razones que siguen siendo un enigma, en lugar de fortificar esta colina, fortificaron la cercana Breed Hill. La mañana siguiente, los británicos, estupefactos, decidieron reclamar la península. El general Howe, al mando de la principal fuerza británica, dirigió dos cargas frontales contra la posición americana, las cuales se saldaron con multitud de bajas en las filas británicas y no lograron infligir daños significativos a la milicia colonial. Pese a ello, tras recibir refuerzos y reponer municiones, Howe ordenó una tercera carga con bayonetas fijas y los británicos se impusieron a los estadounidenses, que se hallaban agotados y apenas tenían munición, y los forzaron a retroceder a la península. El ejército británico se proclamó vencedor en la batalla, pero sufrió numerosas pérdidas de hombres

de 700 hombres a asediar y destruir las armas y la munición que los colonos habían recopilado en la población de Concord, a las afueras de Boston. Además, planeaba el arresto de los dirigentes coloniales más destacados. Pero los colonos habían descubierto las intenciones británicas y, cuando las tropas irrumpieron en Lexington, se encontraron con una milicia de unos 75 soldados conocidos con el nombre de *minutemen*, preparados para atacar de forma inminente. Los soldados británicos abrieron fuego sobre ellos, provocando al menos ocho muertos, antes de proseguir su camino hasta Concord. Entre tanto, la población de Concord se en comparación con el ejército miliciano. La batalla sirvió para fortalecer la alianza entre las colonias y el número de bajas británicas demostró que el ejército británico no era invencible.

La Declaración de Independencia

Con la prolongación del conflicto durante el invierno de 1775-1776 se desvaneció toda esperanza de una negociación política y, en enero de 1776, Thomas Paine publicó un panfleto anónimo antimonárquico titulado El sentido común, que cosechó un enorme éxito de ventas. En junio, el virginiano Richard Henry Lee expuso una declaración de independencia de Gran Bretaña y el Congreso reunió a un grupo de cinco hombres para elaborar el borrador de una declaración escrita. Los integrantes fueron John Adams, Benjamin Franklin, Thomas Jefferson, Robert Livingston y Roger Sherman. Todos ellos aportaron contenidos, pero el integrante más joven de la comisión, Thomas Jefferson, fue el principal responsable de su forma final. Aquella declaración establecía el lugar que ocupaba el Congreso Continental, el cual ejercería de Gobierno estadounidense provisional, y rehusaba la autoridad de una monarquía y un Parlamento británicos opresivos, los cuales no contaban con el apoyo del pueblo que pretendían gobernar. Bebiendo del pensamiento ilustrado y de las filosofías políticas de Europa, la Declaración de la Independencia intentaba recabar ayuda y apoyo para la causa americana en el extranjero. Determinaba la separación oficial de Gran Bretaña de las 13 colonias independientes, aunque unidas, a las que aludía con el término de Estados; establecía formalmente el Gobierno revolucionario, y declaraba oficialmente la guerra a Gran Bretaña.

La Guerra de la Independencia

Tras la batalla en la península de Charlestown de 1775, los norteamericanos mantuvieron el sitio de Boston para impedir que los británicos recibieran unas provisiones que les serían vitales y, en abril de 1776, Howe y su ejército evacuaron la ciudad para reagruparse en Staten Island, Nueva York, en junio. Desde allí atacaron al ejército de George Washington, lograron entrar en la ciudad y obligaron a los americanos a retroceder a la otra orilla del río Delaware. A continuación, Washington derrotó a una fuerza de mercenarios alemanes en Trenton en diciembre y a las tropas británicas en Princetown a principios de enero de 1777. Los británicos montaron entonces dos ofensivas. Howe avanzó sobre Filadelfia y derrotó al ejército de Washington en Brandywine Creek y Germantown. En cambio, el general Burgoyne fracasó en su intento de aislar a las tropas americanas en Nueva Inglaterra, sufrió cuantiosas bajas en sus filas en las batallas de Bennington, Bemis Heights y Freeman's Farm, y acabó rindiéndose en Saratoga el 17 de octubre. Los franceses, reconociendo la independencia de América y avistando una posible victoria por parte de los estadounidenses, decidieron apoyarles y en 1778 enviaron 5.000 soldados que se unieron al ejército de Washington cuando la acción se encaminaba hacia el sur. España y Holanda los siguieron, declarando la guerra a Gran Bretaña en 1779 y 1780 respectivamente. Pese al descalabro de Saratoga, Gran Bretaña siguió luchando, concentrando sus esfuerzos en el norte en Nueva York e intentando retener la ciudad. Entre tanto, el general Cornwallis invadía las colonias del sur. En 1780, Savannah y Charleston fueron apresadas y Cornwallis avanzó hacia Virginia; pero, falto de provisiones y ante un ejército americano ampliado, se vio

Arriba: 1776: Benjamin Franklin (izquierda), político, escritor e inventor estadounidense, durante la redacción del borrador de la Declaración de la Independencia. En la comisión encargada de realizar este borrador figuraban los futuros presidentes de los Estados Unidos Thomas Jefferson, John Adams, Roger Sherman y Robert R. Livingstone.

El nacimiento de Estados Unidos

Tras los acontecimientos de la Revolución Americana, durante la cual 13 colonias autónomas se habían unido temporalmente para hacer frente común a los británicos, se formó un débil Gobierno central basado en los Artículos de la Confederación de 1777, que constituían formalmente los Estados Unidos de América y abordaban los desafíos inmediatos que presentaba la guerra.

No obstante, al poco de concluido el conflicto, quedó claro que para crear una nación fuerte no bastaba con fundar y dirigir un ejército. El Gobierno debía tener la capacidad de recaudar los fondos necesarios mediante los impuestos, de actuar en nombre del comercio y de la industria, de reafirmar el orgullo nacional y de impulsar una fuerte identidad nacional que se granjeara el respeto fuera de sus fronteras. En suma, debía protegerse frente a la depredación y las divisiones internas. Pero el Congreso no tenía autoridad sobre los impuestos ni medios para hacer cumplir sus leyes, y tampoco tenía capacidad de aumentar su poder en caso necesario. Por todo ello, en 1787 se reunió en Filadelfia la Convención Constitucional con objeto de revisar los Artículos de la Confederación. Los delegados llegaron a un acuerdo sobre la necesidad de instaurar un Gobierno central más fuerte, pero eran conscientes de que muchos ciudadanos recelaban de este tipo de instituciones, de modo que se impusieron trazar con exactitud la forma que adoptaría ese nuevo Gobierno. Durante las conversaciones preliminares, afloraron numerosas posiciones, pero los conflictos de ideas se saldaron con compromisos que en última instancia mejoraron la Constitución y dotaron al documento de flexibilidad. Así, la Carta Magna contemplaba su revisión y la posibilidad de un debate continuo y de acuerdos futuros. La omisión de una declaración de derechos que garantizase las libertades individuales frente al nuevo Gobierno generó una fuerte oposición a la Constitución durante su fase de ratificación, llegando incluso a amenazar todo el proceso. Ante la promesa de que las primeras enmiendas compondrían una Declaración de Derechos formal, nueve de los trece Estados firmaron y la Constitución se adoptó formalmente en 1789.

obligado a retirarse al puerto de Yorktown, donde esperó en vano que la Armada Real británica llegara en su auxilio. Fue una flota francesa la que se encaminó hacia la bahía de Chesapeake y selló el sino de Cornwallis. Atacado por tierra y mar, y sin refuerzos a la vista, presentó su rendición en octubre de 1781.

Los británicos habían albergado la esperanza de que los monárquicos se les unieran en las poblaciones y ciudades que ocupaban y, aunque su presencia en ocasiones había domeñado a los colonos, no obtuvieron apoyos duraderos por esta vía, pues los lugareños empleaban tácticas de guerrilla y se alzaban contra ellos a medida que avanzaban tomando colonias. En el último momento, convencido de no poder vencer en aquella guerra, el Parlamento británico inició las negociaciones de paz en 1782. Estas concluyeron formalmente en septiembre de 1783 con la firma del Tratado de París, que reconocía la independencia de Estados Unidos.

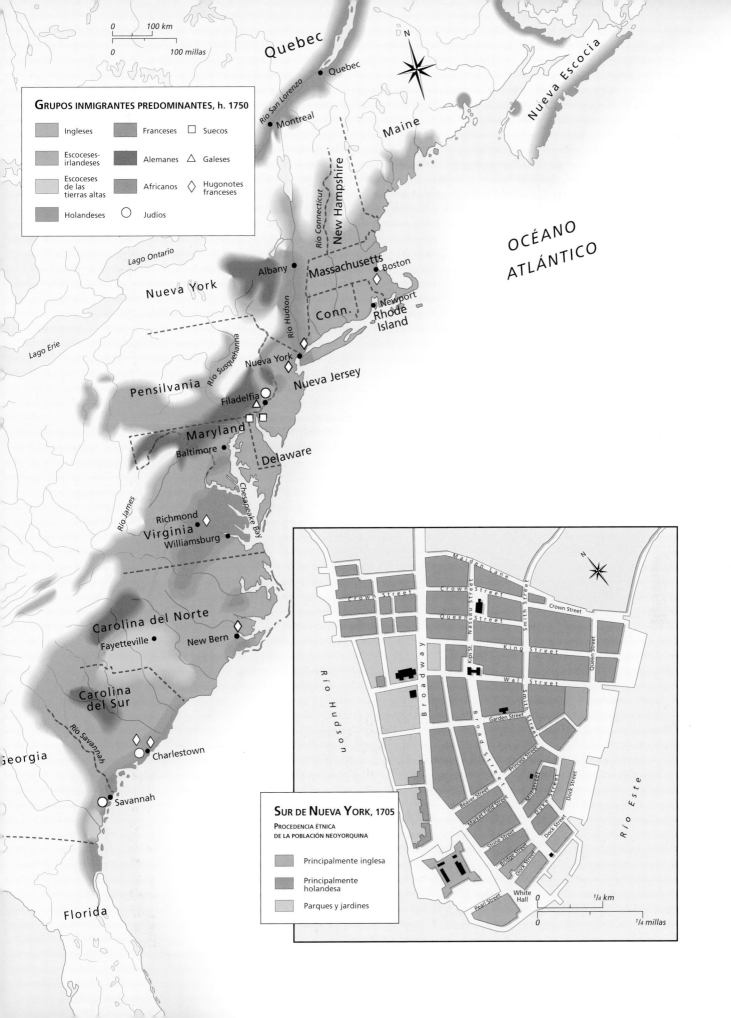

Quebec

Nueva Escocia

Río San Lorenzo

Quebec

Montreal

Maine

OCÉANO ATLÁNTICO

New Hampshire

Río Connecticut

Lago Ontario

Nueva York

Albany

Massachusetts

Boston

Río Hudson

Conn.

Newport

Rhode Island

Lago Erie

Río Susquehanna

Pensilvania

Nueva York

Nueva Jersey

Filadelfia

Maryland

Baltimore

Delaware

Chesapeake Bay

Río James

Richmond

Virginia

Williamsburg

Carolina del Norte

Fayetteville

New Bern

Carolina del Sur

Río Savannah

Georgia

Charlestown

Savannah

Florida

Río Hudson

Maiden Lane

Crown Street

Crown Street

Crown Street

Nassau Street

Smith Street

Queen Street

Queen Street

Broadway

Kips St.

King Street

Wall Street

Garden Street

Broad Street

Smith Street

Princess Street

Beaver Street

Market Field Street

Mill Street

Duke Street

Dock Street

Dock Street

Dock Street

Stone Street

Bridge Street

Pearl Street

White Hall

Río Este

¹/₄ km

¹/₄ millas

La Revolución Francesa

En una época de una agitación extraordinaria, la Revolución Francesa marcó el principio del fin del absolutismo en Europa e impulsó al continente hacia una época más moderna.

La vida en la Francia del siglo XVIII

La sociedad francesa anterior a 1789 estaba sometida al poder absoluto del monarca. Como en la mayoría de los estados nacionales europeos, existía la creencia generalizada de que los reyes eran reyes por derecho divino o, lo que es lo mismo, de que la potestad de gobernar emanaba de Dios y no de unas elecciones o un proceso democrático. En consecuencia, los países se hallaban sujetos al carácter antojadizo y voluble de sus monarcas, muchos de los cuales no estaban capacitados para dirigir un país. En Francia existía además una tensión histórica entre el monarca y la nobleza que rodeaba el trono. Los nobles

podían ejercer su influencia a través de un sistema de *parlements* que servían de centros judiciales y administrativos en todo el país. Sin la aprobación de dichos *parlements*, un decreto real no podía convertirse en ley.

Para subyugar el poder de los nobles, Luis XIV había creado una clase media poderosa conocida como burguesía, cuya ambición había ido en aumento. El estamento inferior de la sociedad lo ocupaban los campesinos, la mayoría de los cuales vivían y trabajaban en el entorno rural. La involucración francesa en la Guerra de la Independencia estadounidense provocó una crisis económica que conllevó un aumento de los impuestos. Y el peso de dichos impuestos recayó sobre el campesinado. A ello se sumaba que en la época inmediatamente anterior a la Revolución, las cosechas habían sido pobres y la escasez de alimentos había empeorado las ya arduas condiciones de vida de los campesinos y había generado un mayor resentimiento entre ellos. La clase obrera urbana, el campesinado rural y la burguesía desaprobaban los privilegios de los que disfrutaban la nobleza y el clero, clases sociales ambas que no debían hacer frente al pago de impuestos ni al aumento de precios de los alimentos. Alentado por las ideas de la Ilustración y por la Revolución Americana, se extendió un deseo generalizado de cambio. Muchos soldados del ejército francés habían luchado al lado de los estadounidenses en su revolución y, a su regreso, habían difundido las ideas revolucionarias. Las pobres cosechas redundaron en un aumento de los precios y una escasez de pan que acabó por alentar a las turbas parisinas a actuar.

Luis XVI y María Antonieta

Al ascender al trono en 1774, Luis XVI había gozado, en un principio, de popularidad. En 1770 se había casado con la hija de Francisco I de Austria, María Antonieta, de tan solo 15 años. Pese a amarse, los monarcas no tuvieron descendencia durante siete años, lo cual hizo que María Antonieta se volviera impopular, una impopularidad acrecentada por su linaje austriaco, su tendencia a promover a sus favoritos y su frivolidad financiera. La reina, que disfrutaba sin remilgos de su posición privilegiada, buscó la compañía de cortesanos rebeldes y pronto se convirtió en la diana de panfletos insultantes y escándalos en la corte. Su falta de empatía con la situación de quienes no pertenecían a la corte la hacía parecer aún más irresponsable. María Antonieta fue acusada de responder a la noticia de que los campesinos no podían permitirse comprar pan con un simple: «pues que coman pasteles». Pero este rumor se propagó simplemente para difamar su reputación aún más. El rey, entre tanto, procuraba mejorar la funesta situación financiera de Francia. Asesorado por su primer ministro de Hacienda, Robert Turgot, impulsó reformas con el fin de gravar impuestos a los terratenientes. Sin embargo, los *parlements*, dirigidos por la nobleza terrateniente, rechazaron el decreto y dichas reformas nunca se aprobaron. El reinado de Luis XVI se vio acuciado por una crisis tras otra y poco a poco el monarca se presentó como un ser débil que, como su esposa, se convirtió en objeto de críticas. Una vez en marcha la revolución, la indecisión y la apatía de Luis XVI derivaron en una serie de decisiones nefastas. Pese a haber manifestado su apoyo a las reformas que solicitaba el pueblo francés, la decisión de los reyes de huir de París en 1791 para buscar apoyos se consideró un acto de traición. Y dicho acto, sumado a los rumores de que el rey había iniciado negociaciones con potencias extranjeras, acabó sellando su ejecución en enero de 1793. María Antonieta, quien durante sus años de hipotético encarcelamiento había dado muestras de tener un carácter más decidido y obstinado, no fue ejecutada hasta octubre de ese mismo año.

El establecimiento de la Asamblea Nacional Constituyente

La Revolución Francesa se inició el 17 de junio de 1789 cuando el llamado Tercer Estado, integrado por los representantes de la burguesía y el pueblo llano, se autoproclamó Asamblea Nacional. Los acontecimientos que

Página anterior: Retrato de María Antonieta, esposa de Luis XVI.
Abajo: La prisión de La Bastilla de París fue asaltada por una multitud que contaba con el apoyo del ejército real.

condujeron a este hecho son complejos. En resumidas
cuentas, la sociedad francesa se dividía en el Primer
Estado (el clero), el Segundo Estado (la nobleza) y el
Tercer Estado (el resto de la población). En mayo de
1789, el rey había llamado a la unidad de estos tres estamentos para intentar resolver el problema de la atri-
bulada economía de Francia, pero los Estados Generales
no lograron alcanzar decisiones satisfactorias.

La proclamación por parte del Tercer Estado de
una Asamblea Nacional tenía visos revolucionarios, pues
se presentaba como una asamblea del pueblo, no de un
«estamento». Con todo, la Constitución de 1791 seguía
limitando el derecho a voto. La Asamblea tomó las
riendas de la situación financiera, declaró ilegales las
formas pasadas de impuestos e intentó solucionar la
escasez de alimentos que acuciaba a los pobres. Pese a
afirmar que actuaban con la autoridad del rey, Luis XVI
era plenamente consciente de que su poder como monarca absoluto había quedado socavado. Su resistencia a
la Asamblea Nacional persuadió a los parisinos (la llamada «muchedumbre de París») de que el rey estaba a
punto de dar un golpe de Estado. Y el pueblo reaccionó
asaltando la prisión de La Bastilla. El 4 de agosto, la
Asamblea abolió los derechos feudales de la nobleza en
lo que supuso un instante crucial de la Revolución. En
toda Francia, los nobles y el clero, las ciudades y las
poblaciones perdieron todos sus privilegios y las tierras
en posesión de la Iglesia se nacionalizaron.

Una vez la revolución se había puesto en marcha,
la Asamblea comenzó a dar señales de fractura. Empezaron a aparecer distintas facciones; unas abogaban por
negociar con la nobleza, otras por establecer una monarquía constitucional, unas defendían una política de derechas y otras de izquierdas. Finalmente, con Honoré
Mirabeau al frente, la facción de la clase media con las
inclinaciones más centroizquierdistas del espectro político se hizo con la mayoría. La Asamblea Nacional pasó
a ser la Asamblea Nacional Constituyente y acometió la
redacción de una Constitución para Francia, partiendo
de la Declaración de Derechos Humanos, una declaración cortada por el patrón de la Declaración de Indepen-
diencia estadounidense. El Antiguo Régimen quedó des-
cartado en pro de la «liberté, egalité, fraternité».

El asalto de La Bastilla

La prisión de La Bastilla, en París, era un antiguo castillo
edificado en 1370 que Luis XI había reconvertido en
cárcel. Se convirtió en un símbolo impopular de la
autoridad de la monarquía y, por ende, en la diana de la
ira de la muchedumbre de París. La Asamblea Nacional

OCÉANO
ATLÁNTICO

REVOLUCIÓN FRANCESA, 1789–1793

Zona afectada por la revolución campesina durante el «Gran Miedo»

Población importante en la que una comisión revolucionaria sustituyó al consejo municipal, 1789

Población importante en la que una comisión revolucionara compartió el poder con el consejo municipal, 1789

Centro de contrarrevolución, 1792-1793

Resistencia federalista continuada, 1793

Disturbios federalistas y civiles, 1793

Avance de los ejércitos revolucionarios franceses

Avance de los ejércitos antirrevolucionarios europeos

Victoria francesa   Victoria europea

Bloqueo naval   Ocupación francesa, 1792-1793

0   60 km
0   60 millas

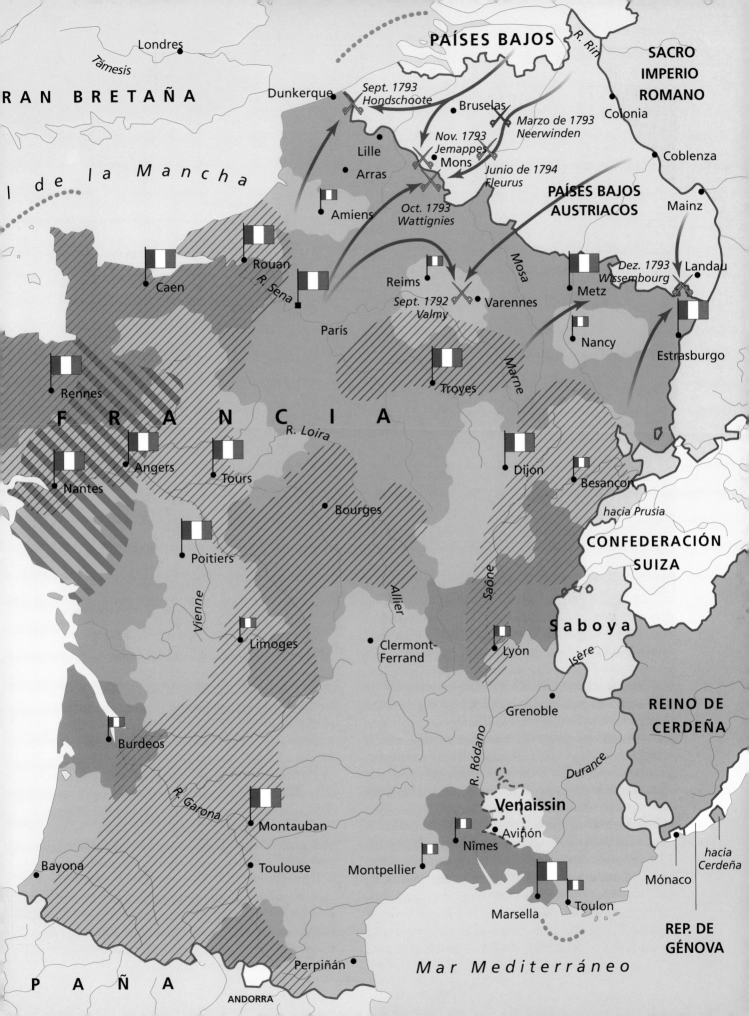

GRAN BRETAÑA

Londres

Támesis

I de la Mancha

Dunkerque

Sept. 1793
Hondschoote

PAÍSES BAJOS

R. Rin

SACRO
IMPERIO
ROMANO

Colonia

Bruselas

Marzo de 1793
Neerwinden

Coblenza

Lille

Nov. 1793
Jemappes

Mons

Arras

Junio de 1794
Fleurus

PAÍSES BAJOS
AUSTRIACOS

Mainz

Amiens

Oct. 1793
Wattignies

Mosa

Dez. 1793
Wissembourg

Landau

Caen

Rouan

Reims

Metz

R. Sena

Sept. 1792
Valmy

Varennes

Nancy

Estrasburgo

París

Marne

FRANCIA

Rennes

Troyes

R. Loira

Dijon

Besançon

Angers

Tours

hacia Prusia

Nantes

Bourges

Saône

CONFEDERACIÓN
SUIZA

Poitiers

Clermont-
Ferrand

Saboya

Vienne

Allier

Lyón

Isère

Limoges

Grenoble

REINO DE
CERDEÑA

Burdeos

R. Ródano

Durance

R. Garona

Venaissin

*hacia
Cerdeña*

Montauban

Aviñón

Bayona

Toulouse

Nîmes

Mónaco

Montpellier

Marsella

Toulon

REP. DE
GÉNOVA

Perpiñán

Mar Mediterráneo

PAÑA

ESPAÑA

ANDORRA

Arriba: Ilustración de la ejecución de Luis XVI el 21 de enero de 1793. Su esposa, la reina María Antonieta, compartió su destino y fue decapitada el 16 de octubre de 1793.

había informado constantemente de sus actos al pueblo de París mediante la distribución de panfletos, y los jardines del Palais Royal se habían convertido en un lugar de reunión para populosas multitudes de parisinos exaltados. Cuando se dio a conocer la noticia de que Luis XVI había destituido a su compasivo ministro de Economía Jacques Necker, el pueblo dirigió su ira contra La Bastilla. La turba recorrió la ciudad y, aunque en La Bastilla únicamente había encarcelados siete presos en la fecha, se encaminó hacia la prisión, que también albergaba un importante arsenal. El gobernador de la prisión fue asesinado y su cabeza decapitada desfiló por las calles;

también fueron ejecutados varios guardias y se liberó a los siete prisioneros: cuatro falsificadores, dos lunáticos y un desviado sexual. La muchedumbre se dirigió entonces hacia el Ayuntamiento de la ciudad, el Hôtel de Ville, donde sitió al alcalde y lo asesinó. Insurrecciones similares tuvieron lugar en todo el país: los campesinos asaltaron castillos y otros símbolos de opresión. Francia sigue celebrando el 14 de julio el Asalto a La Bastilla, un día de importancia comparable al Día de la Independencia en Estados Unidos.

Robespierre

Los reyes habían sido encarcelados tras su intento frustrado de huir de París. En el año 1792, Francia fue proclamada República. Las multitudes de París, con un grado creciente de violencia, perpetraron las masacres de septiembre, en las que miles de personas fueron asesinadas. Los reyes fueron ejecutados en 1793. Tras su ejecución, la Revolución se adentró en una fase más dramática conocida como el Reinado del Terror. El líder de este «reinado» fue Maximilien de Robespierre.

Robespierre, abogado, había sido elegido diputado de los Estados Generales en 1789. Debido a su posición férrea y radical, lo apodaron «el Incorruptible». Su don para la oratoria y sus arengas lo convirtieron en un personaje popular y, a la muerte de Mirabeau en 1791, aumentó su poder en la Asamblea Constituyente. Su izquierdismo radical desagradaba a la mayoría de los integrantes de la Asamblea y Roberspierre se halló en el centro del club de los jacobinos, integrado por caballeros burgueses con ideas revolucionarias de toda Francia. Liderado por Robespierre, el club se asoció con las actitudes más extremas. Robespierre debe su infausta memoria al reinado despiadado de terror por el que suele recordarse la Revolución Francesa. Abogaba por la ejecución sistemática de todos los oponentes a los jacobinos y todos los partidarios de la contrarrevolución. Unas 40.000 personas fueron ejecutadas en París y en las provincias colindantes. El mismo Robespierre fue víctima de la guillotina en 1794. Sus propios camaradas, alarmados por su talante dictatorial y su clamoroso descenso de popularidad, se volvieron en su contra.

La guillotina

La guillotina fue un invento que permitió a los jacobinos deshacerse de multitud de personas en poco tiempo. En 1789, un integrante de la Asamblea Constitucional, Joseph Guillotin, planteó que debía adoptarse un método más eficaz para ejecutar a los nobles. La guillotina permitía decapitar a las víctimas con mayor rapidez y eficacia de las que ningún verdugo era capaz. La diseñó un doctor del Colegio de Cirujanos francés llamado Antoine Louis. Accionada por un muelle, una única cuchilla descendía sobre el cuello de la víctima y luego podía volver a ser sujetada en alto hasta colocar en su lugar al siguiente condenado. La guillotina se usó por vez primera en abril de 1792, y tanto Luis XVI como María Antonieta murieron decapitados por el filo de su hoja. El uso de la guillotina ofrecía un gran espectáculo a la muchedumbre de París, que en un principio demostró ser un público complacido que aplaudía cada descenso de la cuchilla letal. Cuenta la leyenda que las ancianas se sentaban a contemplar las ejecuciones mientras hacían punto y que el sonido de sus agujas era lo último que los condenados oían antes de morir. La guillotina siguió siendo un método de ejecución legal en Francia hasta 1981.

Del terror a la dictadura

A la muerte de Robespierre, los jacobinos perdieron su posición en la Asamblea, que pasó a ser llamada Convención Nacional. Los miembros más conservadores de la Convención, los doctores y abogados de la clase media que habían iniciado la Revolución en 1789, se alzaron con la mayoría. El Reinado del Terror tocó a su fin cuando el pueblo, harto de los derramamientos de sangre, exigió la paz. Al recuperar las clases medias las riendas del Gobierno, la clase obrera y los pobres volvieron a hacer frente a precios elevados y, en 1795, el pueblo parisino intentó una segunda revuelta, pero en este caso el ejército apoyó al Gobierno y sofocó los tumultos.

La nueva Convención emprendió la labor de redactar una Constitución democrática conocida como el Directorio. El Directorio proclamó a cinco miembros de la Convención directores ejecutivos. La Revolución había sido muy impopular entre el resto de gobernantes europeos y la guerra contra ejércitos extranjeros había mantenido ocupado al ejército francés desde 1792. En 1798, el comandante de los ejércitos revolucionarios de Italia y Egipto regresó a Francia convertido en héroe, después de proclamarse victorioso en una serie de batallas. Cuando los miembros del Directorio dieron un golpe de Estado, solicitaron a ese héroe militar, Napoleón Bonaparte, que protegiera al nuevo Gobierno. Napoleón acabó por deponer al Directorio e instaurar una dictadura militar que se prolongaría hasta el año 1815. La Revolución había concluido.

Las consecuencias de la Revolución

Aunque el valor revolucionario fundamental de la «igualdad» parecía haber fracasado en 1799 y la emergencia de una dictadura minaba los valores de la «libertad» y la «fraternidad», la Revolución entrañó cambios reales para Francia. El feudalismo pasó a ser algo del pasado y las clases medias se convirtieron en el nuevo poder dominante. Además, Francia se alzó como un país unificado y la era anterior de reyes, ducados enfrentados y nobles rivales, el llamado *Ancien Régime* o Antiguo Régimen, desapareció para no regresar jamás. La Revolución también infundió una cierta sensación de cambio democrático, la cual movió a los franceses a intentar instituir varios medios de elegir a sus representantes. Los franceses habían demostrado al resto de Europa de lo que era capaz el pueblo, sobre todo cuando su libertad se ponía en juego. De este modo, aunque la Revolución pudiera parecer haber fracasado, lo cierto es que dio paso a una época más moderna en Francia y, con el tiempo, en toda Europa.

La Europa napoleónica

General excelso, Napoleón impuso el dominio de Francia en gran parte de Europa. Pero la oposición y el resentimiento se propagaron y unieron, y su imperio tuvo una vida efímera.

Napoleón Bonaparte

Nacido en la isla de Córcega en 1769, Napoleón Bonaparte era hijo de un abogado italiano que sirvió a las órdenes de Luis XVI. De niño fue enviado a Francia a cursar sus estudios, al fin de los cuales se alistó en la prestigiosa Escuela Militar de París. En 1785, con tan solo 16 años de edad, recibió la primera misión militar con el grado de teniente. Cuando en 1789 estalló la Revolución Francesa, regresó a Córcega, pero hacia 1793 se había posicionado ya claramente del lado de los republicanos y afrancesó su nombre, que en realidad era Napoleone Buonaparte. Napoleón ascendió rápidamente entre las filas del ejército, haciéndose con una excelente reputación y granjeándose una gran popularidad.

En 1796 asumió el mando de las desmoralizadas tropas destacadas en la frontera italiana y las condujo a una clara victoria sobre los austriacos en Lodi, el primer éxito de Napoleón frente a un ejército extranjero. Pese a que sus hombres estaban mal equipados, el ingenio táctico de Napoleón hizo que derrotaran repetidamente a los austriacos, hasta forzarlos a firmar un tratado. En 1798, Napoleón atacó Egipto, bajo dominio inglés, y a pesar de ser finalmente derrotados por Lord Horatio Nelson en la batalla del Nilo, durante su ocupación de Egipto, los franceses descubrieron la famosa Piedra de Rosetta, que permitió descifrar los jeroglíficos del Antiguo Egipto. También se acreditó a sus tropas el infausto trofeo de haber usado la nariz de la Esfinge como diana para practicar puntería, aunque tal vez sea una leyenda. En 1799, Napoleón abandonó Egipto para regresar a París, donde se temía que los monárquicos se apoderaran del Gobierno. Napoleón apoyó un golpe de Estado, asió el poder y se proclamó primer cónsul de Francia. Bajo su liderato, el Gobierno francés quedó finalmente centralizado, se instauró el Banco de Francia y el catolicismo romano se declaró la religión oficial del país. También se reformó el sistema legal francés con la adopción del Código de Napoleón y, en 1802, se modificó la Constitución para convertir el puesto de primer cónsul en vitalicio. La guerra contra Gran Bretaña se perfilaba en el horizonte y Napoleón decidió vender territorios franceses en América, en concreto en Luisiana, con objeto de financiar el ejército. En diciembre de 1804 fue coronado emperador de Francia en la catedral de Notre Dame y su esposa Josefina fue proclamada emperatriz.

La Europa napoleónica

Napoleón, un general brillante, ideó una técnica bélica moderna que despachó muchas de las tácticas de asedio empleadas en el pasado. Sus tropas se mostraron más hábiles que las enemigas y Napoleón no tardó en poder ampliar su dominio sobre sus rivales europeos. Se anexionó territorios como Suiza, España, Nápoles y Westfalia, que gobernó desde París o colocando en el poder a miembros de la familia Bonaparte. Los príncipes de la Alemania Occidental se sometieron al dominio napoleónico, convirtiéndose en estados dependientes y, en 1806, el Sacro Imperio Romano fue abolido. Napoleón, cuya influencia se extendía por toda la Europa Occidental, contribuyó a la evolución de la Europa moderna.

El Código de Napoleón era un compendio de leyes que regulaba aspectos civiles y consolidaba los principios de la Revolución Francesa: la igualdad de todos los hombres ante la ley y el derecho a la propiedad. Puesto que su ámbito de aplicación fue toda la Europa napoleónica, supuso la abolición efectiva del feudalismo. El Código de Napoleón fue el germen de numerosos sistemas legales europeos y latinoamericanos e incluso de la documentación legal de la Unión Europea.

La Europa de Napoleón fue un lugar donde el mérito y la riqueza se convirtieron en las formas de poder, desbancando a los derechos de nacimiento y los privilegios. Puesto que muchas reformas sociales y legales implantadas por Napoleón tenían una naturaleza secular, también fueron adoptadas por algunos gobernantes islámicos, en particular por los otomanos. Su anexión de los territorios alemanes y de los estados italianos también tuvo un efecto duradero en dichos países. En ninguno de ellos existía un sentimiento nacional, debido al largo tiempo que llevaban subdivididos en pequeños estados, y estar dirigidos por una administración contribuyó a infundir un sentimiento de «ser alemán» y «ser italiano».

Las Guerras Napoleónicas

Napoleón ansiaba imitar a los emperadores romanos y construir un inmenso imperio cuyo centro, en lugar de Roma, fuera París. Sin embargo, los británicos ansiaban con la misma fuerza poner freno a sus ambiciones. Temían una inclinación de la balanza del poder en favor de su enemigo tradicional, Francia, sobre todo por motivos

económicos. En 1805, Gran Bretaña declaró la guerra a Francia y formó una alianza con Rusia, Prusia y Austria. Ese mismo año, el almirante Nelson derrotó a las flotas francesas y españolas en la batalla de Trafalgar. Pero en la batalla de Austerlitz se giraron las tornas: los austriacos fueron derrotados y Napoleón pudo negociar la posesión de toda la Italia septentrional, coronándose rey de Italia. Prusia fue derrotada en 1806 y Rusia en 1807, y, en el Tratado de Tilsit, Napoleón exigió que ambos países se aliaran con Francia y acataran el boicoteo de productos británicos. La intención de Napoleón era arruinar la economía británica, pero aquel boicoteo en realidad acabó debilitando a los rusos, que dependían del intercambio de madera y grano por bienes manufacturados con Gran Bretaña. El zar Alejandro I se vio obligado a saltarse el embargo y, en respuesta a esta insubordinación, pero también a la satisfacción de sus ambiciones territoriales, Napoleón llevó un ejército de 500.000 hombres a Rusia en 1812. Se vio impelido a marchar hasta Moscú, ciudad que los franceses tomaron sin problemas. Sin embargo, las líneas de abastecimiento eran demasiado largas y Napoleón se vio obligado a retirarse. Durante la marcha de regreso a Francia, el invierno ruso cayó como una losa sobre el ejército de Napoleón: más de 300.000 soldados murieron de hambre y frío. Con un ejército debilitado y la moral francesa en un punto bajo, los británicos, austriacos, prusianos y rusos se lanzaron al ataque. En Leipzig, la batalla de las Naciones se saldó con la derrota del ejército francés, y las fuerzas aliadas pudieron por fin invadir Francia. Napoleón abdicó en 1814 y fue forzado a exiliarse a Elba.

Josefina

Nacida en una plantación de la isla de Martinica, en las Indias Occidentales, Marie Josèphe Rose de Tascher de la Pagerie alcanzaría la fama como primera emperatriz de Francia y primera esposa de Napoleón. En 1779 llegó a Francia para contraer matrimonio con Alexandre, vizconde de Beauharnais, al que dio dos hijos, Eugenio y Hortensia (esta última se casaría con el hermano de

EL IMPERIO DE NAPOLEÓN, h. 1812

Gobernado directamente por Napoleón

Gobernado por familiares de Napoleón

Estado dependiente

Islandia

OCÉANO
ATLÁNTICO

*Islas Feroe
(a Dinamarca)*

*Islas
Shetland*

SUECIA

NORUEGA

Unidas hasta 1814

DINAMARCA-NORUEGA

Bergen

Christiania

*Mar del
Norte*

Finlandia
(1809 a Rusia)

Helsinki

San Petersburgo

Estocolmo

Reval

Ahvenanmaa

Novgorod

Gotland

Gotemburgo

Mar Báltico

Riga

Smolensk

Copenhague

REP. DE
DÁNZIG

(a Suecia)

Königsberg
Prusia
Oriental

Vilna

IMPERIO
RUSO

Escocia

Edimburgo

PRUSIA

Bialystok
(1807 a Rusia)

Irlanda

Dublín

REINO UNIDO DE
GRAN BRETAÑA
E IRLANDA

*Helgoland
(1807-1814 a GB)*

Hamburgo

Bremen

Amsterdam
*(1807-1810
a Fr.)*

Hamburgo
(1807-1810 a Fr.)

WESTFALIA

Berlín

Brandeburgo

Silesia

Varsovia

GRAN DUCADO
DE VARSOVIA

Inglaterra

Gales

Londres

Amberes

Bruselas

Colonia

Erfurt

Frankfurt

Bohemia

Praga

Cracovia

Galizia

Ternopol

(1809 a Prusia)

(1812 a Rusia)

Islas del Canal o Anglonormandas

N

París

CONFEDERACIÓN
DEL RIN

Viena

IMPERIO
AUSTRÍACO

Besarabia

Orleans

Tours

Múnich

Estiria

Buda
(Ofen)

Pest

Moldavia

0   200 km

FRANCIA

Berna
SUIZA

Carintia

Hungría

Transilvania

ocupado

0   200 millas

Lyón

Ginebra
*(1798-1814
a Fr.)*

Milán

Banat

Bucarest

Burdeos

Turín

Venecia

ITALIA

Provincias ilirias

Belgrado

Valaquia

IMPERIO OTOMANO

Bulgaria

Toulouse

Marsella

LUCCA

Florencia

Toscana

Mar Adriático

MONTENEGRO

Sofía

Constantinopla

PORTUGAL

Cataluña
(1808-1813 a Fr.)

Córcega

Estados
Pontificios

Roma

NÁPOLES

Macedonia

Madrid

Barcelona

Nápoles

*Mar
Egeo*

ESPAÑA

Islas Baleares

*Menorca
(1798-1802 a GB)*

CERDEÑA

Corfú
(1807-1814 a Fr.)

Tesalia

Islas
Jónicas

Atenas

Mar Mediterráneo

Palermo

SICILIA

*Malta
(1798 a Fr.
1800 a GB)*

Ocupado por GB

Creta

Gibraltar

Ceuta
hacia España

Orán

Argel

Bona

Túnez

MARRUECOS

ARGELIA

Túnez

Napoleón). Durante la Revolución, Beauharnais fue ejecutado y Josefina estuvo encarcelada durante un año. Escapó de la guillotina principalmente gracias a la muerte de Robespierre, tras la cual fue puesta en libertad.

Josefina se convirtió en una figura célebre de la sociedad parisina y tuvo numerosos amantes, uno de ellos el joven general Bonaparte, seis años menor que ella. En 1796, Josefina y Napoleón formalizaron lo que sería un matrimonio por amor y relativamente feliz. Josefina acompañó a su esposo durante su gira militar por Italia, pero regresó a París antes de que él partiera hacia Egipto. Gracias a su popularidad entre la alta sociedad francesa, Josefina influyó en la carrera de su marido en París y allanó el camino para su retorno triunfal en 1799. Posiblemente como resultado de una herida al caer de un balcón, Josefina no pudo dar un heredero a Napoleón y, en 1809, accedió a anular su matrimonio; el divorcio de ambos fue el primero amparado por el Código de Napoleón. Napoleón contrajo entonces matrimonio con la nieta de María Antonieta, María Luisa de Austria, quien dio a luz al futuro Napoleón II en 1811. Pero Napoleón mantuvo el contacto con su primera esposa, a quien continuó escribiendo a Malmaison, su hogar, y cuenta la leyenda que las últimas palabras que pronunció en su lecho de muerte estuvieron dirigidas a ella. Por su parte, Josefina se retiró con una pensión cómoda y se dedicó a cultivar rosas. Falleció en 1814, un mes después del exilio de Napoleón a Elba.

La derrota final de Napoleón

Con Napoleón exiliado en Elba, las fuerzas de la coalición, decididas a erradicar cualquier amenaza de futura agresión francesa, decidieron restaurar la dinastía Borbónica en el trono francés y proclamaron rey a Luis XVIII. El reinado del monarca fue impopular en términos generales; los franceses temían el retorno de la época previa a la Revolución y no querían perder una libertad que les había costado tanto ganar. Napoleón, posiblemente consciente de este hecho, huyó de su cautiverio. Pese a que lo habían enviado a Elba con la tarea de gobernar la isla, había estado controlado de cerca por guardias austriacos y franceses. A su llegada a Francia en 1815, los soldados que habían enviado a arrestarlo se arrodillaron ante él y le dieron la bienvenida. Napoleón regresó a París triunfante.

Siguieron cien días de mandato. Declarado fugitivo por sus enemigos, Napoleón deci-

dió atacarlos antes de darles tiempo para reunir tropas contra él. Envió su ejército a Bélgica, donde estaban acampadas las tropas británicas y prusianas, y se enfrentó a los prusianos en Ligny. Luego, en Waterloo, Napoleón atacó al ejército británico, dirigido por Arthur Wellesley, duque de Wellington. Aquella fue la última derrota de Napoleón. Se rindió ante los británicos esperando lenidad, pero estos le pagaron recluyéndolo en la isla remota de Santa Elena, en el Pacífico Sur. Durante su estancia allí estuvo constantemente acompañado por un oficial inglés y su aburrida existencia lo sumió en una depresión. Tras haber perdido toda voluntad de seguir viviendo, Napoleón falleció en 1821. Su última voluntad fue que sus cenizas se arrojaran al Sena.

Abajo: Josefina nació en una plantación de Martinica, con el nombre de Marie Josèphe Rose de Tascher de la Pagerie. Contrajo matrimonio con Napoleón en 1796, después de que su primer esposo fuera ejecutado durante el «Terror». Páginas anteriores: Más italiano que francés de nacimiento, Napoleón se hizo con el poder en Francia en 1799 y se coronó emperador cinco años después.

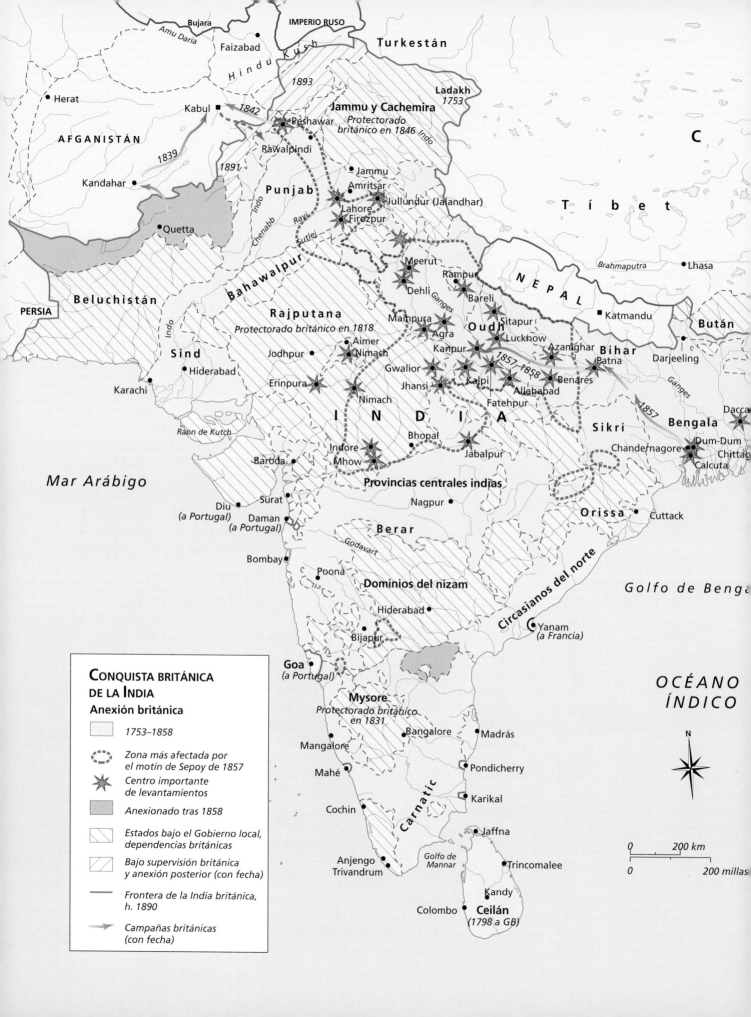

Bujara
Amu Daria
Faizabad
IMPERIO RUSO
Turkestán
Hindu Kush
1893
Ladakh
1753
1842
Kabul
Peshawar
Jammu y Cachemira
Herat
Protectorado
1839
Rawalpindi
británico en 1846
AFGANISTÁN
1891
Indo
Kandahar
Punjab
Jammu
Amritsar
Jullundur (Jalandhar)
Quetta
Lahore
Firozpur
Indo
Chenabb
Ravi
Tíbet
PERSIA
Bahawalpur
Sutlej
Meerut
Brahmaputra
Lhasa
Beluchistán
Rampur
NEPAL
Dehli
Bareli
Ganges
Katmandu
Bután
Sind
Rajputana
Mainpura
Oudh
Sitapur
Protectorado británico en 1818
Agra
Lucknow
Bihar
Hiderabad
Jodhpur
Ajmer
Kanpur
Azamghar
Darjeeling
Nimach
Patna
Karachi
Erinpura
Gwalior
Kalpi
1857-1858
Benarés
Ganges
Jhansi
Allahabad
1857
Nimach
Fatehpur
Sikri
Bengala
Dacca
Rann de Kutch
I N D I A
Bhopal
Chandernagore
Dum-Dum
Indore
Jabalpur
Chittag
Baroda
Mhow
Calcuta
Mar Arábigo
Provincias centrales indias
Diu
(a Portugal)
Surat
Nagpur
Orissa
Cuttack
Daman
(a Portugal)
Berar
Godavari
Bombay
Dominios del nizam
Golfo de Benga
Poona
Circasianos del norte
Hiderabad
Yanam
(a Francia)
Bijapur
OCÉANO
ÍNDICO
Goa
(a Portugal)
Mysore
Protectorado británico
en 1831
N
Bangalore
Madrás
Mangalore
Pondicherry
Mahé
Karikal
Carnatic
Cochin
Jaffna
Anjengo
Golfo de
Trivandrum
Mannar
Trincomalee
Kandy
Colombo
Ceilán
(1798 a GB)

CONQUISTA BRITÁNICA
DE LA INDIA
Anexión británica

1753–1858

Zona más afectada por
el motín de Sepoy de 1857

Centro importante
de levantamientos

Anexionado tras 1858

Estados bajo el Gobierno local,
dependencias británicas

Bajo supervisión británica
y anexión posterior (con fecha)

Frontera de la India británica,
h. 1890

Campañas británicas
(con fecha)

0   200 km

0   200 millas

La India bajo dominio británico

El interés de Gran Bretaña en la India se inició con pequeños puestos comerciales y culminó con un control absoluto del subcontinente, un control que no logró mantener.

Bases británicas en la India

Tras el éxito de los portugueses y los holandeses, un grupo de mercaderes británicos formó la Compañía Británica de las Indias Orientales en 1599 y, un año después, la reina Isabel I les garantizó el monopolio del comercio británico con las Indias Orientales. A principios del siglo XVII se realizaron diversos viajes a la región con el objetivo de establecer allí una presencia británica. Los primeros éxitos llegaron en 1619 con la fundación de un puesto comercial o «fábrica» en Surat y con la del fuerte St George en Madrás entre 1634 y 1639.

En 1647 se habían establecido ya cerca de 30 enclaves comerciales y, pese a los conflictos con los holandeses, los portugueses y los poderes mogoles autóctonos, y sobre todo pese a la triste campaña contra el emperador mogol Aurangzeb entre 1688 y 1691, que estuvo a punto de acabar en un desastre, hacia finales del siglo la Compañía Británica de las Indias Orientales había ampliado enormemente sus operaciones en la India. Se instalaron numerosos puestos comeciales en ambos litorales del subcontinente y surgieron populosos asentamientos en Madrás, Bombay y fuerte William, en Calculta.

Auge del poder británico

Al margen de los lazos comerciales y los grandes asentamientos que establecieron en la India durante el siglo XVII, los británicos no ostentaban un poder real en el subcontinente, ni comercial ni político. Sin embargo, cuando el Imperio Mogol empezó a desmoronarse tras la muerte del emperador Aurangzeb en 1712, estaban bien posicionados para llenar el vacío dejado. Pero había un problema: desde su fundación en 1664, la Compañía Francesa de las Indias Orientales, o *Compagnie des Indes*, había ido ampliando paulatinamente su riqueza y territorio y engrosando las filas de su ejército. A principios del siglo XVIII, los conflictos en Europa, durante los cuales los británicos habían establecido alianzas contra Francia, habían salpicado a las posesiones de ultramar. Las rivalidades entre ambas naciones iban en aumento y todo apuntaba a que acabarían desembocando en una lucha por el poder. En un principio, los franceses parecían aventajados y capturaron Madrás en 1744, pero en 1751 su fortuna se invirtió en la cercana Arcot, donde Robert Clive, un antiguo oficinista de la Compañía Británica de las Indias Orientales, tomó y defendió con éxito esta plaza fuerte francesa con una reducida tropa de soldados ingleses e indios. En 1756, el conflicto se desvió hacia el norte, donde el nabab o virrey de Bengala, Siray al-Dawla, lanzó un ataque contra el fuerte William, lo capturó y encarceló a sus habitantes, muchos de los cuales fallecieron en una celda temporal, un incidente conocido como el «Agujero negro de Calcuta».

Arriba: Las oficinas centrales de la Compañía Holandesa de las Indias Orientales en Hugli, Bengala, alrededor de 1665.

Clive, convertido en teniente coronel y gobernador del fuerte St David, reconquistó el fuerte William en 1757, antes de apresar el principal asentamiento francés en la India, Chandernagore, y aplacar la amenaza francesa. Derrotó al numerosísimo ejército de Siray al-Dawla en la batalla de Plassey, un hito que logró gracias a una conspiración política que implicó la traición de uno de los generales del nabab, Mir Jafar. Jafar fue proclamado nuevo nabab, privilegio que pagó a Clive con un generoso salario. La Compañía de las Indias Orientales, que a efectos prácticos controlaba Bengala, empezó a recaudar impuestos en los territorios mogoles y a dirigir sus tropas. A partir de aquel momento dejó de ser una organización comercial para convertirse en una autoridad con auténtico poder político. Tras viajar a Inglaterra para ser investido caballero, Clive regresó a India en 1765 para ostentar el cargo de gobernador y comandante en jefe de Bengala, estableciendo la primera sede de poder en lo que se convertiría en el Imperio de la India Británica.

La conquista británica

Si bien la Compañía Británica de las Indias Orientales había establecido en 1757 los cimientos del imperio y

había asegurado cierto control, sus representantes no estaban acostumbrados a gobernar y en 1767 surgieron en Gran Bretaña las primeras voces que reclamaban que las posesiones indias estuvieran bajo la soberanía de la Corona. Tras la grave hambruna que azotó Bengala entre 1769 y 1970 y que devastó casi por completo la Compañía, el Estado intervino en su ayuda, pero puso un precio a cambio: la Compañía debía ir cediendo su poder al Gobierno británico. La Ley de la India o Ley Reguladora de 1773 y la Ley de la India de 1784 establecieron un mayor control parlamentario de la Compañía. El Gobierno se reservaba el derecho de supervisar y regular la política y con ello sometió a la India al dominio de sucesivos gobernadores generales e introdujo un sistema de control dual que se prolongaría hasta 1858.

Este periodo se caracterizó por las ansias de expansión británicas, ya fuera mediante la formación de «alianzas subsidiarias» o de conquistas. La política de las alianzas subsidiarias dio lugar a la creación de los «Estados Nativos», en los cuales los príncipes retenían sus títulos y aparentemente su poder, pero en realidad cedían gran parte de este a la Compañía, sobre todo en los temas de defensa y asuntos exteriores. La India británica estaba integrada por los territorios directamente anexionados por los británicos, por lo común a resultas de una conquista militar. Bajo gobernadores generales como Warren Hastings, lord Cornwallis, lord Wellesley y William Bentick, los británicos pretendían pacificar, «civilizar» y «mejorar» a sus súbditos mediante la adopción de reformas sociales, que contemplaban, entre otras, la reforma de los impuestos, de la educación, del imperio de la ley y del sistema judicial. La lengua persa fue sustituida por el inglés como lengua de los tribunales y hubo intentos de cristianizar el país, para lo cual se ilegalizaron determinadas prácticas indias sociales y religiosas.

Tras las campañas militares fructíferas contra el sultán de Mysore en 1799, los marathas en 1818 y los sijs en una serie de conflictos entre 1845 y 1848, y la anexión constante de nuevos territorios bajo los gobernadores generales Dalhousie y Canning, la ocupación británica de la India se completó hacia 1849, momento en el que prácticamente toda la India se hallaba directa o indirectamente controlada por la Compañía. A partir de 1851 se acometió el desarrollo de las infraestructuras de la India. Se construyeron un sistema de telégrafos y otro ferroviario y se mejoró la irrigación, todo lo cual generó empleo para indios y angloindios. Muchos indios eran fieles a los británicos, o al menos toleraban su dominio, pero para muchos otros la anexión de tierras, los impuestos y los intentos de occidentalización que vulneraban sus costumbres fueron fuente de resentimiento.

El motín indio de 1857

Ese resentimiento contra los británicos estalló el 10 de mayo de 1857, cuando los cipayos, soldados indios del ejército británico en la India, se amotinaron cerca de Delhi, una rebelión que marcó el inicio de una insurrección de un año de duración contra los británicos. El alzamiento se desencadenó a raíz del rumor de que la munición se había engrasado con grasa de cerdo y vaca, lo cual suponía una ofensa para las creencias religiosas tanto de los soldados musulmanes como hindúes. En términos más generales, la rebelión fue una reacción a los rápidos cambios sociales y a la modernización llevada a cabo por los británicos, así como a un intento frustrado por parte de los musulmanes de resucitar la agonizante dinastía Mogol. El levantamiento fue sofocado por los británicos con un gran ejército de soldados indios leales hacia mediados de 1858, fecha de la rendición de las últimas unidades amotinadas. A raíz de aquella rebelión, el último emperador mogol, Bahadur Shah, fue juzgado por sedición, condenado y exiliado a Birmania, lo cual puso fin al Imperio Mogol. Una consecuencia directa de

la revuelta, que había representado la primera amenaza seria al dominio británico de la India, fue la disolución de la Compañía de las Indias Orientales por parte de los británicos y la asunción del control por parte del Gobierno. La India pasó a estar regida por la Corona y los gobernadores generales fueron sustituidos por virreyes, instaurando con ello el Raj Británico bajo la reina Victoria.

El Raj Británico y el auge del nacionalismo indio

La reina Victoria fue proclamada emperatriz de la India en 1877 y, al asumir su cargo, prometió velar por el bienestar de sus súbditos y darles un trato igualitario ante la ley británica. Pero desde la rebelión de 1857 se había instalado en la población un recelo hacia el dominio británico y la actitud de los británicos hacia los indios también había variado, dando pie a una estrechez de miras y a una xenofobia creciente. La India victoriana se hallaba pues dividida. Frente a una distancia renovada entre los indios y los británicos, existía un deseo de mayor cooperación e inclusión. Entre finales del siglo XIX y principios del XX se pusieron en marcha varias reformas que otorgaban a los indios una mayor participación en el proceso político. Y en última instancia, esta generó y dio salida a la expresión de una renovada identidad nacional que alentó las esperanzas del autogobierno. En 1885 se fundó el Congreso Nacional Indio para permitir opinar a los indios acerca del gobierno de su país, y la Ley para el Mejor Gobierno de la India y las Reformas de Morley-Minto de 1909 concedieron a los indios papeles limitados en los consejos legislativos.

Pero el sentimiento nacionalista no se limitaba al Congreso. En Bengala y en el resto del país, revolucionarios armados pusieron en marcha campañas terroristas contra instituciones y oficiales británicos. También en esta época empezaron a cuajar como formas eficaces de protesta las estrategias de resistencia pacífica y no cooperación, tácticas que seguirían vigentes a lo largo de todo el dominio británico. Durante e inmediatamente después de la I Guerra Mundial, en la que lucharon muchos indios, parecía que las nuevas concesiones y las reformas constitucionales de 1917 y 1919 allanaban el terreno para el autogobierno. Sin embargo, 1919 se caracterizó por la aplicación violenta de la ley draconiana cuyo fin era suprimir la oposición al dominio británico: en los disturbios de abril, cerca de 400 indios desarmados fueron masacrados en Amritsar. Aquella matanza instó a líderes políticos como Mohandas Gandhi y Jawaharlal Nehru y a sus partidarios a llamar a la acción. Surgiría así un movimiento general contrario al dominio británico.

El descubrimiento europeo de Australia

Tras el «descubrimiento» de Australia por parte de los exploradores europeos, y sobre todo de los británicos, se instalaron allí asentamientos, en un principio, a modo de colonia penal.

Exploración europea

Varios aventureros y exploradores europeos arribaron a Australia en el siglo XVII, pero la llegada del inglés James Cook fue la más importante. Cook era un navegante consagrado que había luchado en la Armada británica en Quebec durante las guerras americanas contra Francia. También era un cartógrafo excelso y, en calidad de tal, fue enviado por la Sociedad Real a explorar el océano Pacífico sur. Cook desembarcó primero en Nueva Zelanda en 1769, convirtiéndose en el segundo europeo en hacerlo, y trazó un mapa de su litoral. Luego navegó hasta la Australia no explorada, donde desembarcó el 22 de agosto de 1770. Había anclado en el sudeste, en lo que pasó a ser Botany Bay, y resolvió que aquella sería la mejor ubicación para instalar un asentamiento inglés. Cuando la primera flota inglesa completa llegó en 1788, decidió encontrar un lugar más propicio para asentarse

y se trasladó hacia el norte, hasta Port Jackson, en lo que luego sería Sydney. Los territorios que rodeaban Botany Bay y Sydney eran montañosos y no resultaban especialmente atractivos para los colonos. Poco a poco, los exploradores empezaron a aventurarse hacia el interior, desplazando a su paso a los habitantes aborígenes, y, en 1829, Gran Bretaña se anexionó todo el continente.

Gran Bretaña no reclamó su soberanía sobre Nueva Zelanda hasta 1840, fecha para la cual la población indígena, los maoríes, empezaba a darse cuenta de que su relación no era equitativa. Varias guerras territoriales entre los europeos y los maoríes, las llamadas Guerras de Nueva Zelanda o Guerras Maoríes, se saldaron con una pérdida importante de territorio maorí.

Asentamiento británico

Los británicos no fueron los únicos europeos interesados en colonizar Australia; los franceses también ansiaban aprovechar las posibilidades que ofrecían los nuevos territorios. Con objeto de proteger sus intereses frente a los franceses, los británicos establecieron una serie de asentamientos fortificados en sus colonias de Nueva Gales del Sur y Victoria, y en la Tierra de Van Diemen (actual Tasmania).

En 1786, el Gobierno de Jorge III decidió usar Australia como base para sus colonias penales. Antes de ello, los ingleses habían empleado sus colonias en Norteamérica para enviar a los presos convictos, pero con la independencia estadounidense se habían visto obligados a retirarlas. El primer barco con un cargamento de presos llegó

Izquierda: Prisioneros enjaulados viajando a bordo de un buque de transporte con destino a Australia.

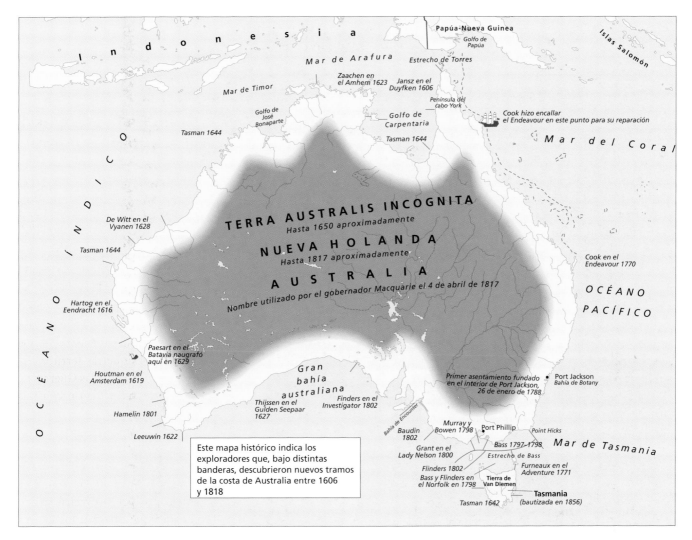

Este mapa histórico indica los exploradores que, bajo distintas banderas, descubrieron nuevos tramos de la costa de Australia entre 1606 y 1818

a Port Jackson en 1788. En él viajaban 586 presos y 192 presas, muchos de los cuales habían sido condenados por delitos menores, como hurtos. Entre 1788 y 1867, fecha en que se puso fin a esta práctica, más de 160.000 personas fueron trasladadas a las colonias penales. Pese a tener que hacer frente a unas condiciones severísimas, muchos convictos permanecieron en Australia al concluir sus sentencias y algunos se reunieron allí con sus familias venidas de Gran Bretaña e Irlanda. No obstante, no solo los convictos empezaron a asentarse en Australia: muchos de los soldados y administradores que trabajaban para el sistema penal también eligieron permanecer en aquel lugar tan lejano a su hogar.

El ritmo del cambio

Al poco, colonos libres empezaron a llegar a Australia y la ganadería bovina se extendió ampliamente en la década de 1820, cuando fue posible explotar las llanuras al interior del asentamiento original. La lana exportada a Gran Bretaña se convirtió en la base de la economía

australiana. En la década de 1830 se abrieron nuevos territorios y la tasa de inmigración aumentó aún más. El trigo se consagró como otra exportación importante. El descubrimiento de oro en la década de 1850 conllevó una nueva avalancha de inmigración, y la población aumentó de poco más de 400.000 habitantes en 1850 a cuatro millones en 1900. La lana y el oro también fueron centrales para la economía neozelandesa y la exportación de carne cobró relevancia a partir de 1870, tras la aparición de los buques frigorífico. Nueva Zelanda fue el primer país en ofrecer pensiones a sus obreros y también el primero, en 1893, en aprobar el voto femenino.

Los asentamientos europeos afectaron gravemente a la población indígena de ambos países. La demanda de tierras de pastoreo y recursos minerales causó conflictos entre colonos y nativos. Además, las enfermedades importadas se cobraron numerosas vidas de aborígenes y maoríes, cuyas poblaciones mermaron hasta la década de 1930. A principios del siglo XX surgieron campañas a favor de un mejor trato, que cosecharon un éxito dispar.

La Revolución Industrial

La industrialización cambió de forma radical el mundo. Las nuevas fuentes de energía condujeron a la mecanización y surgieron nuevas formas de comunicación y transporte.

Las causas de la industrialización

Varios factores provocaron el avance de la industrialización en el siglo XIX. En Europa, la consolidación de grandes imperios, como el británico, conllevó mayores oportunidades comerciales. La ampliación de los mercados de exportación alentó un aumento de la productividad, como resultado de la cual comenzaron a aparecer grandes fábricas modernizadas. En Gran Bretaña, el ritmo del desarrollo industrial se había acelerado durante el siglo XVIII, cuando el imperio alcanzó su extensión máxima. Hacia finales de este siglo y principios del XIX, otros países europeos, como Bélgica y Alemania, también a asentaron las bases de sus economías manufactureras. La industrialización iniciada en Gran Bretaña empezó a irradiarse a la Europa Septentrional y Occidental y luego al otro lado del Atlántico, hasta el litoral oriental de Estados Unidos.

La ampliación del saber científico también contribuyó a las «revoluciones» industriales. Tal vez el invento más crucial fuera el accionamiento por vapor, esencial para mover los motores de la maquinaria de las fábricas.

Para crear vapor se necesitaba carbón, lo cual explica que algunas de las zonas más industrializadas de Europa estuvieran situadas sobre grandes yacimientos de carbón. Gran Bretaña aprovechaba las minas del sur de Gales y la región central y el norte de Inglaterra; en Alemania, el valle del Ruhr era el corazón de la industria del carbón, si bien al norte había filones más profundos. En Francia, las principales vetas de carbón se localizaban en el sur y el fácil acceso al puerto mediterráneo de Marsella era vital.

Las zonas industrializadas se beneficiaban además del acceso a las grandes rutas comerciales y de comunicación, un acceso que habitualmente se efectuaba por ríos, canales o mar. Los británicos contaban con la ventaja de ser una isla relativamente pequeña en la que ninguna población se hallaba a gran distancia del mar y, además, poseían una importante red de ríos y canales que garantizaba un transporte fácil de las materias primas y los productos manufacturados. De forma similar, los valles fluviales del norte de Alemania y Bélgica también

eran cruciales. Pero no solo era importante la ubicación geográfica, sino también el emplazamiento de la mano de obra necesaria para trabajar en las fábricas. El cercamiento de la tierra ocurrido en Gran Bretaña durante los siglos precedentes al XIX había conllevado una gran emigración del campesinado rural hacia las ciudades en busca de trabajo. En la Europa peninsular, los campesinos habían permanecido atados a la tierra más tiempo, pero también acabaron emigrando a las ciudades. Los grandes puertos de Liverpool, Hamburgo, Marsella y Roterdam se convirtieron en centros urbanos industrializados.

Las consecuencias de la industrialización

El desarrollo de las economías industriales cambió radicalmente la faz del mundo. Las economías industrializadas acabarían por convertirse en las potencias mundiales de principios del siglo XX. Las superpotencias de Alemania, Francia, Gran Bretaña, Japón y Estados Unidos se beneficiaron de sus economías superiores. La industrialización convirtió la economía capitalista en el medio más productivo y eficaz de consolidar y financiar una nación, y las democracias capitalistas serían las naciones más ricas de la globalización de finales del siglo XX.

Sin embargo, durante el siglo XIX, las consecuencias inmediatas de la Revolución Industrial no parecían

Página anterior: Grabado en el que se muestra a las obreras (y el capataz) de un molino de algodón inglés en 1833.
Arriba: Los inicios de lo que luego sería Salt Lake City, en una foto tomada alrededor de 1850. El ferrocarril fue esencial para el desarrollo de Estados Unidos.

tan positivas. La urbanización de los pobres supuso un descenso en el nivel de vida de muchos europeos y, de hecho, el hambre y las enfermedades siguieron cundiendo tanto como en las épocas precedentes. La relación entre los fabricantes, cuyo objetivo era mantener los costes bajos para aumentar los beneficios, y los trabajadores mal pagados y explotados originó conflictos de clase. Las duras condiciones de vida de la Europa del siglo XIX influyeron en pensadores como Karl Marx, quien en 1848 publicó el *Manifiesto comunista*. Así, la industrialización no solo conllevó cambios sociales, sino también políticos. La aparición del comunismo, como tendencia enfrentada al capitalismo, fue vital para los cambios acaecidos en varios países, y en especial para los acontecimientos ocurridos en Rusia a principios del siglo XX.

El motor de vapor

Los motores de vapor fueron esenciales para la industrialización porque accionaron las bombas, los trenes y los barcos a vapor. En su forma más simple, un motor de

Arriba: El físico inglés Michael Faraday.
Página siguiente: Interior de la planta siderúrgica Krupp en Essen, la principal proveedora de armas del Imperio Alemán.

vapor utiliza agua hirviendo para producir vapor a presión. Este vapor hace presión contra una turbina o un pistón y fuerza su movimiento, y ese movimiento acciona las ruedas del motor. Pese a haberse inventado ya en 1698, el accionamiento por vapor experimentó diversos refinamientos hasta poder ser usado para accionar el primer barco en 1802. Las modificaciones más importantes del motor de vapor las realizó el escocés James Watt. Nacido en 1732, Watt consagró su vida a mejorar el motor de vapor. De hecho, de no haber realizado los cambios que realizó, el motor de vapor no habría podido impulsar la Revolución Industrial. Watt ideó la cámara separada en la que se condensaba el vapor y gracias a la cual el motor tenía una mayor eficacia; y también inventó el barómetro o indicador de presión, y la manivela y el volante que provocaron el movimiento rotatorio. Fue un motor de Watt el que impulsó el barco experimental *Clermont* aguas arriba por el río Hudson en 1807.

El ferrocarril

La aparición del ferrocarril fue esencial para el éxito de la industrialización. En Gran Bretaña funcionaba desde antes del siglo XIX una forma rudimentaria de ferrocarril: desde las bocaminas y las canteras, unos vagones tirados por caballos transportaban el carbón por medio de unas sencillas vías fabricadas con piedra y hierro. La invención del motor a vapor fue el catalizador del cambio. En 1804, un minero de estaño de Cornualles, Richard Trevithick, enganchó un motor a vapor a un vagón de una mina. Inspirado por esta acción, George Stephenson creó su *Rocket*, la primera locomotora móvil capaz de tirar de vagones. La primera línea de ferrocarril enlazó Liverpool con Manchester en 1830, y tras ella se desató un *boom* de la construcción ferroviaria. A partir de 1850, el Estado británico tuvo que intervenir para estandarizar el ancho de vía, que hasta entonces había sido variado. Esta intervención dotó a Gran Bretaña del primer sistema de transporte ferroviario nacional totalmente operativo. El ferrocarril fue ampliándose por toda Europa, uniendo las regiones y comunidades más aisladas y contribuyendo a la integración económica.

La industria textil

Las fábricas mecanizadas se convirtieron en el corazón que bombeaba las naciones industrializadas. La invención de procesos capaces de aumentar enormemente la productividad hizo que las fábricas de grandes dimensiones en las que la mano de obra accionaba la maquinaria se convirtieran en una imagen familiar en el paisaje de Europa. En el sector textil, la invención de la primera máquina de tejer accionada por energía hidráulica por parte de Arkwright en 1769 y el posterior invento del telar a vapor de Cartwright en 1792 revolucionaron la industria. En Estados Unidos, en 1793, Eli Whitney inventó la limpiadora de algodón, una máquina automatizada que separaba la semilla del algodón de la fibra empleada como materia prima. El aumento consiguiente de abastecimiento de algodón sin tratar conllevó un aumento en la demanda de tejidos de algodón. Hacia mediados del siglo XIX, Estados Unidos producía ya tres cuartas partes del algodón mundial, que se exportaba en gran medida desde los estados sureños hasta Nueva Inglaterra y, de allí, a Inglaterra para su hilado. Pero las fábricas no solo produjeron tejidos más baratos, sino también cerámicas, vajillas de cristal, relojes… en suma, cualquier producto para el que hubiera mercado.

Comunicación telegráfica

Las comunicaciones eran vitales para contar con una economía sana. Así, a lo largo del siglo XIX fueron apareciendo en toda Europa servicios postales. En 1875 se fundó la Unión Postal Universal para comunicar los distintos países por correo. La aparición del telégrafo hizo posible que las comunicaciones a larga distancia pudieran ser instantáneas, aunque abreviadas y cifradas. En 1837 se envió en Londres el primer mensaje de telégrafo eléctrico y, un año después, Samuel Morse patentó su telégrafo eléctrico en Estados Unidos. En 1866 tuvo lugar la primera comunicación transatlántica, tras el establecimiento exitoso del primer cable de telégrafos transatlántico entre Estados Unidos y Europa.

La electricidad

En 1821, Michael Faraday demostró que la energía eléctrica podía usarse con fines mecánicos. Su descubrimiento del electromagnetismo condujo a la invención de la dinamo eléctrica, germen de los generadores eléctricos. En 1873 se desarrolló una dinamo capaz de producir electricidad durante más tiempo y, aunque su potencia era limitada y más cara, poco a poco su uso fue popularizándose. Hasta principios del siglo XX, la electricidad más barata solo podían producirla los generadores hidroeléctricos, impulsados por la fuerza del agua. Las fábricas del montañoso norte de Italia, donde no había provisiones de carbón, estaban accionadas por electricidad. En 1890, Florencia albergó el primer tranvía eléctrico. En la década de 1930, la mayoría de Europa estaba ya electrificada, lo cual aceleró la industrialización de países como Rusia, cuyo ritmo de modernización había sido más lento durante el siglo XIX.

Armas

A partir del siglo XVI, el desarrollo de armas de fuego había adquirido una importancia creciente. Inevitablemente, las innovaciones tecnológicas del siglo XIX propiciaron que los instrumentos bélicos experimentaran también rápidos progresos. La aparición de la metralleta fue vital para la industria armamentística. La metralleta permitía disparar ráfagas de balas a gran velocidad. Y su eficacia se vio incrementada con la aparición en 1862 de la ametralladora de Gatling, con carga automática, que se empleó por primera vez en la Guerra Civil estadounidense y fue adoptada posteriormente por la Armada de Estados Unidos. La Mitrailleuse francesa constaba de 37 cañones de fusil montados a modo de cañón. En 1883, la ametralladora Maxim, otro diseño estadounidense, presentó un método más eficaz de recarga que empleaba la energía de retroceso de la bala disparada para cargar la siguiente bala, mejorando con ello tanto la velocidad de disparo como la eficacia del arma. Uno de los mayores fabricantes de armamento fue Alfred Krupp, quien transformó su acería familiar de Essen en una de las fábricas con mayores dimensiones y beneficios de Europa. Cuando Krupp heredó la empresa familiar, esta solo contaba con cinco empleados; a su muerte, en 1887, empleaba a 20.000 personas, cifra que da fe de la demanda de armas que se fabricaron durante el siglo XIX.

Los últimos zares rusos

El gobierno de los últimos zares de Rusia estuvo marcado por una represión creciente, por los errores repetidos y por una oposición férrea por parte de varios sectores de la sociedad.

El declive de la dinastía Romanov

Todos los zares del siglo XIX intentaron afianzar su posición como gobernantes autócratas, pese al descontento creciente de la población rusa. El reinado de Nicolás I (1825-1855) arrancó con el sofocamiento de la Rebelión Decembrista, un grupo de generales del ejército y boyardos cuyo fin era acotar los poderes del nuevo zar. La mayoría de las políticas interiores adoptadas por Nicolás I estaban concebidas para impedir cualquier forma de subversión y para reforzar su propia posición. En 1826, el zar creó su propia policía secreta, la Tercera Sección, una fuerza que confiaba en una red de informadores diseminados por todo el imperio. En 1830, el zar ordenó acallar brutalmente una sublevación en la Polonia rusa, abolió la Constitución polaca y redujo el país a un estado ruso. Su respuesta a la denominada «Cuestión Oriental», cómo hacer frente al declive del Imperio Otomano, suscitó las suspicacias de los británicos y los franceses y desencadenó la guerra de Crimea.

Nicolás fue sucedido por su hijo, Alejandro II, quien, heredero de una guerra desastrosa y una población empobrecida, supo que tendría que modernizar Rusia si quería competir con las naciones industrializadas de Europa. Su principal logro fue la abolición de la servidumbre en 1861, que otorgó a 20 millones de siervos rusos una libertad limitada y su propia parcela de tierra. Pero Alejandro era un dirigente conservador y su motivación no era instaurar reformas liberales, sino impulsar la economía. A cambio de la tierra que recibieron, y cuyo suelo presentaba una calidad pobre para la agricultura en su inmensa mayoría, los siervos tuvieron que efectuar pagos al Estado en forma de cosechas para la exportación. Las reformas de emancipación generaron un gran resentimeinto, tanto entre los campesinos, atenazados por las llamadas deudas de la redención como entre sus antiguos propietarios, que se encontraron súbitamente sin mano de obra. Durante gran parte de su reinado, Alejandro lidió con conspiraciones para asesinarlo y con terroristas revolucionarios. En 1866 sobrevivió a un intento de asesinato por parte de unos reaccionarios polacos. En 1881, el grupo terrorista Libertad del Pueblo lo mató con una bomba en San Petersburgo.

El hijo de Alejandro II, Alejandro III, fue incluso más represivo que su padre. Tanto él como sus asesores profesaban una profunda intolerancia hacia las religiones no ortodoxas y persiguieron con particular tesón a los judíos rusos. También procuraron intimidar y alienar a los miembros no rusos de la población, como los ucranianos, los polacos, los finlandeses y los lituanos. A resultas de todo ello, su reinado se caracterizó por la creación de numerosas organizaciones secretas y clandestinas, incluido un grupo marxista. Y en respuesta a dicha creación, Alejandro III reforzó los cuerpos policiales y de seguridad, otorgándoles más poderes. El sucesor de Alejandro III fue su hijo, el débil e influenciable Nicolás II, al que el destino convertiría en el último zar ruso.

La Guerra de Crimea

Las raíces de la Guerra de Crimea se hunden, sobre todo, en una disputa por el dominio de los territorios en posesión de los otomanos tras el derrumbe aparentemente inevitable del imperio. Rusia, que anhelaba anexionarse las tierras de la Europa del Este que hasta entonces habían sido estados vasallos del Imperio Otomano, había ocupado Moldavia y Valaquia (la posterior Rumanía) en 1853. Los rusos y los turcos llevaban largo tiempo enzarzados en conflictos, pero las tensiones habían aumentado en torno al tema del control de los lugares sagrados de Jerusalén, y esas tensiones habían acabado salpicando a Francia. Los británicos observaban con recelo los motivos rusos, temerosos de que estos aprovecharan la oportunidad para dominar el mar Negro y, con ello, las rutas comerciales por tierra con Asia. Cuando los turcos declararon la guerra en septiembre de 1853, los combates se concentraron en Moldavia y Valaquia. Los rusos acabaron siendo expulsados y los austriacos se introdujeron en la región para frenar futuros avances rusos. Los franceses y británicos se habían sumado a la guerra del lado de los turcos en marzo de 1854, año en el que se libraron batallas clave en la península de Crimea, las más importantes de las culaes fueron la de Balaklava e Inkerman. El puerto ruso de Sebastopol, asediado por las tropas aliadas desde principios de 1854, cayó en septiembre de 1855 y el nuevo zar, deseoso de poner fin a la guerra, firmó el Tratado de París en 1856, por el cual Rusia se comprometía a devolver Bessarabia a Moldavia y aceptaba la neutralización del mar Negro.

El caos y la incompetencia reinaron en ambos flancos del conflicto y la tristemente célebra carga de la

Brigada de la Caballería Ligera durante la batalla de Balaklava no fue más que un ejemplo de los problemas militares y logísticos registrados. Los brotes de cólera se sumaron a los demás males de los soldados en la primera guerra en la que los corresponsales de los periódicos pudieron informar del triste tratamiento que recibían los heridos. La llegada de aquellas noticias conmovedoras a Gran Bretaña impulsó a Florence Nightingale a instalar su primer hospital de enfermeras en Scutari y a Mary Seacole a fundar el primer hotel británico cerca de Balaklava.

Rasputín

El monje ruso Rasputín desempeñó un papel pequeño pero crucial en la caída de la dinastía Romanov. La influencia que ejerció sobre el zar Nicolás II y su esposa, la zarina Alejandra, fue vital para la creciente impopularidad de estos y los graves errores que ambos cometieron durante los acontecimientos que concluyeron con su muerte durante la Revolución Rusa. El propio Rasputín era un peregrino de cuna campesina nacido en Siberia en 1871 que logró hacerse indispensable para el zar y la zarina al aliviar los síntomas de la hemofilia del primogénito de estos. Sin embargo, el resto de la sociedad rusa veía en Rasputín a una figura mucho más polémica.

Corría el rumor de que era miembro de una secta religiosa que alentaba las prácticas pecaminosas, de que había disfrutado de la compañía de algunas de las damas de la alta sociedad de San Petersburgo y de que era un bebedor empedernido. Durante la I Guerra Mundial, su impopularidad aumentó más si cabe y fue acusado falsamente por muchos de ser espía alemán. En 1916, el Parlamento ruso, la Duma, y los boyardos llegaron a la conclusión de que era necesario eliminar a Rasputín y se urdió un complot para asesinarlo. Su muerte acabó siendo tan infame como su vida. Tres integrantes de la elite de Rusia lo engañaron para que acudiera a una casa con el objetivo de llevar a cabo una curación. Mientras estaba allí, lo agasajaron con vino y pasteles rociados con cianuro. Pero el veneno no le provocó la muerte y sus agresores acabaron disparándole tres veces: en el pecho, en la espalda y en la cabeza. Los impactos tampoco lo mataron y los tres hombres, desesperados, le patearon la cabeza, lo maniataron, lo envolvieron en una sábana y lo arrojaron al río Neva, donde finalmente se ahogó tras, aparentemente, luchar por zafarse de sus ataduras.

Abajo: Ilustración de la carga de la Brigada Ligera de Caballería durante la Guerra de Crimea.

La China manchú y la dinastía Qing

Durante el gobierno de los manchúes, China pasó de las primeras expansiones a una agitación generalizada en el siglo XIX que culminó con el fin del dominio imperial.

Los manchúes

La zona de Manchuria, en el nordeste de la China central, era una región montañosa y escasamente poblada por unas tribus nómadas pastorales conocidas como los jurchen. En 1616, el líder manchú Nurhaci organizó la sociedad manchú, uniendo a las distintas tribus jurchen. En 1636, su hijo Abahai rebautizó a los jurchen como manchúes y modificó su nombre dinástico, que pasó de Jin a Qing. Nurhaci clamó haber recibido el «Mandato del Cielo» antes de su muerte, declarando con ello su intención de asumir el trono imperial, y su hijo llevó a cabo su propósito. A finales de la década de 1630, Abahai invadió el norte de China. La rebelión de 1644 incitó al emperador Ming a suicidarse, hecho que impulsó al sucesor de Abahai, Dorgan, a entrar en Pekín, sofocar la rebelión y colocar al hijo de Abahai, Fu-lin, en el trono, dando con ello comienzo al Imperio Qing.

Aunque los manchúes no descendían de chinos, integraron elementos de la cultura china en su forma de gobernar. Mas, pese a estos esfuerzos, a muchos chinos les molestaba profundamente estar regidos por extranjeros y se mantuvieron leales a los Ming hasta finales del siglo XVII. Fu-lin era solo un niño cuando ascendió al trono, de modo que el poder recayó en Dorgan, un primer ministro sumamente impopular. Dorgan asignó tierras chinas a los príncipes manchúes e impuso la obligación de llevar trenzas, según la costumbre manchú. Pero también conservó muchas instituciones chinas, incluida la práctica de rituales del confucianismo en la corte, los templos y el servicio civil. En lugar de suprimir la cultura Han china, los Qing la asimilaron y se convirtieron con ello en chinos manchúes.

China bajo los Qing

Los dos emperadores Qing más destacados fueron Kangxi (1661–1722) y su nieto Qianlong (1736–1996). Kangxi ascendió al

Izquierda: Henry Puyi tenía solo tres años cuando fue proclamado emperador en 1908. Por aquel entonces, China vivía ya sumida en la inestabilidad política. En 1911, su padre, que había ejercido como regente, fue obligado a abdicar y, en 1912, Puyi renunció formalmente al trono, si bien continuó viviendo en la Ciudad Prohibida. Página siguiente: Un bóxer chino, con el atuendo típico, durante la Rebelión Bóxer.

Qianlong tenía 25 años cuando ascendió al trono en 1736 y estaba bien preparado para desempeñar su papel de emperador. Durante la primera parte de su reinado, el imperio disfrutó de seguridad, paz y prosperidad. China se anexionó el Tíbet y Taiwán, y tanto Corea como Vietnam y Birmania rindieron tributo al emperador. Así, los Qing crearon el mayor imperio chino de la historia. Sin embargo, esta acumulación de territorio no bastó para alimentar a una población que se multiplicaba a un ritmo veloz. Además, al envejecer, Qianlong perdió gran parte del poder y la corrupción empezó a hacer mella en el Gobierno imperial. El Imperio Qing inició así un declive paulatino.

Desde fuera del imperio, la principal presión procedía de los británicos, quienes a mediados del siglo XVIII controlaban el comercio con la India. Las guerras anglochinas o Guerras del Opio ocurridas durante el siglo XIX concluyeron en una victoria británica, que reportó a Gran Bretaña también los derechos comerciales de China.

La Rebelión Bóxer

Hacia finales del siglo XIX, China se había visto obligada a aceptar lo que en efecto era una política de comercio libre, y la influencia foránea iba en aumento. Además, los intentos de realizar reformas internas fracasaron, al quedar enmarañados en la política de la corte imperial. El resentimiento que generó esta situación re-

trono en 1661, con solo ocho años; a los trece había destituido ya a sus regentes y gobernaba solo. Devolvió la tierra a los chinos, aniquiló la corrupción y redujo los impuestos. Consideraba importante que tanto él como sus funcionarios fueran personas cultas, y fue un gran mecenas de las artes y las ciencias. En el terreno militar, Kangxi puso fin a la larga rebelión de los estados chinos, conocidos como los Tres Feudos, que en un principio habían ayudado a los manchúes a colocarse en el poder. En respuesta a la amenaza rusa, durante el mandato de Kangxi, los chinos expandieron sus territorios hacia Turkestán y la Mongolia Exterior. Con la firma del Tratado de Nerschink en 1689 quedó definida la frontera entre China y Rusia.

dundó en un aumento del apoyo al movimiento bóxer, un levantamiento popular xenófobo y anticristiano que contó con respaldo oficial. Los bóxer asesinaron a extranjeros y cristianos conversos y sitiaron las legaciones extranjeras en Pekín. Fueron sofocados finalmente por una fuerza militar internacional combinada, integrada por tropas de todas las grandes potencias a las órdenes de un único comandante. Aquel fin supuso una gran humillación para China, que, además, quedó sumida en una inestabilidad aún mayor a causa de la rebelión.

China luchaba por modernizarse para competir con Occidente y la tradición del Gobierno imperial quedó sentenciada a llegar a su fin. Puyi, el último emperador Qing y también chino, fue depuesto en 1911.

El desarrollo de Estados Unidos

Desde sus albores como nación, y pese a las luchas y los conflictos internos entre estados vecinos, Estados Unidos inició su ascenso hasta convertirse en una gran potencia mundial.

Los primeros años de la Unión

En 1789, George Washington fue elegido primer presidente de Estados Unidos y entró en vigor la Constitución estadounidense. Washington había demostrado ser un hábil líder militar y político. No en vano, había logrado unir las dispares colonias, aunque no sin dificultad. Sin embargo, al arrancar el segundo mandato de Washington, las divisiones en el seno de lo que en esencia había sido un Gobierno de coalición incluyente propiciaron la formación de partidos políticos en la oposición.

Thomas Jefferson, el secretario de Estado, y Alexander Hamilton, el secretario del Tesoro, abandonaron sus cargos para formar el Partido Republicano y el Partido Federalista respectivamente. Y si bien este hecho puede considerarse una reacción a las disputas internas

crecientes –Jefferson proponía una sociedad más agraria que protegiera los derechos de los individuos, mientras que Hamilton abogaba por un Gobierno federal fuerte apoyado por la industria–, en realidad respondió a una combinación de las discrepancias internas y de la agitación social que imperaba en el mundo, a la cual se sumó la decisiva política exterior adoptada por Washington con respecto a dicha agitación. Washington se mantuvo neutral en los conflictos externos, al tiempo que procuró consolidar sus buenas relaciones con las potencias extranjeras para propiciar un comercio esencial.

Cuando en 1793 estalló la guerra entre Francia y Gran Bretaña (por entonces integrante de una coalición antifrancesa), las lealtades en Estados Unidos estaban divididas. En 1778, Estados Unidos había establecido una alianza con los franceses, que habían enviado tropas para luchar en la Guerra de la Independencia contra los británicos, pero, para 1793, el comercio con Gran Bretaña había adquirido de nuevo una relevancia económica vital. Ante el temor de suscitar la ira de cualquiera de las naciones, Estados Unidos optó oficialmente por una posición neutral. Haciendo caso omiso de esta, Gran Bretaña empezó a interferir en el comercio entre Estados Unidos y Francia; persiguió e incluso abordó barcos americanos para forzar a los estadounidenses a llegar a un acuerdo, el Tratado de Jay. Los republicanos, simpatizantes de la causa francesa, repudiaron tanto las acciones de Gran Bretaña como la capitulación del Gobierno estadounidense ante sus demandas. Y los federalistas tacharon las simpatías republicanas de antipatrióticas y de intentos de socavar el Estado. Los franceses vieron en aquel tratado una ruptura de la alianza pactada en 1778.

Cuando, tras decidir no continuar durante un tercer mandato, Washington pronunció su discurso de despedida en 1796, realizó una serie de advertencias particularmente

Izquierda: 30 de abril de 1789: Investidura de George Washington como primer presidente de Estados Unidos en el Federal Hall de la ciudad de Nueva York. Robert Livingston (izquierda), ministro de Economía del estado de Nueva York, administra el juramento de toma de posesión del cargo. También están presentes (de izquierda a derecha) Arthur St Clair, Samuel A Otis, el general Henry Knox, Roger Sherman, (Washington), el barón Friedrich von Steuben y John Adams.

THE LOUISIANA PURCHASE.
MESSRS. MONROE AND LIVINGSTONE COMPLETING NEGOTIATIONS WITH TALLYRAND, APRIL 30, 1803

Arriba: 30 de abril 1803: el estadista James Monroe, que se convertiría en el quinto presidente de Estados Unidos, y Robert R. Livingstone completan las negociaciones con el conde Talleyrand para la compra de Luisiana.

conmovedoras con respecto a los peligros de la política partisana y de la implicación en asuntos exteriores. La división crecía en el seno de Estados Unidos y la amenaza de un conflicto tanto con Gran Bretaña como con Francia se perfilaba en el horizonte. Washington fue sucedido por John Adams, un federalista, con Jefferson como vicepresidente, y poco después Francia empezó a imitar las tácticas de Gran Bretaña, interceptando barcos de mercancías. En respuesta a ello, Adams armó los navíos comerciales y estalló una guerra naval extraoficial entre Estados Unidos y Francia, la llamada Cuasi-guerra. Adams rehusó declarar una guerra abierta e intentó negociar un acuerdo, pese al sentimiento antifrancés que cada vez se instalaba con más vehemencia entre su propio gabinete y el pueblo americano. Intentó consolidar el poder federalista introduciendo una legislación conocida como las Leyes sobre Extranjeros y Sedición, que supuestamente estaba concebida para proteger Estados Unidos de las amenazas foráneas, pero que en la práctica sirvió para erradicar la oposición a sus políticas y a su apoyo a Francia. Aquellas leyes, o al menos la aplicación abusiva de las mismas, fueron muy impopulares e involuntariamente sirvieron para impulsar el apoyo a los republicanos. Así, cuando Thomas Jefferson fue elegido presidente en 1800, acometió la labor de disminuir la influencia federalista.

La compra de Luisiana

Si bien durante este tiempo hubo una cierta expansión hacia el oeste, su alcance no pasó del valle del río Ohio y, pese a la fascinación que Jefferson sentía por ese Oeste en gran parte inexplorado, cuando ascendió al poder no pareció tener la intención de adquirir más territorios. Pero, en 1803, Jefferson recibió una oferta que no podía rechazar. En 1800, España había cedido a la Francia de Napoléon Bonaparte el territorio de Luisiana, una zona cuyo tamaño equivalía por entonces a todo Estados Unidos. Sin embargo, ante la perspectiva de una reanudación de la guerra con Gran Bretaña y el levantamiento en la colonia caribeña francesa de Santo Domingo, en 1802 los franceses aún no habían logrado hacerse con el control de la región y esta continuaba en manos españolas.

Espoleado por una disputa con los españoles acerca del envío de cosechas americanas desde Nueva Orleans y temeroso de que el control francés de Luisiana pudiera entrañar en el futuro mayores amenazas para el comercio y requerir una reconciliación con Gran Bretaña, Jefferson envió a James Monroe a París para que se uniera a su ministro Robert Livingstone y juntos negociaran la compra de Nueva Orleans y cuanta parte de Florida fuera posible. Sin embargo, para sorpresa de Jefferson, antes incluso de la llegada de Monroe, Napoleón propuso a Livingston la venta de todo el territorio de Luisiana. Al fin de las negociaciones, el precio acordado para tal adquisición se fijó en 15 millones de dólares y, aunque a Jefferson le preocupaba que aquella compra fuera anticonstitutional (la Constitución no contenía disposición alguna relativa a una compra de estas características), era consciente de que el tiempo era oro. En un principio, Jefferson esbozó una nueva enmienda, pero, ante el temor de que Napoleón revocara su oferta, expuso la oferta propuesta al Senado, que no dudó en aprobarla.

En la fecha de la compra de Luisiana, Meriwether Lewis y George Rogers Clark se preparaban ya para encabezar la que se convertiría en su expedición más célebre al Pacífico, y la adquisición de aquel nuevo territorio amplió inmediatamente aún más las posibilidades de exploración y asentamientos. Para Jefferson, Luisiana encarnaba la tierra en la que su sueño de una sociedad pastoral se haría realidad, pero una vez más las relaciones exteriores se apresuraron a dominar los asuntos internos.

La Ley del Embargo y la guerra de 1812

Algunas zonas de los territorios de Luisiana bordeaban e incluso englobaban áreas reivindicadas por los españoles y los británicos, por lo que no tardaron en aflorar disputas. Estas impulsaron a Jefferson a entablar nuevas negociaciones con Napoleón, paso que hizo que cuajara en el seno del Partido Republicano un movimiento disidente conocido como el Tertium Quid, el cual temía que Napoleón intentara ganar influencia en Estados Unidos. El intento fallido por parte del ex vicepresidente Aaron Burr de sitiar Texas vino a subrayar las disputas internas que asediaban a Estados Unidos, si bien el principal problema de Jefferson demostró ser la creciente hostilidad de Francia y, en mayor medida, de Gran Bretaña. Cuando en 1803 se reanudó el conflicto entre ambas naciones, Estados Unidos intentó volverse a declarar neutral, pero tanto Gran Bretaña como Francia volvieron a abordar barcos norteamericanos. De hecho, los británicos incluso adoptaron la práctica del impressment, por la cual los marineros estadounidenses apresados eran obligados a servir en la Marina Real. En respuesta a tales hechos, la Ley del Embargo aprobada en 1807 detuvo el comercio con

Gran Bretaña y Francia, en un intento por presionar a ambas naciones a cesar las hostilidades contra los navíos comerciales estadounidenses. Pero Estados Unidos se vio perjudicado por aquella prohibición y Jefferson tuvo que abolirla en 1809, días antes de concluir su mandato.

Su sucesor al cargo, James Madison, perpetuó al principio la práctica de trato pacífico con Gran Bretaña, pero los jóvenes republicanos conocidos como War Hawks o «halcones de la guerra», cada vez más numerosos dentro del Congreso, empezaron a exigir una respuesta militar y, en 1812, se declaró la guerra. En un primer momento no se auguraba nada bueno para el ejército estadounidense, cuyos ataques sobre Canadá fueron repelidos, pero varios éxitos navales evitaron una invasión británica a gran escala y condujeron a victorias como la de la batalla del Támesis en 1813. Con todo, un año después, tras derrotar a Napoléon, el ejército británico redirigió sus fuerzas desde Europa y logró sitiar la ciudad de Washington, donde prendieron fuego a la Casa Blanca hasta reducirla a cenizas. Las tropas británicas continuaron su avance sobre Baltimore, ciudad que los estadounidenses lograron defender (lo cual inspiró a Francis Scott Key a escribir La bandera de estrellas centelleantes, el himno del país). También repudiaron un ataque británico lanzado desde Canadá, en un momento en el que Gran Bretaña buscaba una salida al conflicto. Las negociaciones se iniciaron en la ciudad belga de Gante y el fin oficial de la guerra lo puso la firma del Tratado de Gante en diciembre de 1814. La noticia de aquel fin tardó en llegar a Estados Unidos y, entre finales de diciembre y comienzos de enero, un grupo de federalistas se reunió en Hartford y debatió la secesión de la Unión. La lucha continuó; la batalla de Nueva Orleans se saldó con una terrible derrota de los británicos. Cuando se restauró por fin la paz, la Convención de Hartford fue acusada de traición, en un heraldo del fin del Partido Federalista.

La era del good feeling (buenas sensaciones)

La fase posterior a la guerra de 1812, entre 1815 y en torno a 1824, pasaría a ser conocida como la era del good feeling, un apelativo acuñado por un diario de Boston tras una visita a la zona por parte del presidente James Monroe, elegido en 1817. Durante este tiempo, la atención volvió a centrarse en los asuntos internos y se disfrutó de una relativa unidad nacional. La influencia federalista se había desvanecido y con ella la desunión engendrada por los políticos partisanos y la amenaza de una intervención foránea y un posterior conflicto.

La guerra también generó beneficios inesperados. Como resultado de los bloqueos navales británicos y de

Arriba: Alrededor de 1885: Una caravana de colonos oficiales estadounidenses viaja a través de las llanuras abiertas en su migración hacia el Oeste.

las sanciones retributivas al comercio, la industria estadounidense floreció, sobre todo en el nordeste, y la agricultura se intensificó en el sur y en el oeste para satisfacer la demanda creciente de materias primas. El auge de la economía doméstica conllevó una ampliación de la Unión, a la que se sumaron seis nuevos estados entre 1816 y 1821: Indiana, Illinois, Maine, Misisipí, Alabama y Misuri.

Pero la era del *good feeling* no estuvo exenta de penurias. De hecho, el auge económico generó sus propios problemas, los cuales incidieron especialmente durante el Pánico de 1819, el primer gran colapso económico de Estados Unidos. A consecuencia de la especulación en el oeste y de las prácticas poco ortodoxas de muchos bancos estatales, y en un intento por enjaezar una inflación desmedida, el recién creado Second National Bank limitó su política de créditos y reclamó sus préstamos, lo cual causó la ruina inmediata de los bancos estatales y de numerosos ciudadanos. La crisis se vio acentuada por la llegada renovada de productos extranjeros, por un descenso en las exportaciones y por una caída del precio del algodón que restó competitividad a la industria y la economía domésticas. Todo ello redundó en un aumento del desempleo y de las personas sin hogar. A pesar de la crisis económica, Monroe fue reelegido en 1820 sin oposición, pero ese mismo año tuvo que afrontar otro asunto más divisivo.

La importación de esclavos había sido abolida 12 años antes, en 1808, y la esclavitud había sido erradicada, al menos oficialmente, en casi todos los estados nordistas hacia 1790. En cambio, en los estados sureños había cobrado un nuevo empuje, gracias al cual se aumentó la productividad en las plantaciones de algodón, caña de azúcar y tabaco, sobre todo durante la guerra de 1812. Cuando Misuri, un estado cuya economía se fundamentaba en la esclavitud, solicitó ser admitido en la Unión en 1820, se abrió un debate acalorado, aunque lo cierto es que este tuvo menos que ver con la moralidad de la esclavitud que con el equilibrio del poder en el Senado. En aquel momento, el poder del Senado estaba repartido a partes iguales entre 11 estados «libres» y 11 «esclavos». Para mantener tal equilibrio hubo que llegar al Compromiso de Misuri, por el cual Maine se sumó a la Unión en tanto que estado libre. La esclavitud siguió estando permitida en Misuri y en el sur, hasta el territorio de Arkansas, y en cambio prohibida en el norte y el oeste. El final de la era del *good feeling* se había presagiado ya en 1819 o 1820, y sin duda esta había concluido para muchos ciudadanos en 1824, año en el que se reanudaron las políticas partisanas con la fundación del Partido Demócrata. Liderados por Andrew Jackson, los demócratas denunciaron la corrupción en la que había estado envuelta la elección de John Quincy Adams ese año y empezaron a prepararse inmediatamente para los siguientes comicios. En 1829, Jackson se convirtió en el séptimo presidente de Estados Unidos.

La eliminación de los indios

En torno a 1820, la frontera estadounidense se extendía ya hasta el Misisipí, hecho que había desplazado hacia el oeste y fuera de sus tierras a muchas tribus indígenas americanas. Para cuando Andrew Jackson subió al poder, dicha frontera se había ampliado aún más, a costa de más territorio y vidas de nativos americanos, y Jackson, un firme partidario de la «eliminación de los indios», había demostrado ser instrumental en este proceso. En 1814 y 1818 había capitaneado campañas militares contra los creeks y los seminolas respectivamente, durante las cuales había adquirido millones de acres de tierra en Georgia, Alabama y Florida. En las negociaciones mantenidas entre 1814 y 1824 había sido clave para cerrar los tratados por los que las tribus del sur canjeaban sus tierras por otras al oeste del Misisipí y Estados Unidos se anexionaba nuevos territorios en Georgia, Alabama, Florida, Carolina del Norte, Kentucky, Tennessee y Misisipí.

Pese a estos acuerdos, el número de indígenas que emprendieron estas migraciones voluntarias fue reducido; muchos de ellos permanecieron en Estados Unidos. En 1823, el Tribunal Supremo les concedió el derecho de ocupación, pero los privó del derecho de propiedad y, en un intento por salvaguardar sus dominios, los indios adoptaron diversas estrategias, incluida entre ellas la asimilación pacífica. En 1827, los cherokees se autoproclamaron nación soberana y adoptaron una constitución escrita, basándose en el hecho de que Estados Unidos les había reconocido previamente como tal con el fin de que cedieran legalmente sus tierras. Pero un año después de ascender al poder, Jackson aprobó la Ley de Eliminación de los Indios y, en los años venideros, se alentó, coaccionó, estafó y obligó a los pueblos indígenas a ceder más tierras para nutrir la expansión hacia el oeste de Estados Unidos. Esta actitud derivó en una política de eliminación que dio pie a las sangrientas Guerras Indias entre 1860 y 1890 y que culminó con la masacre de los sioux en Wounded Knee. Hasta 1840, los conflictos militares habían sido escasos y el Gobierno había adoptado precauciones para proteger a los nativos que eligieron permanecer en Estados Unidos. Sin embargo, dicha protección fue en gran medida laxa y no tardaron en

El Oeste Americano 1853–1870

		Líneas ferroviarias de mercancías		
OTO	Tribu importante	▬▬ Antigua línea española		Territorio arrebatado por Estados Unidos a México, 1848
✕	Batalla importante con fecha (oeste de Misisipí)	– – – Ruta de oxbow		
▬•▬	Línea de ferrocarril hacia el Oeste construida, 1869	▬▬ Ruta mormona		Compra de Gadsden, 1853
	Ruta de ganado	▬▬ Ruta de Oregón		

Norteamérica británica

...kes 1856

Butte 1858

...AI

...earwater 1877

...THEAD

Montana

PIES NEGROS
(BLACKFOOT)

Bear Paw Mountains
1877

ASSINIBOINE

GROS VENTRES

Cedar Creek 1876

Kildee Mountain
1864

Big Mound
1863

OJIBWAS

Little Big Horn
1876

Dakota
del Norte

Dead Buffalo's Lake
1863

Big Hole 1877

Yellowstone 1873

Minnesota

...aho

Derrota de Fetterman 1868

Rosebud 1876

Stony Lake
1863

Slim Buttes 1876

White
Stone
Hills
1863

SANTEE

WICHIYELA

Action 1862

Hole-in-the-Wall 1876

CROW

Dakota del Sur

Wood Lake 1862

...NNOCK WIND RIVER

Pick of Rocks 1874

Wounded Knee 1890

Redwood Ferry 1862

Wyoming

Derrota de Grattan
1854

TETON

New Ulm 1862

Fuerte
Bridgen

ARAPAJOES

Nebraska

IOWA

Mud Springs 1865

Iowa

Salt Lake City

Rush Creek 1865

Ash Hollow 1855

Omaha

Ogallala

PAWNEE

Fuerte Kearney
1867

Big Hole 1877

Fuerte Sedgwick
1865

OTO

Nauvoo

Territorio de Utah

Colorado

Kansas City

UTES

CHEYENNES

Kansas

Independence

Westport

Sand Creek 1864

Abilene

Tipton

Big Hole 1877

Fuerte
Atkinson

Misuri

NAVAJOS

KANSA

Round
Mountain
1861

OSAGES

Taos

Dodge
City

Crooked Creek 1857

Santa Fé

Chustenahlah 1861

...rio de Arizona

KIOWA

Territorio indio

Bird Creek
1861

Territorio de Nuevo México

Washita
1868

Arkansas

...CIDENTALES

COMANCHES

WICHITA

APACHES ORIENTALES

ESTADOS

Wichita Village
1858

UNIDOS

Texas

CADDO

El Paso

Dove Creek 1863

TONKAWA

Luisiana

ATAKAPA

MÉXICO

San Antonio

Golfo de México

estallar hostilidades que ofrecieron a Jackson la excusa perfecta para ordenar a su ejército proceder a una eliminación forzosa.

Otras tribus, como los cherokees, fueron estafadas con tratados ilegítimos. En 1833, un grupo reducido de cherokees acordó migrar voluntariamente, pero, cuando en 1838 el Gobierno constató que la inmensa mayoría de cherokees continuaba en sus territorios, envió a miles de soldados a deportarlos. Así dio comienzo el Sendero de Lágrimas, una marcha forzosa durante la cual fallecieron unos 4.000 cherokees a causa de enfermedades, hambre y las inclemencias de una vida al aire libre. Hacia 1837, unos 46.000 indígenas habían sido deportados de las tierras al este del Misisipí y los tratados firmados garantizaban la expulsión de un número aún mayor.

Enormes extensiones de tierra quedaban disponibles para el asentamiento de los estadounidenseese y la creación de nuevas plantaciones en el sur. A partir de 1840, caravanas de carromatos y ganado, como la de los mormones, la de Oregón y la de California, fueron afincándose en el Oeste, al otro lado de las Grandes Llanuras. Su implantación estuvo acompañada por un rápido desarrollo de sistemas de canalización y ferrocarril, los cuales facilitaron el comercio con el norte, el sur y el oeste y aceleraron la expansión continua de Estados Unidos.

La Guerra Mexicana

En 1821, tras expulsar a los españoles, los mexicanos tomaron Texas. Habían empezado a comerciar en la región con los estadounidenses, quienes rápidamente comenzaron a asentarse en aquellos parajes. De hecho, el ritmo de asentamiento fue tan rápido que los americanos pronto desbancaron a la población mexicana en número y algunos empezaron a reclamar la anexión de Texas a Estados Unidos. Liderados por Sam Houston, los civiles estadounidenses iniciaron una revolución en 1835 y un año después declararon su independencia de México. Al principio, Estados Unidos se mostró reacio a anexionarse Texas, un estado con esclavitud, pero al final acabó aceptando en 1845, lo cual hizo que aumentara la tensión tanto en el seno de ambas naciones como entre estas.

Simultáneamente aumentaba la tensión con Gran Bretaña por la reclamación de Oregón, pero el conflicto se resolvió en 1846 cuando Gran Bretaña decidió trasladar la sede de la Compañía de la Bahía de Hudson más al norte, hasta el fuerte Victoria, y se acordó establecer

Abajo: La calle principal de Dawson City, una población con minería de oro en Canadá, durante la fiebre de oro de Klondike.
Página anterior: Un soldado de la infantería de la Unión vestido de uniforme y armado con un rifle de largo alcance y una bayoneta.

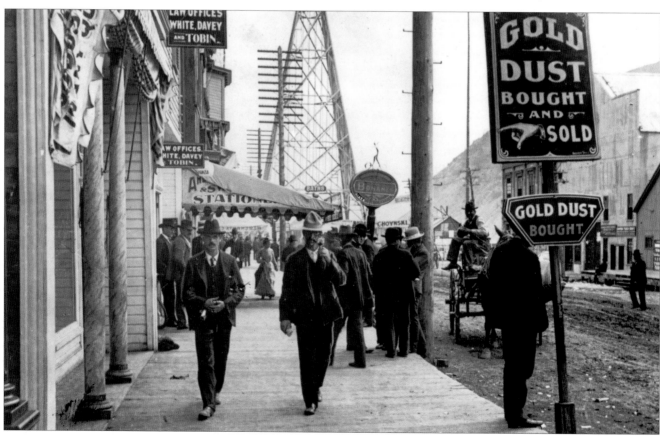

una división en la latitud 49° Norte. Ese mismo año estalló la guera con México y, durante un año y medio, los conflictos barrieron Texas, Nuevo México y California, donde los colonos estadounidenses también protagonizaron un alzamiento. México resistió, pero su Gobierno inestable y la supremacía militar de Estados Unidos otorgaron una victoria relativamente fácil a los norteamericanos. En 1848, México se rindió y cedió sus tierras al norte de los ríos Grande y Gila, hoy integradas por los estados de California, Arizona, Nevada, Utah, Nuevo México, la zona occidental de Colorado, Texas e incluso el cuarto sudoeste de Kansas. Estados Unidos se extiende hoy de costa a costa por todo el continente. En 1853 se adquirieron nuevos territorios de México mediante el Tratado de La Mesilla, una operación de compra iniciada por James Gadsden, quien planeaba establecer una línea ferroviara en el Pacífico Sur que recorrería la zona del golfo de California.

La expansión y el tema de la esclavitud

Las diferencias entre un norte industrializado y un sur agrícola, con requisitos y políticas económicas distintas, habían entrañado algunos problemas. El patriotismo engendrado por el éxito de la guerra con México y la consiguiente anexión territorial se vio templado por un conflicto creciente entre ambas partes del país y reapareció la cuestión de la esclavitud en los estados establecidos con la nueva ampliación hacia el oeste.

El norte, republicano, apoyaba a Wilmot Proviso, quien defendía que la esclavitud debía declararse ilegal en todo el territorio cedido por México a Estados Unidos, incluido Texas. Los demócratas del sur rechazaban esta propuesta alegando que tal zona se hallaba al sur de la línea delineada por el Compromiso de Misuri y apoyaban la idea de la soberanía popular, por la que los colonos de los nuevos territorios debían resolver la cuestión de la esclavitud por sí mismos. La situación se complicaba aún más por el deseo de California de entrar en la Unión como estado libre, un tema que cobró mayor relevancia cuando en 1848 se descubrió oro en sus territorios y miles de personas emigraron a ellos en pocos meses alentadas por la llamada fiebre del oro. Algunos habitantes de los estados sureños contemplaban la posibilidad de emplear a esclavos en las minas y diversificarlos en la industria. Frente a ello, en el norte, la causa abolicionista ganaba cada vez más adeptos, no solo en respuesta a las preocupaciones políticas relativas al poder, sino por motivos morales. La creciente división política impedía esquivar el tema y obligó a tomar una decisión sobre el futuro de la esclavitud.

El Compromiso de 1850, que englobaba medidas diseñadas para satisfacer tanto a los partidarios de la esclavitud como a los abolicionistas, supuso una solución óptima al conflicto para muchos, pero la disposición de la soberanía popular hizo estallar conflictos violentos en Kansas que se prolongaron varios años. Durante la campaña preelectoral de 1860 quedó cada vez más claro que muchos habitantes del sur no veían más alternativa que la secesión de la Unión en el caso de que el candidato republicano Abraham Lincoln ganase las elecciones, cosa que hizo sin el apoyo de ninguno de los estados sureños.

La Guerra de la Secesión

Después de la elección de Lincoln, el estado de Carolina del Sur fue el primero en secesionarse, y pronto le siguieron otros siete estados sureños, que constituyeron sin tardanza el Gobierno confederado. Los primeros conflictos surgieron en abril de 1861, cuando las tropas confederadas abrieron fuego en fuerte Sumter, en Carolina del Sur, y capturaron la zona. Preparándose para la guerra, Lincoln empezó a reunir un ejército de voluntarios, lo cual llevó a otros cinco estados sureños a unirse a la Confederación. La Unión planeó llevar a cabo un bloqueo naval en la costa austral, al tiempo que intentó apresar la capital sureña de Richmond, en Virginia, y asumir el control de los principales ríos, como el Misisipí en el oeste. En las primeras confrontaciones, la Unión fue derrotada, pese a que aparentemente contaba con numerosas ventajas. La población de los estados norteños era muy superior en número, de

Arriba: Abraham Lincoln, el sexto presidente de Estados Unidos.

modo que ofrecía más soldados disponibles y la mano de obra necesaria para afrontar la campaña bélica. Además, la industria estaba más extendida, la agricultura era más variada y el sistema de transporte por carreteras, canales y líneas ferroviarias estaba más desarrollado, todo lo cual dotaba de mejores comunicaciones y líneas de abastecimiento. Con todo, la Confederación, liderada por Jefferson Davis, también tenía elementos a su favor. Para empezar, contaba con una tradición militar más consolidada, con un ejército más disciplinado y con líderes experimentados como Robert E. Lee, Joseph Johnston y Thomas «Stonewall» Jackson. En su gran mayoría, los enfrentamientos ocurrieron en territorio confederado, lo cual redundó en que la Confederación únicamente tuvo que sobrevivir para ganar la guerra, mientras que el norte afrontaba el desafío de derrotar a su enemigo y pacificarlo si su objetivo era restaurar la Unión.

El sur realizó incursiones en territorio norteño, en concreto en Antietam en 1862 y en Gettysburg en 1863, pero sus avances fueron interceptados en ambas ocasiones.

Entre tanto, la Declaración de Emancipación de Lincoln aprobada en 1863 puso fin a la esclavitud en los estados confederados y aceptó a soldados negros en el ejército de la Unión. Aunque la guerra había estado provocada en parte por problemas relacionados con la esclavitud, su abolición nunca había sido un objetivo de la Unión; pese a ello, en un esfuerzo por fortalecer la causa unionista política y militarmente, demostró ser una consecuencia importante del conflicto, con efectos duraderos tanto para la Unión como para los estadounidenses negros.

Ese mismo año, el general Ulysses S. Grant capturó Vicksburg, asegurándose Misisipí, y en 1864 fue puesto al mando de todas las fuerzas unionistas. Se lanzó entonces un ataque por dos flancos: Grant avanzó hacia Richmond mientras el general Sherman lo hacía hacia Atlanta y la costa para frenar las tropas confederadas e impedir la llegada de provisiones. Tras un largo asedio en Petersburg, el ejército de Lee se retiró a Appomattox y presentó su rendición a Grant ante juzgado en abril de 1865, acto que marcó el fin oficial de la guerra; el ejército de Johnston, conducido hacia el norte por Sherman, se entregó más tarde ese mismo mes. Cinco días después de la firma del tratado de paz, Lincoln fue asesinado en el Ford's Theatre de Washington por John Wilkes Booth, un actor que previamente había confabulado en 1864 con los confederados capturar al presidente. La presidencia recayó en el vicepresidente, Andrew Johnson, y el proceso de reconstrucción dio comienzo.

Reconstrucción

Las Leyes de Reconstrucción de 1867 pretendían determinar los medios para la reunificación del norte y el sur; en concreto, abordaban la reorganización del sur y la readmisión de los estados sureños en la Unión. Pero la nación seguía estando profundamente dividida. La derrota en la guerra sumió al sur, que no compartía los progresos económicos, industriales e infraestructurales en expansión en el norte, en una confusión aún mayor, y la abolición de la esclavitud le obligó a afrontar una posible ruina económica. En el norte, la industrialización y la urbanización avanzaban a buen ritmo, pero respondían más a empresas privadas que públicas. El Gobierno carecía de los medios y de la voluntad de invertir en el sur y destinar el gran gasto requerido para que la reconstrucción fuese eficaz, de modo que la lucha política persistió.

En 1865, el Congreso fundó la Freedmen's Bureau (Oficina de Libertos) para suministrar alimentos, ropas, medicinas, tierras y educación a los esclavos liberados. Ese mismo año, muchos estados sureños, donde la idea de que la inferioridad de los negros estaba firmemente arraigada, aprobaron leyes (los «Códigos Negros») que promovían la segregación y la subyugación de la gente de color. Estos códigos fueron ilegalizados por la Ley de los Derechos Civiles de 1866, así como por la Decimocuarta y Decimoquinta Enmiendas, que otorgaron plena ciudadanía, igualdad de derechos y derecho a voto a los negros. Gracias a ello, en la década de 1870 los demócratas disfrutaron de un apoyo renovado. Las desigualdades económicas entre el norte y el sur y las acusaciones (ciertas y falsas) de corrupción entre los republicanos tras una polémica electoral en 1876 desembocaron en la firma del Compromiso de 1877. Este ponía fin a la ocupación del sur por parte de la Unión y anunciaba la vuelta de los demócratas al poder. La reconstrucción tocó a su fin y los demócratas blancos del sur denegaron de nuevo políticamente los derechos a los negros, al tiempo que grupos paramilitares suprematistas, como el Ku Klux Klan, aterrorizaban a los ciudadanos de color.

La «edad dorada»

Aunque la Reconstrucción era un proyecto malhadado, caracterizado por una agitación a la que se ha referido como la Segunda Guerra Civil, también fue una época de reforma y progreso. Representaba los amplios cambios sociales que estaban ocurriendo y que continuaron tras el fin de la Guerra de la Secesión hasta la entrada del nuevo siglo, periodo en el cual Estados Unidos se transformó en una nación moderna. Esta era se conoce como la «edad dorada», un término acuñado por Mark Twain en el título de una novela en la que intentó articular la riqueza, la expansión, los excesos y la corrupción del momento. La industrialización y urbanización a gran escala, junto con el poder empresarial que acompañó y alentó la transformación de una sociedad estadounidense hasta entonces en gran parte agraria tuvo repercusiones negativas y positivas. La revolución industrial en Estados Unidos, apoyada por los asentamientos y la explotación del Oeste, rico en recursos, fue testigo de mejoras drásticas en el transporte (la primera vía ferroviaria transcontinental se concluyó en 1869), las comunicaciones y otras tecnologías, que a su vez impulsaron el progreso económico. Algunos estaban motivados por las ganancias individuales, mientras que otros perseguían la corrupción como medio para aplicarla, pero también había estadounidenses implicados en la redistribución de la riqueza y, a fin de cuentas, gracias a la creación de sindicatos y a una mejor regulación, la energía se fue reconduciendo hacia una reforma más positiva.

Paralelamente, al tiempo que las ciudades prosperaban fueron implantándose reformas sociales. Los problemas generados por la urbanización, el aumento de población y la inmigración masiva plantearon la necesidad de abordar las desigualdades a las que hacían frente las minorías y los desfavorecidos. Hubo avances en la defensa de los inmigrantes, los negros y las mujeres, y cuajó una cultura urbana. Hacia finales del siglo XIX, Estados Unidos era ya una superpotencia industrial multicultural.

La guerra entre España y Estados Unidos

La expansión económica e industrial de Estados Unidos durante la última parte del siglo XIX precipitó su expansión y sentó los cimientos del imperialismo americano.

En la década de 1890 se multiplicaron las inversiones en el comercio azucarero cubano. Pero, mientras que las empresas estadounidenses se beneficiaban de las altas tarifas de importación, la economía cubana sufría. Cuba era una colonia española. Los nacionalistas cubanos habían luchado contra el dominio español entre 1868 y 1878, y en 1895 la inestabilidad y la desatención volvieron a desatar la violencia cuando los insurrectos nacionalistas se alzaron contra los españoles y pusieron fin al comercio con Estados Unidos. Ambos bandos cometieron atrocidades pero, alentada por un periodismo sensacionalista y por la amenaza de las inversiones estadounidenses, la hostilidad hacia España creció entre los cubanos.

En 1897, cuando el presidente McKinley subió al poder, se opuso a la intervención, pero un año después los españoles fueron culpados del misterioso naufragio del buque estadounidense *Maine* en La Habana y al poco tiempo estalló la guerra. En apenas unos meses, Estados Unidos había subyugado al ejército español y había ampliado su campaña no solo hacia el Caribe sino también hacia el Pacífico, donde invadió las Filipinas, la Guayana y Hawai. Además de estos territorios, se anexionó miles de islas del Pacífico, tras la rápida derrota de España y la firma del Tratado de París, que puso fin a la guerra.

Estados Unidos se convirtió así en un imperio en toda regla, con posesiones en el Atlántico y en el Pacífico. Se reavivó entonces el interés por construir un canal que cruzara el istmo de Panamá (un interés que respondía a la utilidad comercial evidente de contar con una vía fluvial directa entre el Atlántico y el Pacífico). Tras una rebelión en la provincia colombiana ocurrida en 1903 y apoyada por los estadounidenses, Panamá logró la independencia y fue reconocido por el presidente Theodore Roosevelt. A cambio, Estados Unidos recibió una franja de tierra de costa a costa. En 1914, el fin de la construcción del canal de Panamá no solo supuso un hito de ingeniería, sino que reflejó el paso gigantesco que Estados Unidos había dado para romper sus raíces aislacionistas y convertirse en una superpotencia mundial.

El reparto de África

Las ansias expansionistas de Europa propiciaron la colonización de África, hecho que dio lugar a una nueva división del continente.

África a principios del siglo XIX

A principios del siglo XIX, el interior de África era territorio desconocido para los extranjeros, pese a que el continente estaba recorrido por rutas comerciales internas desde hacía siglos. En aquella época, África se adentraba en un periodo de cambios dinámicos provocados por la llegada de los colonizadores y la expansión del islam, por citar solo dos razones. Puertos como el de Mombasa adquirían mayor importancia a medida que se ampliaba el contacto con el resto del mundo, ya fuera mediante el comercio de productos y materiales o de personas.

A comienzos del siglo XIX, la presencia europea en el continente africano estaba confinada a las costas. Fue la curiosidad lo que motivó a los europeos a explorar el interior de África. Se organizaron expediciones destinadas a buscar materias primas y difundir el Evangelio. Dichas expediciones suscitaron un interés considerable en Europa, y el mapa de África que trazaron los exploradores fue esencial para la carrera colonialista que siguió.

La disputa por África

A partir del siglo XIX, la actitud de Europa con respecto al colonialismo cambió de modo significativo. En un principio, las naciones europeas se habían contentado con establecer puestos comerciales y colonias menores en África. Sin embargo, la emergencia de nuevas naciones más competitivas y los cambios en el panorama económico precipitaron una lucha por la reivindicación de grandes territorios. Cuando una nación europea reclamaba una tierra, otras tantas respondían reclamando nuevos territorios para sí.

La Alemania unificada de Bismarck creó una nación pujante con ansias de convertirse en una potencia; las ambiciones alemanas en África obligaron a las potencias europeas consolidadas a implantar un programa de colonización más severo. Por ejemplo, en el África Occidental, donde los británicos habían instalado fuertes litorales a finales del siglo XVIII, la anexión escaló y, a finales del siglo XIX, Gran Bretaña contaba ya con colonias en Nigeria, Ghana, Sierra Leona y Gambia. Así, la fiebre por anexionarse territorios no solo se convirtió en una prioridad económica, sino también en un deber patriótico.

Bélgica y Alemania desataron la auténtica «disputa por África» a finales del siglo XIX. Alemania reclamó para sí el África del Suroeste y el África Oriental, y al hacerlo infundió a las otras naciones el temor de que, si no reclamaban colonias con premura, no les quedarían territorios que anexionarse. Bismarck convocó el Congreso de Berlín con objeto de decidir el reparto de África. A la conclusión de este, se legitimó la reclamación del rey Leopoldo sobre el Congo Belga. Esta reclamación causó temores en Francia, que se anexionó el Congo Francés. Y así se desató un efecto de bola de nieve que llevó a todas las naciones a apresurarse en consolidar sus intereses.

Con todo, aquella actividad frenética no resolvió la situación. Las naciones europeas seguían conspirando por desbancar a sus rivales y trasladar estas rivalidades al continente africano. Aquella «disputa» culminó en el nacimiento del río Nilo, que los franceses habían reclamado para sí en un intento por impedir una mayor expansión británica. Francia se halló cara a cara con un ejército británico superior, y el conflicto internacional de gran envergadura que podría haberse desatado únicamente se detuvo gracias a que los franceses acordaron retirarse.

La Guerra de los Bóers

Con todo, la tensión entre las naciones europeas acabó provocando el estallido de un conflicto en África, la Guerra de los Bóers, ocurrida entre 1899 y 1902. En el sur de África se descubrieron abundantes recursos minerales (oro y diamantes) en un territorio ocupado por los descendientes de los colonos holandeses, los afrikáners (también llamados bóers). Cuando Gran Bretaña arrebató el control de aquella colonia a los Países Bajos durante las Guerras Napoleónicas, los afrikáners fundaron su propia nación, Transvaal. Hubo entonces una especie de fiebre del oro que impulsó a prospectores de todos los rincones del mundo a emigrar a la zona y derivó en una especulación alarmante. A Gran Bretaña le preocupaba que los alemanes y los afrikáners pactaran una alianza y se hicieran con el control de las rutas marítimas hacia Oriente, lo cual acrecentó la tensión entre las comunidades. En octubre de 1899, los afrikáners sitiaron a las tropas británicas reunidas en sus fronteras, pero los refuerzos británicos ganaron varias batallas importantes. Pese a adoptar tácticas guerrilleras eficaces, los bóers fueron finalmente derrotados por el ejército británico.

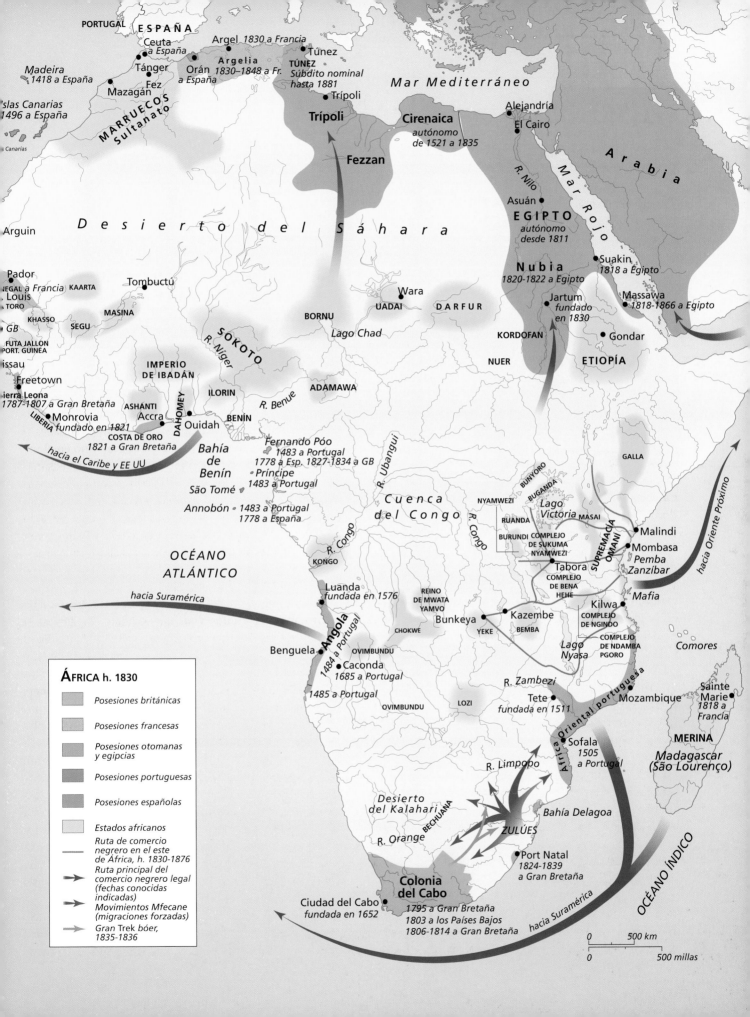

PORTUGAL ESPAÑA
Ceuta
a España
Tánger
Fez
Mazagán
Madeira
1418 a España
Argel 1830 a Francia
Túnez
Argelia
1830–1848 a Fr.
Orán
a España
TÚNEZ
*Súbdito nominal
hasta 1881*
Trípoli
MARRUECOS
Sultanato
Islas Canarias
1496 a España
s Canarias

Mar Mediterráneo

Trípoli
Cirenaica
*autónomo
de 1521 a 1835*
Alejandría
El Cairo
Fezzan

A r a b i a

D e s i e r t o   d e l   S á h a r a

R. Nilo
EGIPTO
*autónomo
desde 1811*
Asuán

Mar Rojo

Arguin

Pador
KAARTA
Tombuctú
EGAL a Francia
. Louis
TORO
Wara
UADAI
DARFUR
BORNU
Nubia
1820-1822 a Egipto
Suakin
1818 a Egipto
Jartum
*fundado
en 1830*
Massawa
1818-1866 a Egipto
KHASSO
MASINA
SEGU
Lago Chad
KORDOFAN
Gondar
G B
FUTA JALLON
PORT. GUINEA
SOKOTO
R. Niger
NUER
ETIOPÍA
issau
Freetown
IMPERIO
DE IBADÁN
ADAMAWA
*ierra Leona
1787-1807 a Gran Bretaña*
ILORIN
R. Benue
LIBERIA
Monrovia
fundado en 1821
ASHANTI
Accra
DAHOMEY
Ouidah
BENÍN
GALLA
COSTA DE ORO
1821 a Gran Bretaña
hacia el Caribe y EE UU
Bahía
de
Benín
Fernando Póo
*1483 a Portugal
1778 a Esp. 1827-1834 a GB*
Príncipe
1483 a Portugal
São Tomé
R. Ubangui
Cuenca
del Congo
R. Congo
BUNYORO
BUGANDA
NYAMWEZI
*Lago
Victoria*
MASAI
Malindi
Mombasa
Pemba
Zanzíbar
hacia Oriente Próximo
RUANDA
BURUNDI
COMPLEJO
DE SUKUMA
NYAMWEZI
SUPREMACÍA OMANÍ
Annobón
*1483 a Portugal
1778 a España*
Tabora
COMPLEJO
DE BENA
HEHE
Mafia
OCÉANO
ATLÁNTICO
R. Congo
KONGO
REINO
DE MWATA
YAMVO
Luanda
fundada en 1576
hacia Suramérica
Bunkeya
Kazembe
BEMBA
Kilwa
COMPLEJO
DE NGINDO
Comores
CHOKWE
YEKE
*Lago
Nyasa*
COMPLEJO
DE NDAMBA
PGORO
Benguela
Angola
1484 a Portugal
OVIMBUNDU
Caconda
1685 a Portugal
1485 a Portugal
OVIMBUNDU
LOZI
R. Zambezi
Tete
fundada en 1511
Mozambique
Sainte
Marie
*1818 a
Francia*
MERINA
Madagascar
(São Lourenço)
R. Limpopo
África Oriental portuguesa
Sofala
*1505
a Portugal*
Bahía Delagoa

Desierto
del Kalahari
BECHUANA
R. Orange
ZULÚES
Port Natal
*1824-1839
a Gran Bretaña*
Ciudad del Cabo
fundada en 1652
Colonia
del Cabo
*1795 a Gran Bretaña
1803 a los Países Bajos
1806-1814 a Gran Bretaña*
hacia Suramérica
OCÉANO ÍNDICO

0	500 km
0	500 millas

Japón: 1868-1910

Los años de aislamiento, agitación social y cambios radicales propiciaron la modernización que permitió a Japón convertirse en una superpotencia mundial.

La «apertura» de Japón

Durante siglos, Japón había sido un país aislacionista y proteccionista con respecto a las infiltraciones foráneas. Nagasaki había sido la única ciudad japonesa que había obtenido el permiso para comerciar con los extranjeros desde que los holandeses habían negociado el acceso a su puerto en 1641. La situación cambió en julio de 1853 cuando el comodoro Matthew Perry capitaneó una reducida flota de barcos estadounidenses hasta Edo, la actual Tokio, y se negó a continuar hasta Nagasaki. Amenazando con hacer uso de una fuerza superior, Perry logró presentar una carta del presidente Fillmore en la que este solicitaba negociar un acuerdo comercial beneficioso para Estados Unidos. Cuando Perry regresó en febrero de 1854, los japoneses dieron su aprobación a todas las propuestas contenidas en la carta de Fillmore. Y ello condujo a la firma del Tratado de Kanagawa en marzo de 1854.

La restauración de Meiji

En 1868 se reinstauró en Japón el dominio imperial. Nominalmente siempre había existido un emperador, pero desde 1603 el clan de los Tokugawa, con sede en Edo, había liderado una dictadura militar conocida como el Sogunado. De ahí que el poder de los emperadores con base en Kioto hubiera sido mínimo hasta encontes.

El Gobierno de los Tokugawa suscitó el resentimiento y los celos de los clanes rivales, pero todos ellos eran demasiado débiles para desafiar al sogún por sí solos. Ello no fue óbice para que, en 1866, dos de los mayores clanes rivales, los Satsuma y los Choshu, dejaran de lado sus diferencias y firmaran la Alianza de Satcho para desafiar juntos la autoridad del sogún. A la luz de la superioridad militar de dicha alianza, al sogún Tokugawa Yoshinobu no le quedó más remedio que anunciar la transferencia de sus poderes al emperador. Pero el clan de los Tokugawa volvió a la carga en enero de 1868; Yoshinobu proclamó la reasunción del poder e invadió la sede imperial en Kioto. Aquello desencadenó la Guerra de Boshin. Las fuerzas aliadas de Satcho lograron aplacar la invasión Tokugawa, pero Yoshinobu consiguió huir a Edo. Tras consolidar su control sobre el resto de Japón, los ejércitos de los clanes Choshu y Satsuma invadieron Edo y forzaron a Yoshinobu a entregar incondicionalmente sus poderes. Se inició así la Era Meiji, nombre con el que el emperador número 122 bautizó su mandato.

La Era Meiji

Tras la restauración, el poder no residió de forma suprema en el emperador, sino que este se vio atado por las exigencias de los clanes Choshu y Satsuma que le habían

devuelto el poder. La prioridad en la Era Meiji fue modernizar Japón para poder tratar con Occidente en igualdad de condiciones y renunciar a los tratados vejatorios impuestos desde que el comodoro Perry había abierto Japón al mundo. Para llevar a cabo tal modernización, los japoneses invitaron a asesores económicos extranjeros a acudir a su país y enviaron a sus estudiantes a formarse en el extranjero. Además, el nuevo Gobierno abolió el feudalismo, modernizó el ejército desmantelando la clase de los samurái e impulsó el progreso económico alentando la formación de los zaibatsu, grandes negocios familiares, como los de Mitsubishi, Mitsui y Sumitomo.

La Guerra Chino-japonesa

La modernización acelerada de Japón permitió al país derrotar a China en la Guerra Chino-japonesa y lo consolidó como una potencia pujante. China intentaba desesperadamente retener el control de Corea, mientras que Japón ansiaba aumentar su implicación en la península. Cuando en 1894 los reformistas coreanos se rebelaron contra la élite gobernante, China envió sus tropas en apoyo del régimen moribundo, mientras que Japón intervino en favor de los sublevados. La guerra se declaró cuando China se negó a reconocer al nuevo gobernante designado por Japón. Japón realizó incursiones en el territorio de Manchuria y derrotó a la marina china. La modernización militar de Japón había aprobado su primer examen, si bien su éxito se debió tanto a sus propios logros como a la ineficacia de los chinos. China se vio obligada a firmar el Tratado de Shimonoseki en abril de 1895, por el cual aceptaba la independencia de Corea y cedía Taiwán y la península de Liaodong a Japón. Una semana después de la firma de aquel tratado, Alemania, Francia y Rusia conminaron a Japón a retornar la península de Liaodong a China, en un movimiento que demostró a Japón que, pese a su éxito, las grandes potencias no tenían previsto aceptar una nación asiática en su «club». Aquel hecho generó un resentimiento amargo e impulsó a Japón a prepararse para una guerra con Rusia.

La Guerra Ruso-japonesa

Tras la Triple Intervención de Rusia, Alemania y Francia, Rusia comenzó a trasladar tropas a Manchuria con el objetivo de disputar el dominio de Corea a Japón. Japón esperaba poderse sentar a negociar con Rusia de igual a igual y establecer sus respectivas esferas de influencia en la región, pero Rusia interrumpió las negociaciones y, en febrero de 1904, Japón optó finalmente por una solución militar. Los japoneses se anotaron varios éxitos: arrebataron Port Arthur a los rusos, derrotaron a la flota rusa

Arriba: El emperador Yoshihito, tras suceder a su padre en el trono imperial en 1912, gobernó hasta su fallecimiento en 1926.
Página anterior: El comodoro Matthew Perry se despide de la Comisión Imperial Japonesa tras firmar un tratado que abría los puertos de Shimoda y Hakodate al comercio con Estados Unidos.

del Pacífico y capturaron la ciudad de Shenyang. En 1905, Rusia envió a la flota báltica en apoyo de sus tropas. Tras navegar por todo el mundo, esta fue derrotada antes de poder intervenir en la batalla de Tsushima. La guerra exacerbó los problemas internos de Rusia y el país se halló al borde de una revolución. Para restablecer el control, el zar solicitó un alto el fuego. Aquella fue la primera gran victoria de una potencia asiática sobre una occidental, y Japón fue aceptado finalmente como potencia mundial. El Tratado de Portsmouth firmado en septiembre de 1905 obligó a Rusia a ceder las islas australes de Sajalín y Port Arthur a los japoneses, así como a retirarse de Manchuria y aceptar el dominio japonés de Corea, país que Japón se anexionó en 1910.

La Revolución Rusa

La crudeza de la vida y un resentimiento cada vez mayores, junto con una serie de errores, desencadenaron uno de los acontecimientos más decisivos del siglo XX, la Revolución Rusa.

Los últimos días de los zares

Los zares habían gobernado Rusia como una autocracia desde que Iván el Terrible fue entronizado en 1547. Mientras otros estados europeos se reformaban aprobando constituciones para mantener a sus monarquías en el poder, los zares se mantenían firmes en su trono. Todas las reformas que introdujeron, como la emancipación de los siervos en 1861, fueron de una índole sumamente restrictiva y estaban concebidas para mantener, en lugar de modificar, su mandato supremo.

Pero las protestas populares, pese a ser esporádicas, se multiplicaron y el zar Alejandro II incluso fue asesinado por los revolucionarios en 1881. Cuando el último zar, el nieto de Alejandro II, Nicolás II, ascendió al trono en 1894, existía ya una extensa red de grupos subversivos clandestinos entre los que figuraba el primer Grupo Revolucionario Marxista ruso, fundado por Plekhanov en 1883. A principios del siglo XX, a los zares empezaba a escapárseles el poder de las manos y una serie de errores colocó al país en la senda de la revolución.

La Guerra Ruso-japonesa

Al arrancar el siglo XX, Japón y Rusia rivalizaban por el control de la región china de Manchuria. Después de que Rusia cesara las negociaciones sobre su retirada de la región, Japón decidió recurrir a una solución militar en 1904. La guerra resultante concluyó con una derrota de Rusia a manos de Japón que suscitó sentimientos de humillación y resentimiento en el seno de Rusia: los rusos habían sido derrotados por lo que en Europa se consideraba una raza inferior y atrasada. En pleno apogeo del entusiasmo popular con respecto al colonialismo, Rusia se vio forzada a retirarse de Manchuria y aceptar el dominio japonés de la región. Durante la guerra con Japón, en enero de 1905, un sacerdote encabezó una manifestación pacífica por las calles de San Petersburgo reclamando alimentos y reformas constitucionales. El acto fue brutalmente sofocado por las autoridades y pasó a la historia como el Domingo Sangriento. Aquellos dos eventos, la retirada de Manchuria y la represión brutal, desencadenaron huelgas y manifestaciones en toda Rusia y el país se halló de súbito al borde de la revolución. La situación se resolvió cuando el zar, en un movimiento inteligente, respaldó el Manifiesto de Octubre, en el que prometía una constitución y un Parlamento estatal, así como un recorte de la censura. Pero se trató de una reforma-trampa: el poder de designar al Parlamento y aprobar leyes debía contar con la aprobación del zar, lo cual hizo que la revolución solo se pospusiera hasta el siguiente error grave.

La Gran Guerra

Dicho error asumió la forma de la Gran Guerra, un conflicto detonado por el apoyo que Rusia garantizó a Serbia y que sumió al país en una guerra contra Alemania y el Imperio Austrohúngaro. El incidente inductor de la guerra fue el asesinato del archiduque Francisco Fernando, heredero al trono austrohúngaro, en Sarajevo a manos de un nacionalista serbio.

La guerra exacerbó los problemas sociales existentes en Rusia y generó otros nuevos, lo cual supuso una enorme presión tanto para la economía como para la sociedad en su conjunto. La escasez de alimentos y el servicio militar obligatorio suscitaron malestar entre la población y el zar, en una decisión imprudente, decidió acudir al frente para liderar una campaña bélica agonizante y con ello se implicó personalmente en los fracasos militares. Dejó tras de sí a su esposa, la zarina, para que gobernara en su ausencia, pero era alemana y, por ello, impopular en aquellos tiempos de guerra. Además, sus decisiones estaban moldeadas por el también impopular Rasputín, un monje que aparentemente había convencido a los zares de ser la única persona capaz de curar la hemofilia de su único hijo varón. Las decisiones imprudentes de Nicolás socavaron gravemente su autoridad.

La Revolución de Febrero

En febrero de 1917 eran pocos los progresos realizados en la guerra. La escasez de alimentos se acentuaba y los soldados, desnutridos, protagonizaban deserciones en masa en las líneas del frente. En las ciudades estallaron disturbios generalizados instigados por el hambre. Y en un intento por conservar su autoridad, el zar Nicolás II decidió disolver el Parlamento.

La Asamblea rehusó dicha disolución, se autoproclamó Gobierno provisional y exigió la abdicación del

Arriba: El zar Nicolás II de Rusia con los miembros de su familia en los jardines privados de Tsarskoe Selo, el Palacio de Verano.
De izquierda a derecha: Un oficial de guardia, el emperador Nicolás II, la gran duquesa Tatiana, la gran duquesa Olga, la gran duquesa María,
la gran duquesa Anastasia y (en primer plano) el zarevich Alexis y uno de los hijos de la hermana mayor del emperador, la gran duquesa Xenia Alexandrovna.

zar. Después del asesinato de Rasputín, el zar, que seguía estando en el frente, no tuvo más remedio que abdicar en favor de su hermano Miguel, quien a su vez rechazó el trono. El Gobierno provisional, al mando del cual se hallaba Alexander Kerenski, decidió continuar con la guerra y al tiempo que esta acrecentaba los problemas sociales de Rusia, cada vez se hacía más probable el estallido de un nuevo amotinamiento civil.

La Revolución de Octubre

El Gobierno provisional tenía un defecto de partida y es que se trataba de una coalición débil de grupos con distintos intereses y sin un objetivo común. La decisión adoptada de continuar la guerra reflejó su incapacidad para hacer frente a los problemas del pueblo, como la escasez de alimentos y la reforma de la tierra. Los bolcheviques, un grupo revolucionario marxista, fueron los únicos de los múltiples grupos de intereses enfrentados que solicitaron poner fin al conflicto, lo cual les valió el apoyo de una población cansada de la guerra.

En abril de 1917, el líder bolchevique Vladímir Ilich Lenin regresó del exilio después de que el Gobierno provisional anunciara un amnistía para los presos políticos. En las llamadas Tesis de Abril, Lenin no solo exigió la paz, sino también tierras y pan para la población. Volvió a huir al exilio en el verano de 1917, después de un alzamiento fallido, pero regresó de nuevo en octubre y anunció a su partido que se preparara para una revolución inmediata. El 25 de octubre según el calendario juliano aún vigente en Rusia en la época, en el Congreso de los Soviets, el consejo de los obreros, la mayoría de los delegados exigieron el fin del Gobierno de Kerenski y prometieron su apoyo a los bolcheviques. Ese mismo día, los bolcheviques irrumpieron en el Palacio de Invierno, al parecer patrullado únicamente por una guarnición femenina, y dieron un golpe de Estado en el que apenas hubo derramamiento de sangre. Una vez tomado San Petersburgo, los bolcheviques llevaron su revolución a todo el país.

Consolidación bolchevique en el poder

En marzo de 1918, Lenin puso fin a la guerra con Alemania mediante la firma de la Paz de Brest-Litovsk, por la que el Gobierno ruso cedía grandes franjas de territorio, incluida Ucrania, los estados Bálticos, Armenia y Polonia. En 1919, los bolcheviques se desvincularon del movimiento socialista europeo, se rebautizaron como Partido Comunista y fundaron la Internacional Comunista, cuyo objetivo era difundir la revolución.

La guerra civil

Estalló entonces una guerra civil entre los partidarios de los bolcheviques, los «rojos», y sus enemigos, los «blancos». Los blancos englobaban una muestra representativa de toda la sociedad, con generales del ejército,

partidarios monárquicos y fieles de la Iglesia ortodoxa. Una vez finalizada la guerra en Europa, los ejércitos extranjeros también se unieron a los blancos; entre ellos figuraban tropas británicas, francesas y estadounidenses, cuyos Gobiernos querían detener la difusión de la revolución al resto de Europa. Incluso los izquierdistas moderados, los mencheviques y revolucionarios sociales entre ellos, se enfrentaron a los bolcheviques. Uno de los motivos que explican que los bolcheviques ganaran la guerra civil es que el ejército se puso bajo el control de León Trotski. Trotski rehusó efectuar cambios radicales y «comunizar» el ejército para evitar sembrar la confusión entre sus fuerzas. Reintrodujo el servicio militar obligatorio, homogeneizó el estamento militar y rehabilitó a los generales prerrevolucionarios de más talento. El partido se aseguró además de que los soldados estuvieran bien alimentados requisando alimentos a los campesinos en una campaña atroz de comunismo de guerra.

Entre tanto, la contrarrevolución blanca se hallaba dividida. Los distintos grupos no lograban trabajar en sintonía y aquellas divisiones allanaron el terreno a los bolcheviques. Las tropas blancas estaban desmembradas y al final su contrarrevolución se esfumó mientras Rusia sucumbía una vez más a la extenuación causada por la guerra. Millones de rusos habían perecido o emigrado, y la hambruna se generalizó con la espectacular caída de la productividad industrial y agrícola. Los comunistas habían ganado, pero se enfrentaban a la labor de reestructurar y volver a desarrollar toda la nación.

Los últimos años de Lenin

Para incitar la recuperación tras los días del comunismo de guerra, Lenin lanzó la Nueva Política Económica. Se implantó un sistema de mercado en el ámbito rural y las industrias estatales recibieron cierto grado de autonomía. Aquello contribuyó a aumentar la productividad y a acabar con el hambre, pero los marxistas criticaron esa política, alegando que desatendía los principios socialistas. Lenin, en cambio, consideraba que era un paso temporal necesario para transformar Rusia de una sociedad agraria a una industrializada. En agosto de 1918, una revolucionaria social, Fania Kaplan, intentó asesinarlo. Tras aquello, Lenin sufrió un infarto en 1922 que lo relegó a un puesto secundario en la política. Un segundo infarto en diciembre lo obligó a abandonar la política y un tercero en marzo de 1923 lo privó de la capacidad del habla. Falleció el 21 de enero de 1924. Fue embalsamado y su cadáver se enterró en un mausoleo de Moscú, donde aún reposa.

Izquierda: Leon Trotski, cabecilla de la Revolución de Noviembre, fue deportado de Rusia en 1929.

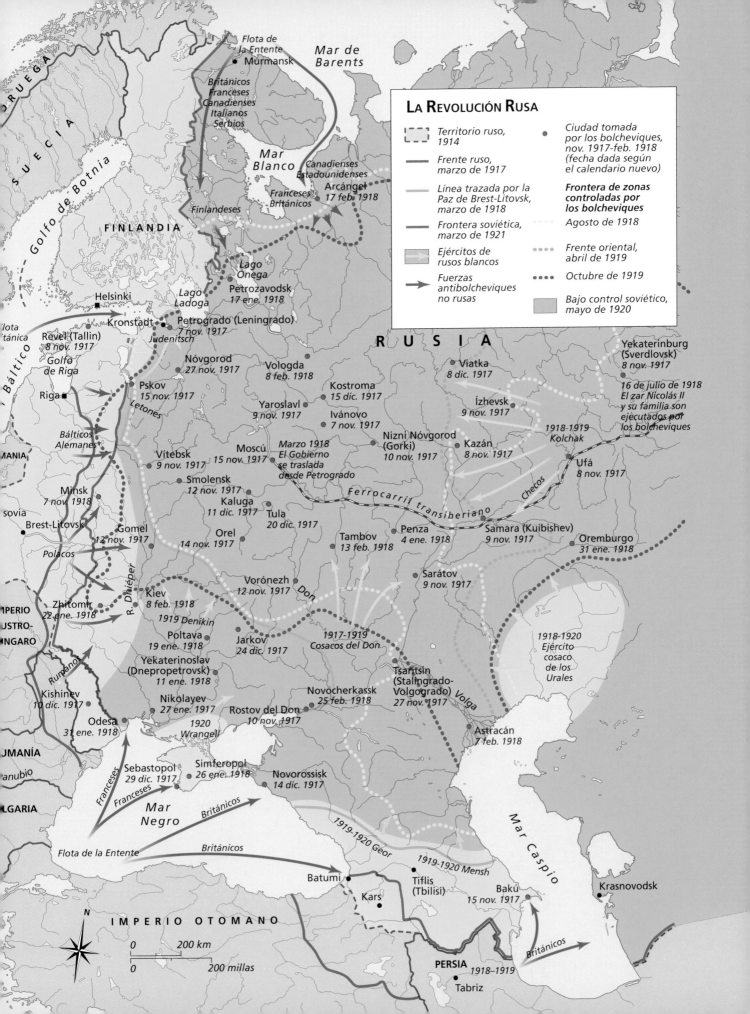

LA REVOLUCIÓN RUSA

- ⌐⌐⌐ *Territorio ruso, 1914*
- ▬▬ *Frente ruso, marzo de 1917*
- ▬▬ *Línea trazada por la Paz de Brest-Litovsk, marzo de 1918*
- ▬▬ *Frontera soviética, marzo de 1921*
- ⇨ *Ejércitos de rusos blancos*
- → *Fuerzas antibolcheviques no rusas*
- ● *Ciudad tomada por los bolcheviques, nov. 1917-feb. 1918 (fecha dada según el calendario nuevo)*
- **Frontera de zonas controladas por los bolcheviques**
- ···· *Agosto de 1918*
- ···· *Frente oriental, abril de 1919*
- •••• *Octubre de 1919*
- ▨ *Bajo control soviético, mayo de 1920*

NORUEGA

SUECIA

Golfo de Botnia

FINLANDIA

Mar de Barents

Flota de la Entente
● Murmansk

Británicos
Franceses
Canadienses
Italianos
Serbios

Mar Blanco

Canadienses
Estadounidenses

Franceses
Británicos

● Arcángel
17 feb. 1918

Finlandeses

Lago Onega

Petrozavodsk
17 ene. 1918

Lago Ladoga

Helsinki ■

Kronstadt
Judenitsch

Petrogrado (Leningrado)
7 nov. 1917

RUSIA

Flota británica

Revel (Tallin)
8 nov. 1917

Golfo de Riga

Riga ■

Letones

Pskov
15 nov. 1917

Nóvgorod
27 nov. 1917

Vologda
8 feb. 1918

Viatka
8 dic. 1917

Yekaterinburg (Sverdlovsk)
8 nov. 1917

16 de julio de 1918
El zar Nicolás II
y su familia son
ejecutados por
los bolcheviques

Golfo Báltico

Bálticos Alemanes

ALEMANIA

Vítebsk
9 nov. 1917

Moscú
15 nov. 1917

Marzo 1918
El Gobierno
se traslada
desde Petrogrado

Kostroma
15 dic. 1917

Yaroslavl
9 nov. 1917

Ivánovo
7 nov. 1917

Nizni Nóvgorod
(Gorki)
10 nov. 1917

Kazán
8 nov. 1917

Ízhevsk
9 nov. 1917

1918-1919
Kolchak

Ufá
8 nov. 1917

Minsk
7 nov. 1918

Varsovia

Brest-Litovsk

Polacos

Smolensk
12 nov. 1917

Kaluga
11 dic. 1917

Tula
20 dic. 1917

Ferrocarril transiberiano

Checos

IMPERIO
AUSTRO-
HÚNGARO

Gomel
12 nov. 1917

Orel
14 nov. 1917

Tambov
13 feb. 1918

Penza
4 ene. 1918

Samara (Kuibishev)
9 nov. 1917

Oremburgo
31 ene. 1918

R. Dniéper

Zhitomir
22 ene. 1918

Kiev
8 feb. 1918

Vorónezh
12 nov. 1917

Don

Sarátov
9 nov. 1917

1919 Denikin

1918-1920
Ejército
cosaco
de los
Urales

Rumanos

Poltava
19 ene. 1918

Jarkov
24 dic. 1917

1917-1919
Cosacos del Don

Tsaritsin
(Stalingrado-
Volgogrado)
27 nov. 1917

Volga

Yekaterinoslav
(Dnepropetrovsk)
11 ene. 1918

Novocherkassk
25 feb. 1918

Astracán
7 feb. 1918

Kishinev
10 dic. 1917

IMPERIO
AUSTRO-
HÚNGARO

Nikolayev
27 ene. 1917

Rostov del Don
10 nov. 1917

1920
Wrangell

Odesa
31 ene. 1918

RUMANÍA

Danubio

BULGARIA

Franceses

Franceses

Sebastopol
29 dic. 1917

Simferopol
26 ene. 1918

Novorossisk
14 dic. 1917

Mar Negro

Británicos

Flota de la Entente

Británicos

1919-1920 Geor

1919-1920 Mensh

Mar Caspio

Krasnovodsk

Batumi

Kars

Tiflis
(Tbilisi)

Bakú
15 nov. 1917

N

IMPERIO OTOMANO

0   200 km

0   200 millas

Británicos

PERSIA *1918–1919*

Tabriz

La I Guerra Mundial

La «guerra que pondría fin a todas las guerras» no logró su cometido. Sí dejó, en cambio, un reguero de millones de muertos y tuvo consecuencias mundiales durante todo el siglo.

Las causas del conflicto

Las causas para el estallido de la I Guerra Mundial se remontaban a más de cuatro décadas, a la Guerra Franco-prusiana de 1870-1871. Con aquella derrota, los franceses perdieron Alsacia y Lorena, y tuvieron que pagar una indemnización de guerra de 5.000 millones de francos oro. A partir de aquel momento, Alemania, dirigida por Otto von Bismarck, empezó a ampliar su poderío militar e industrial, y fue escalando posiciones en el seno del continente. El resto de países europeos recelaban de ese ascenso. En una maniobra diplomática, Alemania formó la Triple Alianza con Austria-Hungría e Italia en 1882. Un año después, Francia y Rusia firmaron la Dúplice Alianza, lo cual obligó a Gran Bretaña a decidir qué lugar ocupaba en el seno de Europa. En 1904, Gran Bretaña y Francia firmaron la Entente Cordial, que se convirtió en la Triple Entente con la anexión de Ruisa en agosto de 1907. Este sello de alianzas internacionales aumentó la tensión. Para que estallara la guerra solo faltaba un detonante.

Abajo: Las naciones europeas se hallaron ante la primera oportunidad en cuarenta años de cubrirse de gloria militar. Existía la convicción general de que la guerra se acabaría hacia Navidad. Animados por la confianza pública, jóvenes de toda Europa se alistaron en los ejércitos.

Este se presentó el 28 de junio de 1914. El archiduque Francisco Fernando de Austria-Hungría, heredero del Imperio de los Habsburgo, había planeado visitar la capital bosnia, Sarajevo. Era consciente de los peligros que entrañaba su viaje, pero estaba decidido a granjearse el apoyo de los bosnios. Austria-Hungría se había anexionado Bosnia-Herzegovina en 1908, y los nacionalistas serbios reclamaban la liberación de Bosnia, donde la mayoría de la población era serbia. Para muchos serbios, aquella visita era una provocación. Una organización encubierta serbia denominada Mano Negra planeó asesinar al archiduque. El plan lo llevó a efecto uno de sus integrantes, Gavrilo Princip, quien disparó a quemarropa a Fernando y su esposa Sofía. Alentada por Alemania, Austria-Hungría vio en aquel asesinato un desafío serbio al imperio y emitió un ultimátum de 48 horas con una serie de exigencias poco razonables. Los serbios le hicieron caso omiso y, el 28 de julio, los austriacos declararon la guerra a Serbia. Dos días después, Rusia empezó a movilizarse para acudir en ayuda de Serbia y, el 1 de agosto, Alemania declaró la guerra a Rusia.

Alemania siempre había sido consciente de que podía verse obligada a luchar a un mismo tiempo por

ALIANZAS EN VÍSPERAS DE LA GUERRA (JULIO DE 1914)

- *Alianza austroalemana, 1879-1918*
- *Triple Alianza, 1882-1915*
- *Alianza francoprusiana, 1894-1917*
- *Triple Entente, 1907-1917*
- *Diversos movimientos nacionalistas e independentistas patrocinados por Rusia, 1879-1914*
- *Simpatizantes de las «Potencias Centrales»*
- *Simpatizantes de las «Potencias de la Entente»*
- *Neutralidad garantizada por el Reino Unido*
- *Neutral*

Arriba: Trabajadoras ayudando a resolver la crisis de la munición de 1915.
Página siguiente, arriba: Marines británicos desfilando por Ostende.
Página siguiente, abajo: Incluso cuando no eran atacados, los soldados debían hacer frente a duras condiciones en las trincheras, que solían estar anegadas. El pie de trincheras, una forma de congelación, era una afección común.

sus flancos este y oeste, y había diseñado para ello el Plan Schlieffen, una «guerra relámpago» concebida para neutralizar a Francia y poderse concentrar en la lucha contra Rusia. Alemania tenía planeado atacar Francia a través de la Bélgica neutral, pero el Gobierno belga ignoró un ultimátum enviado por Alemania y se negó a permitir que las tropas alemanas atravesaran su territorio sin trabas. Alemania y Gran Bretaña habían pactado con anterioridad garantizar la neutralidad belga, de modo que tanto Alemania como Bélgica solicitaron su ayuda a los británicos. Después de sopesar la situación, el Gobierno inglés de Asquith decidió honrar su compromiso con Bélgica y envió a Alemania un ultimátum exigiéndole la retirada de Bélgica. Alemania rechazó tal petición y el 4 de agosto Gran Bretaña le declaró la guerra.

La guerra de trincheras

Tras la batalla del Marne de septiembre de 1914, los alemanes empezaron a cavar trincheras para protegerse del fuego aliado y retener el territorio ganado. Los aliados hicieron lo propio y se multiplicaron las batallas desde las trincheras, que se convirtieron en una peculiaridad de esta guerra. Una zona cubierta con alambre de espino denominada «tierra de nadie» separaba ambos flancos; los bombardeos frecuentes convirtieron esta zona en un mar de barro y cráteres. Las acciones ofensivas eran poco eficaces, ya que las ametralladoras abatían a los atacantes; así, estas batallas se saldaron con progresos mínimos y cuantiosas bajas. La trincheras medían 2,5 metros de profundidad por 1,8 de ancho y por lo común estaban anegadas. De promedio, unos 450 hombres tardaban seis horas en cavar 230 metros de trincheras. Los británicos preferían los diseños de diente de perro, por su resistencia al fuego de artillería. Las trincheras alemanas eran más sofisticadas y hondas, y muchas tenían electricidad y agua corriente. A ambos lados de la parte superior se colocaban sacos de arena para absorber las balas enemigas y se cortaban escalones para que los soldados pudieran asomarse a disparar. Una red de trincheras de comunicaciones unía las trincheras de combate con las de apoyo, en la retaguardia, y permitía el tránsito de soldados y provisiones.

En unas trincheras infestadas de ratas, piojos y pulgas, los soldados vivían en unas condiciones atroces. Empapados y ateridos, era frecuente que contrajeran pie de trinchera, una afección muy dolorosa causada por permanecer largas horas con los pies sumergidos en agua fría o en barro que provocaba la muerte de los tejidos; las infecciones bacterianas causaban gingivitis, la llamada boca de trinchera, y los soldados tuvieron que habituarse a vivir y luchar rodeados de cadáveres. Los ataques de francotiradores enemigos eran un riesgo continuo, por lo que el uso de cascos era esencial. Las escaleras para salir de las trincheras eran muy empinadas, lo cual convertía a los hombres en blancos seguros mientras intentaban trepar para lanzar un ataque contra el enemigo. Los soldados pasaban gran parte del tiempo reparando las trincheras o de guardia. Con frecuencia, las batallas ocurrían de noche, por lo que era habitual reponer el sueño durante el día. Estas trincheras fueron el hogar de millones de soldados mientras duró la guerra.

Armas

A principios del siglo XX, la industria ya producía en serie munición y armas con una precisión, velocidad de repetición y alcance muy mejorados. Se habían inventado las armas con retrocarga, las metralletas alimentadas por correa, la artillería de repetición rápida y los rifles con depósito cargador. La tecnología armamentística evolucionó durante la guerra: las metralletas se volvieron más ligeras y en 1918 aparecieron los subfusiles, como la metralleta de París (con un alcance de unos 128 km).

Los nuevos tanques Mark I se usaron por primera vez en el campo de batalla en 1916. Se inventaron en un intento por salir del impasse de la guerra de trincheras. Usados como apoyo a la infantería, cosecharon un éxito razonable, si bien resultaban difíciles de manejar y eran

proclives a sufrir problemas mecánicos. Tenían capacidad para ocho hombres, pero, debido a las condiciones de hacinamiento y calor que se padecían en su interior, los soldados solían sufrir ataques de delirio y vómitos.

Los alemanes fueron los primeros en usar lanzallamas; lo hicieron en Verdún en 1915. Una recámara con nitrógeno comprimido y una mezcla de alquitrán de hulla y benzina con una manguera acoplada permitía lanzar llamas a hasta 50 metros de distancia.

Alemania fue el primer país que usó gas de cloro; lo hizo en la segunda batalla de Ypres. Los 500 cilindros emitidos segaron la vida a 5.000 soldados y afectaron gravemente a otros 10.000 supervivientes. Los efectos psicológicos del gas tóxico también fueron devastadores. Ese mismo año se emplearon gas mostaza y fosgeno. Los aliados también empezaron a usar gases. Se calcula que causaron un millón de muertes durante la guerra.

La aviación fue cobrando una importancia mayor a medida que progresaba la guerra. En un principio, los aviones se empleaban principalmente para objetivos tácticos, estratégicos y operativos. Durante el transcurso de las hostilidades se concibieron los primeros aviones de combate, como el Fokker E1 y el Nieuport 17 de los aliados y el Fokker DVII de los alemanes. El 1 de abril de 1918 se instauró la Fuerza Aérea Real británica con el fin de integrar la aviación en las ofensivas. Para cuando la guerra concluyó, la aviación era ya parte integrante de las tácticas militares. Había unos 10.000 aviones en uso y unos 50.000 soldados de la fuerza aérea perdieron la vida, principalmente a causa de la inexperiencia.

Nuevos conflictos

En agosto de 1914, la Fuerza Expedicionaria Británica, encabezada por sir John French, atravesó el canal de La Mancha. Se enfrentó al ejército alemán en la batalla de Mons el 23 de agosto y, pese a ser inferior en número, el ejército británico supo hacer frente al desafío lanzado por el alemán. Fracasó en su intento de hacerlo retroceder, pero lo mantuvo en jaque y, a partir de ese momento, el Plan de Schlieffen empezó a desmontarse, con los ejércitos belga y francés avanzando frente al alemán. Los alemanes del Primer Ejército, a las órdenes del general Von Kluck, tuvieron que retroceder hasta el este de París para mantener el contacto con su Segundo Ejército. A principios de septiembre, los aliados habían establecido un nuevo frente justo al sur del Marne. En la batalla del Marne, entre el 5 y el 10 de septiembre, las tropas aliadas atacaron y obligaron a los alemanes a retirarse a una posición más sólida en tierras altas al norte del río Aisne. Sin embargo, ante la carencia de refuerzos para mantener la presión, los aliados se atrincheraron frente a los alemanes y la situación quedó en tablas. Ambos bandos avanzaron lateralmente y estalló la batalla de Ypres, que duró un mes e intentó poner fin a aquel punto muerto. El 31 de octubre, los alemanes se abrieron paso por Gheluvelt y, pese a defender su posición, la Fuerza Expedicionaria Británica sufrió numerosas bajas. Ambos flancos se atrincheraron durante el invierno en un frente que iba desde el mar del Norte hasta Suiza, y lo que se había previsto como un conflicto breve se convirtió en una guerra de desgaste.

El frente oriental

Entre tanto, en el frente oriental, Rusia se había hecho con un punto de apoyo en la Prusia Oriental a mediados de agosto. El ejército austrohúngaro había dado muestras de una gran ineficacia y los alemanes se vieron obligados a retirarse. Aquello llevó a Alemania a solicitar la ayuda del general reservista Von Hindenburg, quien, junto con Eric von Ludendorff, transferido desde el frente occidental, logró detener el avance ruso. En este punto, el ejército ruso se hallaba escindido en dos por el lago Masuria, desde donde planeaba realizar un movimiento de tenazas contra los alemanes. Tras interceptar mensajes de radio, el Octavo Ejército se concentró en atacar las tropas del general Samsonov destacadas en el sur y logró una victoria decisiva en la batalla de Tannenberg el 27 de agosto de 1914. Treinta mil soldados fallecieron y otros 100.000 fueron hechos prisioneros. Samsonov se suicidó. Hindenburg se anotó una nueva victoria contra las tropas del general Rennenkampf entre el 9 y el 10 de septiembre y devolvió Prusia Oriental a manos alemanas.

La segunda batalla de Ypres se inició el 22 de abril de 1915. En ella, los alemanes usaron gases por primera vez. Pese a los efectos mortales del cloro, los aliados volvieron a formar y la batalla acabó en tablas el 13 de mayo.

Los Dardanelos

Turquía entró en la guerra del lado de las Potencias Centrales el 29 de octubre de 1914. Los aliados, liderados por Winston Churchill, ministro de Marina (primer lord del

Arriba: Soldados preparando las bayonetas para una nueva ofensiva.
Página anterior, arriba: En mayo de 1915, ambos bandos declararon una
tregua en Gallípoli para enterrar a sus muertos. El verano trajo muchas más
bajas y, en otoño, la conveniencia de aquella guerra empezó a ponerse en duda.
Página anterior, abajo: Philippe Pétain fue sustituido en el cargo de coman-
dante del ejército de Francia por Foch en marzo de 1918.

Almiraztango), planeaba atacar el país a través de los Dar-
danelos, el estrecho que comunica el mar abierto con
Constantinopla, con el fin de abrirse camino hasta sus
aliados rusos. En febrero, una flota bombardeó los fuertes situados en la entrada del estrecho, pero el avance fue
lento y tres acorazados fueron hundidos por minas el 18
de marzo. Se decidió entonces desplegar las fuerzas terrestres. El 25 de agosto, soldados británicos, franceses,
australianos y neozelandeses desembarcaron en la península de Gallípoli. Ante las adversidades del clima y del
terreno, la operación demostró ser vana. En noviembre
se hizo patente que la única opción viable era una retirada. Afortunadamente, en enero de 1916 las tropas se habían replegado ya con éxito, pero la campaña había costado a los aliados 250.000 soldados y Churchill dimitió.

Verdún

La batalla de Verdún dio comienzo el 21 de febrero de
1916. Mil doscientos cañones, incluido el célebre *Gran
Bertha* de 42 centímetros, lanzaron uno de los bombardeos más fieros de toda la guerra. Verdún era un símbolo

de orgullo nacional y los franceses, capitaneados por el
general Pétain, estaban decididos a defenderlo. Su fuego
de artillería infligió cuantiosas bajas en las filas alemanas
y las tropas francesas lograron mantener una vía abierta
con el sur de la ciudad, la cual permitió el paso de refuerzos y provisiones. La batalla se recrudeció hasta junio,
mes en el que los alemanes tuvieron que disminuir sus
ataques para hacer frente a la ofensiva británica en el
Somme y a una gran ofensiva rusa en el este, las cuales
obligaron al comandante alemán a reubicar sus tropas.
Desde entonces hasta fin de año, los franceses recuperaron todos los territorios que habían perdido. La cifra
total de víctimas mortales fue de 700.000: las pérdidas
francesas superaron considerablemente a las alemanas.

El Somme

El 1 de julio de 1916, los aliados lanzaron una ofensiva
en el Somme. Sin embargo, el ataque de la artillería no
demostró ser tan eficaz como se había previsto frente a
un enemigo fuertemente atrincherado al que el fuego
abierto informó de la avanzada. La infantería fue atacada
con violencia por las ametralladoras Maxim alemanas y,
al final del primer día, se habían registrado ya 57.000
bajas, entre las cuales había 20.000 muertos. La batalla
prosiguió hasta bien entrado el otoño. En ella, los aliados
usaron tanques por primera vez. Se habían concebido
para respaldar a la infantería, pero los alemanes, tras el

pánico inicial que les provocó la visión de aquellos vehículos, opusieron una férrea resistencia, de modo que no tuvieron el impacto previsto. La batalla concluyó el 19 de noviembre, con más de 600.000 bajas en el bando de los aliados y 400.000 en el alemán. Las amapolas que brotaron en los campos de batalla se convirtieron en el símbolo de las atroces pérdidas del Somme y otros conflictos.

Conflicto en el mar

Durante los dos primeros años de la guerra, las flotas británica y alemana habían evitado una confrontación total, pero, en enero de 1916, el almirante Reinhard Scheer, nuevo comandante de la Flota de Alta Mar alemana, diseñó un plan para neutralizar la superioridad naval de Gran Bretaña. Debía atacar para evitar que Alemania se quedara sin recursos. Su plan preveía dividir la flota enemiga para aumentar sus oportunidades de victoria. Se lanzó un ataque contra la costa oriental de Gran Bretaña que forzó al almirante británico Jellicoe a desplegar un escuadrón de cruceros de combate hasta Rosyth. Lograda esta primera meta, Scheer puso en acción la segunda parte del plan. Pretendía atraer los cruceros de combate a mar abierto haciendo desfilar algunos de sus propios navíos frente a la costa noruega. El escuadrón dirigido por sir David Beatty cumplió con su obligación, pero se halló con que toda la Flota de Alta Mar le aguardaba cerca de los escoltas alemanes. No obstante, Scheer desconocía que el servicio de inteligencia británico había descifrado los códigos navales de Alemania y Jellicoe se hallaba presto a atacar. La batalla de Jutlandia se libró el 31 de mayo de 1916. El *Indefatigable* y el *Queen Mary* volaron por los aires en menos de veinte minutos y segaron 2.303 vidas. Los alemanes, aventajados, empezaron a acortar distancias. En cuanto Beatty vio la flota alemana, viró rumbo al norte para aproximarse a Jellicoe y atraer a los alemanes a su trampa. Jellicoe contaba con ventaja táctica y, cuando ambas flotas se enzarzaron en combate, dispuso sus acorazados en perpendicular a la línea alemana, en una maniobra que se conoce como «cruzar la T». La flota alemana fue fuertemente bombardeada y Jellicoe pareció haberse asegurado el éxito. Sin embargo, Scheer efectuó una viraje de 180 grados y sus buques desaparecieron en medio del humo y la confusión. Luego volvió a virarlos y los encaminó directamente hacia la línea británica. Jellicoe decidió no arriesgarse a ser torpedeado por los alemanes y se retiró. Por la mañana, la flota alemana había partido y la batalla de Jutlandia había tocado a su fin. Se perdieron 25 buques y 9.000 vidas. Alemania, con menos bajas, clamó victoria, pero no volvió a desafiar el dominio británico de los mares nunca más.

Passchendaele

El mariscal de campo sir Douglas Haig planeó un nuevo ataque por el frente occidental. La batalla de Passchendaele estalló el 7 de junio de 1917. Los británicos atacaron el estrecho de Mesina, una posición estratégica al sur de Ypres que los alemanes habían ocupado durante dos años. Tras un primer avance exitoso, se lanzó una ofensiva a gran escala, que, pese a dilatarse más de lo previsto, se saldó con la caída de Passchendaele el 2 de noviembre, con 250.000 bajas. Aprovechando el impulso, los aliados lanzaron una ofensiva definitiva en 1917.

La batalla de Cambrai se inició el 20 de noviembre con más de 400 tanques encabezando el ataque. El ejército alemán contraatacó y se llegó a un nuevo punto muerto.

La Revolución Rusa

En el frente oriental, la Revolución Rusa, ocurrida en invierno de 1916–1917, concluyó con la abdicación del zar en marzo. El nuevo Gobierno provisional había lanzado una ofensiva militar desastrosa en Galitzia y el ejército ruso empezó a desintegrarse. En diciembre, Alemania y la Unión Soviética pactaron un armisticio. Las tropas alemanas se desplegaron en el oeste, pues necesitaban lanzar una ofensiva contra Gran Bretaña y Francia antes de la llegada del ejército estadounidense. El 21 de marzo se puso en marcha la Operación Michael, cuya diana se hallaba entre Arras y San Quintín. El ejército alemán barrió el campo de batalla del Somme y en breve capturó Péronne, Bapaume y Albert, mientras que el Tercer y el Quinto Ejércitos británicos fueron los más castigados por el asalto. El 26 de marzo, el mariscal Ferdinand Foch se convirtió de facto en el general al mando de los ejércitos aliados en el frente occidental. No tardó en comprobar que era imperativo defender Amiens, un objetivo alemán clave. En los días sucesivos, la fuerza de los aliados creció y la línea alemana cedió y se debilitó. El avance concluyó el 8 de abril. Ludendorff probó otras iniciativas, pero con los estadounidenses desplegados en la zona, las bajas alemanas aumentaban sin cesar. El 8 de agosto, un ejército aliado combinado lanzó la batalla de Amiens, respaldado por 400 tanques, 2.000 cañones y refuerzos de la recién creada Fuerza Aérea Real británica. La Línea Hindenburg se franqueó al fin el 29 de septiembre, si bien en dicha fecha tanto Ludendorff como el káiser eran ya conscientes de que había que sellar la paz. Poco a poco, los aliados de Alemania empezaron a caer y, el 11 de noviembre de 1918, Alemania se rindió.

Entrada de Estados Unidos en la guerra

Al estallar la guerra, Estados Unidos carecía de alianzas en el continente y, el 19 de agosto 1914, Woodrow Wilson declaró una política de estricta neutralidad. En diciembre de 1914, el general Leonard Wood ayudó a formar la Liga de Seguridad Nacional y planteó la necesidad de ampliar el ejército estadounidense. Wilson respondió a tal propuesta aumentando el número de soldados de 98.000 a 140.000. Estados Unidos entró en la guerra en abril de 1917. Se introdujo el servicio militar obligatorio para todos los varones con edades comprendidas entre los 21 y los 30 años; cuatro millones de soldados fueron reclutados y la mitad de ellos fueron enviados a servir en ultramar.

Arriba: La flota británica, vista desde la cubierta del buque Audacious. Existía la creencia generalizada de que Gran Bretaña seguía siendo dueña de los mares, aunque había pasado más de un siglo desde la batalla de Trafalgar. Página anterior: Sobre el campo de la batalla del Somme se abate una sombría e inquietante sensación durante el breve cese de las hostilidades.

Antes de implicarse en el conflicto, Estados Unidos había ayudado a los aliados a exportar mercancías, pero, el 1 de febrero, Alemania lanzó un plan de guerra submarina sin restricciones. Wilson interrumpió inmediatamente las relaciones diplomáticas con Alemania y adoptó una política de «neutralidad armada» durante dos meses. En marzo, tres cargueros estadounidenses habían sido hundidos y se publicó el telegrama de Zimmerman: los espías británicos habían interceptado un mensaje enviado por el secretario de Exteriores alemán, Arthur Zimmerman, a México en el que Alemania se ofrecía a ayudar a México a retomar el territorio de Texas y Arizona a cambio de contar con su apoyo. Estos eventos intensificaron el deseo de muchos estadounidenses de entrar en la guerra y, el 2 de abirl, Wilson solicitó la aprobación al Congreso para hacerlo; la decisión se ratificó cuatro días después. Y Estados Unidos se movilizó.

El Tratado de Versalles

La sesión inaugural de la Conferencia de Paz de París se celebró el 19 de enero de 1919. En dicha conferencia

Islandia
a Dinamarca

EUROPA EN 1919

Mar de Noruega

Islas Feroe a Dinamarca

0   200 km
0   200 millas

N

NORUEGA

SUECIA

FINLANDIA

Helsinki

Leningrado

Oslo

Tallin

ESTONIA

Estocolmo

Mar Báltico

Riga

LETONIA

Mar del Norte

LITUANIA

Kaunas

Glasgow   Edimburgo

DINAMARCA
Copenhague

Königsberg

Dánzig

URSS

ciudad libre bajo la Sociedad de Naciones

Prusia Oriental

REINO UNIDO

Liverpool

Hamburgo

Berlín

Varsovia

Brest-Litovsk

Birmingham   Amsterdam

POLONIA

Bristol

PAÍSES BAJOS

ALEMANIA

Londres

Calais   Bruselas

R. Rin

Frankfurt

Praga

Cracovia

Lvov

BÉLGICA

L.

SARRE

CHECOSLOVAQUIA

autónomo bajo la Sociedad de Naciones

París

Viena

Orleans

Berna

AUSTRIA

Budapest

FRANCIA

SUIZA

HUNGRÍA

RUMANÍA

OCÉANO ATLÁNTICO

Lyón

Trieste

Burdeos

Milán

Bucarest

Génova

Venecia

R. Danubio

YUGOSLAVIA

Belgrado

Marsella

BULGARIA

ANDORRA

ITALIA

Mar Adriático

Sofía

Barcelona

ALBANIA

Lisboa

PORTUGAL

Madrid

Roma

Mar Egeo

ESPAÑA

Nápoles

TURQ.

Islas Baleares

GRECIA

Esmirna

Alicante

Atenas

Cádiz

Gibraltar
a Gran Bretaña

Almería

Mar Mediterráneo

territor. ocupad. por Ital.

Tánger

Zona internacional

Argelia
a Francia

Túnez
a Francia

Marruecos
a Francia

Libia
a Italia

participaron 32 naciones que representaban el 75 por ciento de la población mundial. Los países derrotados no fueron invitados y las negociaciones estuvieron dirigidas por Estados Unidos, presidido por Woodrow Wilson, el Reino Unido, por David Lloyd George, y Francia, por Georges Clemenceau. Woodrow Wilson expuso sus Catorce Puntos, que recogían la intención de crear nuevos estados con culturas e idiomas comunes, una reducción del armamento y la creación de una nueva Sociedad de Naciones que supervisase cualquier fricción futura. Sin embargo, la creación de tales estados demostró ser imposible, pues Francia y Gran Bretaña estaban más interesadas en acotar el poder de Alemania. Tras nueve días de conversaciones, se pactaron cinco tratados distintos, uno para cada nación derrotada. Todos ellos incorporaban la cláusula de la Sociedad de Naciones, suscrita por muchas naciones que no habían participado en el conflicto. La firma del Tratado de Versalles por parte de los aliados y Alemania tuvo lugar el 28 de junio de 1919. Imponía condiciones harto severas: el retorno de Alsacia y Lorena a Francia y la integración de gran parte de la Prusia Oriental en la Polonia reconstituida, lo cual suponía para Alemania perder el acceso al mar en Dánzig. Los aliados ocuparían Rhineland durante 15 años. Alemania debía reducir su ejército a 100.000 hombres y renunciar a su fuerza aérea y su flota de submarinos. Se incluyó además una cláusula por la que Alemania admitía toda la culpa en el estallido de la guerra y se comprometía a resarcirla abonando unas reparaciones por valor de 20.000 millones

de marcos oro. Si bien se fijó un calendario de pagos, el pago de esta deuda asfixiante se canceló en la década de 1920. Al concluir las negociaciones, Alemania firmó reticente el tratado y Estados Unidos se negó a ratificarlo.

Las repercusiones de la guerra

Lejos de reinar la paz, en la Europa de la posguerra imperaron las penurias económicas y las disputas fronterizas. La guerra había dejado a Gran Bretaña al borde de la bancarrota; un 70 por ciento del prespuesto final del país eran préstamos. El mapa redibujado del continente integró en los nuevos estados a minorías desafectas y Alemania no dejó de ser un problema, puesto que había caído herida pero no abatida. Los términos de la paz fueron lo suficientemente punitivos como para suscitar una respuesta enconada. Sin embargo, como demostrarían los eventos futuros, Alemania no había quedado tan constreñida como Francia habría deseado. En 1919, algunas voces clarividentes advertían de que la guerra no había concluido, sino que se hallaba en suspenso. Lejos de ser «la guerra que pondría fin a todas las guerras», el conflicto de 1914-1918 se concebiría más tarde como un preludio de la II Guerra Mundial. Sesenta y cinco millones de hombres habían sido movilizados por todo el mundo y la dura realidad de aquella guerra de desgaste fue que más de diez millones de ellos perdieron la vida.

Abajo: Los primeros ministros francés y británico, retratados durante las conversaciones de paz. Clemenceau (segundo por la izquierda) y Lloyd George (tercero) achacaban a Alemania toda la culpa del estallido de la guerra.

La Gran Depresión

La crisis económica mundial más severa, la Gran Depresión, provocó cambios políticos, sociales y económicos a gran escala que contribuirían al estallido de la II Guerra Mundial.

El crac de Wall Street

La economía nunca acabó de reponerse del todo de la presión que supuso la I Guerra Mundial, y las condiciones previas para el estallido de la Gran Depresión se hallaban ya asentadas cuando la Bolsa de Wall Street se desplomó en 1929. Aunque EE UU había experimentado cierto crecimiento durante los años veinte, este empezó a decaer a finales de la década. La aplicación de los avances tecnológicos en el campo había conllevado un aumento de la productividad agrícola que había hecho que la oferta superara la demanda. Inevitablemente, esto conllevó una caída de los precios y el empobrecimiento de los campesinos, que se vieron incapaces de cubrir los costes de producción y contrajeron fuertes deudas. Dicho empobrecimiento redundó a su vez en un aumento del desempleo y de la migración interna: muchas personas del ámbito rural abandonaron las tierras.

Entre tanto, el mercado bursátil de Estados Unidos había atestiguado un aumento enorme en las inversiones durante los años veinte, el cual había elevado los precios de las acciones a máximos históricos. Algunos analistas predijeron que aquel aumento de los valores era insostenible y vaticinaron un colpaso bursátil inminente. Ante esta perspectiva se desató una venta histérica de valores, en la que los inversores dieron órdenes a sus corredores de vender a cualquier precio. Los eventos se precipitaron en todo Estados Unidos al extenderse esta estrategia entre todos los inversores. La rebaja de la financiación obligó a las empresas a recortar costes mediante despidos masivos. Un resultado de esta crisis bancaria fue el aumento vertiginoso del desempleo: más de un tercio de la mano de obra activa perdió su puesto de trabajo.

La difusión de los efectos

Siendo la economía estadounidense la mayor del mundo, la Depresión estaba destinada a propagarse al extranjero. Gobierno y empresas estadounidenses detuvieron la inversión en el extranjero y solicitaron el reintegro de los préstamos concedidos para ayudar al mundo a recuperarse de la Gran Guerra. Alemania en particular dependía enormemente de los créditos de Estados Unidos: su único medio de saldar la deuda que había contraído mediante el Tratado de Versalles que puso fin a la I Guerra Mundial. Además, el crac provocó una reacción en cadena por la cual los países que abastecían a Estados Unidos y otras naciones industrializadas se vieron sacudidos por la caída de la producción. En breve, el mundo entero cayó en las garras de la Depresión; solo Rusia se zafó de ellas.

Efectos de la Gran Depresión

La primera repercusión mundial de la Gran Depresión fue la adopción del proteccionismo. La desaparición del libre comercio tuvo implicaciones mayores para unos países que para otros: mientras que Gran Bretaña y Francia lograron levantar bloques

comerciales protectores alrededor de sus imperios, países como Japón y Alemania no contaban con ningún imperio en el que respaldarse. Ambos dependían enormemente de las materias primas importadas, que habían dejado de ser asequibles para ellos, pues carecían de suficientes recursos propios. Alemania, por ejemplo, sufrió un descenso de la producción de en torno al 50 por ciento. Estos países padecieron la Depresión con más crudeza que ninguno y el resentimiento hacia el «proteccionismo de las grandes potencias» dio paso a un nacionalismo extremista que tendría graves consecuencias entrados los años treinta, cuando el mundo se sumiría en otra guerra.

Del *laissez-faire* al intervencionismo

Hasta la Gran Depresión, la opinión más extendida era que los Gobiernos debían adoptar un enfoque de *laissez-faire* con respecto a la economía, es decir, una política de no intervención. Pero la pobreza y el desempleo generalizados provocados por la Gran Depresión trajeron consigo problemas sociales relacionados, como la delincuencia y el alcoholismo. Estos problemas afectaban a toda la sociedad. Además, la necesidad de alimentarse y vestirse acuciaba a un número creciente de personas, las cuales se vieron, literalmente, haciendo cola con los mendigos para recibir comida gratis.

Cuando estos problemas afectaron a gran parte de la población, esta exigió a sus Gobiernos que aliviara su sufrimiento creando puestos de trabajo. Para ello se requería la medida revolucionaria de que los Gobiernos se implicaran en la economía. Se implantaron así en todo el mundo políticas intervencionistas, por tradición asociadas con el modelo soviético. En Estados Unidos, Roosevelt y los demócratas ofrecieron el New Deal, que planteaba programas para la creación de empleo y ayudaba a regular la economía del país. En Gran Bretaña se instituyó un Gobierno Nacional formado por los principales partidos políticos, quienes intentaron revigorizar la economía. En toda Europa, desde Estonia hasta Portugal, el pueblo reclamó Gobiernos fuertes que intervinieran en la situación con la esperanza de que la cambiaran.

Las consecuencias

La Gran Depresión contribuyó por tanto al aumento del nacionalismo durante las primeras décadas del siglo XX. La recesión económica de los años veinte y treinta aportó a los partidos políticos de la extrema derecha e izquierda un apoyo popular del que habían carecido previamente. El desempleo y la desconfianza en las políticas económicas de los dirigentes anteriores indujeron a las poblaciones a aceptar Gobiernos alternativos que abogaban por

Arriba: Los ciudadanos hacen cola para recibir comida en la intersección de la Sexta Avenida con la Calle 42 en Nueva York durante la Gran Depresión. Página anterior: 29 de octubre de 1929: los trabajadores se lanzan a las calles presas del pánico tras la caída de la Bolsa de Wall Street el Jueves Negro.

medios más nacionalistas y aislacionistas para estimular sus economías. Los Gobiernos adoptaron enfoques como iniciar proyectos de obras públicas de gran envergadura para crear empleo. En 1933, más del 36 por ciento de la mano de obra alemana estaba en paro y, para solventar este problema, se construyó la red de autopistas del país. También se alentó el rearme y muchos parados se hallaron trabajando en fábricas armamentísticas o reclutados por el ejército. Esta remilitarización a gran escala junto con un nacionalismo militante en auge tensaron las relaciones internacionales. La situación continuó empeorando hasta los acontecimientos de 1939.

La Guerra Civil española

Las divisiones políticas en España desembocaron en una Guerra Civil que suscitó opiniones enfrentadas en todo el mundo y se convirtió en un ensayo de la II Guerra Mundial.

El establecimiento de la República

La Guerra Civil española estalló a raíz de los acontecimientos posteriores a la caída de la dictadura de Primo de Rivera en 1930, tras la cual hubo un vacío de poder. Se celebraron elecciones y, al haber quedado la derecha empañada por los defectos de la dictadura, los socialistas se proclamaron vencedores incluso con el apoyo de parte de las clases medias. Los socialistas habían acusado al rey de permitir la dictadura y la población vio en aquellos comicios una suerte de referéndum sobre la monarquía. El 14 de abril de 1931, el rey Alfonso XIII partió al exilio y se instauró la República. Frente a este Gobierno socia-

Abajo: El general Franco fue designado generalísimo de la España Nacional y jefe del Estado en octubre de 1936.
Página siguiente: Civiles en las barricadas de Barcelona durante la Guerra Civil.

lista, la derecha española se recuperó y aunó en una coalición a los detractores del socialismo, incluidos el ejército, las grandes empresas y los monárquicos. La República también se enemistó con la Iglesia católica al secularizar la educación y disolver la orden de los jesuitas.

La caída de la República

Eran muchas las expectativas depositadas en la República y, si bien las reformas adoptadas por el Gobierno consternaban a la derecha, el lento ritmo de cambio también irritó a muchos izquierdistas. Los campesinos, por ejemplo, perdieron el entusiasmo por el Gobierno ante la lentitud con la que se abordó la reforma de la tierra. Este fracaso de la redistribución del suelo se vio agravado por una sequía que dio lugar a una mala cosecha. Enfrentado a las realidades del poder y a la necesidad de apaciguar a todos los grupos de interés, el Gobierno, pese a tener sus raíces en varios partidos obreros, empezaba a ser considerado por la propia clase obrera como un Gobierno burgués. Los intentos de democratizar el ejército para garantizar un acceso igualitario a todos los españoles acarrearon la retirada del respaldo militar a los socialistas. La derecha retomó el poder en las urnas en 1933.

Este hecho produjo una violenta reacción en Cataluña, que temía que el nuevo Gobierno intentara cercenar la autonomía que la región había ganado durante el mandato socialista. Hubo una huelga general y, tras esta, Cataluña declaró su independencia el 6 de octubre de 1934, una declaración que el Gobierno de Madrid aplastó con medidas brutales. Muchos grupos de izquierdas respondieron uniéndose en el Frente Popular y la izquierda volvió a ganar las elecciones generales en 1936. El Frente Popular estaba unido por la convicción en la defensa de la Constitución de 1931 y la democracia parlamentaria, pero se trataba de una coalición débil, fracturada entre extremistas y moderados.

Paralelamente surgió una coalición similar, pero de tendencia derechista, en la que se aunaron conservadores, monárquicos y una confederación católica. Estos nacionalistas no habían encajado su derrota y se sentían ultrajados porque el Frente Popular hubiera reemplazado al presidente derechista Zamora por su candidato, el ex presidente Azaña. El ejército y la derecha conspiraron para derrocar al Gobierno electo y, cuando el 18 de julio de 1936, el líder monárquico Calvo Sotelo fue asesinado, aquel evento les ofreció el pretexto que aguardaban para lanzar su ataque. Se inició así una rebelión que provocó la disolución del ejército en la España peninsular por orden del Gobierno. Muchos militares huyeron y se unieron al resto del ejército, destacado en el Marruecos español.

La Guerra Civil

El 19 de julio de 1936, el derechista general Franco, al que Azaña había exiliado previamente a las Canarias, llegó a Marruecos para asumir el mando y usar aquel territorio como trampolín para tomar la península. Sus tropas fueron transportadas por avión a través del Mediterráneo por las fuerzas aéreas alemana e italiana, después de que ambos países decidieran intervenir militarmente en apoyo de las fuerzas franquistas y en representación de una coalición nacionalista de derechas.

La toma del poder por parte de los fascistas en España beneficiaría tanto a Alemania como a Italia, pues les permitiría debilitar la posición de Francia en el continente y les proporcionaría un excelente campo de entrenamiento para las nuevas hornadas de armas y reclutas. El bombardeo aéreo por parte de la Luftwaffe alemana de la ciudad vasca de Guernica en abril de 1937, inmortalizado en el lienzo de Picasso, sembró el terror en toda Europa, pues supuso la primera demostración del devastador potencial de una guerra mecanizada.

Mientras que Alemania e Italia apoyaron a los nacionales, Gran Bretaña y Francia acudieron en ayuda de la República. La no intervención anglofrancesa puede analizarse en los términos de una política general más amplia que se dio a conocer como «política de apaciguamiento». Ningún país se hallaba en disposición de desafiar a Alemania en España ni en ningún otro sitio y, sobre todo, ninguno quería enemistarse con la nueva potencia en nombre de un régimen de izquierdas con el que sobre todo Londres sentía muy poca sintonía ideológica. No obstante, el ataque alemán a Guernica sí alentó a París y Londres a mejorar sus propias defensas antiaéreas en previsión de una futura guerra.

Ante el abandono de las democracias, la República se vio obligada a aceptar la ayuda de la Unión Soviética para contrarrestar el respaldo fascista a los nacionales de Franco. Esta decisión dividió la República entre los extremistas, que recibieron con buenos ojos la ayuda soviética, y los moderados, opuestos a esta. Tales divisiones se filtraron en la campaña militar e hicieron que los republicanos perdieran finalmente Barcelona. La ayuda soviética no se vendía barata y la reserva de oro de España, el llamado «oro de Moscú», calculada en 518 millones de dólares, fue enviada a Moscú como crédito para armamento. La República contó también con la ayuda de las Brigadas Internacionales, integradas por simpatizantes ideológicos o políticos de los republicanos que viajaron a España para defender la democracia y el socialismo. Fue una ayuda valiente, pero insuficiente para salvar la República.

El fin de la guerra

En abril de 1939, tras casi tres años de guerra civil, los republicanos aceptaron una rendición sin condiciones. Madrid había caído en marzo y Gran Bretaña y Francia habían reconocido el régimen nacional de Franco en febrero. El resultado de la Guerra Civil española respondió básicamente al distinto grado de ayuda extranjera de uno y otro bando. Mientas que los nacionales contaron con el respaldo de Alemania e Italia, la dependencia de la República de una costosa ayuda soviética mermó, en vez de acrecentar, sus oportunidades de vencer. Al final, la Unión Soviética retiró su ayuda y Franco se aseguró la victoria. La Guerra Civil dejó un amargo legado. España se declaró neutral en la II Guerra Mundial, lo cual permitió a Franco consolidar su poder y aplicar un control represivo que se prolongaría hasta su muerte en 1975.

Alemania y el auge de Hitler

En los años veinte, Alemania fue un caldo de cultivo para el extremismo que permitió el ascenso de Hitler al poder y la instauración de uno de los regímenes más represivos que el mundo ha conocido.

La República de Weimar

El Gobierno de Alemania entre el Segundo y el Tercer Reich, entre el mandato del káiser y el de Hitler, se conoce como la República de Weimar, en honor a la población en la que primero se instauró. Su mandato estuvo definido por el Tratado de Versalles, que fue muy impopular en Alemania por obligar al país a hacer frente a una indemnización de guerra costosísima y a asumir la culpa del estallido de la I Guerra Mundial. Los alemanes fueron descubriendo paulatinamente los frenos a su libertad que imponía dicho tratado y, tras haber sido una gran potencia, tuvieron que afrontar la pérdida de sus colonias y su ejército, así como la ocupación francesa de la región del Rhur y una acusada inflación.

A finales de los años veinte, muchos de estos obstáculos se habían salvado. Durante el gobierno del canciller Gustav Streseman, la hiperinflación se detuvo, Francia fue obligada a retirarse y Alemania se unió a la Sociedad de Naciones. En 1924, el Plan Dawes trazó un programa de pagos más razonable para las reparaciones de guerra y posteriormente, mediante el Plan Young, la suma total se redujo. En 1932 se anunció una moratoria para los pagos de dichas reparaciones. Este periodo se conoce como la Edad Dorada. Cuando Streseman falleció a finales de años veinte, los territorios perdidos en Versalles aún no se habían reconquistado. Ello permitió a los partidos extremistas granjearse el apoyo popular proclamando su desacuerdo con Versalles y acusando a los políticos de la Weimar democrática de colaboradores.

Alemania y el crac de Wall Street

El 29 de octubre de 1929, la Bolsa de Estados Unidos se desplomó y la reverberación de dicho desplome se percibió en todo el planeta. Los estadounidenses reclamaron el pago de sus préstamos y el comercio se estancó al

ANEXIONES DE HITLER 1936–1939

- Alemania desde 1919
- Tropas alemanas ocupan un Rhineland desmilitarizado en marzo de 1936
- Anschluss (*unión con Austria*), marzo de 1938
- Ocupación de Sudetes, octubre de 1938

SUECIA

Bornholm

Mar Báltico

Dánzig
Estado libre

Territorio
de Memel

LITUANIA

Königsberg •

Anexionado
a Lituania
en octubre
de 1939

Franja de Vilna

URSS

Stettin •

Dánzig •

P r u s i a
O r i e n t a l

Bialystok •

Bydgoszcz •

Oder

Berlín •

Vístula

Poznan •

Varsovia •

Bug

Brest-Litovsk •

Dresde •

Warta

P O L O N I A

Lodz •

Lublin •

Línea divisoria
definitiva establecida
el 30 de septiembre
de 1939

Breslau •

Lvov •

Vístula

Dniéster

B o h e m i a

Praga •

Moldava

M o r a v i a

E s l o v a q u i a

R u t e n i a

Danubio

Linz •

Viena •

Bratislava •

Salzburgo

A U S T R I A

Debrecen •

H U N G R Í A

R U M A N Í A

Graz •

Budapest •

Tisza

ontera checoslovaca,
919-1938

ntigua Checoslovaquia ocupada,
arzo de 1939

Territorio de Moravia entregado
a Polonia, octubre de 1938

Territorio de Memel entregado
a Alemania, marzo de 1939

Protectorado de Eslovaquia,
territorio entregado a Hungría,
noviembre de 1938

Territorio checoslovaco entregado
a Hungría, marzo de 1939

Conquista de la Polonia
Occidental, septiembre de 1939

Territorio polaco sitiado por
la URSS, septiembre de 1939

adoptar las grandes potencias políticas proteccionistas. La cuerda de salvamento económico de Alemania se desvaneció y con ella la relativa estabilidad del país. El Gobierno de Weimar, encabezado por Heinrich Brüning, aplicó una política de austeridad que no contribuyó a detener el desempleo creciente y el pueblo centró sus esperanzas en los partidos extremistas. En la izquierda se encontraba el partido comunista alemán, el KPD, y en la derecha, el Partido Nacionalsocialista Alemán del Trabajo de Adolf Hitler, el NSDAP, también conocido como Partido Nazi. Los nazis eran firmes partidarios de una revisión inmediata del Tratado de Versalles y se inspiraban en la idea de crear una *Volksgemeinschaft*, una comunidad de pueblos de sangre alemana o arios. Prometían crear empleo aumentando el gasto público y recortando la mano de obra de los grupos que consideraban «indeseables».

La llegada de Hitler al poder

En la estela de la Depresión, aumentó el apoyo al Partido Nazi, que pasó de no existir a hacerse con un 18 por ciento de los escaños en el Reichstag. El campesinado, los conservadores y las clases medias fueron los artífices de este logro. Los nazis se dirigieron entonces a los obreros, lo cual les supuso un éxito aún mayor en las elecciones de junio de 1932, en las que se proclamaron vencedores. Alarmado, el canciller saliente, Fritz von Papen, persuadió al presidente Hindenburg de que nombrara a Hitler canciller con la esperanza de poderlo controlar fácilmente y rebajar las influencias del resto de su partido. Hitler asumió la cancillería el 30 de enero de 1933.

Consolidación de Hitler en el poder

En los comicios de marzo de 1933, los nazis obtuvieron el 44 por ciento de los votos y, al absorber a otro partido de la extrema derecha, el DNVP, se aseguraron la mayoría en el Reichstag. Desde esta plataforma, Hitler aprobó la Ley de Habilitación, mediante la cual el Gobierno nazi se convertía en el principal órgano legislativo. Esta ley permitió a Hitler prohibir los grupos de la oposición, si bien el principal rival del Partido Nazi, el Partido Comunista, ya había sido ilegalizado por el Decreto del Fuego del Reichstag de enero de 1933. Dicho decreto fue la respuesta al incendio provocado del Reichstag, en el que los nazis lograron implicar a agitadores comunistas. Aquel incendio restó apoyos al Partido Comunista en favor de los nazis, lo cual explica su éxito en las elecciones de marzo.

El recelo hacia las políticas nazis se resolvió mediante una policía secreta que incluía desde la infame Gestapo hasta informantes civiles. El siguiente paso fue la llamada Noche de los Cuchillos Largos, en la que

Hitler ordenó purgar las SA, las milicias nazis, ante el temor de que dieran un golpe de Estado. La noche del 1 de julio de1934, purgó las filas de las SA y arrestó a su líder, Ernst Rohm. El último obstáculo al dominio absoluto de Hitler desapareció el 2 de agosto de 1934, fecha de la muerte de Hindenburg. Los poderes presidenciales se fusionaron con los del canciller para formar un nuevo cargo: el *Führer*. El poder de Hitler en Alemania era total. Sin embargo, en política exterior aún faltaba aplacar a algunos militares conservadores y al Ministerio de Exteriores.

La expansión del Reich

Al principio, Hitler se movió con cautela, firmó un pacto de no agresión con Polonia y accedió a negociar el desarme con otras potencias europeas. Consolidó su poder colocando a miembros de su partido en los puestos clave del Ministerio de Exteriores y el ejército. Sustituyó al ministro de Exteriores Neurath, que no era simpatizante de los nazis, por el fiel Ribbentrop en 1937, y destituyó a los generales conservadores Bloomberg y Fritsch.

A medida que la década de 1930 avanzaba, la situación externa se tornó cada vez más favorable para Hitler. Estados Unidos aún se recuperaba de la Depresión y no participaba en los asuntos europeos. En Italia, Mussolini había confraternizado con el Reich desde que Hitler renunció a sus reclamaciones del sur del Tirol y las afinidades ideológicas de ambos líderes dieron pie a la colaboración. La Unión Soviética se hallaba ocupada en sus asuntos interiores; Stalin aplicaba sus férreas políticas de industrialización y colectivización y las purgas habían debilitado sobremanera al Ejército Rojo. Francia se hallaba al borde de una crisis política que solía inclinarla a seguir a Gran Bretaña en la política exterior, y Gran Bretaña defendía una política de apaciguamiento. De modo que las grandes potencias no se hallaban en posición de frenar las ambiciones expansionistas de Hitler.

Apaciguamiento

El primer ministro británico, Chamberlain, se reunió con Hitler en Múnich en septiembre de 1938, después de que Alemania se hubiera anexionado Austria (una unión prohibida por el Tratado de Versalles). Chamberlain dejó Múnich tras acceder a la anexión alemana de la región de Sudetes, en Checoslovaquia, con una población alemana considerable. Este movimiento, según anunció Chamberlain, era una garantía de la «paz en nuestra época». La elección de adoptar una política de apaciguamiento se calculó teniendo en cuenta la debilidad económica y militar de Gran Bretaña y la limitación de unos recursos que debía repartir entre su vasto imperio. La opinión

pública, pacifista, también desempeñó un papel fundamental. Ese pacifismo respondía al recuerdo de la I Guerra Mundial y a la creencia en que las exigencias alemanas de revisar el Tratado de Versalles eran lógicas.

Hitler reniega del Pacto de Múnich

La ocupación del Sudetes se concluyó en octubre de
1939, y el resto de Checoslovaquia quedó flanqueado
por el Reich. El mes de marzo siguiente, Hitler renegó
del Pacto de Múnich e invadió Checoslovaquia. Los franceses no estaban preparados para cumplir con su
garantía de apoyo a los checos y Gran Bretaña alegó que
su garantía no podía activarse bajo tales circunsantacias.
Pero el pueblo británico, considerándose engañado por
Hitler, exigió acción en vez de apaciguamiento y Chamberlain se vio conminado a ofrecer su apoyo para conservar la soberanía de Polonia, Rumanía y Grecia. En caso
de que Hitler las invadiera, Gran Bretaña le declararía la
guerra. El 1 de septiembre, Hitler invadió Polonia y dos
días después Europa se hallaba otra vez en guerra.

La política interior de los nazis

La política social del Tercer Reich se basaba en la necesidad de la purificación cultural y la creación de una comunidad nacional. Los jóvenes eran adoctrinados mediante
la educación estatal y organizaciones juveniles; a los
niños se los preparaba para la guerra y a las niñas para
cuidar de sus casas. La sociedad nazi era patriarcal: el
papel de las mujeres era estar en casa y criar a los hijos.

Todo lo que no se ajustara a los patrones sociales
o culturales nazis, desde las obras de arte hasta los seres
humanos, era condenado. El arte abstracto fue acusado
de degenerado, y ciertos libros y películas fueron que-
mados y prohibidos. Todos los seres humanos con un
trasfondo social o étnico indeseable fueron objeto de
críticas. Los nazis iniciaron una campaña de eutanasia y
esterilización obligatoria, la T-4, para garantizar que la
raza alemana quedara exenta de «imperfecciones» mediante el asesinato y la esterilización de los discapaci-
tados físicos y mentales. Sin embargo, ante la presión
pública, el programa de eutanasia se detuvo.

El Partido Nazi era abiertamente antisemita. Postulaba que Alemania tenía un problema judío e hizo uso
de la propaganda tradicional para alentar la persecución
de los judíos. Las Leyes de Núremberg revocaron la ciudadanía a los judíos alemanes y otras políticas raciales
limitaron aún más la vida de estos. La comunidad judía
se vio sometida a una persecución creciente, si bien la
Kristallnacht o Noche de los Cristales Rotos, el 9 de
noviembre de 1938, suele considerarse el primer ataque
antisemita de ámbito nacional. Se perpetró en respuesta
al asesinato de un diplomático alemán en París a manos
de un judío. Prácticamente todas las sinagogas de Alemania sufrieron desperfectos y muchos judíos fueron
detenidos y deportados a campos de concentración.

Abajo: Soldados alemanes en Berlín juran lealtad a Adolf Hitler en 1934.

La II Guerra Mundial

La II Guerra Mundial fue la mayor y peor conflagración militar de la historia.
En ella participaron países de todo el mundo y fallecieron millones de personas.

El estallido de la guerra

Las garantías de protección de las soberanías de Polonia, Grecia y Rumanía por parte de Gran Bretaña y Francia se vieron sometidas a una fuerte presión cuando el 23 de agosto de 1939 Stalin y Hitler firmaron un pacto de no agresión. Este suprimía el riesgo de que la Unión Soviética saliera en defensa de su vecino polaco en caso de ser atacado por Alemania. Alemania volvió a exigir entonces sus territorios en el Corredor Polaco, jugando con la capacidad de negociar con Gran Bretaña y Francia para que no cumplieran su compromiso de defender Polonia.

En los últimos días de agosto de 1939, la perspectiva de una guerra empezó a perfilarse con más nitidez en el horizonte. Mientras Alemania se movilizaba en su frontera con Polonia, Gran Bretaña y Francia empezaron a llamar a sus reservistas y a trasladar sus tesoros nacionales a lugares seguros. El 31 de agosto empezó la evacuación de millones de niños británicos a lugares seguros.

A las 5:45 h de la mañana del 1 de septiembre, el primero de un contingente de 1.250.000 soldados alemanes invadió Polonia, tras un duro bombardeo aéreo. Aquellas divisiones armadas y mecanizadas se movían con rapidez, respaldadas por aviones de combate, y pronto avanzaron hacia el este de la frontera germanopolaca y el sur de Prusia Oriental. El ejército polaco no estaba preparado para este tipo de guerra y halló dificultades para contraatacar. En unos días, la Luftwaffe tenía el control de los cielos y había inutilizado el sistema ferroviario polaco.

Durante dos días, Gran Bretaña y Francia intentaron poner fin a aquel ataque sobre Polonia por la vía diplomática, mediante el envío por separado de sendos ultimátums al Gobierno nazi exigiéndole que retirara sus tropas o se preparara para enfrentarse a una guerra con las dos naciones europeas más poderosas. El primer ministro británico, Neville Chamberlain, había dudado acerca de emitir aquel ultimátum, consciente de las consecuencias de que Alemania no lo acatara. Pero la presión de la Cámara de los Comunes y los miembros de su propio gabinete lo impulsaron finalmente a enviarlo a las 9:00 h de la mañana del domingo 3 de septiembre.

Cuando, dos horas más tarde, a las 11:00 h, quedó claro que Alemania no pensaba acceder a las exigencias británicas, Chamberlain anunció por radio: «Este país ha entrado en guerra con Alemania». Los franceses enviaron un ultimátum similar durante el día y a las 17:00 h Francia declaró la guerra a Alemania. Al día siguiente, las tropas francesas atravesaron la frontera con Alemania. La II Guerra Mundial había dado comienzo.

La «guerra ficticia»

La declaración de la guerra el 3 de septiembre de 1939 se acogió con una actividad frenética tanto en Gran Bretaña como en Francia. Los irregulares ejércitos de ambos

Abajo: Winston Churchill pasa revista a la milicia local voluntaria.

países fueron movilizados y se llamó a filas a los reservistas. Las precauciones de defensa civil, diseñadas previamente ese mismo año, se pusieron en práctica: los planes de evacuación masiva, iniciados días antes del estallido de la guerra, cobraron un nuevo impulso. Cientos de miles de niños y adultos vulnerables fueron trasladados de las grandes ciudades y poblaciones de Gran Bretaña a zonas más seguras donde pudieran protegerse de los bombardeos aéreos.

El 5 de septiembre, Roosevelt, el presidente de Estados Unidos, hizo pública la intención de su país de no participar en la guerra y se ofreció como mediador para las conversaciones de paz. Asimismo, declaró que Estados Unidos no vendería armamento a ninguno de los bandos, postura que se modificó solo dos meses después, cuando el Congreso aprobó vender armas a los aliados. Avanzada la guerra, en marzo de 1941, la Ley de Préstamo y Arriendo permitió a Gran Bretaña comprar armamento estadounidense por el que pagaría una vez concluido el conflicto.

Durante el invierno de 1939–1940, en Europa apenas hubo enfrentamientos reales. La segunda semana de septiembre de 1939, tropas de la Fuerza Expedicionaria Británica habían cruzado el canal de La Mancha para reunirse con el ejército francés; desde allí avanzaron para defender la frontera belga. El legado de la I Guerra Mundial, «la guerra que pondría fin a todas las guerras», junto con la política de apaciguamiento, implicaba que estos soldados estuvieran mal equipados y entrenados y que carecieran de formación para entrar en combate. Pese a ello, cavaron trincheras y esperaron. Durante varios meses, ningún bando montó una gran ofensiva, hecho que, combinado con los escasos combates aéreos, hizo que esta fase fuera apodada la «guerra ficticia». La única actividad que se registró fue en el mar, donde los alemanes perpetraron ataques con submarinos y minas magnéticas que amenazaron los barcos comerciales aliados y a la Marina Real británica, por entonces la flota militar más poderosa del mundo.

Blitzkrieg: la guerra relámpago

El Alto Mando Alemán no realizó ningún movimiento por tierra para romper el jaque de la «guerra ficticia» hasta el 9 de abril de 1940. Los ataques contra Dinamarca y Noruega estuvieron seguidos de cerca por otros contra los Países Bajos y luego contra la propia Francia. Esta blitzkrieg o «guerra relámpago» se saldó con derrotas incontestables de las tropas aliadas: 2.000 soldados

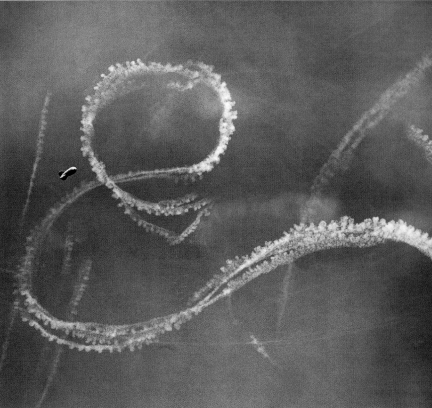

Arriba: Los combates aéreos diurnos dejan estelas de vapor en el cielo en este enfrentamiento entre cazas británicos y la Luftwaffe durante el **Blitz**.

alemanes entrenados para luchar en invierno forzaron la retirada de un ejército aliado de 13.000 hombres en Trondheim, Noruega y, aún más importante, el avance alemán requirió la evacuación de 338.226 soldados aliados de las playas septentrionales de Francia en Dunkirk entre el 28 de mayo y el 3 de junio de 1940.

Para cuando los aliados se retiraron de Dunkirk, Alemania había ocupado ya Noruega, Dinamarca, Holanda, Bélgica y Luxemburgo. Al rescatar de Francia a sus tropas y otras, como el Ejército Polaco Libre, Gran Bretaña se anotó el éxito de sobrevivir para luchar un día más. Los soldados franceses, en cambio, fueron abandonados frente a una maquinaria militar alemana altamente entrenada, mientras esta lanzaba un ataque total contra el país. El 22 de junio, Francia se rindió y Gran Bretaña, protegida por su carácter de isla, quedó sola en la lucha.

Los trascendentales acontecimientos de la primavera de 1940 tuvieron profundas repercusiones políticas en Gran Bretaña y en la Europa continental. Chamberlain fue obligado a dimitir por ser incapaz de evitar la ocupación de grandes zonas de la Europa Occidental y, el 10 de mayo, Winston Churchill lo sustituyó como primer ministro, al frente de un Gobierno de coalición.

La batalla de Inglaterra

Aprovechando la ventaja ganada tras la retirada de Dunkirk, Hitler planeó invadir Gran Bretaña. El plan, cuyo nombre en código era Operación León Marino, preveía el desembarco de tropas por mar el 15 de septiembre de 1940, con la marea a su favor. Para que las tropas pudieran tomar tierra sin ser alcanzadas por aire, la Luftwaffe alemana debía destruir a la Fuerza Aérea Real británica, la RAF. Así dio comienzo la batalla de Inglaterra, una batalla en los cielos que enfrentó a los dos ejércitos del aire durante todo el verano de 1940.

Al principio de la batalla, la Luftwaffe, con 2.800 aviones apostados en Francia, Bélgica, Holanda y Noruega, superaba en número a la RAF en una proporción de cuatro a uno. Por el hecho de haber combatido en la Guerra Civil española, Alemania contaba con pilotos más experimentados, así como con los aviones de primera categoría Messerschmitt 109, Messerschmitt 110 y Junkers «Stuka», capaz de efectuar bombardeos en picado. Pese a la inferioridad numérica, la unidad de aviones de combate de la RAF, comandada por el teniente coronel sir Hugh Dowding, estaba bien equipada con el Hawker Hurricane y el Supermarine Spitfire. Además, los pilotos británicos contaban con la ventaja de hallarse próximos a sus campos de aviación y de batallar sobre su propio país. En caso de tenerse que lanzar en paracaídas o aterrizar forzosamente un avión deteriorado, piloto y máquina podían volver a estar operativos en breve, mientras que los pilotos y los aviones alemanes caídos eran pérdidas para la Luftwaffe.

En la fecha prevista para la invasión, la RAF había perdido 915 aviones y la Luftwaffe 1.733. Ante la incapacidad de poder dar cobertura aérea a las fuerzas invasoras, Hitler canceló su ataque por tierra.

La guerra desde el aire

Al abandonarse la invasión de Inglaterra, el Alto Mando Alemán dio prioridad a otras tácticas de ataque. Dentro del plan de invasión de Alemania, los ataques aéreos sobre Londres habían sido una parte importante de la estrategia diseñada para derrotar y destruir la RAF. Sin embargo, los ataques sobre la capital británica también tenían un efecto simbólico: pretendían demostrar que Alemania podía atacar la sede del Gobierno y el corazón administrativo de la nación británica, la Commonwealth y el imperio, un mensaje importantísimo.

El primero de los ataques aéreos perpetrados sobre Londres tuvo lugar el 7 de septiembre de 1940; estos ataques, realizados con una regularidad impecable, duraron 56 días, una época que pasó a ser conocida como el *Blitz*. Inicialmente, los ataques se efectuaron día y noche, pero las pérdidas obligaron a la Luftwaffe a realizar el grueso de los bombardeos bajo el manto de la noche tan solo una semana después de lanzar su ataque. Londres sufrió bombardeos prácticamente cada noche hasta mayo de 1941, pero las demás ciudades y poblaciones británicas importantes se hallaban dentro del alcance de los bombarderos alemanes, y muchas de ellas también sufrieron fuertes ataques. El ataque aéreo sobre la ciudad de Coventry, en la región central de Inglaterra, ocurrido en noviembre de 1940, anunció el cambio de táctica del Alto Mando Alemán; la base industrial de Gran

**EXPANSIÓN DEL EJE DURANTE
LA II GUERRA MUNDIAL (1938–1942)**

Alemania, 1937

Añadido al Reich hacia 1939
y conquistado hacia finales de 1940

Satélites del Eje, 1939-1944

Territorios orientales y
balcánicos conquistados, 1941

→ Invasiones del Eje, 1939-1942

→ Ataques soviéticos, 1940

⇢ Desembarco aliado en Grecia,
retirada a Grecia y luego
a Egipto, 1941

Conquistado, 1942

Controlado por Vichy, 1942

Controlado por los aliados,
finales de 1942

Estados neutrales

Ruta de transporte
aliada principal

Cabo Norte

Mar de Noruega

Narvik

Círculo polar ártico

Luleå

NORUEGA

SUECIA

FINLANDIA

Helsinki

Leningrado

Estocolmo

Oslo

Mar Báltico

DINAMARCA

Copenhague

Königsberg

Prusia
Oriental

Hamburgo

Berlín

Varsovia

POLONIA

ALEMANIA

Frankfurt

Praga

CHECOSLOVAQUIA

ESLOVAQUIA

Múnich

Viena

AUSTRIA

Budapest

Ago. de 1940
a Hungría

HUNGRÍA

RUMANÍA

Berna

SUIZA

Ginebra

Milán

Venecia

Génova

ITALIA

Mar Adriático

YUGOSLAVIA

Belgrado

Bucarest

R. Danubio

Sofía

BULGARIA

ALBANIA

Córcega

Roma

Cerdeña

Taranto

GRECIA

Mar
Egeo

Atenas

Caído en manos del Eje en 1942

Moscú

UNIÓN SOVIÉTICA

Kursk

Kiev

Stalingrado

Mar
Caspio

Mar Negro

Estambul

T U R Q U Í A

PERSIA
(IRÁN)

Chipre

SIRIA

IRAQ

Líbano

Palestina

Transjordania

ARABIA
SAUDÍ

Túnez

Bône
(Anaba)

Sicilia

Malta
a Gran Bretaña

Mediterráneo

Creta

Alejandría

Trípoli

Bengasi

Libia
a Italia

EGIPTO

Bretaña fue atacada en un intento por destruir los medios que permitían al país seguir luchando. Birmingham, Sheffield, Manchester, Glasgow y otros centros de producción de aviones, vehículos militares, armas y munición sufrieron ataques devastadores, y también los puertos de Southampton, Bristol y Liverpool, donde se atacaron los muelles navales y los barcos de la Marina Real.

Guerra aérea: ataques de represalia

El bombardeo aéreo de ciudades alemanas dio comienzo a principios de septiembre de 1940. En un primer momento, los ataques aéreos se lanzaron en represalia por los ataques a las ciudades británicas. Hamburgo, Berlín y Múnich padecieron los bombardeos de la RAF. Los alemanes aumentaron entonces la intensidad de sus ataques, y la unidad de cazas británica hizo lo propio. La opinión pública en Gran Breaña apoyaba estas tácticas y, dos días después de que el bombardeo aéreo de Coventry destruyera la catedral medieval de la ciudad y gran parte de su centro urbano, la RAF lanzó 2.000 bombas sobre Hamburgo. A partir de marzo de 1942 hubo un cambio en las tácticas empleadas por la unidad de bombarderos, comandada por el recién designado teniente coronel sir Arthur «Bombardero» Harris y los ataques de la RAF dejaron de ser meramente represalias. Los bombardeos aéreos llevados a cabo en los puertos bálticos y zonas industrializadas como el valle del Ruhr pretendían destruir el centro de producción que abastecía Alemania de armas y munición para continuar la guerra.

Mientras Alemania se preparaba para atacar la Unión Soviética en junio de 1941, los bombardeos sobre Gran Bretaña disminuyeron. La Luftwaffe siguió realizando ataques aéreos, pero menos frecuentes. Pero en abril de 1942 se lanzó un nuevo ataque sobre Inglaterra. En respuesta al devastador bombardeo de los puertos y las zonas industriales de Alemania por parte de la RAF, la Luftwaffe lanzó una nueva ofensiva. En esta ocasión, en lugar de dirigirse contra centros industriales, los alemanes escogieron ciudades y poblaciones menos protegidas en un intento por causar la máxima angustia pública. Al parecer, aquellas poblaciones fueron seleccionadas a partir de la guía de viajes por Gran Bretaña de Baedeker, por lo que los ataques pasaron a ser conocidos como los «bombardeos de Baedeker». Por este mismo motivo, los objetivos incluían algunas de las poblaciones históricas más bellas de Gran Bretaña: Exeter, Bath, Norwich y York.

Guerra aérea: «bombardeo de terror»

Los bombardeos aéreos siguieron siendo una de las principales herramientas en ambos bandos. Al entrar Estados Unidos en la guerra en diciembre de 1941, los aliados se encontraron con abundantes recursos para luchar en los aires y, a partir de 1943, el cambio en su estrategia visto por primera vez en marzo de 1942 se intensificó. Se adoptó una política destinada a la destrucción total de la base industrial de Alemania. La RAF británica, equipada con radares nocturnos, perpetró ataques en plena oscuridad, los cuales estuvieron seguidos por bombardeos de alto riesgo a la luz del día protagonizados por la Fuerza Aérea estadounidense. Se inventaron bombas más grandes y destructivas, y aviones con capacidad para un mayor cargamento. También se inventó la «bomba de rebote», capaz de volar a ras de la superficie del agua antes de hundirse y detonar. Estas bombas, diseñadas en Gran Bretaña por el ingeniero Barnes Wallis, se usaron para atacar las presas del Ruhr en mayo de 1943, una vez destruidas las presas del Mohne y el Eder.

Abajo: Bombarderos alemanes atacan Gran Bretaña.

Arriba: Miembros del Servicio de Seguridad alemán tratan de sofocar un incendio causado por las bombas incendiarias lanzadas sobre Berlín.

Sin embargo, bajo el liderato de sir Arthur Harris, la política de destrucción de la base de producción alemana derivó en una política de «bombardeos de terror» que pretendía coaccionar a la población para que reclamara la paz. Esta política tuvo su apoteosis en el ataque sobre la ciudad histórica de Dresde en febrero de 1945. Una noche, 800 bombarderos Lancaster de la RAF atacaron la ciudad, seguidos por más de 400 B-17 del Ejército del Aire de EE UU durante el día. La población de Dresde había aumentado al refugiarse en ella personas que la consideraban un lugar seguro, por lo que se desconoce la cifra exacta de muertos provocada por aquel bombardeo, pero se apunta a que fallecieron al menos 35.000 personas en un ataque que devastó la ciudad por completo.

Con todo, los bombardeos de terror no eran exclusivos de los aliados. En junio de 1944, las primeras bombas sin piloto alemanas impactaron en el sur de Inglaterra. Las «bombas volantes» V1 se lanzaron desde bases situadas en el norte de Francia. Al no requerir un avión pilotado que las arrojara, aquellas bombas parecían invencibles y atemorizaron a la población. Cuando las bases alemanas en Francia fueron invadidas por los aliados, las V1 se sustituyeron por las V2, bombas de mayor alcance cargadas con ojivas de una tonelada que podían dispararse desde una sencilla base de hormigón.

La guerra en el mar: la batalla por el Atlántico

Tras la caída de Francia y el fracaso de los planes de invasión de Hitler, la mayor esperanza de defensa para los británicos radicaba en el hecho de ser una isla. Pero su insularidad también hacía más vulnerable el país. Si bien se hizo cuanto se pudo por aumentar la producción de alimentos y materias primas en Gran Bretaña, el país necesitaba importaciones. La principal fuente de materias primas, alimento y equipamiento militar importado era Estados Unidos. Y, pese a que este seguía al margen de los combates, la Ley de Préstamo y Arriendo de marzo de 1941 permitió a los estadounidenses prestar material militar a un país cuya defensa consideraban necesaria para su propia seguridad.

Al estallar la guerra, la Marina alemana contaba con 28 submarinos, o *U-boats*, una flota reducida que, no obstante, combinada con buques militares convencionales y algunos navíos comerciales convertidos, logró atacar con éxito a numerosos barcos aliados, tanto militares como comerciales. La capacidad del submarino de atacar barcos prácticamente sin ser detectado alentó a Hitler a ampliar la flota. Y una vez lo hizo, los submarinos se distribuyeron en grupos de defensa y ataque de los convoyes comerciales que viajaban escoltados por barcos militares a través del Atlántico. Aquellos grupos se bautizaron como «manadas de lobos», porque atacaban juntos a su presa. A medida que la guerra fue progresando, la invención del sónar, del radar, de las intercepciones de radio y de la cobertura aérea fue permitiendo paulatinamente a los aliados anotarse varios éxitos en la guerra marítima, como el hundimiento del *Bismarck*, el acorazado más nuevo y rápido de Alemania, en mayo de 1941. Con todo, la amenaza a los convoyes de barcos de suministros protegidos por buques de la Marina Real siguió siendo alta y aumentó aún más cuando Rusia entró en la guerra en junio de 1941. Los convoyes que transportaban provisiones a los puertos soviéticos de Murmansk y Arcángel a través de la ruta del Atlántico Norte también se hallaban bajo riesgo de ataque. En julio de 1942, el convoy PQ17 perdió 22 barcos de mercancías y, en septiembre, los ataques alemanes contra el convoy PQ18 provocaron la pérdida de otros 13 buques. Y eso pese a que ese mismo año se habían hundido 87 submarinos alemanes.

Hitler y Stalin

El pacto de no agresión entre los nazis y los soviéticos, firmado por Hitler y Stalin en agosto de 1939, fue un factor clave para el establecimiento de las condiciones que provocaron el estallido de la II Guerra Mundial. Confiado en que podía atacar Polonia sin correr el riesgo de luchar con el Ejército Rojo soviético, Hitler se aventuró a saciar sus ansias expansionistas y sumió a Alemania en un conflicto directo con Gran Bretaña y Francia.

Para Stalin, aquel pacto ofrecía la ventaja de permitir a la URSS la oportunidad de saciar su sed de territorios. Justo dos semanas después de declararse la guerra, el Ejército Rojo entró en la Polonia Oriental y, hacia finales de septiembre, el país había quedado repartido entre Alemania y Rusia. Los soviéticos prosiguieron su campaña expansionista en noviembre de 1939. Reclamando para sí el control de la península de Carelia, esencial para reforzar las defensas de Leningrado, el Ejército Rojo invadió Finlandia. Pese a la heroica lucha de los finlandeses, 14 semanas después los soviéticos tomaron el país, tras una serie de amargas batallas a temperaturas por debajo de los cero grados que costaron la vida a casi 50.000 soldados soviéticos. El tratado de paz ruso-finés firmado en marzo de 1940 prohibía la ocupación de Finlandia, pero la guerra había inflamado un sentimiento antisoviético entre los finlandeses, quienes habían pretendido permanecer neutrales durante el conflicto.

Temeroso de las intenciones de Hitler, Stalin creía que tarde o temprano las ambiciones nazis exigirían atacar la URSS. La anexión de Polonia, la Guerra Ruso-finesa y la ocupación sin resistencia de los Estados Bálticos, Lituania, Letonia y Estonia, en junio de 1940 formaban parte de un plan para dotar a la URSS de una barrera para frenar el ataque alemán. Y lo cierto es que los planes de Hitler de un «Reich de mil años» dependían de la riqueza y los recursos que Rusia podía proveer.

La Operación Barbarroja

El ataque de Alemania contra la URSS, cuyo nombre en código era Operación Barbarroja, se produjo el 22 de junio de 1941, cuando cien divisiones armadas alemanas, respaldadas por tropas finesas y rumanas, invadieron un frente que se extendía desde el mar Báltico hasta el mar Negro. Aunque Stalin había conocido los planes de ataque a través de sus servicios de inteligencia, la información

Abajo: Fábricas y un aeródromo en Berlín incendiados por los bombardeos.

no se comunicó a los comandantes del campo de batalla. Tomado por sorpresa, y ante las sofisticadas tácticas de guerra relámpago de los alemanes, el Ejército Rojo tuvo que retroceder a toda prisa y, hacia finales de junio, la ciudad rusa de Minsk había caído y las divisiones Panzer alemanas se abrían camino hacia Moscú.

Frente al ejército alemán, altamente entrenado y bien equipado, los siete millones de soldados rusos se hallaron desvalidos. Años de escasa inversión en material redundaron en uniformes viejos y desfasados, cualidades aplicables también a sus armas, incluidas las metralletas y los tanques. A ello cabe sumar que, si bien otrora el Ejército Rojo albergó a varios estrategas militares brillantes, las purgas de Stalin lo habían privado de sus oficiales y dirigentes de más talento: 30.000 oficiales habían sido encarcelados, torturados o ejecutados en el intento de Stalin por consolidar su poder.

Una repercusión inmediata de la Operación Barbarroja fue la alianza entre Rusia y Gran Bretaña. A finales de 1941, salieron de las cadenas de montaje británicas los primeros tanques para el frente ruso; esos tanques resultaron vitales para la guerra en el frente oriental. Los tanques alemanes eran modernos y estaban manejados por soldados avezados; la mayoría de los miles de tanques a disposición del Ejército Rojo estaban obsoletos, con menos de 2.000 KV-1 y T-34 modernos disponibles.

Hitler había lanzado la Operación Barbarroja un año después de haber subyugado y sometido con éxito a gran parte de la Europa Occidental. Aunque no había sido posible ejecutar la invasión planeada de Gran Bretaña, el régimen nazi se hallaba en el auge de su poder y había puesto a prueba sus tácticas de guerra relámpago con resultados asombrosos. Estados Unidos no había mostrado voluntad de participar en la acción militar y con Japón, un aliado nazi, presionando en los territorios de la frontera oriental de la URSS, Hitler tenía confianza en apoderarse de Rusia. Era consciente de que había que avanzar y afianzar las ganancias territoriales con rapidez, pues mantener las líneas de aprovisionamiento en el gélido invierno ruso resultaría complicado.

La batalla de Stalingrado

En un principio, la invasión alemana de la URSS realizó avances. En septiembre, Leningrado estaba rodeado; Kiev cayó en octubre y, a finales de noviembre de 1941, las tropas alemanas habían llegado a las afueras de Moscú. Por orden de Stalin, los soldados rusos en retirada siguieron una política de «abrasar la tierra»: todo lo que podía resultar útil a los alemanes, incluidos puentes, vías ferroviarias y campos de siembra, fue destruido.

Rusia se hallaba presta a defender Moscú y Leningrado y, a finales de 1941, los rusos lanzaron un contraataque contra los alemanes, quienes se enfrentaban al problema del atroz invierno ruso. Las gélidas temperaturas obligaron a dejar en tierra los aviones de la Luftwaffe y el combustible se congeló en los cárteres de los tanques de las divisiones Panzer. Las herramientas bélicas humanas tampoco corrieron mejor suerte: los soldados alemanes no estaban equipados para soportar temperaturas por debajo de los cero grados y carecían de material de camuflaje para el invierno.

El Ejército Rojo aguantó durante el invierno y logró forzar a los alemanes a retroceder hasta Moscú en enero de 1942, pero para mayo de ese mismo año el ejército alemán se había reagrupado y estaba listo para lanzar una nueva ofensiva. El plan era atacar Crimea, en el sur, antes de intentar hacerse con el control del Cáucaso, que albergaba provisiones vitales de petróleo. Junio y julio fueron meses afortunados para los alemanes, con las tomas de Rostov y Sebastopol, sin embargo, a medida que los ataques se dirigían hacia el norte, el avance alemán se vio frenado por una férrea resistencia rusa y finalmente se detuvo en las afueras de la ciudad de Stalingrado.

Los alemanes intentaron defender desesperadamente la ciudad; en invierno de 1942, los rusos, a las órdenes del general soviético Chuikov, lanzaron una contraofensiva que causó numerosas bajas y rodeó a los alemanes tanto por el norte como por el sur de la ciudad. Atrapadas, las fuerzas alemanas del Sexto Ejército y la Cuarta División Panzer aguardaron la llegada de provisiones y refuerzos, pero en diciembre su espera demostró ser vana. Durante varias semanas, Stalingrado vivió un amargo jaque en el que compañías enteras de tropas lucharon por la ciudad, recorriéndola casa a casa con el fin de obtener toda la ventaja territorial posible. Hitler denegó a las tropas alemanas rodeadas el permiso para rendirse. Pese a ello, el 31 de enero de 1943, ante la escasez de uniformes para el invierno, alimentos y medicamentos, y con unas temperaturas que alcanzaban los 24 grados bajo cero, el mariscal de campo alemán Paulus desobedeció las órdenes del führer. Su rendición supuso la mayor derrota del ejército alemán.

Las potencias del Eje

Alemania tuvo varios aliados durante la guerra. Algunos eran solo estados títeres, como el Gobierno de Vichy, en Francia, y la Noruega del colaborador alemán Quisling. Con todo, su mayor aliado europeo, un estado de ideología afín, era Italia. Como Alemania, Italia era una dictadura fascista liderada por Benito Mussolini. En mayo de

1939, los dos países firmaron el Pacto de Acero y formaron una alianza política y militar por la que se comprometieron a apoyarse mutuamente en tiempos de guerra.

Pero Italia no declaró la guerra a Gran Bretaña y Francia hasta el día 10 de junio de 1940, cuando Alemania estaba a punto de anotarse una victoria en Francia. Y además, las tropas italianas no lucharon junto con la Wehrmacht alemana. En su lugar, Italia lanzó una ofensiva contra la Somalilandia británica en agosto de 1940 y contra Egipto en septiembre. Un mes después, Mussolini ordenó invadir Grecia. Diez divisiones de tropas italianas traspasaron la frontera desde Albania, una nación ocupada por Italia desde abril de 1939.

El mes de septiembre de 1940 no solo vivió el inicio del *Blitz* sobre Gran Bretaña y la invasión italiana de Grecia, sino que, además, en el plano político, estuvo protagonizado por la firma de un pacto de un decenio de duración entre Japón, Alemania e Italia. El eje militar entre Berlín y Roma se amplió a un eje tripartito que incluía Tokio. Aquel tratado reunió en una alianza de ámbito planetario a los tres países con más ambiciones territoriales del mundo, los cuales pasaron a ser conocidos como las potencias del Eje.

Una de las intenciones de aquel pacto era disuadir a Estados Unidos de entrar en la guerra. Aunque el presidente estadounidense Roosevelt no era reacio a involucrar a su país en la lucha del bando de los aliados, la opinión pública consideraba que aquel era un asunto estrictamente europeo. Con todo, Estados Unidos había apoyado de forma incondicional a Gran Bretaña y Francia.

La región del Pacífico, a las puertas de la frontera occidental de Estados Unidos, se hallaba desestabilizada por la agresión territorial japonesa. En 1931, Japón se había anexionado una gran porción de China, la provincia de Manchuria, rebautizada como Manchukuo. Desde allí, el ejército japonés se hizo con el control de toda China. Pocos días antes de firmar el pacto con Hitler y Mussolini, el emperador Hirohito ordenó a las tropas japonesas que invadieran la Indochina francesa atravesando la frontera entre Manchukuo y Tonkín.

Abajo: Americanos reunidos en Nueva York para alistarse a la Fuerza Aérea.

La neutralidad de Estados Unidos

Cuando la guerra estalló en Europa en septiembre de 1939, Estados Unidos decidió mantenerse neutral y adoptó una política «aislacionista». Entre los estadounidenses, la voluntad de participar en un conflicto militar era escasa, sobre todo a la luz del poco tiempo transcurrido desde la I Guerra Mundial. Consideraban aquella guerra un asunto estrictamente europeo y, aunque les interesaba conservar su influencia en la región, también querían desentenderse de los conflictos en el Viejo Continente. Ansioso por establecer su posición de forma legal, el Congreso aprobó varias Leyes de Neutralidad, la primera de ellas en agosto de 1935.

Al poco de producirse la declaración de guerra, Estados Unidos aclaró que no proveería de armas a ningún bando, pero en noviembre de 1939, a instancias del presidente Roosevelt, el Congreso transigió y aprobó la compra de armas y munición por parte de Gran Bretaña y Francia. Estados Unidos también fue un importante suministrador de alimentos y materias primas a Gran Bretaña durante el año en el que esta se alzó sola contra Alemania e Italia. Cuando la URSS, frente a la inminente invasión de Alemania, se unió a los aliados, Roosevelt prometió ayudar a los soviéticos en todo lo posible, salvo implicándose activamente en el conflicto militar.

Así, durante los dos primeros años de guerra, Estados Unidos forzó claramente los límites de la neutralidad. Había una pseudoimplicación militar con los aliados y en contra de las potencias del Eje: la Marina Real británica contaba con observadores navales estadounidenses desde 1940 y, en 1941, a medida que la recepción de provisiones americanas se tornó más vital para los aliados europeos, patrullas antisubmarinos empezaron a vigilar la costa de Norteamérica. Después de que un submarino atacara al destructor estadounidense *Greer*, Roosevelt ordenó abrir fuego sobre cualquier buque del Eje avistado dentro de la Zona de Defensa de Estados Unidos.

A pesar de los hostigamientos de los barcos estadounidenses en el Atlántico, no fueron las acciones alemanas las que incitaron a Estados Unidos a adentrarse en la guerra armada, sino el devastador ataque perpetrado por los japoneses contra la base naval estadounidense de Pearl Harbor el 7 de diciembre de 1941. Un día después de aquel ataque, tanto Estados Unidos como Gran Bretaña declararon la guerra a Japón. Con la entrada de Estados Unidos en la lucha armada, aquella guerra librada en Asia, Rusia, Europa y África, adquirió unas dimensiones auténticamente mundiales.

Arriba: Algunos pilotos de caza egipcios se dirigen a pasar revista.

La batalla por el África del Norte

Mientras la batalla de Inglaterra bramaba en los cielos del norte de Europa durante el verano de 1940, Mussolini amplió la ofensiva lanzando una campaña en el África del Norte. En septiembre, tras una incursión infructuosa en la Somalilandia británica en agosto, los italianos atacaron la colonia británica de Egipto desde su propia colonia en Libia. Tomaron Sidi Barrani, luego detuvieron su avance a 80 kilómetros de Egipto y la acción no se retomó hasta diciembre, cuando el general Wavell lanzó la primera ofensiva británica contra el ejército italiano. Los británicos recuperaron Sidi Barrani y, a finales de mes, ayudados por las tropas de la Commonwealth, habían forzado a los italianos a retroceder al interior de Libia.

Pese a ello, las ganancias británicas en Libia sufrieron un revés en marzo de 1941, cuando el general alemán Erwin Rommel y su Afrika Korps lanzaron una ofensiva que les permitió recuperar Libia y forzar a las tropas de Gran Bretaña y la Commonwealth a retroceder hasta Egipto, a escasa distancia del canal de Suez.

Durante todo el resto de 1941 y los primeros meses de 1942, en los desiertos de África del Norte hubo escaramuzas entre el Africa Korps de Rommel y las tropas de Gran Bretaña y la Commonwealth, reorganizadas bajo el nombre de Octavo Ejército a las órdenes del general Auchinleck. La mayor parte del tiempo, Rommel tuvo ventaja y, en mayo de 1942, lanzó un ataque contra el Octavo Ejército, que se halló flanqueado y tuvo que

ISLANDIA

Mar de Noruega

0 ————— 200 km
0 ————— 200 millas

N

EUROPA EN LA
II GUERRA MUNDIAL (1944)

Territorio aliado o controlado por
los aliados el 6 de junio de 1944

Territorio liberado entre
el 6 de junio y el 16 de
septiembre de 1944

Alemania

Territorios ocupados
o aliados a Alemania

Gran ofensiva aliada

Fronteras en noviembre de 1942

Cabo Norte

N O R U E G A

S U E C I A

Narvik

OSLO

ESTOCOLMO

FINLANDIA
HELSINKI
Leningrado

UNIÓN
SOVIÉTICA

Mar del
Norte

Mar Báltico

Edimburgo

DINAMARCA
Copenhague

Königsberg

Prusia
Oriental

COMISARIADO DEL REICH
DEL OSTLAND

IRLANDA
DUBLÍN

REINO
UNIDO
AMSTERDAM

LONDRES

PAÍSES
BAJOS

Hamburgo

BERLÍN

Varsovia

Polonia

COMISARIADO DEL
REICH DE UCRANIA

BRUSELAS
BÉLGICA

A L E M A N I A

OCÉANO
ATLÁNTICO

PARÍS

Frankfurt

PRAGA
Bohemia

ESLOVAQUIA

F R A N C I A

Múnich

VIENA

RUMANÍA

BERNA
SUIZA
Ginebra

AUSTRIA

BUDAPEST

HUNGRÍA

Milán

Génova

Venecia

CROACIA

Banat

BUCAREST

BELGRADO
SERBIA

Danubio

Marsella

I T A L I A

Mar Adriático

MONTE-
NEGRO

SOFÍA

BULGARIA

PORTUGAL

LISBOA

E S P A Ñ A

MADRID

Córcega

ROMA

Cerdeña

Islas Baleares

M a r   M e d i t e r r á n e o

Taranto

ALBANIA

GRECIA

Mar
Egeo

TURQUÍA

ATENAS

Sicilia

Argel

Bône
(Annaba)

Túnez

Malta
a Gran Bretaña

Creta

Norte de África francés

retroceder rápidamente a Tobruk. Tras la caída de Tobruk, Auchinleck fue sustituido por el general Montgomery y, con refuerzos, se mantuvo el frente en El Alamein.

En octubre de 1942, con un complemento de 200.000 soldados y reforzado por los nuevos tanques *Sherman* y armas autopropulsadas estadounidenses, Montgomery se hallaba listo para atacar el Afrika Korps de Rommel. El Octavo Ejército obligó a las tropas alemanas a retroceder de nuevo a Libia. La victoria en El Alamein, celebrada el 15 de noviembre de 1942, fue fundamental para los aliados. Con la rendición del ejército del Gobierno de Vichy que defendía el África del Norte francesa tras una invasión de tropas británicas y estadounidenses comandadas por el general norteamericano Eisenhower ese mismo mes, los aliados estaban listos para mermar el poderío del Eje en el Mediterráneo.

La rendición de Italia

Los triunfos de los aliados en el África del Norte abrieron el camino para atacar Italia. Utilizando las bases norteafricanas, dicho asalto dio comienzo en junio de 1943 con un fuerte bombardeo aéreo sobre la isla de Pantelleria. Tras dos días de bombardeo, el comandante de la isla se rindió y las tropas aliadas aterrizaron en ella. A finales de julio, las tropas de Eisenhower se habían hecho ya con el control de la capital de Sicilia, Palermo.

El 25 de julio, ante la pérdida de sus islas y un previsible ataque aéreo sobre Roma, Mussolini fue depuesto y encarcelado. El rey Víctor Manuel III se hizo con el control del ejército italiano y designó primer ministro al mariscal antifascista Badoglio. El cambio político conllevó la rendición oficial de Italia el 8 de septiembre y muchos soldados alemanes se convirtieron en prisioneros de guerra cuando sus antiguos correligionarios, los italianos, los entregaron a los aliados. Pese a ello, muchas divisiones alemanas huyeron y se convirtieron en una fuerza ocupadora en la mitad norte del país, reteniendo el control de Roma durante muchos meses.

El hecho de que los alemanes mantuvieran una fuerte presencia en la región permitió a unos pilotos de vuelo sin motor alemanes lanzar un audaz ataque y liberar a Mussolini de la remota prisión en las montañas en la que se encontraba confinado. Fue trasladado en avión a Múnich y más tarde regresó al norte de Italia, donde permaneció hasta los últimos días de la guerra en Europa. Fue descubierto en su escondite por unos miembros de la resistencia italianos, que lo sometieron a un juicio sumario y lo ejecutaron, junto con su amante y sus ayudantes. Sus cuerpos se colgaron de los talones y se expusieron en la Piazza Loretto de Milán.

El asalto a la «Fortaleza Europea»

La «Fortaleza Europea», como se había apodado a los países ocupados y fuertemente defendidos de la Europa Occidental, y de los que la Fuerza Expedicionaria Británica y los restos de sus aliados habían sido expulsados en junio de 1940, debía ser expugnada para poder derrotar a Alemania. En agosto de 1942 se había realizado un primer intento de desembarcar tropas en la costa francesa. Más de 6.000 soldados de las divisiones de Gran Bretaña, Estados Unidos, Canadá y la Francia Libre, respaldados por aire y mar, desembarcaron en Dieppe. Los combates duraron nueve horas antes de que los aliados cayeran. Las pérdidas fueron numerosas: murieron más de mil soldados y 2.500 fueron hechos prisioneros, y hubo además tremendas pérdidas de material, incluidas lanchas de invasión, tanques, transportes de tropas, barcos y casi cien aviones aliados. La operación, dirigida por el almirante británico Lord Louis Mountbatten, fue un desastre, pero se intentó presentar como una misión de reconocimiento y no como una invasión a gran escala.

Sea cual fuere su propósito real, el ataque a Dieppe dio a los aliados una lección muy valiosa sobre lo que necesitaban para perpetrar un ataque total. El general estadounidense Eisenhower y los comandantes del Mando Supremo Aliado se basaron en aquella experiencia para trazar la estrategia del desembarco de Normandía, el llamado Día D. Para abril de 1944, Gran Bretaña se había convertido en un gigantesco campo armado con tropas británicas, estadounidenses y de la Commonwealth, además de los restos de los ejércitos europeos, como el de la Francia Libre y los polacos, destacados por todo el país. A todo lo largo del sur de Gran Bretaña se realizaban ejercicios militares a gran escala en los que las tropas practicaban técnicas de asalto desde la costa.

Se tomaron todas las medidas para garantizar que ningún detalle de la ofensiva planeada llegara a oídos del Alto Mando Alemán. A 15 kilómetros al interior de la costa sudeste de Gran Bretaña se prohibió el acceso a todo aquel que no fuera militar. En marzo se había prohibido viajar a Irlanda para evitar que la información pasara a diplomáticos de los consulados enemigos en Dublín. Aquella interdicción estuvo seguida en abril por una restricción impuesta a todos los diplomáticos extranjeros residentes en Londres, a quienes se les prohibió que viajaran y que enviaran partes sin inspección previa. Entre otras estrategias adoptadas para disfrazar los planes de los aliados se incluyó el uso de tropas y barcos señuelo para incitar a los alemanes a pensar que se estaba llevando a cabo una concentración de tropas y equipamiento en regiones distintas a las que se había previsto asaltar.

El desembarco de Normandía

La invasión de Europa empezó la mañana del 6 de junio de 1944. A primera hora del Día D, lanchas ligeras con tropas tomaron tierra en las playas de Normandía. Los ejércitos británico y canadiense desembarcaron en las playas cuyo nombre en código era Oro, Juno y Espada, situadas al norte del puerto de Caen; las tropas estadounidenses lo hicieron más al oeste, cerca de la península de Cherburgo, en las playas de Utah y Omaha. Las fuerzas invasoras hicieron frente a un contundente ataque, pero habían tomado a los alemanes por sorpresa, pues estos esperaban que la invasión se produjera por el Pas de Calais, más al este. Convencido de que las maniobras de Normandía eran un señuelo, el Alto Mando Alemán mantuvo una fuerte presencia en el nordeste de Francia. La costa de Normandía, donde la defensa era más laxa, se reafirmó como punto de desembarco mediante el bombardeo de los enlaces ferroviarios y puentes en la zona antes del Día D, lo cual mermó a los alemanes su capacidad de desplazar tropas y provisiones al frente. Inmediatamente antes del desembarco, entre medianoche y las 5:30 h, paracaidistas y planeadores habían aterrizado tras las líneas enemigas para tomar los puntos clave por sorpresa. La combinación de todos estos factores convirtió la Operación Overlord, nombre en código del desembarco, en un éxito total desde el primer día. Hacia la medianoche del 6 de junio, los aliados habían avanzado varios kilómetros hacia el interior por un frente amplio. De los 155.000 desembarcados solo se perdió a 9.000.

Alentados por el éxito del Día D, en los días siguientes se perpetró un gran ataque. Los aliados lucharon con ferocidad hasta por el último centímetro de tierra, sobre todo alrededor de Cherburgo, y hubo que establecer líneas de abastecimiento desde Gran Bretaña. Se construyeron puertos artificiales frente a la costa de Normandía para que los barcos pudieran anclar y descargar más tropas y provisiones. Seis días después del desembarco inicial, las distintas divisiones aliadas habían comunicado sus cabezas de playa y establecido un frente amplio que se abría paso por Normandía y que recibía contingentes de refuerzos procedentes de Gran Bretaña.

Hacia finales de julio, la resistencia alemana en Normandía se había roto. La incapacidad del Alto Mando Alemán para reabastecer a sus divisiones en Normandía con hombres y material debido a los ataques aéreos aliados sobre las rutas de aprovisionamiento, junto con el poderío incontestable de las tropas aliadas, conllevó que, pese a su férrea defensa, los alemanes no pudieran derrotar al enemigo. La caída de la ciudad normanda de Caen ofreció a los aliados una ruta directa con París, que fue liberado en medio de emocionantes escenas de celebración el 25 de agosto de 1944.

El Holocausto

Cuando los aliados se abrieron paso por el territorio controlado por los alemanes, el verdadero horror de lo que fueron los campos de concentración nazis quedó expuesto ante un mundo conmocionado. Auschwitz fue liberado en enero de 1945 por los rusos y, en abril, los aliados occidentales descubrieron los campos de Bergen-Belsen, Buchenwald y Dachau. La existencia de los campos de concentración se conocía desde hacía años, como también la opinión de Hitler acerca del supuesto «problema judío» de Alemania, pero nadie imaginaba el alcance del trato inhumano que se dio a los deportados a ellos.

En un principio, los campos se concibieron como un lugar para albergar a todos aquellos que no encajaran con los ideales nazis, sobre todo la población judía de Europa, pero otros colectivos también fueron encarcelados en ellos, como los polacos, los eslavos, los gitanos, los homosexuales y los testigos de Jehová. Las condiciones en aquellos campos eran atroces: los detenidos eran forzados a trabajar hasta morir. Las infecciones, el hambre y todo tipo de enfermedades diezmaron a los reclusos, si bien la mayoría de los seis millones de judíos que fallecieron en el Holocausto fueron asesinados como parte de una política genocida.

La «solución final» que Heinrich Himmler ideó para atajar el «problema judío» de Hitler fue eliminar a todos los judíos de los territorios ocupados por los alemanes. Ello implicaba efectuar asesinatos a escala industrial y para tal fin se construyeron grandes cámaras que pudieran llenarse con gas venenoso y en las que matar a cientos de hombres, mujeres y niños al mismo tiempo. El régimen nazi edificó además enormes hornos para incinerar los miles de cadáveres generados por su polítca.

Muchos de los que sobrevivieron a la liberación de los campos por parte de los aliados murieron poco después, pues, a pesar del inmenso despliegue de ayuda médica y alimentos, estaban tan débiles que no tenían ni fuerzas para vivir. Los que lograron sobrevivir en los tiempos de la posguerra tuvieron que hacer frente a las cicatrices y el sufrimiento causados por el trato inhumano que ellos y sus seres queridos habían recibido.

Divisiones en Europa

A principios de 1945 quedó claro que la derrota de Alemania era inminente. Entre el 4 y el 11 de febrero, Roosevelt, Churchill y Stalin, los Tres Grandes, se reunieron en Yalta, Crimea, para debatir la división de Alemania.

El 24 de marzo, los aliados occidentales atravesaron el Rin, un punto de defensa vital para los alemanes. Los devastadores bombardeos de grandes ciudades alemanas como Dresde y Berlín reforzaron el ataque de las tropas de tierra en su avance hacia Berlín. El Ejército Rojo cruzó el Óder y el 25 de abril había rodeado Berlín. Mientras tomaba la ciudad, Hitler se suicidó el 30 de abril. La guerra tocaba a su fin. El 7 de mayo, el general Jodl firmó la rendición incondicional de Alemania.

En una nueva conferencia celebrada por los Tres Grandes en Potsdam en julio de 1945, la alianza entre Gran Bretaña, EE UU y la URSS se rompió. La muerte de Roosevelt semanas antes de la victoria implicó que EE UU estuviera representado por Truman. Clement Atlee, primer ministro desde la derrota de Churchill en las elecciones generales celebradas después de la guerra, fue el enviado de Inglaterra; solo Stalin conservaba su puesto, y se negó a convocar elecciones en la Europa del Este. No se llegó a ningún acuerdo sobre las fronteras de Alemania.

El desacuerdo en Potsdam prefiguró la guerra fría, y Churchill lamentó que hubiera caído un «telón de acero» sobre Europa.

Juicio y retribución

Dado que, con su suicidio, Hitler, el arquitecto central de la ideología nazi, evitó ser juzgado, se consensuó que otros fueran sometidos a juicio por crímenes de guerra. Algunos habían huido en medio de la confusión de los últimos días del conflicto, y Goebbels y Himmler también evitaron la justicia quitándose la vida.

Los nazis capturados por los aliados se sentaron ante el Tribunal Internaconal de Crímenes de Guerra de Núremberg en noviembre de 1946. De los 21 acusados, tres fueron absueltos, siete condenados a penas de entre diez años y cadena perpetua y el resto sentenciados a muerte. De entre los últimos, los más destacados fueron Goering y Von Ribbentrop. Horas antes de ser colgado, Goering se suicidó ingiriendo una cápsula de cianuro que había ocultado durante el juicio. El 16 de octubre 1946 se ejecutó a los restantes. Sus cadáveres, junto con el de Goering, fueron trasladados a Múnich para ser incinerados, según el anuncio oficial, y sus cenizas se «esparcieron en un río de algún lugar de Alemania».

Abajo: La división armada del genera Leclerc atraviesa el Arco de Triunfo.

La guerra en el Pacífico

La guerra en el Pacífico degeneró de unos incidentes iniciales menores a un conflicto global y estuvo protagonizada por el lanzamiento de las bombas atómicas antes de su fin.

Japón toma Manchuria

Japón había quedado devastado por la Gran Depresión. Para aliviar la situación, el país inició una política fructífera de colonización de la cercana Manchuria, en la que estaba interesado desde la Guerra Chino-japonesa. Esta invasión, según se creía, aportaría un mercado exterior para los productos japoneses, además de tierras para los campesinos nipones y acceso directo a muchas materias primas. Aunque Manchuria no produjo tales dividendos con la celeridad que Japón había previsto, la población japonesa se vio alentada por un fervor popular en pro de una mayor expansión. Las dos alas militares principales, el ejército de tierra y la marina, sacaron partido de tal popularidad y se embarcaron en una mayor expansión militar. Mientras que el ejército de tierra se alzó glorioso en los grandes campos de batalla de China, la marina colonizó incontables islas en el sudeste asiático y descubrió en ellas tesoros ocultos de recursos naturales, sobre todo de petróleo, esencial para mantener los requisitos crecientes de la marina.

Los deseos del ejército de tierra se vieron colmados con una penetración aún mayor en China a partir de 1937, que se justificó por la necesidad de aportar estabilidad al vecino atribulado. Pero el ejército se vio atrapado en un punto muerto y las tácticas brutales de los nipones, como la Masacre de Nankin, le valieron a Japón la condena internacional. Británicos, estadounidenses y holandeses impusieron un embargo de petróleo para dificultar la invasión nipona. La situación de estancamiento y la necesidad apremiante de petróleo permitió a la marina demostrar los méritos de su política meridional para desviar la atención del escenario chino.

Los problemas de la política meridional

Las zonas que Japón quería invadir ya estaban colonizadas por las potencias europeas, de modo que esta sed de colonias sumió a Japón en una espiral inevitable hacia la guerra en el Pacífico. Francia poseía Indochina y Gran Bretaña tenía colonias en Birmania, Malasia y Singapur y ejercía presión sobre Siam (la actual Tailandia). El Imperio Holandés se extendía por las Indias Orientales, ricas en recursos, e incluso los estadounidenses tenían posesiones en las Filipinas. Como era de esperar, aquello provocó un sentimiento de cerco en Japón, donde se creía que las grandes potencias estaban cercenando la esfera de influencia natural del país. Furiosos por el hecho de que las tierras que los rodeaban hubieran sido tomadas y no quedara nada para ellos, se extendió entre los japoneses un sentimiento de panasianismo. La idea era que Asia debía ser para los asiáticos y que, dado su peso económico y militar natural, Japón debía ser ele abanderado de este «nuevo orden en el este asiático». Los japoneses concebían la invasión del sudeste asiático como un movimiento para liberar a sus hermanos asiáticos de la represión colonial europea.

Una nueva oportunidad de expansión

En 1940, la situación en Europa se tornó favorable para Japón. Alemania, aliada de Japón, había aplastado a los franceses y los holandeses en junio, y el mantenimiento de los imperios de estas potencias se puso en duda. Debido a la presión alemana, al nuevo Gobierno títere francés de Pétain en Vichy no le quedó más alternativa que permitir que Japón acudiera en «ayuda» de los franceses en Indochina. La Administración holandesa de las Indias Orientales logró mantenerse firme por el momento. Gran Bretaña se vio incapaz de garantizar la seguridad de sus colonias, dado que luchaba en la guerra sola contra Alemania en Europa. Así, hacia 1940, el único obstáculo real para la expansión japonesa era Estados Unidos.

El camino hacia Pearl Harbor

Estados Unidos era muy superior a Japón tanto en población como en dimensiones territoriales y producción industrial. La decisión de embarcarse en una guerra con tal enemigo no se tomó a la ligera, pese a que a los estadounidenses les irritaba la sed expansionista de los japoneses. La importantísima ayuda militar y económica prestada por EE UU a los nacionalistas chinos sumió al ejército nipón en un cenagal en Asia y la situación causó un gran resentimiento. Los intereses petrolíferos de EE UU en el sudeste asiático también socavaban la capacidad de la marina japonesa para avanzar hacia el sur. Además, EE UU se negaba a reconocer el dominio nipón de Manchuria.

A finales de 1941, Japón se preparó para realizar una incursión en el sudeste asiático. La diplomacia era la única opción abierta que le quedaba a Estados Unidos. Pero en noviembre de 1941 se agotó la vía diplomática y

Arriba: El destructor estadounidense Shaw tras el ataque en Pearl Harbor.

Roosevelt, a quien no le interesaba que se le acusara de apaciguardor del fascismo, crítica que se vertía sobre Chamberlain, frustró la solicitud de Japón de una reunión con el primer ministro nipón. Llegados a aquel extremo, Tokio no vio más solución que declarar la guerra. Era consciente de la importancia que tenía lanzar un ataque preventivo contra la Flota del Pacífico estadounidense antes de que zarpara de puerto. El clima dificultaría un asalto durante los primeros meses de 1942 y, hacia el verano, las reservas de petróleo de Japón se habrían agotado. Así que decidió lanzar un ataque de inmediato: el 7 de diciembre de 1941 en Washington (el 8 de diciembre en Tokio), los niponés atacaron por sorpresa Pearl Harbor, en Hawai, y derrotaron a la Flota del Pacífico de EE UU en su propio puerto.

La supremacía japonesa

En un principio, Japón contó con ventaja en el sudeste asiático, dado que Roosevelt había apostado por dar prioridad a Alemania. Japón aumentó su control de la región con la captura de dos grandes ciudades administradas por los británicos, Hong Kong y Singapur el 25 de diciembre de 1941 y el 15 de febrero de 1942 respecti-

vamente. A principios de 1942, los japoneses habían invadido las Indias Orientales Holandesas, Birmania, Malasia, Sumatra y las Filipinas y se hallaban en el apogeo de su poder. Sin embargo, en mayo de 1942, los aliados se anotaron una victoria en la batalla del Mar de Coral, el primer enfrentamiento librado entre portaaviones. Si bien los aliados sufrieron una derrota mayor en términos militares, lograron infligir suficientes daños a los niponés para evitar un ataque sobre Port Moresby, en Nueva Guinea. Port Moresby se convirtió en un punto de apoyo vital para los aliados en el Pacífico. Es más, de haber tomado la ciudad los japoneses, se habrían encontrado perfectamente situados para invadir el norte de Australia.

La batalla de Midway

Un mes después de la batalla del Mar de Coral, Japón atacó la isla de Midway, situada en la mitad del Pacífico, sede de una base naval estadounidense. El ataque era una represalia por un bombardeo aéreo realizado sobre Tokio en abril de 1942, llamado el Ataque Doolittle, el primer

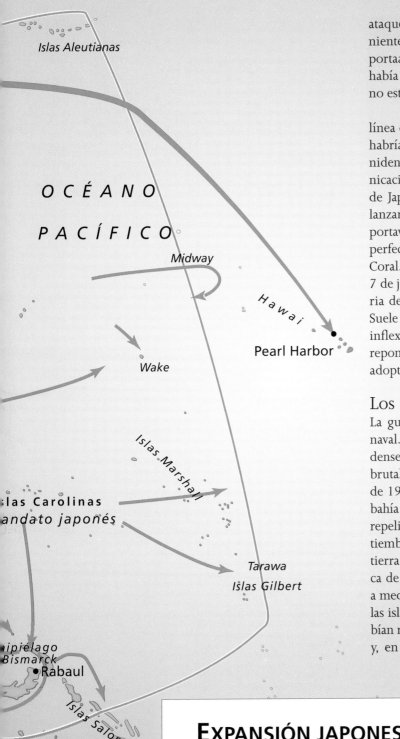

Islas Aleutianas

O C É A N O

P A C Í F I C O

Midway

H a w a i

Pearl Harbor

Wake

Islas Marshall

Islas Carolinas
Mandato japonés

Tarawa
Islas Gilbert

Archipiélago
Bismarck
Rabaul

Islas Salomón

Guadalcanal

Port Moresby

Mar de Coral

Nueva Caledonia

ataque sobre suelo japonés. Lo había organizado el teniente coronel James H. Doolittle y se lanzó desde un portaaviones apostado en el Pacífico. El bombardeo había conmocionado a la opinión pública japonesa, que no estaba preparada para la realidad de una guerra aérea.

El osado ataque japonés en Midway amplió la línea de defensa de los nipones y, de haber tenido éxito, habría conllevado una derrota decisiva para los estadounidenses. Sin embaro, gracias a su tecnología de comunicaciones superior, Estados Unidos conocía los planes de Japón y había enviado buques a defender la base y lanzar un contraataque sorpresa. Entre ellos figuraba el portaviones *Yorktown*, reparado a toda prisa tras los desperfectos sustanciales sufridos en la batalla del Mar de Coral. La batalla de Midway se desarrolló entre el 4 y el 7 de junio de 1942 y Estados Unidos se anotó una victoria decisiva destruyendo cuatro portaaviones japoneses. Suele considerarse que esta batalla marcó un punto de inflexión en la guerra en el Pacífico; Japón no logró reponerse de la pérdida de sus portaaviones y tuvo que adoptar tácticas defensivas.

Los aliados responden

La guerra en el Pacífico fue básicamente una campaña naval. En agosto de 1942, tropas de marines estadounidenses desembarcaron en Guadalcanal y libraron una brutal batalla que ganaron en febrero de 1943. En agosto de 1942, los japoneses atacaron la base australiana de la bahía de Milne, en Nueva Guinea. Los australianos habían repelido la invasión japonesa hacia principios de septiembre en la que supuso la primera victoria aliada en tierra. Sumando éxitos, los aliados adoptaron una política de saltar de isla en isla, liberándolas de los japoneses a medida que avanzaban; la meta final era tener al alcance las islas japonesas. Los australianos y estadounidenses habían recuperado toda Nueva Guinea a comienzos de 1943 y, en los dos años siguientes, Estados Unidos realizó

EXPANSIÓN JAPONESA (diciembre de 1941)

XXXX		
14	Ejército japonés	

Imperio Japonés a principios de 1941

Territorio ocupado por Japón entre diciembre de 1941 y julio de 1942

China

Ataque con portaaviones sobre Pearl Harbor

Operaciones ofensivas japonesas (diciembre de 1941 – marzo de 1942)

Límite aproximado del avance japonés en julio de 1942

Posesiones coloniales en 1941

Británicas (Commonwealth)

Holandesas

Francesas

Portuguesas

Arriba: La inmensa nube en forma de hongo que se elevó seis kilómetros por encima de Nagasaki, la segunda ciudad japonesa devastada por la bomba atómica.

una táctica tan radical que suscitó un auge de las actitudes fatalistas entre los japoneses. Los pilotos suicidas japoneses lanzaban sus aviones contra los barcos enemigos para infligir el máximo daño posible. El primer registro de un ataque kamikaze que se tiene es el realizado contra el buque australiano *Australia* el 21 de octubre de 1944.

Tras ganar la batalla del Golfo de Leyte, faltaban dos meses para la invasión programada de Okinawa, lo cual llevó a los aliados a decidir capturar en el ínterin la isla de Iwo Jima, y las bases aéreas japonesas ubicadas en ella. El ataque dio comienzo en febrero de 1945. Fue una lucha encarnizada, sobre todo debido a que los japoneses tenían órdenes de luchar hasta la muerte y matar al máximo de enemigos posible. La isla se aseguró en marzo de 1945, a tiempo para la invasión de Okinawa.

La batalla de Okinawa

En marzo de 1945, los estadounidenses empezaron a bombardear de forma regular las ciudades japonesas, cobrándose con ello muchos miles de vidas humanas. Los británicos forzaron la retirada japonesea de Birmania y los estadounidenses iniciaron la invasión de Okinawa en abril. Okinawa se encontraba en las islas Ryukyu y, por tanto, era suelo japonés. A diferencia de lo ocurrido en Iwo Jima, el número de población civil afectada por la batalla en este caso fue muy importante. Se calcula que más de 100.000 japoneses fueron asesinados o se suicidaron tras conocer por medio de la propaganda la barbarie infligida por los estadounidenses. Okinawa había sido ocupada a finales de junio y aquella se convirtió en la última gran batalla de la guerra en el Pacífico, pese a que este título no fuera en absoluto certero en aquella fecha.

Lanzamiento de las bombas atómicas

Los 12.000 estadounidenses que se calcula que fallecieron en Okinawa (y los 100.000 japoneses) contribuyeron a que el presidente de Estados Unidos, Truman, decidiera que la guerra debía acabar pronto y por cualquier medio. Los aliados estaban exhaustos por la lucha prolongada y, tras el júbilo por la victoria en Europa, pocos tenían energías para un asalto convencional sobre las islas japonesas. Y menos aún habrían estado preparados para la pérdida masiva de vidas aliadas que un asalto así habría provocado. La guerra en Europa había acabado y los rusos se preparaban para lanzar una ofensiva destinada a liberar Manchuria. Pero Truman estaba decidido a frenar la expansión de su aliado ruso en la región. A resultas de estas consideraciones, el 6 de agosto de 1945 se lanzó desde el *Enola Gay* una bomba atómica llamada

grandes progresos en territorio ocupado por los japoneses, desembarcando en las islas Salomón en noviembre de 1943 y en Saipan a mediados de 1944.

La batalla del Golfo de Leyte

En octubre de 1944 tuvo lugar la batalla del Golfo de Leyte, en las Filipinas, la mayor batalla naval de la historia. El ejército japonés, superado en número por sus rivales, intentó impedir la toma aliada de la isla filipina de Leyte, en una operación que suele considerarse el punto en el que la marina japonesa quedó finalmente destruida como fuerza creíble en el Pacífico. Fue la primera batalla en la que se emplearon pilotos kamikaze,

Big Boy, que arrasó por completo la ciudad de Hiroshima, y el 9 de agosto se lanzó una segunda bomba sobre el puerto de Nagasaki. Seis días después, el 15 de agosto, Japón se rindió y la guerra en el Pacífico, y con ella la II Guerra Mundial, acabó por fin.

La estela

Entre 1945 y 1952, Japón estuvo sometido a una ocupación directa por parte de Estados Unidos, bajo el mando supremo del general Douglas MacArthur. El emperador japonés Hirohito no fue juzgado como criminal de guerra, sino que fue reinstaurado en el trono imperial, aunque se le revocaron todos los poderes. Su estatus de figura decorativa se utilizó para alentar a la población japonesa a respaldar la ocupación norteamericana y una nueva constitución. El nuevo texto constitucional insistía en el desarme y la desmilitarización de la sociedad japonesa, aprobaba el sufragio femenino y garantizaba que el sistema educativo quedara exento del adoctrinamiento al revocar el Decreto Imperial sobre la Educación, responsable en parte del auge de un nacionalismo extremo entre la socidad japonesa.

El Tribunal Militar Internacional para el Lejano Oriente se reunió en Ichigaya. Los juicios, equivalentes a

Arriba: El 16 de junio de 1948 se celebró una ceremonia en Cardiff, Gales, cuando los últimos 4.000 soldados estadounidenses embarcaron en el Lawrence Victory para partir rumbo a Nueva York.

los de Núremberg, se celebraron entre 1946 y 1948, y los cargos imputados fueron básicamente la práctica de una guerra agresiva y la tortura de prisioneros de guerra. Muchos testigos de la Masacre de Nankin presentaron pruebas contra los acusados, entre los que figuraban desde ex primeros ministros hasta ministros de Exteriores, generales y teóricos raciales. Aparte de los fallecidos durante la guerra, todos los juzgados fueron declarados culpables, pese a que solo siete de los 25 fueron sentenciados a muerte. Hirota y Tojo, dos ex primeros ministros japoneses, se contaban entre ellos. Murieron en la horca el amanecer del 23 de diciembre de 1948.

La paz

Alrededor de 1950, la invasión comunista de Corea del Sur obligó a Estados Unidos a desviar su atención y recursos de Japón y el poder se transfirió paulatinamente a los políticos japoneses. El proceso culminó con el Tratado de San Francisco, firmado el 8 de septiembre de 1951. Entró en vigor en abril de 1952 y con ello la ocupación americana concluyó formalmente.

India: el camino hacia la independencia y la partición

La reclamación de la independencia del subcontinente indio conoció la aparición de líderes carismáticos y el éxito final, pese a los conflictos intercomunitarios y la división religiosa.

Descontento y nacionalismo

Pese a la lealtad inicial de la India a Gran Bretaña en el momento de estallar la I Guerra Mundial, las penurias vividas como reultado del conflicto generaron un descontento cada vez mayor. Durante los años veinte y treinta, los años de entreguerras, la lucha por la independencia de la India cobró un nuevo impulso y estuvo acompañada por un auge del sentimiento nacionalista.

Aunque los británicos realizaron concesiones, en especial mediante la Ley de la India de 1919, por la cual se admitían indios en el Gobierno provincial, Gran Bretaña se negó a renunciar completamente a su control, lo cual conllevó un malestar creciente entre la población india. Este adoptó la forma tanto de protesta pacífica como de enfrentamientos violentos. Pese a la marea de nacionalismo creciente, las disensiones entre el Congreso Nacional Indio y la Liga Musulmana, explotadas de forma infructuosa antes de la guerra con el intento de partición de Bengala por parte de los británicos y resueltas temporalmente durante los años de conflicto, empezaron a aflorar de nuevo. Durante esta etapa, tres hombres en concreto saltaron a escena y fueron en gran medida responsables del futuro político de la India: Mohandas (*Mahatma*) Gandhi, Jawaharlal Nehru y Muhammad Ali Jinnah.

Gandhi

Gandhi era un hindú de casta media que se había formado como abogado en Gran Bretaña y luego había pasado 20 años trabajando para los indios en Suráfrica, donde había sufrido y se había enfrentado a la discriminación. En 1915 regresó a la India y, tras la I Guerra Mundial, reorganizó el Congreso Nacional y empezó a movilizar el apoyo nacionalista, liderando campañas de desobediencia civil pacífica como huelgas, boicoteos y la negación a pagar impuestos. Los británicos respondieron encarcelando a miles de indios, entre ellos

Arriba: Lord Louis Mountbatten de Birmania, el último virrey de la India y supervisor de la partición de la India en India y Pakistán, junto a su esposa y Muhammad Ali Jinnah, dirigente de la Liga Musulmana, tras las conversaciones mantenidas en la casa del virrey en Nueva Delhi, India, en abril de 1947. Página anterior: Mahatma Gandhi (Mohandas Karamchand Gandhi)

a los dirigentes del Congreso Nacional y al propio Gandhi, que fue condenado en 1922 a dos años de prisión. Tras su liberación, Gandhi empezó a centrar su atención en los individuos más desprotegidos de la sociedad india, trabajando con los «intocables», la casta inferior, y alentándolos a renegar de la mecanización y a retomar un modo de vida más sencillo. Las clases medias, comprometidas políticamente, lo apoyaban por haber convertido el Congreso Nacional en una institución más accesible y los campesinos lo seguían por su santidad y por su intento de implantar reformas sociales; así, Gandhi logró unir a la India hindú bajo el propósito común de lograr la independencia. También intentó promover la unidad de los hindúes y los musulmanes, pero hacia 1930 surgieron las primeras voces que reclamaban la formación de un estado independiente en el norte de la India.

El camino hacia la independencia

En 1928, durante las conversaciones entre todos los partidos y las reuniones del Congreso Nacional, la India exigió que se le garantizase el autogobierno, amenazando con un regreso a la desobediencia civil masiva en

caso contrario. Tras una reunión en diciembre de 1929 en la que el recién elegido presidente del Congreso Nacional, Jawaharlal Nehru, exigió la independencia total, tales campañas se retomaron en toda la India. El 26 de enero de 1930 se declaró Purna Swaraj, o Día de la Independencia, y entre marzo y abril Gandhi dirigió la que tal vez sea la más célebre de sus protestas, la Marcha de la Sal (o Marcha de Gandhi), que atravesó 400 km para recoger de forma ilegal sal del mar en protesta por los impuestos a la sal aplicados por los británicos. Poco después, Gandhi volvió a ser encarcelado. Durante su encierro se produjeron las primeras conversaciones sobre la materia en Londres, con el objetivo de resolver «el problema de la India», pero estando Gandhi y otros líderes entre rejas, el Congreso Nacional se negó a asistir.

Tras su liberación en 1931, Gandhi accedió a cesar la desobediencia civil a cambio de la puesta en libertad de los presos políticos mediante el pacto Gandhi-Irwin, y asistió a la segunda ronda de conversaciones en representación del Congreso Nacional. Pese a todo, el resultado de dichas conversaciones no le pareció satisfactorio y en 1932 decidió retomar el movimiento de no colabo-

ración. Hasta 1935, el Congreso Nacional y el Gobierno británico estuvieron estancados, pero ese año, bajo el auspicio del virrey lord Willington, se aprobó otra Ley de la India que supuso un gran paso adelante para la independencia del subcontinente.

Tras las elecciones se establecieron once provincias con autogobierno, ocho de ellas presididas por el Congreso Nacional y las tres restantes por un Gobierno de coalición con la Liga Musulmana. No obstante, para Gandhi, Nehru y muchos de sus partidarios, aquellas medidas seguían sin ser suficientes: solo la independencia total satisfaría sus demandas. Entre tanto, los musulmanes, liderados por Muhammad Ali Jinnah y temerosos de quedar reprimidos por la mayoría hindú, al tiempo que alentados por su deseo de independencia no solo de Gran Bretaña, sino también de la India dominada por los hindúes, empezaron a fortalecer sus posiciones.

La II Guerra Mundial y la India

En 1939, al estallar la II Guerra Mundial, el virrey lord Linlithgow declaró la participación en ella de la India sin consultarlo con los Gobiernos provinciales, lo cual impulsó a los ministros del Congreso Nacional a dimitir a modo de protesta y a negarse a brindar su apoyo. Ante el avance de los japoneses hacia la frontera india, Gran Bretaña decidió ofrecer a la India la independencia total después de la guerra a cambio de su colaboración. Gran cantidad de indios se movilizaron en apoyo a los británicos y lucharon del bando de los aliados. Subhas Chandra Bose, que había sido dos veces presidente del Congreso Nacional, se escindió para formar un nuevo partido, el All India Forward Bloc (Bloque «Adelante» de toda India) y huyó a Alemania. Allí buscó el apoyo de los alemanes y los japoneses para crear el Ejército Nacional Indio, que luchó contra las tropas británicas e indias en Birmania y el nordeste de India, y estableció un breve Gobierno provisional en el exilio en las islas Nicobar.

Las exigencias de Jinnah de crear el estado musulmán independiente de Pakistán cobraron mayor peso durante la guerra, con los británicos abogando no solo por la independencia a la conclusión de esta, sino por una cláusula que permitiera a las provincias optar por quedar fuera de la federación. Gandhi y Nehru, opuestos a tal plan, lanzaron la campaña *Quit India* («Abandonad la India») en 1942 en un intento por forzar nuevas negociaciones con Gran Bretaña. La campaña abogó por la desobediencia civil generalizada y supuso la encarcelación inmediata de Gandhi y Nehru, así como de la mayoría de dirigentes del Congreso Nacional. Los británicos sospechaban que los japoneses invadirían pronto la India y otorgarían el poder al Congreso Nacional.

Independencia y partición

Antes de que los japoneses pudieran invadir la India, se aseguró su rendición mediante el lanzamiento de sendas bombas atómicas sobre las ciudades de Hiroshima y Nagasaki, pero, hacia 1945, el Gobierno británico, presidido por Attlee, estaba decidido a conceder a la India la independencia. Gran Bretaña deseaba que la India mantuviera una estructura federal, mientras que el Congreso Nacional abogaba por una India unificada con un Gobierno centralizado; la Liga Musulmana, por su parte, seguía defendiendo la idea de un Pakistán autónomo. Tras las elecciones indias de 1945 se llegó a un punto muerto que derivó en disturbios generalizados e incidentes violentos entre hindúes y musulmanes. El ejército británico intervino, pero estaba claro que la India se hallaba al borde de la guerra civil y, por lo tanto, era imperativo forjar algún tipo de acuerpo para evitar el derramamiento de sangre. De forma imprevista, el 3 de junio de 1947, Gran Bretaña anunció que transferiría todo el poder a la India en agosto y que lord Mountbatten, comandante de las fuerzas aialadas en el sudeste asiático durante la guerra, sería el último virrey.

Pese a los intentos de Mountbatten de alentar a una India dividida a unirse, Jinnah estaba decidido a que se produjera su división. Aunque Gandhi mantenía su compromiso de que el Congreso Nacional gobernara toda la antigua India británica, al final Nehru transigió. El 15 de agosto, la India obtuvo su independencia, Nehru fue investido primer ministro y se estableció el

Pakistán Oriental y Occidental. Tres provincias no habían manifestado su intención de adherirse ni a la India ni a Pakistán: Junagadha, Hyderabad y Cachemira. Las dos primeras fueron rápidamente absorbidas por la India. En cambio, la situación en Cachemira, dada su ubicación entre la India y Pakistán, demostró ser más problemática. Los ejércitos musulmán e hindú se adentraron en la región y la dividieron, dando comienzo a un conflicto que escalaría hasta 1949. La violencia estalló en el resto de territorios. Millones de hindúes y musulmanes franquearon las nuevas fronteras para establecerse en la India hindú o el Pakistán islámico, y muchos de los que quedaron rezagados en ambos países fueron masacrados. Gandhi, que había retomado su trabajo social en Bengala, defendió el fin de la violencia y anunció una huelga de hambre irreversible si la persecución de los musulmanes en la India no cesaba. Su protesta fue un éxito, pero pocos días después de concluir su ayuno fue asesinado por un brahmán hindú que lo consideraba un traidor.

La India tras la independencia

Desde su independencia, la historia de la India ha estado marcada por etapas de agitación esporádica. Jawaharlal

Nehru gobernó como primer ministro hasta su muerte en 1964, guiando a la nación por un periodo de una paz y estabilidad relativas. Fue sucedido por su hija Indira Gandhi, que también fue una dirigente aclamada, pero fue acusada de corrupción en 1975 y encarcelada brevemente en 1978. Fue reelegida un año después y asesinada en 1984 por terroristas sijs. El Partido del Congreso se mantuvo dominante en la India, salvo durante un breve lapso a finales de la década de 1970 y desde finales de los años ochenta hasta mediados de los noventa. A principios de los años noventa, el BJP, o Partido Bharatiya Janata, emergió como contrincante al Gobierno y fue elegido por una amplia mayoría a finales de los años noventa. La India tiene una larga tradición democrática, pero su historia se ha caracterizado por las tensiones entre las varias afiliaciones étnicas y políticas, sobre todo entre hindúes y musulmanes, las cuales han redundado en una desconfianza entre la India y Pakistan que aún persisten.

Abajo: 28 de octubre de 1950: el primer ministro indio Pandit Jawaharlal Nehru junto a un estanque de nenúfares en el jardín de su nuevo hogar en Nueva Delhi. Junto a él, su hija Indira Gandhi (Indira Priyardarshini Nehru) y su hijo Rajiv, que lo sucedieron ambos al cargo de primer ministro. Página anterior: Nehru y Gandhi enfrascados en una conversación.

Las Naciones Unidas

La ONU surgió de la necesidad de contar con un organismo que velara por el mantenimiento de la paz y arbitrara los conflictos internacionales tras la II Guerra Mundial. En un mundo en cambio constante, esta organización sigue luchando por el desarrollo universal.

La creación de la ONU

El 14 de agosto de 1941, el presidente estadounidense Roosevelt y el primer ministro británico Winston Churchill se reunieron a bordo del *Prince of Wales* en el océano Atlántico y firmaron la Carta del Atlántico, que establecía los principios que servirían de base para la paz y la seguridad futuras. Esta Carta reemplazaba a efectos prácticos la Sociedad de Naciones, la organización fundada en 1920 para actuar como árbitro internacional y velar por la paz. La Sociedad de Naciones se había creado a propuesta del presidente estadounidense Wilson al fin de la I Guerra Mundial, pero el desacuerdo sobre el Tratado de Versalles impulsó a Estados Unidos a retirarse de ella.

En enero de 1942, 26 naciones aliadas contra la agresión del Eje se reunieron para firmar la Carta del Atlántico y se usó por vez primera el término de Naciones Unidas. Los Tres Grandes, Gran Bretaña, EE UU y la URSS, reafirmaron la idea de usar la Carta del Atlántico como base para crear una institución internacional en la reunión de Teherán de diciembre de 1943. Las propuestas para una organización de tales características se perfilaron en las conferencias celebradas en Dumbarton Oaks, Washington. En los últimos días de la guerra se celebró una reunión en San Francisco para esbozar la Carta final y, el 24 de octubre de 1945, la Carta de las Naciones Unidas fue ratificada y la organización cobró vida oficialmente.

En enero de 1946, tanto el Consejo de Seguridad como la Asamblea General se reunieron por primera vez en Londres. A finales de mes, la Asamblea General había adoptado su primera resolución: eliminar las armas atómicas y otras armas de destrucción masiva. La sede de la ONU se trasladó a Nueva York.

El sistema de las Naciones Unidas

El sistema de la ONU se concibió como una red de organizaciones internacionales, de entre las cuales las seis principales son el Consejo de Seguridad, la Asamblea General, el Consejo Económico y Social, el Tribunal Internacional de Justicia, la Secretaría y el Consejo de Administración Fiduciaria.

La Secretaría es el centro de mando para todas las Naciones Unidas. Está encabezada por el secretario general, que supervisa en persona la designación de todo el personal de la Secretaría, así como la aplicación de las resoluciones del Consejo General. Además, el secretario general está directamente implicado en gestionar las operaciones

Svalbard

Novaya Zemlya
(isla de Nueva Zembla)

NORUEGA

SUECIA

FINLANDIA

UNIÓN DE REPÚBLICAS SOCIALISTAS SOVIÉTICAS

REINO
UNIDO

DIN.

Moscú

Sachalin

IDA

Londres

P.B.

POLONIA

B.

ALE.

CHEC.

FRANCIA

A

H

SUIZA

RUM.

MONGOLIA

Hokkaido

COREA
DEL NORTE

Honshu

JAPÓN

P

ITALIA

BA

JUG.

BG

ESPAÑA

AL

GRECIA

TURQUÍA

COREA
DEL SUR

CHINA

SIRIA

LIBIA
ISRAEL

IRAQ

IRÁN

AFGAN.

RUECOS

JORDANIA

PAKISTÁN

NEPAL

BH.

Taiwán

ARGELIA

LIBIA

EGIPTO

ARABIA
SAUDÍ

EAU

BANGLA-
DESH

Hainan

INDIA

BIRMANIA

LAOS

VIETNAM

Luzón

IIA

MALÍ

NÍGER

CHAD

SUDÁN

OMÁN

YEMEN

TAI.

CAMB.

FILIPINAS

BURKINA
FASO

SRI
LANKA

Mindanao

COSTA DE
MARFIL

GHANA

NIGERIA

REPÚBLICA
CENTRO
AFRICANA

ETIOPÍA

SOMALIA

MALASIA

IA

TOGO
BENÍN

CAMERÚN

UGAN.

KENIA

Sumatra

Borneo

Sulawesi

PAPÚA-NUEVA GUINEA

GABÓN

REP. CONGO

ZAIRE

TANZANIA

INDONESIA

Java

Timor

ANGOLA

ZAMBIA

ZIMB.

MOZAMBIQUE

MADAGASCAR

AUSTRALIA

NAMIBIA

BOTSUANA

SUDÁFRICA

NUEVA
ZELANDA

**MIEMBROS ORIGINALES DE
LAS NACIONES UNIDAS (1945)**

Miembros originales

*Miembros del
Consejo de Seguridad*

de mantenimiento de la paz. El Tribunal Internacional de Justicia, situado en La Haya, en los Países Bajos, se designó para arbitrar las disputas entre estados y asesorar a la Asamblea General sobre cuestiones legales. Consta de nueve jueces, todos ellos nombrados por el secretario general. Cinco de ellos deben proceder de cada uno de los cinco miembros permanentes del Consejo de Seguridad. El Consejo de Administración Fiduciaria o Tutela tenía la función de garantizar que los territorios fideicomisados de la ONU se gobernaran en el mejor interés de la población residente. Además, debía trazar los planes para la independencia final de estos territorios. Los territorios tutelados se habían confiscado al Eje tras la II Guerra Mundial o bien correspondían a mandatos heredados de la Sociedad de las Naciones. El último tutelado en conseguir la independencia fue Palau en 1994 y, al poco, una vez cumplida su misión, el Consejo de Administración Fiduciaria suspendió sus operaciones.

El Consejo Económico y Social preside todo un abanico de programas, fondos y organismos, los más destacados de los cuales son la UNICEF (Fondo de las Naciones Unidas para la infancia), el UNCTAD (Conferencia de las Naciones Unidas sobre Comercio y Desarrollo) y el ACNUR (Alto Comisionado de las Naciones Unidas para los Refugiados). Otras organizaciones se sitúan bajo el paraguas del Consejo, incluidos programas para el medio ambiente, mujeres, controles antidrogas, asentamientos humanos, provisión de alimentos, transporte, empleo y reforestación. El Consejo Económico y Social también preside una serie de organismos especializados, entre ellos la OMS (Organización Mundial de la Salud), la UNESCO (Organización de las Naciones Unidas para la Educación, la Ciencia y la Cultura) y el Banco Mundial, que incluye el FMI (Fondo Monetario Internacional). El Consejo dirige además misiones de desarrollo regional concretas; en este sentido, el OOPS (Organismo de Obras Públicas y Socorro de las Naciones Unidas para los Refugiados de Palestina en el Cercano Oriente) se creó para asistir a los refugiados palestinos y se han establecido asimismo comisiones para Europa, África, Asia-Pacífico, Latinoamérica y el Caribe.

El G5 y el Consejo de Seguridad

Roosevelt opinaba que el fallo de la Sociedad de Naciones fue no reconocer el hecho de que existía una distribución desigual del poder en el mundo. Consideraba que la nueva organización debía reflejar este hecho, de ahí que se adoptara la idea del Consejo de Seguridad, un organismo ejecutivo formado por las cuatro grandes potencias, Gran Bretaña, EE UU, la URSS y China, que, en calidad de tales, tenían la responsabilidad de ejercer de «policía del mundo». Temerosa de una mayor penetración de la URSS en la Europa Occidental, Gran Bretaña mejoró sus relaciones con Francia. Como parte de este proceso, Gran Bretaña negoció que se concediera a Francia un asiento permanente en el Consejo. Cada uno de estos miembros ostenta el derecho a vetar las resoluciones que no apoya, en cuyo caso las Naciones Unidas no pueden intervenir. De acuerdo con el Tratado de No Proliferación Nuclear, solo los cinco miembros permanentes del Consejo de Seguridad pueden poseer armas nucleares.

En la actualidad se debate la legitimidad del G5 a mantener su posición en el Consejo de Seguridad. Alemania y Japón, como líderes de la economía mundial, son claros aspirantes a él, seguidos de cerca por la India y Brasil en tanto que dos de los países más poblados. Los Países Bajos e Italia abogan por un único asiento para toda la Unión Europea, lo cual obligaría a Gran Bretaña y a Francia a renunciar a sus escaños, cosa poco probable. Además de los miembros permanentes, hay espacio para otros diez miembros, compuestos por una selección del resto de países que integran la ONU, selección que rota cada dos años. Estos diez países no tienen derecho a veto, pero cada resolución requiere para su aprobación el voto afirmativo de nueve de los 15 miembros. Siempre que no se produzca un veto, los miembros no permanentes pueden influir en la política de la ONU mediante este mecanismo.

La Asamblea General y los estados no miembros

La Asamblea General es el único organismo de la ONU donde todos los estados miembros están representados. En la actualidad hay 191 estados miembros de las Naciones Unidas. El papado y la Autoridad Palestina no figuran entre ellos, pero ostentan el estatus de observadores, lo cual implica que pueden estar presentes en las sesiones. Taiwán tampoco es miembro de la ONU porque la China peninsular se niega a reconocerlo como un estado aparte y utilizó su derecho a veto para bloquear su entrada en la ONU. De modo similar, el territorio del Sáhara Occidental no se considera como dotado de una soberanía propia y está representado por Marruecos. La Asamblea debate sobre una miríada de temas que engloba desde asuntos presupuestarios hasta problemas culturales. Para aprobar una resolución en la Asamblea se requiere una mayoría de dos tercios. No obstante, aunque esta se consiga, las resoluciones no son legalmente vinculantes, si bien pueden ser la base de una recomendación al Consejo de Seguridad para que apruebe una resolución similar, en cuyo caso sí son de obligado cumplimiento.

La Asamblea General se ha convertido en un importante grupo de presión a través del cual los países en vías de desarrollo pueden plantear peticiones al mundo desarrollado, ya que numéricamente componen la mayoría de la Asamblea, por lo que los debates suelen referirse a temas sobre el desarrollo y la pobreza.

El futuro de las Naciones Unidas

En los últimos años, el futuro de la ONU se ha puesto en tela de juicio. Desde el fin de la guerra fría, el Consejo de Seguridad ha dejado de reflejar el equilibrio de poder. El poder de EE UU ha aumentado sobremanera desde la desintegración de la URSS como potencia de contrapeso y, en consecuencia, la ONU ha pasado a depender cada vez más de EE UU. Esta relación no siempre ha sido armoniosa, como demuestran los acontecimientos que rodearon la invasión de Iraq en 2003. Si bien la hegemonía de EE UU ha minado la capacidad de la ONU para velar por la seguridad internacional, los amplios programas sociales y económicos de esta no se han visto afectados y continuarán luchando por el desarrollo global.

Abajo: La sede de las Naciones Unidas en Nueva York.
Página anterior: Kofi Annan fue designado secretario general de las Naciones Unidas en enero de 1997, como sucesor del egipcio Butros Butros Ghali.

Revoluciones en Latinoamérica

En Latinoamérica, el siglo XX ha estado caracterizado por la agitación, por los golpes de Estado militares y por dictaduras de todos los colores del espectro político.

El siglo XX

La mayoría de países latinoamericanos había obtenido la independencia de sus colonizadores europeos en la primera mitad del siglo XIX, en gran parte como resultado del resentimiento hacia los españoles y los portugueses e inspirados por la liberación de Norteamérica de los británicos. Pese a ello, los países latinoamericanos quedaron eclipsados por el poderío económico creciente de su vecino al norte de la frontera mexicana; incapaces de competir, muchos se tornaron dependientes de Estados Unidos. La I Guerra Mundial supuso el primer revés económico, al interrumpir Europa el comercio y la inversión en Latinoamérica en pro de Estados Unidos, que gracias a ello fue capaz de implantar sus propias empresas productoras en la región. El segundo revés fue la Gran Depresión precipitada por el crac de Wall Street. El apoyo financiero de EE UU se cortó de golpe, se reclamó el pago de las deudas y los precios de los productos primarios latinoamericanos en el mercado mundial cayeron en picado.

El resultado fue una rápida industrialización y la pérdida de confianza de la clase obrera y urbana, una pérdida que, a partir de 1930, desató una ola de revoluciones en la región que instalaron en el poder a varios dictadores, como Vargas en Brasil y Perón en Argentina. En su inmensa mayoría, estas revueltas no lograron acortar la distancia cada vez mayor entre ricos y pobres, y gran parte de las reformas sociales iniciadas en los años treinta habían declinado a mitad de los años cuarenta, al tiempo que las repercusiones de la industrialización solo sirvieron para exacerbar la situación. Como era de esperar, esta solo empeoró al estallar la II Guerra Mundial. El desarrollo económico se redujo aún más y el crecimiento demográfico solo aumentó el número de personas que vivía por debajo del umbral de la pobreza. Por todo ello, la década de 1950 volvió a ser una época de revolucio-

nes y golpes de Estado militares. Guatemala, Bolivia y Cuba sufrieron una transformación política radical.

Dictaduras

La historia de la Latinoamérica del siglo XX está protagonizada en gran parte por las diversas dictaduras y juntas militares. Los problemas sociales y económicos experimentados por la mayoría de los países y las islas de la región impulsaron a sus habitantes a apostar por modelos de Gobierno alternativos, incurriendo en los extremos del fascismo y el comunismo vistos en Europa.

Derecha: El presidente marxista de Chile Salvador Allende fue asesinado durante el golpe de Estado militar de 1973.

En Brasil, la primera dictadura de Getúlio Vargas dio comienzo en 1930. Con el respaldo del ejército, Vargas asumió el poder pese a haber sido derrotado en el proceso democrático, al que se presentó como candidato de la Alianza Liberal. La revolución sin sangre impulsada por Vargas constituyó en esencia un golpe de Estado burgués y liberal, el cual dio lugar a un mayor desarrollo del capitalismo y a la industrialización en el país. Sin embargo, la dictadura de Vargas pronto empezó a adoptar el patrón del fascismo europeo. Su capitalismo no pasaba por la implantación de reformas liberales y su mandato estuvo dominado por el uso de tácticas represivas similares a las empleadas por Mussolini en Italia y Salazar en Portugal. Además, Vargas toleró el antisemitismo. Fue obligado a abandonar la presidencia en 1945 con acuerdo a las reformas constitucionales realizadas por él mismo, las cuales fallaban en contra de cualquier sucesor, pero regresó en 1951 y gobernó hasta su suicidio cuatro años más tarde.

En Argentina, en 1930 hubo un golpe de Estado militar que depuso al presidente electo. Durante la década posterior, una serie de Gobiernos asieron el control; todos ellos abogaban por principios más conservadores y cuando en 1843 el ejército intervino de nuevo, lo hizo para entregar a Juan Perón la presidencia. Perón contaba con suficiente apoyo popular entre los argentinos para gobernar, a pesar de la oposición de algunos elementos del éjercito y, en 1946, ganó unas elecciones democráticas que lo mantuvieron en el poder. Pese a sus principios esencialmente fascistas, Perón realizó cambios sociales que beneficiaron a las clases obreras y se situó al timón del auge económico que acabó por derrumbarse en 1955. La popularidad de Perón había comenzado a declinar en 1952, con la muerte de su esposa Evita, que había tenido tanto que ver en su atractivo para las clases obreras como las propias políticas presidenciales. Perón fue depuesto en 1955 por las fuerzas armadas, entre disputas con la Iglesia católica y acusaciones de corrupción. Perón regresó a la presidencia en 1973, proclamándose vencedor en unos nuevos comicios, y ello pese a que no se le permitió presentarse a las elecciones originales celebradas antes ese mismo año. Murió un año después.

En Bolivia tuvo lugar una revolución más violenta durante 1952, cuando las fuerzas comunistas condujeron a la población civil a derrocar a la junta militar. Bolivia, hoy uno de los países más pobres de Latinoamérica, empezó a sufrir a resultas de una política económica de nacionalización y la concesión del derecho al voto.

El lugar donde el comunismo se abrazó con mayor fervor fue la Cuba de los años cincuenta. Los cubanos habían depuesto a su propio líder militar respaldado por Estados Unidos, Gerardo Machado, en 1933, fecha a la que siguió una fase de Gobiernos efímeros hasta la asunción del poder por parte de Fulgencio Batista en 1940. El mandato de Batista fue duro y opresivo. Se mantuvo en el poder, al margen de un periodo de interregno, hasta 1959, cuando otra revolución lo defenestró. Dicha revolución estuvo instigada por un abogado, Fidel Castro, quien inició una campaña de guerrilla contra el régimen de Batista en 1956. La impopularidad de Batista ofreció al movimiento de Castro la oportunidad de arrebatarle el control durante un periodo de enfrentamientos sangrientos y Batista huyó a EE UU en enero de 1959. El régimen comunista de Castro intentó eliminar a toda la oposición y miles de cubanos huyeron. Sin embargo, la adopción de una ideología comunista también conllevó reformas socioeconómicas que mejoraron las perspectivas y el nivel de vida de parte de la población obrera. El comunismo de Castro también suscitó una mayor hostilidad por parte de EE UU, y Cuba se convirtió en un peón entre la URSS y EE UU durante la guerra fría.

El marxismo también había contado por tradición con el apoyo popular en Chile y, durante los años setenta, ello contribuyó a sentar a Salvador Allende en el poder. Las reformas económicas de Allende no sirvieron para mejorar la economía chilena y Allende fue asesinado por un golpe de Estado militar sangriento. Se impuso la dictadura del general Augusto Pinochet, que duró hasta 1988.

Crecimiento y recuperación

La mayoría de las dictaduras latinoamericanas tuvieron una vida efímera. Argentina, luchando con una economía aplastada, pero aprovechando sus abundantes recursos naturales y la elevada educación de su población, es ahora una república democrática. En Guatemala, 36 años de guerra civil tocaron a su fin con la firma de un tratado de paz en 1996 y la inversión extranjera empieza a impulsar una economía otrora renqueante. Chile empieza a conocer las bondades de un turismo en auge, un comercio vitivinícola de enorme éxito y una moderna industria de telecomunicaciones. Además, la reciente firma de acuerdos de libre comercio con Estados Unidos, la Unión Europea y Canadá ha contribuido a multiplicar las posibilidades de inversión extranjera. Estos pactos comerciales han revestido una importancia particular para países como México, donde el comercio exterior, especialmente con Estados Unidos y Canadá, se ha triplicado durante el pasado decenio. El turismo también ha demostrado ser vital para el desarrollo de países como Costa Rica y las islas del Caribe.

La China comunista

El siglo XX ha sido un periodo de agitación en China, pero también una fase de una modernización y un crecimiento asombrosos, procesos que a menudo han sido dolorosos.

Los inicios

La primera república china, establecida en 1911, no logró abordar los problemas socioeconómicos del país y durante las primeras décadas del siglo XX, China quedó sumida en un estado próximo a la anarquía. Los señores de la guerra locales rivalizaban por el poder y se comportaban con una brutalidad en ocasiones pasmosa y, pese a existir un frágil equilibrio de poder entre estos señores de la guerra y otros grupos, no se consiguió nada. La guerra con Japón a finales del siglo XIX también había dejado un reguero de complicaciones considerables.

La primera guerra entre el norte y el sur del país estalló en 1917 y derivó en una guerra civil total. El líder republicano Sun Yat-sen formó sus propios Gobiernos en el sur en 1917, 1921 y 1923 y creó un partido político, el Kuomintang o Partido Nacionalista con el fin de lograr una cierta unidad. También quería tender puentes con el Partido Comunista chino que, aunque pequeño, empezaba a crecer. Sun Yat-sen falleció antes de ver cumplidos sus objetivos.

Guerra civil

Gobiernos japoneses sucesivos desviaron su atención hacia China y persiguieron su «interés» por Manchuria, que invadieron completamente en 1931. Durante la guerra que acabó estallando con Japón y que se prolongó entre 1937 y 1945, los comunistas y los nacionalistas chinos, los últimos dirigidos por entonces por Chiang Kai-shek, formaron un frente unido. El objetivo era concentrar los esfuerzos en derrotar a Japón, en lugar de debilitarse ellos mismos mediante una guerra civil; no obstante, su alianza fue débil.

Concluida la guerra, el conflicto entre las facciones chinas se reanudó. El bando más castigado por la guerra contra Japón había sido el de los nacionalistas, que se vieron seriamente debilitados e incapaces de frustar el avance comunista en el medio rural. Los comunistas estaban dirigidos por el hijo de un campesino de la

Derecha: El doctor Sun Yat-sen fue el creador del Kuomintang o Partido Nacionalista chino.

provincia de Hunan, Mao Tse-Tung, que había despachado a sus rivales durante los años de guerra. Los comunistas se vanagloriaban de su disciplina y se habían granjeado el apoyo de los campesinos, mientras que la mayoría de la población relacionaba a los nacionalistas con la corrupción y la hiperinflación. Tras la toma de Pekín en enero de 1949, el resto de las ciudades chinas cayó en manos de los comunistas a lo largo de aquel año. El 1 de octubre de 1949, Mao proclamó el nacimiento de la República Popular de China, pero hubo que aguardar hasta diciembre para que los comunistas tomaran Chengdu, el último bastión nacionalista. Los nacionalistas huyeron y se exiliaron en Taiwán, una isla de grandes dimensiones de la China Meridional relativamente próxima a la península.

Consolidación comunista en el poder

Tras la fuga de los nacionalistas, China tuvo su primer Gobierno fuerte y unido en décadas. Inmediatamente después de la unificación, China intervino en Corea, donde un ejército invasor de las Naciones Unidas liderado por Estados Unidos logró repeler el avance de los norcoreanos comunistas y devolverlos a la frontera china. Una vez resuelta la guerra, tras un prolongado punto muerto, Mao se decidió a consolidar su régimen y para ello lanzó un «plan quinquenal» en 1953.

Siguiendo el ejemplo de Stalin, el énfasis se puso en el desarrollo de la industria pesada y la colectivización. La empresa privada se abolió; las fábricas, los bancos y el comercio se nacionalizaron, y se controlaron los precios para detener la inflación causada por los nacionalistas. En las zonas rurales se emprendió una redistribución de la tierra: las fincas de los terratenientes se repartieron entre colectivos de campesinos. Además, el alfabeto chino se simplificó para aumentar el nivel de alfabetización. La década de 1950 estuvo presidida por un aumento general del nivel de vida y por la expansión económica. En 1956, para alentar aún más el crecimiento, el Partido Comunista decidió invitar a los intelectuales a plantear críticas constructivas al régimen mediante la campaña de las Cien Flores, bajo el lema «Que florezcan cien flores, que compitan cien escuelas de pensamiento». Tras un largo periodo de renuncia, los intelectuales enviaron millones de críticas relativas a las políticas del partido. Hacia junio de 1957, Mao se sentía humillado; argüía que aquellos comentarios eran subversivos, no constructivos, y detuvo de forma intempestiva la campaña en julio. Luego lanzó una virulenta campaña antiderechista, alegando que muchos de los intelectuales que habían respondido eran de derechas. Los eliminó y, al hacerlo, generó una desconfianza entre el partido y los intelectuales chinos que aún perdura.

El Gran Salto Adelante

En un signo temprano del distanciamiento patente entre China y Rusia, Mao decidió que la ruta soviética hacia el socialismo no era completamente aplicable a China y optó porque China anduviera su propio camino. Consideraba que China debía dejar de seguir el modelo de Stalin, basado en una costosa mecanización, un énfasis en las granjas colectivas y la industria pesada. En su lugar, creía que su país debía aprovechar la ventaja de su numerosísima población y acelerar el desarrollo recurriendo a esta mano de obra masiva.

La población se movilizó en comunas mucho mayores a las granjas colectivas soviéticas. Las unidades familiares hicieron fondos comunes a gran escala en una apuesta por reducir el derroche y las comunas se centraron en la producción agrícola y la industria ligera. El acero era el principal objetivo del impulso de la industria ligera: la meta era dejar atrás su producción en Gran Bretaña en un periodo de 15 años. En los patios traseros de las comunas se instalaron hornos para fundir chatarra y fabricar acero. En un principio, este sistema resultó todo un éxito, lo cual alentó a Mao a elevar las cuotas demandadas por el Gobierno a cada comuna. Sin embargo, a medida que se incrementaron las demandas, estas se tornaron irrealizables y los líderes regionales del partido empezaron a mentir acerca de obtener sus cuotas; para poder satisfacer la demanda creciente del Gobierno, los campesinos tuvieron que usar grano reservado para su subsistencia. Ello conllevó una hambruna grave y generalizada que se cobró millones de vidas. Además, para satisfacer sus cuotas de acero, la población había fundido todos los enseres disponibles, incluso los *woks* (sartenes) en los que preparaban la comida, lo cual únicamente dio lugar a la fabricación de un metal inservible con un valor muy inferior al de los elementos fundidos con anterioridad. El Gran Salto Adelante fue un fracaso rotundo que derivó en el estancamiento económico y se saldó con unos 20 millones de muertes.

La Revolución Cultural

Tras el desastre del Gran Salto Adelante, Mao quedó relegado a un segundo plano en la política china, si bien nominalmente continuó siendo el presidente. Entre tanto, Liu Shao-chi y Deng Xiaoping asumieron el mando, planteando una política de «socialismo práctico» que abogaba por situar la eficacia económica por encima de la pureza ideológica. Hacia mediados de los años sesenta, Mao quería escenificar su regreso y utilizó el presunto debilitamiento ideológico resultante del socialismo práctico como pretexto. Lanzó la Gran Revolución

Cultural proletaria en 1966 para matar dos pájaros de un tiro: revigorizar la ideología comunista entre la población china y volverse a hacer con el control personal del país. La llamada de la revolución fue escuchada por los estudiantes, que habían vivido toda su vida en una sociedad comunista; la anarquía se instaló en las escuelas de toda China mientras los alumnos formaban unidades de Guardia Roja y ocupaban las aulas, denunciaban a sus profesores y aterrorizaban a sus vecinos. Entre tanto, Mao utilizó la Revolución Cultural para purgar a los moderados del partido a todos los niveles y conminó a los miembros restantes a que lo siguieran.

La Revolución Cultural quedó fuera de control al calar también en la clase obrera. Los trabajadores, como los estudiantes y Mao, la esgrimieron como pretexto para denunciar a quienes ocupaban puestos de autoridad y el trabajo en las fábricas se detuvo. Mao había dado rienda suelta a las frustraciones de toda una generación. El control de la situación se hizo difícil y, hacia finales de los años sesenta, Mao se dio cuenta de que había demostrado su tesis. Reinstalado en el poder y con un culto a su personalidad situado en unas cotas extremas, Mao ordenó al Ejército Rojo desmantelar la Guardia Roja y envió a sus integrantes al campo para que aprendieran de los campesinos. Muchos de ellos permanecieron allí hasta la muerte de Mao.

La muerte de Mao

Mao tenía setenta y tantos años cuando lanzó la Revolución Cultural y la cuestión sobre su sucesión no tardó en aflorar. Hacia 1970, Lin Biao, el jefe del ejército, se había posicionado como claro sucesor de Mao, pero murió en un accidente de avión mientras intentaba huir del país. Las sospechosas circunstancias que rodearon su muerte suscitaron un rosario de teorías conspiradoras que aseguraban, entre otras cosas, que Lin había intentado sin éxito asesinar a su mentor; sea cual fuere la verdad, la muerte de Lin reabrió la cuestión de la sucesión de Mao. El 9 de septiembre de 1976, Mao falleció y pronto se desató una lucha por el poder entre la «banda de los cuatro» en la extrema izquierda, liderada por la viuda de Mao, que abogaba por la continuación de la Revolución Cultural, y los reformistas situados a la derecha del partido, encabezados por Deng Xiaoping, que había resurgido tras ser purgado durante la Revolución Cultural.

Para sorpresa de todo el mundo, Mao había designado presidente del partido a Hua Guofeng, que no pertenecía a ninguno de estos grupos. Hua ordenó arrestar a la «banda de los cuatro»; todos ellos fueron sentenciados a muerte, pena que se les conmutó por una cadena perpetua. Entre tanto, Hua afrontó la dificultad de desafiar

la autoridad de Mao. Como su sucesor, Hua contaba con la legitimación del propio Mao y decidió seguir una política de fiel adhesión a este, siguiendo sus palabras y sus instrucciones. Pero en las postrimerías de los años setenta, Deng aumentó su poder dentro del partido, se granjeó la lealtad del ejército y denunció la Revolución Cultural. Al hacerlo, desacreditó a Hua por su política de plena adhesión a Mao y debilitó al resto de los maoístas del partido. En 1981, Deng y sus socios reformistas habían logrado desbancar a Hua de sus posiciones de liderato clave y planteaban reformas. Pese a ello, se permitió a Hua seguir siendo miembro del Comité Central hasta 2002.

Las reformas de Deng

Deng estaba decidido a modernizar la economía y quería lograrlo de forma pragmática, «observando la realidad de los hechos». Su objetivo era modernizar China impulsando una economía de mercado socialista donde los medios de producción se transfirieran de manos del Estado a empresas privadas. Deng implantó una política de atracción de capital extanjero hacia China, empezando por desarrollar zonas económicas especiales, como Shenzhen en 1980. Se trataba de pequeños enclaves donde se aplicaban leyes de una economía liberal, muy distantes de la ideología marxista, las cuales ofrecían incentivos impositivos para atraer a empresas extranjeras a forjar *joint ventures* (sociedades conjuntas) con firmas chinas. Deng tenía previsto destinar los ingresos generados por este nuevo comercio exterior a las «cuatro modernizaciones» de los sectores de la agricultura, industria, ciencia y tecnología. Los estudiantes chinos fueron enviados a formarse en el extranjero, donde conocieron de primera mano los métodos económicos capitalistas, gracias a lo cual pudieron alentar una mayor modernización. Deng procuró asimismo mejorar las relaciones diplomáticas con el mundo exterior e incluso visitó al presidente Carter en la Casa Blanca en 1979. En 1984 negoció la devolución de Hong Kong por parte de Gran Bretaña, prevista para 1997. La modernización agigantada y las relaciones con el extranjero dieron fruto: a finales del siglo XX, China vivía un enorme crecimiento económico.

La plaza de Tiananmen

Sin embargo, hacia 1989, gran parte de la población se sentía insatisfecha con el régimen. Espoleados por la liberalización política que atravesaba la Europa del Este, los estudiantes y los intelectuales chinos exigían que la liberalización económica de los años ochenta fuera acompañada de una democratización. Los obreros tampoco estaban satisfechos con las reformas económicas, ya que el incremento de la mercadización había puesto fin a la seguridad laboral y precipitado la inflación de los precios.

La muerte de Hu Yaobang fue el desencadenante de las protestas; era un político próximo al pueblo y, pese a ello, se lo había destituido en 1987, en circunstancias consideradas injustas. El 4 de mayo de 1989, en el octagésimo aniversario del alzamiento nacionalista, miles de personas se congregaron en la pequinesa plaza de Tiananmen en señal de protesta. Se calcula que la manifestación atrajo a 100.000 chinos a la plaza. El evento recibió amplia cobertura en la prensa extranjera, desplazada a Pekín para informar de la visita de Mijail Gorbachov. El 20 de mayo, las autoridades declararon la ley marcial y, la noche del 4 de junio, decidieron vaciar la plaza por la fuerza, ante el temor de una merma de su autoridad o la repetición de la situación anárquica de la Revolución Cultural. El número de fallecidos es incierto, pero se calcula que rondó los 5.000. Aquellas medidas enérgicas recibieron críticas generalizadas en el mundo exterior y Estados Unidos y la Unión Europea anunciaron un embargo a la venta de armas a China. Pese a ello, el crecimiento económico ha proseguido y el descontento político se ha apaciguado, aunque, si no se adoptan las medidas necesarias, es probable que resurja en el futuro.

Abajo: Estudiantes a favor de la democracia recorren la plaza de Tiananmen para unirse a otros compatriotas en una manifestación celebrada con ocasión del funeral del político reformista Hu Yaobang.
Página anterior: Una joven integrante de la Guardia Roja coloca un brazalete honorario a Mao Tse-tung en 1966.

La Rusia comunista

El régimen comunista en Rusia duró más de setenta años y conoció una gran fluctuación entre la opresión de Stalin y la liberalización de Gorbachov, que cambió el país para siempre.

La subida al poder de Stalin

En 1922, Stalin se convirtió en secretario general del Partido Comunista de la Unión Soviética y fortaleció los poderes ejecutivos de su cargo hasta convertirlo en el puesto más poderoso dentro del partido. Antes de su muerte en 1924, Lenin advirtió que no se permitiera a Stalin hacerse con un poder excesivo, pero Stalin hizo ocultar esa advertencia cuando empezó a saciar su sed de poder. Su principal rival era Trotski, pero entre sus contrincantes figuraban también otros miembros ilustres del Politburó, o buró político ruso, como Zinoviev, Kamenev y Bulganin. Stalin se alineó finalmente con Bujarin y Rikov en la derecha; tras una breve alianza con Zinoviev y Kamenev, postuló la idea del «socialismo en un país» frente a la «revolución permanente», la idea marxista tradicional defendida por Trotski. La política de Stalin pasaba por consolidar primero el socialismo en Rusia en lugar de exportarlo a otros países de forma inmediata. Su victoria frente a Trotski puede datarse en 1928, cuando anunció su primer plan quinquenal y Trotski huyó al exilio. Stalin buscó apoyos en Bujarin y Rikov, artífices de su ascenso al poder, y apostó por un gobierno autocrático; sin embargo, no logró hacerse con el control total hasta que puso en marcha las Grandes Purgas de 1936.

El estalinismo

Los dos primeros planes quinquenales de Stalin conllevaron un veloz aumento de la industrialización, que partía de niveles ínfimos. Stalin sustituyó la Nueva Política Económica de Lenin por un sistema económico centralizado. La industrialización se financió mediante la confiscación de propiedades al campesinado y se mantuvo imponiendo restricciones a los salarios y al consumo individual. Para contribuir a la industrialización de las ciudades, Stalin puso en marcha la colectivización del campo. La idea era sustituir los centenares de granjas pequeñas e improductivas por granjas colectivas a gran escala que produjeran un excedente de alimentos y generaran menos desperdicios. La colectivización no cosechó el éxito que Stalin había previsto y los niveles de producción descendieron y dieron pie a una hambruna que acabó con la vida de millones de rusos.

En 1936, Stalin lanzó su Gran Purga, la supresión de los supuestos enemigos del Estado, que concluyó bien con la ejecución de sus oponentes tras un juicio con fines propagandísticos, bien con su deportación a un

Arriba: El dirigente soviético Jósif Stalin con el primer ministro británico Winston Churchill en la conferencia de Crimea, Yalta, en 1945. Página anterior: El líder revolucionario ruso Vladímir Ilich Lenin, más conocido como Lenin, a la izquierda, posa en Gorki en 1922 junto a Iósif Visarionovich Dzhugashvili, más conocido como Jósif Stalin, quien se convirtió en secretario general del Partido Comunista soviético en 1922.

gulag, un campo de concentración, por lo general ubicado en Siberia, donde las condiciones eran sumamente duras. En un principio se purgó el Partido Comunista; se calcula que más de la mitad de los delegados del XVII Congreso del Partido en enero de 1934 fueron víctimas de las purgas. Este proceso se completó con el asesinato de Trotski en México en 1940. Luego las purgas se extendieron a la sociedad soviética en su conjunto; cualquiera que mostrase tendencias supuestamente antisoviéticas podía ser deportado o ejecutado. Entre 1937 y 1939 se purgó a los oficiales de alto rango del Ejécito Rojo para prevenir cualquier intento de golpe de Estado. Y por último se realizó la «purga de los purgadores», que consistió en la limpieza sistemática de la NKVD, la policía secreta del Estado; el jefe de la NKVD en ejercicio, Yezhov, y su predecesor, Yagoda, fueron ejecutados.

La gran guerra patriótica
En 23 de agosto de 1939, Molotov, el ministro de Asuntos Exteriores de Stalin, firmó con Ribbentrop, su homólogo nazi, un pacto de no agresión y de reparto de Polonia entre Rusia y Alemania. A mediados de septiembre, tropas del Ejército Rojo ocuparon las zonas orientales de Polonia y luego se anexionaron los Estados Bálticos. Pero en junio de 1941, tras una campaña exitosa contra Francia en Occidente, Hitler invadió la Unión Soviética.

Al principio, la guerra fue desastrosa para Rusia: murieron millones de rusos y, en su clímax, el avance alemán se situó a las afueras de Moscú. El interés de Alemania por hacerse con el petróleo del Cáucaso originó una campaña que culminó en la batalla de Stalingrado, la cual cambió el curso de la guerra. El ejército soviético empezaba a recuperarse de las purgas y los recursos de los alemanes no daban más de sí. Tras Stalingrado, los soviéticos lograron hacer retroceder a sus enemigos hasta territorio alemán y tomaron Berlín en mayo de 1945.

Los últimos años de Stalin
Concluida la guerra, el Ejército Rojo había ocupado toda la Europa del Este. Stalin esperaba que, cuando EE UU se retirase de Europa, la URSS se convirtiera en la potencia dominante del continente. Sin embargo, los estadounidenses habían decidido aplicar una política de contención de la influencia soviética y estaban resueltos a debilitar a los partidos comunistas de la Europa Occidental.

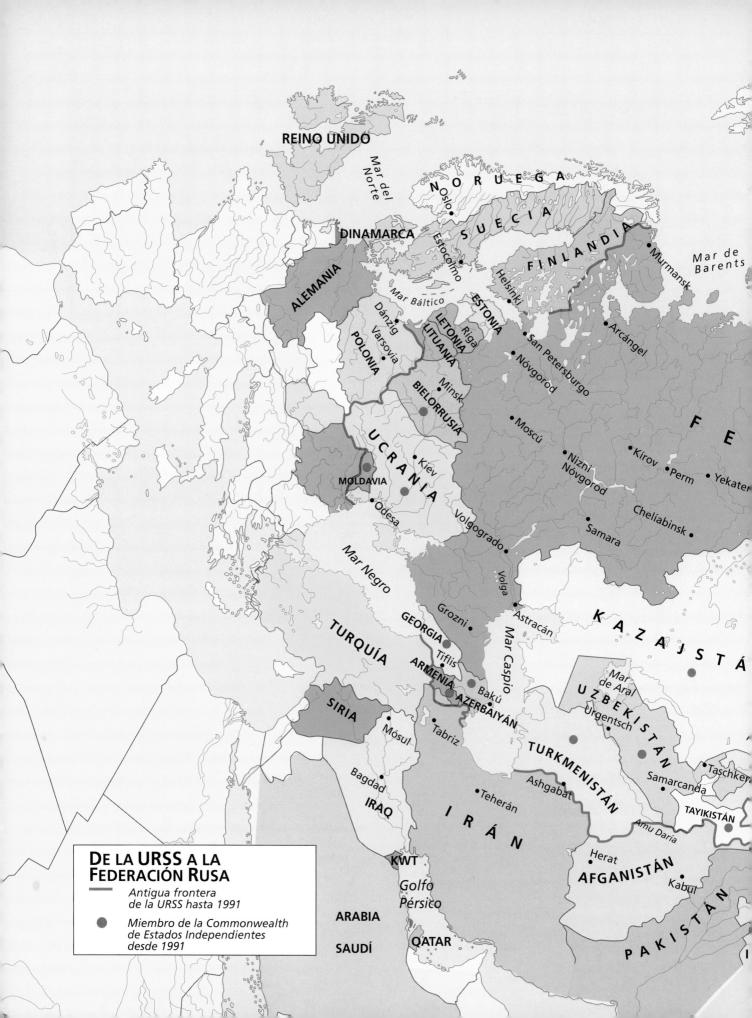

REINO UNIDO

Mar del
Norte

N O R U E G A

· N Oslo

S U E C I A

DINAMARCA

F I N L A N D I A

· Murmansk

Mar de
Barents

· Estocolmo

Mar Báltico

· Helsinki

ESTONIA

· Arcángel

ALEMANIA

· Dánzig

· Varsovia

POLONIA

LITUANIA

LETONIA

· Riga

· San Petersburgo

· Nóvgorod

F E

BIELORRUSIA

· Minsk

· Moscú

· Kírov · Perm

· Yekater

UCRANIA

· Kíev

MOLDAVIA

· Nizni
Nóvgorod

· Cheliabinsk

· Odesa

· Volgogrado

· Samara

Mar Negro

Volga

· Grozni

· Astracán

K A Z A J S T Á

TURQUÍA

GEORGIA

· Tiflis

Mar Caspio

· Tiflis

ARMENIA

· Bakú

AZERBAIYÁN

Mar
de Aral

UZBEKISTÁN

· Urgentsch

SIRIA

· Mósul

· Tabriz

TURKMENISTÁN

· Samarcanda

· Taschken

· Bagdad

I R Á N

· Teherán

· Ashgabat

TAYIKISTÁN

IRAQ

Amu Daria

KWT

Golfo
Pérsico

· Herat

AFGANISTÁN

· Kabul

ARABIA

P A K I S T Á N

SAUDÍ

QATAR

ÉANO ÁRTICO

Mar de Laptev

Mar de Ojotsk

Magadan

Sajalin

RACIÓN RUSA

S i b e r i a

Yenisei

Lena · Yakutsk

Amur · Jabárovsk

· Krasnojarsk

· Novosibirsk

Lago Baikal

· Chita

Vladivostok

Mar del Japón

· Irkutsk

Manchuria

Harbin ·

· Ulan Bator

MONGOLIA

Dzungaria

Shenyang ·

· Ürümqi

**COREA
DEL NORTE**

Seúl · **COREA
DEL SUR**

Pekín · · Qingdao

JAPÓN

Río Huang (Amarillo)

Mar
Amarillo

· Jinon

C H I N A

· Zhengzou

Mar de la
China Oriental

· Lanzhou

N

· Xian

Nankin ·

TÍBET

· Shanghai

Arriba: Un tanque ruso en el corazón de una Budapest devastada por la guerra en 1956. Tras los alzamientos en Alemania del Este y Polonia, la URSS envió tropas a Hungría después de que los rebeldes húngaros anunciaran que el país pensaba retirarse del Pacto de Varsovia.
Página siguiente: El presidente Gorbachov inició las políticas de la perestroika (reorganización) y la glásnost (transparencia informativa).

Aquello llevó a Stalin a estrechar su cerco en la Europa del Este consolidando una serie de estados satélite comunistas que retuvieron el poder hasta la década de 1980. El poder de Stalin en el seno de la URSS aumentó aún más: no en vano, él había estado a la cabeza de la victoria. Las purgas se reanudaron. Stalin se embarcó en una nueva purga conocida como el Complot de los Doctores, que en términos efectivos fue una purga de la población judía de la URSS. Para justificarla, Stalin afirmó que creía que todos los judíos eran espías estadounidenses. El Complot de los Doctores concluyó al morir Stalin el 5 de marzo de 1953. El informe oficial afirmaba que había muerto de una hemorragia cerebral, pero las teorías de la conspiración apuntan a un asesinato.

Kruschev y la «desestalinización»

Al morir Stalin, Nikita Kruschev consiguió abrirse camino hasta el centro del aparato del partido y, tras el asesinato de su principal rival, Beria, en diciembre de 1953, se convirtió en el líder del Partido Comunista. No obstante, hubo de aguardar hasta 1958 para gobernar la Unión Soviética como líder supremo, al asumir también el cargo de primer ministro. En 1956, en el XX Congreso del Partido, Kruschev sorprendió a todos los delegados al denunciar a Stalin por su culto a la personalidad y su brutalidad excesiva durante las purgas.

En esa misma conferencia expuso la necesidad de una convivenca pacífica con Occidente. Hacia 1964, incluso sus aliados más cercanos estaban preocupados por su estilo de gobierno errático y el partido veía con frustración el hecho de que se hubiera plegado ante los estadounidenses durante la crisis de los misiles de Cuba. Mientras se encontraba de vacaciones fuera de Moscú, Mikoyan, Kosygin y Brezhnev urdieron su caída. Estuvo sometido a arresto domiciliario hasta su deceso en 1971.

Brezhnev: estancamiento e intervención

En un principio, Brezhnev tuvo que gobernar con Mikoyan y Kosygin, pero no tardó en dejarlos fuera de juego y convertirse en el líder supremo. Invirtió el proceso de desestalinización iniciado por Kruschev ensalzando a Stalin como el dirigente de la URSS de los tiempos de guerra en el vigésimo aniversario de la victoria.

En los primeros momentos de su mandato, Brezhnev tuvo que lidiar con la Primavera de Praga. En enero de 1968, el Gobierno checoslovaco, encabezado por Alexander Dubcek, empezó a suavizar las políticas comunistas. Esto contravenía la ideología de Brezhnev, lo cual le llevó a ordenar la invasión de Checoslovaquia para restaurar la influencia soviética y poner fin a la liberalización del Partido Comunista checoslovaco. Brezhnev esgrimió el derecho de usar la intervención para preservar el comunismo en sus satélites de la Europa del Este, en lo que se dio a conocer como la «doctrina de Brezhnev».

Con Brezhnev al frente del Gobierno, la economía empezó a estancarse debido a su excesiva confianza en una industria agrícola que no se había acabado de recuperar de los días de la colectivización. Los elevados niveles de gasto militar acarrearon una pesada carga a una economía ya debilitada. Además, el sistema rígido y centralizado ofrecía poco margen para la innovación científica y tecnológica. Todo ello, combinado con la ausencia de la competencia por los puestos de empleo, desencadenó un descenso de la eficacia, de la producción y de la calidad en general. El estándar de vida cayó en paralelo a la producción y dio lugar a la aparición de un mercado negro de bienes de consumo. Este derivó a su vez en una corrupción generalizada, en la que se vieron implicados de forma directa Brezhnev y los dirigentes del Partido Comunista. Por todo ello, el mandato de Brezhnev se bautizó como la «era del estancamiento».

Gorbachov y la reforma

Durante un breve lapso, la URSS estuvo gobernada por Andropov, hasta su fallecimiento en 1984; lo sucedió Chernenko, cuyo mandato fue aún más breve. Andropov ofreció un breve respiro de la era de Brezhnev al ordenar investigar la corrupción oficial; sin embargo, bajo Chernenko se dieron pasos para regresar a la era de Brezhnev y las investigaciones se detuvieron. Chernenko era una persona enfermiza y su mandato se vio interrumpido por largas ausencias durante sus ingresos hospitalarios; finalmente falleció el 10 de marzo de 1985.

Al día siguiente, Mijaíl Gorbachov fue designado secretario general del Partido Comunista. Hacia 1987, Gorbachov consideró que había consolidado su control dentro del partido lo suficiente como para introducir sus políticas reformistas, la *glásnost* y la *perestroika*. La *perestroika* planteaba la reconstrucción de la economía soviética para remediar el estancamiento al que había llevado Brezhnev. Una ley típica aprobada como parte de la *perestroika* fue la ley de las empresas estatales, que permitía a las empresas determinar su producción en función de la demanda. Además, el Gobierno quedaba liberado de tener que sacar de apuros a las empresas en quiebra. Otra ley sobre las cooperativas autorizaba la existencia de empresas privadas por primera vez desde la Nueva Política Económica de Lenin. Junto a la *perestroika*, Gorbachov lanzó la *glásnost*, una política de transparencia y libertad de expresión. La *glásnost* estaba diseñada para inaugurar el debate sobre la reforma económica y dificultaba a los miembros más conservadores del partido criticar los cambios introducidos. En última instancia, la *glásnost* socavó el régimen al revelar que el nivel de vida de los ciudadanos occidentales era superior al de los rusos. La población se sintió desencantada ante el lento ritmo de la *perestroika* y la reforma no se logró a tiempo de evitar el derrumbe de la URSS.

La desintegración de la URSS

Cuando la *glásnost* permitió apreciar hasta qué punto la URSS se hallaba en una gran crisis económica, las 15 repúblicas contituyentes empezaron a ocultar materias primas, bienes manufacturados y moneda fuerte a la Unión. La *glásnost* engendró un sentimiento antisoviético en las repúblicas de la periferia. Dichas repúblicas empezaron a exigir la independencia. En Azerbaiyán y Lituania, los alzamientos nacionalistas fueron aplastados por el Ejército Rojo. Sin embargo, la distensión de las leyes de la censura permitieron sacar a la luz informes de esta reciente represión soviética que no hicieron sino alentar aún más a estos grupos nacionalistas.

En agosto de 1991, los miembros conservadores del Partido Comunista realizaron un último intento por debilitar a Gorbachov y detener sus reformas. Mientras Gorbachov veraneaba en Crimea fue sometido a arresto domiciliario. Los instigadores del golpe de Estado tuvieron que ceder cuando Yeltsin, dirigente de la República Soviética de Rusia, se negó a respaldarlos. Gorbachov regresó a Moscú, pero con un poder mermado. Mientras él tuvo que arrestar a gran parte de su Politburó por su implicación en el golpe, la posición de Yeltsin como portavoz del Soviet Supremo de la Federación Rusa se vio fortalecida. Rusia decretó su desacato a las leyes de la URSS y con ello la Unión perdió el control de su mayor república. Las otras 14 repúblicas realizaron anuncios similares para evitar que Rusia asumiera el papel de la URSS. El día de Navidad de 1991, Gorbachov dimitió y entregó sus poderes ejecutivos a Yeltsin. La URSS quedó desintegrada en sus 15 repúblicas constituyentes.

La guerra fría

La guerra fría cubrió con un manto de sombra el mundo de la posguerra: mientras las superpotencias pugnaban por la supremacía mundial, la mayoría de los países restantes sufrió las repercusiones de aquella lucha por el poder.

Los orígenes

A pesar de sus diferencias ideológicas, Gran Bretaña, Estados Unidos y la Unión Soviética fueron aliados durante la II Guerra Mundial. En febrero de 1945, los Tres Grandes se reunieron en Yalta y acordaron dividir Europa en varias zonas de ocupación: los soviéticos se quedaron con el Este y los estadounidenses y británicos con Occidente y los Balcanes.

No obstante, los aliados no lograron reconciliar sus opiniones enfrentadas con respecto a la naturaleza del mundo de la posguerra debido a sus ideologías divergentes. En sus esferas de influencia respectivas, cada uno de ellos buscó implantar estructuras políticas y eco-

nómicas que fueran un reflejo de las suyas propias. Para Gran Bretaña y EE UU, esto implicaba alentar el pluralismo y el comercio libre. La URSS optó por establecer economías centralizadas y monopolizar el poder para los partidos comunistas. EE UU debilitó a los partidos comunistas de la Europa Occidental y los soviéticos empezaron a mostrar tendencias expansionistas hacia Irán, Turquía y Grecia. A resultas de aquello, George Keenan escribió el «largo telegrama» que sirvió de base para la política exterior del presidente Truman. Keenan afirmaba que una convivencia pacífica sería imposible, habida cuenta de la paranoia creciente de los líderes soviéticos con respecto a las intenciones de Occidente. El Imperio

Abajo: El primer ministro británico Winston Churchill (izquierda), el presidente estadounidense Franklin D. Roosevelt (centro) y el premier soviético Jósif Stalin (derecha) en la Conferencia de los Tres Grandes celebrada en Yalta en febrero de 1945.

**ORÍGENES DE LA GUERRA FRÍA,
EUROPA TRAS LA II GUERRA MUNDIAL**
1945–1949

Unión Soviética desde mayo de 1945

Límite occidental de la ocupación soviética
o bajo su influencia a mediados de 1945

Territorio ocupado por fuerzas occidentales
o simpatizante pro occidental

Ocupado o controlado por los soviéticos

Zonas soviéticas de Alemania y Austria

Régimen falangista pro occidental
de Franco aislado

Escisión de Yugoslavia de la URSS
el 28 de junio de 1948.
Yugoslavia se declara no alineado.

Guerra civil 1946-1949. Las fuerzas
pro occidentales toman el control

Miembros originales de la OTAN
(4 de abril de 1949)

Territorios coloniales

Neutral

① De Alemania a Polonia 1945

② De Alemania a la URSS 1945

③ Devuelto a Checoslovaquia
desde 1945

④ Devuelto a Rumanía
por Hungría en 1945

⑤ De Hungría
a la URSS 1945

⑥ De Rumanía
a la URSS 1945

⑦ A la URSS 1940,
perdido 1941, retomado 1944

⑧ A la URSS 1940, perdido 1941-1944,
retornado 1947

⑨ A la URSS 1947

⑩ República Federal de Alemania
formada en sept. 1949

11 República Democrática
de Alemania formada
el 7 de oct. de 1949

200 km

200 millas

*Mar de
Noruega*

*Mar
del
Norte*

N O R U E G A

S U E C I A

FINLANDIA

IRLANDA
Dublín

GRAN BRETAÑA

Edimburgo

Londres

OCÉANO
ATLÁNTICO

PAÍSES BAJOS
Amsterdam

Bruselas
BÉLGICA
LUX.

Copenhague
DINAMARCA

Hamburgo
Zona
británica

Berlín
11

Zona
de EE UU

Zona francesa

Stuttgart

Zona
de EE UU

Viena

Zona
francesa

Zona británica

A

Luxemburgo
Independiente
desde 1945
(incorporado a
Alemania entre
1940-1945)

París

ALEMANIA

10

F R A N C I A

Alsacia-Lorena
Devuelta a
Francia en 1945

Pequeñas zonas
fronterizas
devueltas a
Francia en 1945

S U I Z A

ANDORRA

Oporto

PORTUGAL

Lisboa

Madrid

E S P A Ñ A
Régimen falangista
pro occidental de
Franco aislado

Islas Baleares

Córcega

Devuelta a
Francia en 1945

De Italia
1947-1954

Génova

I T A L I A

Roma

Nápoles

Cerdeña

Sicilia

Mar Báltico

Estonia

Letonia

Lituania

U R S S

Varsovia

P O L O N I A

Cracovia

CHECOSLOVAQUIA
Golpe de Estado comunista
en febrero de 1948

Praga

Budapest

H U N G R Í A

RUMANÍA

Bucarest

YUGOSLAVIA
Ruptura de Yugoslavia
de la URSS el 28 de junio de 1948
Yugoslavia se proclama
país no alineado

Mar Adriático

BULGARIA

ALBANIA

GRECIA
Guerra civil
1946-1949
Las fuerzas pro occidentales
se hacen con el control

TURQUÍA

*Mar
Egeo*

Atenas

Creta

M a r   M e d i t e r r á n e o

Tánger
Zona
internacional

Gibraltar (Gran Bretaña)

Marruecos
(España)

Marruecos
(Francia)

Argel

Argelia
(Francia)

Túnez

Túnez
(Francia)

Malta
(Gran Bretaña)

① ② ⑦ ⑦ ⑦ ⑧ ⑨ ③ ⑤ ⑥ ④

Arriba: Tanques y soldados estadounidenses en el control de entrada al sector americano instalado en el muro de Berlín, Alemania.

Británico ya no tenía fuerza para contener la expansión soviética y, en 1947, Truman decidió implantar una política de contención, la cual no fue óbice para que enviara buques a patrullar el Mediterráneo y ayuda económica para derrotar a los comunistas en la Guerra Civil griega.

Washington temía una expansión del comunismo hacia Occidente, dada la devastación económica en la que se hallaba sumida la Europa Occidental tras la II Guerra Mundial, y ello le llevó a entregar cantidades ingentes de ayuda a Europa dentro del Plan Marshall. Dicho plan ofreció ayuda también a la Europa del Este para no suscitar el antagonismo soviético, pero Moscú vio en aquella oferta un intento de socavar el control soviético en su esfera de influencia. El Plan Marshall situó a la Europa Occidental firmemente en el bloque estadounidense y forzó a la URSS a fortalecer su control en el Este. La guerra fría, una lucha implacable por el dominio por cualquier medio salvo la lucha mano a mano, había comenzado.

El Pacto de Varsovia y la Organización del Tratado del Atlántico Norte (OTAN)

En 1949, doce naciones firmaron el Tratado del Atlántico Norte. Este tenía su origen en el Tratado de Bruselas, ratificado por Gran Bretaña, Francia, Bélgica, los Países Bajos y Luxemburgo a modo de pacto defensivo de la Europa Occidental frente a la Unión Soviética. Sin embargo, el grupo de Bruselas carecía de fuerza suficiente para impedir la infiltración comunista en la Europa Occidental, de modo que el tratado se amplió para incorporar en él a Estados Unidos, Canadá, Dinamarca, Islandia, Italia, Noruega y Portugal. Estas naciones firmaron el Tratado del Atlántico Norte, por el cual se comprometían a ofrecerse ayuda mutua en caso de que alguna de ellas fuera atacada por un estado no miembro. En 1955, la Alemania Occidental se unió también al tratado, gesto que la URSS percibió como un movimiento deliberadamente antagonista.

En respuesta a ello, la URSS fundó el Pacto de Varsovia o Tratado de Amistad, Colaboración y Asistencia Mutua para contrarrestar a la OTAN. Lo firmaron todos los estados bajo control del Partido Comunista, incluidos entre ellos Checoslovaquia, Polonia, Hungría, Bulgaria, Alemania del Este, Rumanía y Albania. El objetivo inicial del Pacto de Varsovia era servir de mecanismo de control para la URSS sobre sus nuevos satélites. Sin embargo, a medida que fue progresando, proporcionó un foro para debatir en el seno del partido la estabilidad de la región. El Pacto de Varsovia se disolvió en 1991, pero la OTAN ha seguido activa y muchos de los integrantes del Pacto de Varsovia se han adscrito a ella.

Berlín

A la conclusión de la II Guerra Mundial, la capital del Tercer Reich quedó dividida en cuatro zonas ocupadas. Con el tiempo, los británicos, franceses y estadounidenses unieron sus respectivos sectores y formaron el Berlín Occidental, mientras que la URSS se mantuvo en el Este. En la misma línea, Alemania quedó dividida en dos y en 1949 se fundaron la República Federal de Alemania (Alemania Occidental) y la República Democrática Alemana (Alemania del Este). El Berlín Occidental se hallaba en pleno corazón de la Alemania del Este, lo cual demostró ser un problema durante toda la guerra fría. En junio de 1948, las autoridades comunistas bloquearon el acceso de productos occidentales al Berlín Occidental a través del territorio de la Alemania del Este. La intención de aquel embargo era presionar mediante el hambre al Berlín

Abajo: La primera reunión histórica entre el líder soviético Nikita Kruschev y el recién elegido presidente estadounidense John F. Kennedy en Viena en junio de 1961.

Occidental a ceder al control soviético. La Administración Truman estadounidense respondió instaurando el puente aéreo de Berlín que permitió trasladar por aire diariamente provisiones durante más de un año, lo cual llevó al Gobierno soviético a retirar el bloqueo.

Durante la década de 1950, Berlín siguió siendo una ciudad dividida, si bien la población aún podía desplazarse entre sus distintos sectores. Pero, en realidad, este movimiento solo se producía en una dirección, del Este a Occidente, y las autoridades de la Alemania Democrática exigieron una solución inmediata para poner fin al éxodo masivo de sus ciudadanos. La mañana del 13 de agosto de 1961, los berlineses descubrieron al despertar que su ciudad había quedado literalmente dividida por inmensas vallas de alambre de espino que luego fueron sustituidas por un muro de hormigón: el muro de Berlín. Todos los transportes entre ambos sectores quedaron interrumpidos y en la frontera se establecieron puestos de guardia. En 1963, en un momento en el que la moral

Abajo: Fidel Castro se convirtió en primer ministro de Cuba en 1959, cuando encabezó el golpe de Estado comunista contra Batista.

de los berlineses occidentales estaba particularmente baja, el presidente Kennedy visitó la ciudad y pronunció su célebre discurso «Ich bin ein Berliner». El mensaje de su arenga era que Berlín Occidental era un símbolo de libertad y que todos los pueblos amantes de la libertad eran de hecho ciudadanos de Berlín. Aquel alegato fue una inyección de ánimo para los berlineses occidentales.

La Guerra de Corea

Al final de la II Guerra Mundial, EE UU y la URSS negociaron la ocupación de la península de Corea, después de liberarla de Japón. La frontera que dividía sendas zonas discurría a lo largo del paralelo 38. En el norte, en el territorio controlado por la URSS, se colocó a comunistas en los puestos clave del Gobierno, mientras que en el sur EE UU se aseguró de que los nacionalistas y conservadores tuvieran más peso. En el momento de negociar una solución para reunificar ambas zonas e independizarse, las posturas de ambos Gobiernos eran irreconciliables.

Los dos regímenes se consideraban gobernantes legítimos de toda Corea y su objetivo era destruir al contrario y gobernar toda la península. Tras años de refriegas menores, Kim Il Sung, líder de los comunistas norcoreanos, finalmente obtuvo el permiso de Stalin para invadir el sur. La invasión dio comienzo el 25 de junio de 1950. En respuesta, Truman disuadió al Gobierno de EE UU de ayudar militarmente a Corea del Sur comparando el ataque de sus vecinos del norte con la agresión nazi y la no intervención con la desacreditada política de apaciguamiento. EE UU también logró granjearse el apoyo de la ONU en aquella guerra contra Corea del Norte en un momento en el que la URSS boicoteaba el Consejo de Seguridad en protesta por el hecho de que no reconociera la China comunista. La contraofensiva de la ONU fue un éxito y obligó a retroceder a los norcoreanos más allá de la frontera previa. Las fuerzas de la ONU cruzaron el paralelo 38 y, en el punto álgido de su avance, se situaron a escasa distancia de la frontera con China.

El cruce de aquella demarcación tuvo serias consecuencias: la República Popular de China decidió salir en ayuda de sus aliados comunistas en Corea del Norte e hizo retroceder a las tropas de la ONU hasta territorio de Corea del Sur. Siguió una guerra de desgaste durante dos años, al fin de los cuales China, EE UU y la ONU pactaron un armisticio que se firmó en julio de 1953, con una frontera casi idéntica a la de antes de la guerra.

El incidente del «avión espía»

El 1 de mayor de 1960, la Unión Soviética derribó un avión espía U2 estadounidense y apresó a su piloto, Gary

Arriba: Tropas estadounidenses asaltan posiciones norcoreanas situadas tras el Paralelo 38, bombardeándolas con cañones autopropulsados de 155 mm.

Powers, quien se hallaba en posesión de fotografías de instalaciones militares soviéticas. El presidente Eisenhower se vio obligado a admitir que había autorizado el vuelo para no socavar la cumbre pendiente de los Cuatro Grandes en París. Aquel encuentro entre Gran Bretaña, Francia, EE UU y la URSS tenía la finalidad de limar las tensiones de la guerra fría, pero el incidente del avión espía ensombreció el acontecimiento. Kruschev rehusó seguir adelante a menos que Eisenhower presentara una disculpa, Eisenhower se negó y las conversaciones fracasaron. Poco después, la guerra fría se intensificó a causa de la construcción del muro de Berlín y la instalación de misiles soviéticos en Cuba.

Crisis de los misiles de Cuba

En 1962, el presidente Kennedy anunció que los servicios de inteligencia de EE UU habían descubierto que la Unión Soviética estaba creando bases de misiles a menos de 160 kilómetros de territorio norteamericano, en Cuba.

EE UU había intentado derrocar el régimen comunista de Castro desde su instauración. En 1961, la CIA había entrenado a exiliados cubanos para instigar un asalto contrarrevolucionario en la bahía de Cochinos en Cuba. Entre tanto, el Gobierno soviético encabezado por Kruschev veía con ansiedad el hecho de que la guerra fría no progresara a su favor; las conversaciones se habían estancado en torno a Berlín y EE UU no sólo poseía un arsenal nuclear mayor, sino que también tenía misiles instalados en Turquía, a una distancia de alcance de territorio soviético. Moscú tenía interés en restaurar el equilibrio de poder y, dado que Castro necesitaba ayuda para consolidar su Gobierno, la instalación de misiles soviéticos en Cuba resultaba mutuamente beneficiosa.

Kennedy, por su parte, como presidente joven y demócrata, necesitaba demostrar a una población escéptica su firme determinación de contener el «terror rojo». Por ello no se hallaba en posición de ceder cuando anunció que la URSS debía retirar los misiles e impuso el bloqueo naval de Cuba para impedir que los buques soviéticos llegaran a la isla. En respuesta al bloqueo, Kruschev autorizó a los comandantes soviéticos a lanzar sus armas nucleares si los estadounidenses acometían un ataque por tierra. Atrapados en un *impasse* que puso al mundo al borde de una guerra nuclear, ninguno de ellos podía cambiar de posición con facilidad. Finalmente, el mayor de los dos hombres de Estado, Kruschev, decidió retirar su orden para evitar una tercera guerra mundial. El 28 de octubre, siete días después de que estallara la crisis, ordenó el regreso de los barcos soviéticos y accedió a desmantelar lar armas nucleares soviéticas en Cuba.

la guerra fría y el Tercer Mundo

La II Guerra Mundial había minado la capacidad de Gran Bretaña y Francia de mantener sus imperios y la descolonización dio comienzo de inmediato. En las décadas

Inset map labels:

CHINA
Cao Bang
Lao Cai
Nanning
Lang Son
Tonkín
Dien Bien Phu
Hanoi
Haiphong
Sam Neua
Golfo de Tonkín
BIRMANIA
Luang Prabang
Phat Diem
Vientian
Hainan
Vinh
Mekong
Estación yanqui
Séptima Flota de EE UU
Donghoi
TAILANDIA
Hué
Tourane
Pakse
I CUERPO
Quang Ngai
Kontum
Pleiku
Qui Nhon
Bangkok
II CUERPO
Siem Reap
CAMBOYA
Ban Me Thuot
Nha Trang
Kratie
Estación Dixie
Loc Ninh
Phnom Penh
III CUERPO
Phan Rang
Bien Hoa
Saigón
Sihanoukville
1973 Evacuación militar de EE UU
Golfo de Tailandia
N
IV CUERPO
Cau Mau
0   100 km
0   100 millas

Legend 1:

GUERRA DE VIETNAM 1959–1975

Zona controlada por los comunistas durante el «alto el fuego» de 1973

Zona comandada por cuerpos militares de EE UU

Vietnam del Norte sometido a bombardeos aéreos

Zona controlada por los comunistas en Laos y Camboya 1950–1975

Controlado por el Jemer Rojo h. 1975

Controlado por Pathet Lao h. 1975

Zona con actividad de guerrilla comunista h. 1975

Legend 2:

RUTAS DE ABASTECIMIENTO COMUNISTAS

Ruta de Ho Chi Minh

Ruta de Sihanuk

Rutas de aprovisionamiento marítimas

Zona controlada por los comunistas 1959–1960

Main map labels:

Ha Giang
Nanning
VIETNAM DEL NORTE
CHINA
Hanoi
Haiphong
Nam Dinh
Ninh Binh
Golfo de Tonkín
Thanh Hoa
Vinh
Hainan
Paso de Nape
Yulin
HaTinh
Paso de Mu Gia
Paso de Ben Kari
Donghoi
Thakhek
Quang Tri
Tchepone
Khe Sanh
Savannakhet
Hué
LAOS
Da Nang
Ubon Ratchathani
Quang Ngai
Kontum
Qui Nhon
CAMBOYA (KAMPUCHEA)
Battambang
Pursat
Kompong Chhnang
Kratie
Nha Trang
Mekong
Kompong Cham
Bahía de Cam Ranh
Phnom Penh
VIETNAM DEL SUR
Golfo de Tailandia
Ciudad Ho Chi Minh (Saigón)
Kompong Som (Sihanoukville)
My Tho
Can Tho
Vonh Loi
Mar de la China Meridional
0   100 km
0   100 millas

2.000
1.000
500
200
0 m

siguientes, la mayoría de las colonias europeas recibieron la independencia y las nuevas superpotencias, EE UU y la URSS, llenaron el vacío dejado por Europa. La URSS deseaba difundir el comunismo y EE UU, estimular los mercados en estos países recién independizados.

No obstante, los nuevos regímentes no estaban dispuestos a reemplazar a sus anteriores dueños coloniales por otros, ya estuvieran en Washington o Moscú, y muchos nuevos estados se sumaron a la Organización de Países No-Alineados para manipular a ambas partes y obtener más financiación. Con frecuencia, el proceso de descolonización no estuvo exento de conflictos, debido a que distintos grupos de interés rivalizaban por el poder. Para impulsarse hacia el Gobierno frente a los grupos rivales, muchos consiguieron el apoyo de los soviéticos o los estadounidenses. Angola es un buen ejemplo. Al obtener la independencia de Portugal en 1975, los tres partidos principales rehusaron colaborar entre sí. Los marxistas consiguieron ayuda de Cuba y la URSS, mientras que EE UU y Sudáfrica ofrecieron su respaldo al grupo nacionalista UNITA. Esta escisión desembocó en una larga guerra civil que se prolongó más allá de la guerra fría. EE UU tenía un interés especial en mantener su dominio sobre los países tercermundistas americanos y retó a los comunistas en Chile, Cuba, El Salvador, Granada y Nicaragua.

La guerra de Vietnam
Después de que los vietnamitas derrotaran a los franceses en la guerra de la independencia se firmó un acuerdo de paz en Ginebra en 1954. Este dividía el país en dos, el norte comunista y el sur capitalista, y dejaba las elecciones y la unificación pendientes. La unificación se volvió más inviable a medida que ambas partes empezaron a implantar sistemas socioeconómicos contrarios. Además, a finales de la década de 1950, el Vietcong comunista, con apoyo soviético, intentó subvertir el régimen patrocinado por EE UU en Vietnam del Sur, donde el Gobierno se desestabilizó aún más tras un golpe de Estado en 1963. En 1965, el presidente estadounidense Lyndon B. Johnson decidió ofrecer ayuda militar directa al Vietnam del Sur para destruir la campaña de guerrilla del Vietcong y el ejército norcoreano. Las tropas estadounidenses fueron incapaces de derrotar al Vietcong por métodos convencionales debido a que la lucha se desarrollaba en la selva y a que los norvietnamitas contaban con un gran apoyo a su causa entre los survietnamitas. Además, el ejército norvietnamita contaba con el respaldo financiero y técnico de la URSS y China. Los estadounidenses no lograron ganarse los «corazones y mentes» de los survietnamitas porque emplearon tácticas abusivas

para erradicar al Vietcong entre los lugareños y usaron napalm y herbicidas para destruir las tierras de labranza, matando a muchos civiles durante el proceso. Por irónico que parezca, la intervención de EE UU redundó en un aumento del apoyo a la causa comunista. En las postrimerías de la década de 1960 quedó claro que EE UU no ganaría aquella guerra que se estaba cobrando demasiadas vidas americanas y estaba suscitando protestas públicas de gran calado tanto en EE UU como en el extranjero.

Cuando Nixon asumió la presidencia prometió una «vietnamización» de la guerra; la retirada de las tropas estadounidenses dejó al régimen survietnamita solo en la lucha contra su vecino del norte. Tras la retirada de EE UU en 1973, la victoria de los norvietnamitas empezó a vislumbrarse en el horizonte, pero no llegó hasta abril de 1975, con la rendición del Gobierno del sur.

Distensión
La guerra fría estuvo puntuada por etapas de *détente* o distensión. El principal periodo de distensión puede establecerse a partir del inicio de las Conversaciones para la Limitación de Armas Estratégicas (SALT 1 en sus siglas inglesas), celebradas entre 1969 y 1972, con la guerra de Vietnam a punto de concluir. Ambos bandos habían adquirido capacidad de contraatacar gracias a su nueva flota de submarinos nucleares. Ello había reforzado la conciencia sobre el potencial de una destrucción mutua segura (ambos bloques entendían que cualquier arma nuclear devastaría tanto al enemigo como a sí mismo) y había conllevado una mayor disposición a negociar. Además, a principios de los años setenta, el punto muerto sobre Berlín se vio interrumpido al intentar Willy Brandt restablecer los lazos con la Alemania del Este. En 1972, las SALT 1 concluyeron el acuerdo de ambas partes de reducir los arsenales nucleares, en especial los misiles antibalísticos. Este periodo de distensión se vio sostenido por los Acuerdos de Helsinki de 1975, que fueron el acto final del establecimiento de la Organización para la Seguridad y la Cooperación en Europa. Tales acuerdos se convirtieron en una piedra de toque de distensión; incluían pactos sobre seguridad, cooperación económica y degradación del medio ambiente y contaron con la presencia de todos los países europeos salvo Albania. También se incluyó un apartado sobre derechos humanos, que los estadounidenses planearon esgrimir para exigir a la URSS que pusiera fin a las infracciones de estos.

Afganistán y la nueva guerra fría
El día de Navidad de 1979, la distensión se rompió al invadir la URSS Afganistán. Sin embargo, las semillas de

Arriba: Soldados rusos invaden afganistán en diciembre de 1979. La URSS no retiró sus tropas hasta 1989.

tal ruptura se habían sembrado previamente, cuando la Administración Carter estadounidense utilizó los Acuerdos de Helsinki para reprochar a la URSS su incumplimiento de los derechos humanos. La URSS intervino en Afganistán para aplastar una rebelión de grupos fundamentalistas islámicos, los *muyahidin*, contrarios al Gobierno promoscovita. EE UU financió a los *muyahidin* y, tras una breve fase de distensión, las dos superpotencias se enzarzaron de nuevo en un conflicto indirecto.

Incapaz de derrotar a la resistencia islámica, la intervención soviética duró hasta 1989 y fue un conflicto costoso en términos de vidas, dinero y recursos. En parte a causa de la intensificación soviética de la guerra fría y de la crisis de los rehenes iraní de enero de 1981, los estadounidenses eligieron presidente al republicano Ronald Reagan. En 1984, Reagan implantó el programa de doble vía para actualizar las Fuerzas Nucleares de Alcance Intermedio (INF) en la Europa Occidental con ojivas nucleares Pershing II en respuesta al despliegue soviético de cabezas SS20 actualizadas en 1976.

Reagan pronunció encendidas soflamas contra el comunismo, entre ellas su famosa arenga sobre el «Im-

perio del Mal» dirigida a la URSS, en la cual proclamó la necesidad de dotarse de un escudo antimisiles al estilo de los del filme *La guerra de las galaxias*. También actuó con dureza: intentó derrocar el régimen sandinista en Nica-

ALINEAMIENTOS DURANTE LA GUERRA FRÍA (hasta 1991)

Miembro de la OTAN, 1990

Influencia o intervención de EE UU, 1981-1989

Sistema de defensa Guerra de las Galaxias

URSS, 1990

Miembro del Pacto de Varsovia, de 1955 a 1991 (disuelto formalmente en julio de 1991)

Retirada de las tropas soviéticas, 1989

Retirada de las tropas soviéticas, 1990-1991

ragua y lanzó una intervención militar directa sobre Granada. Sin embargo, simultáneamente, Reagan aseguró a la URSS que, si estaba dispuesta a negociar, él estaba preparado para escucharla.

Gorbachov y Reagan

En marzo de 1985, Mijaíl Gorbachov asumió el poder en la Unión Soviética. Como reformista moderado, aplicó un «nuevo pensamiento» a su política exterior. Inició una aproximación a Occidente para poner fin al enorme e insostenible presupuesto de defensa de la Unión Soviética. En línea con este «nuevo pensamiento» se celebraron varias cumbres concebidas para reducir los arsenales nucleares y mejorar las relaciones entre ambos bloques.

La primera Cumbre de Ginebra desatolló la incomunicación entre ambas potencias, que no se habían reunido desde hacía seis años. Sin embargo, la posterior Cumbre de Reikiavik de 1986 se saldó con un fracaso al negarse Reagan a abandonar sus planes para una Iniciativa de Defensa Estratégica (SDI en sus siglas inglesas).

Arriba: El líder soviético Mijaíl Gorbachov junto al presidente estadounidense Ronald Reagan en 1986.
Página siguiente: Lech Walesa, un antiguo trabajador de los astilleros, se convirtió en el líder del movimiento Solidaridad en Polonia.

Los encuentros entre Gorbachov y dirigentes occidentales culminaron en la Cumbre de Washington de 1987, que detuvo la carrera armamentística al acceder ambos bandos a reducir sus arsenales de misiles nucleares de alcance intermedio. Así se puso fin a la guerra fría. Las tanda de conversaciones de 1991, las llamadas START I, redujeron la cantidad de armas nucleares de largo alcance. Estuvieron seguidas por las START II en 1993, y el Tratado de Moscú de 2002 impuso nuevas reducciones tanto al armamento nuclear ruso como estadounidense.

El derrumbe de los regímenes comunistas en la Europa del Este

Lor regímenes comunistas de la Europa del Este habían sido un elemento clave del sistema de seguridad de la

URSS durnte la guerra fría. Sin embargo, con el avance de la tecnología de misiles de largo alcance, habían perdido peso estratégico para Moscú y se habían convertido en una suerte de carga económica. En 1988, Gorbachov anunció el fin oficial de la Doctrina de Brezhnev: la URSS no volvería a respaldar a sus Gobiernos aliados en la Europa del Este como había hecho con Checoslovaquia en 1968.

Sin la ayuda soviética, los regímenes se vieron obligados a sobrevivir por sí solos. Una vez suprimida la amenaza de una intervención soviética, los movimientos opositores se tornaron cada vez más proactivos y convocaron manifestaciones y huelgas. En Polonia y Hungría, los partidos comunistas se vieron obligados a participar en mesas redondas con los grupos de la oposición ante la evidencia de que la población no respaldaría más su Gobierno. En las llamadas «revoluciones negociadas», las conversaciones dieron paso a unas elecciones libres en ambos países. En Polonia, Solidaridad se alzó como el principal movimiento de la oposición, encabezado por Lech Walesa, después de que la organización hubiera sido suprimida por las autoridades tras un alzamiento fallido en 1980. En 1990, Walesa se convirtió en el primer presidente no comunista de Polonia.

Los cambios en Polonia y Hungría desataron una reacción en cadena en todo el bloque soviético. El monopolio comunista del poder tanto en Bulgaria como en Checoslovaquia concluyó tan pronto sus poblaciones siguieron el ejemplo de los países vecinos y exigieron reformas. La mayor libertad de movimiento traída por estas revoluciones posibilitó a los alemanes del Este una mayor facilidad para llegar a la Alemania Federal; la frontera autrohúngara se abrió y los alemanes orientales afluyeron de forma masiva a las embajadas de la Alemania Occidental de todo el bloque soviético solicitando asilo. Frente al alarmante descenso de población y tras las protestas semanales, Egon Krenz, el nuevo dirigente de la Alemania del Este, autorizó la libertad para viajar.

La noche del 9 de noviembre de 1989, los berlineses orientales se congregaron a lo largo del muro de Berlín y, debido a una mala interpretación de las nuevas leyes de viaje de Krenz, empezaron a domolerlo y a pasar libremente a Occidente. La caída del muro de Berlín no remedió el estancamiento económico ni el descenso demográfico y, al final, las autoridades de la Alemania del Este se vieron obligadas a acceder a la reunificación, acaecida el 3 de octubre de 1990.

La revolución solo fue violenta en Rumanía, cuyo presidente, Nicolae Ceausescu, se había aferrado al poder con más fuerza que sus vecinos mediante la represión generalizada y un fuerte culto a la personalidad. Con todo, las noticias sobre las revoluciones en la Europa del Este y la represión y la limpieza étnica de Ceausescu no tardaron en difundirse a través de emisoras radiofónicas de los países vecinos. Aquello desató protestas y conflictos en las calles; la población civil y el ejército se sublevaron contra los partidarios de Ceausescu. En un intento por poner fin a la lucha, Ceausescu fue juzgado sin demora y ejecutado el día de Navidad de 1989.

Oriente Próximo desde 1948

La fundación y existencia de Israel generaron una serie de conflictos con sus vecinos en Oriente Próximo que dieron lugar a problemas en la región que siguen sin resolverse.

La Guerra de la Independencia de Israel

Poco después de que los británicos se retiraran de Palestina en 1948 empezó la Guerra de la Independencia de Israel. El 15 de mayo de 1947 se declaró la fundación del estado de Israel, pero muchos árabes rechazaron formalmente el Plan de Partición aprobado por la ONU en noviembre de 1947. Dicho plan establecía la fundación de un estado judío y otro árabe en Palestina, pero tanto las milicias judías como las árabes iniciaron una campaña por controlar los territorios colindantes a las fronteras delimitadas por la ONU. Las milicias palestinas contaron para ello con el apoyo de soldados iraquíes, sirios, egipcios, jordanos y libaneses. Un millón de refugiados palestinos huyó de territorio israelí y 600.000 refugiados israelíes huyeron de territorios árabes de todo Oriente Próximo. Mientras los refugiados israelíes se incorporaron en el nuevo estado, los palestinos apenas recibieron ayuda del resto del mundo árabe y se vieron forzados a construir sus hogares en campos de refugiados de la región, donde muchos de ellos permanecen todavía. Hubo excepciones: el rey marroquí se negó a expulsar a los judíos y los líderes de la población israelí de Haifa instaron a los árabes a permanecer en ella. El alto el fuego se produjo con la firma de un armisticio en Rodas en 1949, pero el tratado de paz aún está por firmar.

La crisis de Suez

En 1956, Israel se alió a Gran Bretaña y Francia en una invasión de la península del Sinaí, en Egipto, cuyo fin era revertir a la fuerza la nacionalización del canal de Suez aprobada por el presidente egipcio Nasser y su bloqueo de los estrechos de Tirán. Israel deseaba abrir el canal a su flota naviera, mientras que Gran Bretaña y Francia querían mantener sus intereses marítimos previos, afectados negativamente por la campaña de nacionalización de Nasser. La invasión fue un éxito inicial, pero EE UU se vio obligado a intervenir contra sus tres aliados más próximos, a los que no les quedó más alternativa que retirarse ante la presión económica de los norteamericanos. A cambio de retirarse de la península del Sinaí, Israel recibió el derecho a utilizar el canal para el transporte. La ONU adoptó una resolución al respecto y procedió a enviar tropas a la zona para velar por el mantenimiento de la paz y el orden mientras se llegaba a un acuerdo de Gobierno.

La Guerra de los Seis Días, 1967

La crisis política de Suez no se había cerrado bien y Egipto volvió a bloquear los estrechos de Tirán y expulsó a las tropas de la ONU del Sinaí y las sustituyó por tropas

Derecha: El primer ministro británico James Callaghan saluda al presidente egipcio Anuar el Sadat en 1978.
Página siguiente: El jefe de personal israelí David Elazar (segundo por la derecha) y el posterior premier israelí Isaac Rabin (izquierda) aterrizan cerca de las posiciones fronterizas de los Altos del Golán durante la Guerra de Yom Kipur en 1973.

egipcias. Además, Nasser hizo un llamamiento a todo el mundo árabe para que participara en la destrucción de Israel. En respuesta a este, Israel lanzó un ataque preventivo contra Egipto y, en un primer bombardeo, destruyó gran parte del Ejército del Aire egipcio antes de que despegara. Al ataque se sumó un asalto por tierra en el que Israel logró capturar de nuevo la franja de Gaza y el Sinaí. Aprovechando la coyuntura de esta ofensiva israelí por el sudoeste, Siria y Jordania atacaron Israel por el norte y el este. Su ataque fue fácilmente repelido por los israelíes, que lo esgrimieron como excusa para ocupar Cisjordania (previamente territorio jordano) y los Altos del Golán (antes sirios). Aquella guerra tuvo un resultado crucial en el equilibrio del poder en la región: Israel pasó a ser reconocida como una fuerza regional de consideración.

La Guerra de Yom Kipur, 1973

El 6 de octubre de 1973, el sagrado día del Yom Kipur para los judíos, Egipto y Siria lanzaron un ataque simultáneo contra Israel para retomar el Sinaí y los Altos del Golán. En un principio, su ataque fue un éxito, pero, tras semanas de lucha, EE UU estableció un puente aéreo con Israel que permitió dotarlo de munición y provisiones. La implicación estadounidense contribuyó a impulsar un alto el fuego, pero la opinión pública israelí había quedado conmocionada por las pérdidas tanto de hombres como de aviones. El trato negociado por el secretario de Estado norteamericano Henry Kissinger se saldó con una nueva retirada de Israel del Sinaí y la asignación de una fuerza multinacional para controlar la frontera. Aquello llevó a Israel y Egipto a firmar los Acuerdos de Camp David en 1979, el primer tratado de paz entre Israel y un estado árabe. Tal tratado conllevó la expulsión de Egipto de la Liga Árabe y el asesinato de Anuar el Sadat, a la sazón presidente egipcio, a manos de extremistas islámicos en 1981.

Los sirios corrieron peor suerte que los egipcios. El avance israelí ponía Damasco, su capital, al alcance de las bombas y se vieron obligados a declarar un alto el fuego, a reconocer las fronteras anteriores a la guerra y a aceptar el control israelí de los Altos del Golán.

La guerra entre Israel y el Líbano

Mientras la guerra civil escalaba en el Líbano, la Organización para la Liberación de Palestina (OLP) de Yasir Arafat logró forjarse un enclave semiautónomo en el sur del país, a escasa distancia de Israel. Tras una serie de ataques contra sus ciudadanos, Israel decidió responder invadiendo el Líbano. Aquel paso erradicó la amenaza de la OLP, que se vio forzada a reubicarse en Túnez, pero también suscitó críticas internacionales generalizadas. Además, las masacres de cristianos maronitas de más de 1.000 refugiados palestinos en campos al oeste de Beirut empañaron la reputación internacional de Israel, al cual se culpó de no haber sabido evitar que ocurrieran. Con la OLP desterrada, la ocupación israelí engendró una mayor oposición entre otros grupos de milicia árabes, el principal de ellos Hezbolá. Hacia 1985, Israel se había retirado del Líbano, salvo de la zona sur fronteriza con sus propios límites. Hubo que aguardar al año 2000 para que Israel completara su retirada del Líbano. Sin embargo, Hezbolá sostiene que continúa ocupando la pequeña zona de las granjas de Chebá.

La Primera Intifada

Tras años de control militar israelí, el descontento entre la población palestina de Cisjordania y la franja de Gaza aumentó a causa de sus duras condiciones de vida. Además, tanto Egipto como Jordania rebajaban sus reclamaciones sobre la franja de Gaza y Cisjordania respectivamente. Lo único que se requería para que estallara una insurrección general era un detonante. Este ocurrió en 1987, cuando un colono israelí disparó a una escolar palestina por la espalda. La OLP, exiliada en Túnez, se prestó a coordinar esta protesta espontánea, pero contó con la rivalidad de otros dos grupos, la Yihad Islámica y Hamás, los cuales competían por el apoyo de las bases del movimiento opositor. Estos tres grandes grupos de intereses, con programas políticos divergentes, prolongaron la revuelta. Israel, cuya capacidad militar era muy superior, logró contener con éxito la Intifada, aunque no sin crear problemas internos. Las acusaciones de violación de los derechos humanos dividieron la opinión pública israelí y dieron lugar a la elección del

líder moderado Isaac Rabin en 1992. Su voluntad de negociar llevó a un proceso de paz que culminó con los Acuerdos de Oslo, una serie de pactos.

Los Acuerdos de Oslo

Los Acuerdos de Oslo establecían la retirada israelí de la franja de Gaza y Cisjordania, el primer paso hacia la creación de un estado palestino. El presidente israelí Isaac Rabin y el líder de la OLP Yasir Arafat se estrecharon la mano en una foto histórica en los jardines de la Casa Blanca y firmaron la Declaración de Principios el 13 de septiembre de 1993. Por primera vez en la historia, la

Abajo: El presidente de la OLP, Yasir Arafat, fotografiado en 1988.
Página siguiente: El presidente estadounidense Bill Clinton (izquierda) recibe al primer ministro israelí Ehud Barak en 2000 durante la cumbre árabe-israelí en Camp David.

OLP y el estado de Israel se reconocían oficial y mutuamente. Sin embargo, pese al júbilo internacional, aquellos acuerdos no abordaron temas polémicos como los asentamientos israelíes en Cisjordania y la franja de Gaza, los derechos de Jerusalén y la seguridad de las fronteras.

Los acuedos permitieron a Jordania firmar un tratado de paz con Israel en octubre de 1994. Ambos países no habían estado en guerra desde 1967, de modo que el acuerdo fue más fácil de alcanzar que con el Líbano o Siria. Estas negociaciones no habían avanzado lo suficiente hacia noviembre de 1995, cuando Isaac Rabin fue asesinado por un radical que se oponía a la negociación con el mundo árabe. Su asesinato se produjo en un momento de descontento generalizado con los Acuerdos de Oslo, pues existía la sensación de que estos no habían abordado de forma adecuada el espinoso problema de los asentamientos israelíes. Los sucesivos Gobiernos israelíes dirigidos por Benjamín Netanyahu y Ehud Barak rehusaron cumplir las demandas palestinas y el proceso de paz se detuvo cuando Arafat abandonó las conversaciones. Las relaciones de Israel con el resto del mundo árabe se resintieron: las relaciones con Jordania no se normalizaron y, al negarse Israel a retirarse de los Altos del Golán, fue imposible alcanzar un acuerdo con Siria.

La Segunda Intifada

En septiembre de 2000, el principal líder de la oposición israelí, Ariel Sharon, visitó el polémico enclave de la Explanada de las Mezquitas y lo proclamó parte de Israel. Este lugar, el más sagrado de Israel, también contiene la mezquita de Al-Aqsa, el tercer lugar santo del islam. Además, su soberanía es objeto de un debate enconado. Israel lo ocupó durante la guerra de 1967 y su pertenencia no se determinó en los Acuerdos de Oslo. La proclamación de Sharon topó con una reacción visceral del mundo musulmán y se desataron disturbios en todo Jerusalén y Cisjordania. El disparo de un niño palestino de doce años por parte de las fuerzas de seguridad israelíes captado por equipos informativos de todo el mundo desencadenó una escalada de las revueltas que desembocó en la Segunda Intifada. En febrero de 2001, Sharon fue elegido primer ministro israelí y poco después empezó a reocupar formalmente Cisjordania, con una condena internacional generalizada. Los atentados suicidas se han convertido en una práctica habitual de la lucha e Israel ha defendido su rotunda reacción enmarcándola en la guerra global contra el terrorismo y edificando un polémico muro alrededor de Cisjordania para impedir que los terrorista entren en Israel.

División y conflicto en el mundo árabe

Las divisiones religiosas y étnicas en Oriente Próximo han precipitado numerosos conflictos, mientras que sus reservas de petróleo han atraído sobre la zona la atención internacional.

Petróleo y desarrollo

El descubrimiento y la explotación de las reservas de petróleo ha condicionado en gran medida la historia de Oriente Próximo del siglo XX. La región había estado ocupada desde tiempos inmemoriales por turcos otomanos, lo cual dio origen al nacionalismo árabe. Cuando el Imperio Otomano se derrumbó al fin de la I Guerra Mundial, los británicos y los franceses se repartieron la zona y la gobernaron a modo de protectorado, hasta concederle la independencia tras la II Guerra Mundial. A causa de los siglos de gobierno no árabe vividos, un movimiento panárabe acompañó a la descolonización. Conatos como los de la República Árabe Unida, una unión de Siria y Egipto entre 1958 y 1961, pueden analizarse a la luz de esta tendencia. Sin embargo, el nacionalismo panárabe fracasó debido a que los nuevos dirigentes no estaban dispuestos a renunciar a su poder. A ello cabía sumar que los distintos países tenían niveles de riqueza diferentes debido a la distribución desigual del petróleo en la región. La religión también demostró ser un factor de división, al escindirse la población árabe entre el islamismo chiita, el islamismo sunita y el cristianismo. Después de la Guerra de la Independencia de Israel, los refugiados palestinos se instalaron en campos de refugiados diseminados por toda la región y el hecho de que otros Gobiernos árabes se hayan negado a ofrecer la ciudadanía a los palestinos, pese a haber nacido en dichos campamentos, continúa subrayando la inviabilidad del panarabismo. Cabe destacar también que en Oriente Próximo existen países que no están dominados por poblaciones árabes, como Turquía, Egipto e Irán.

La Revolución Iraní

En 1951, el popular primer ministro iraní Mohamad Mossadeg planeó la nacionalización de la Compañía Petrolera Anglo-Iraní. EE UU instó al sah de Irán a destituir a Mossadeg, lo cual dio lugar a que la población retirase su apoyo al sah, a quien se tenía por un títere de los americanos. La revuelta popular obligó al sah a exiliarse para evitar una posible revolución. Finalmente, EE UU logró restaurar al sah en el poder, pero, a los ojos de su pueblo, este había quedado contaminado por su asociación con los norteamericanos. En respuesta a esta insatisfacción popular, el sah empleó la represión para evitar otra insurrección. En los dos decenios siguientes, Irán se embarcó en un periodo fructífero de industrialización y militarización; en la década de 1970, el excesivo gasto en defensa había dado lugar a un déficit presupuestario y una crisis económica. Entre tanto, la sociedad iraní se había transformado: había surgido una reducida élite occidentalizada. La rápida industrialización dio lugar a un elevado aumento de la inmigración hacia las ciudades y generó pobreza y desempleo. Las leyes de censura del sah impedían expresar a través de los medios de comunicación o concentraciones públicas el descontento social, y las mezquitas se convirtieron en el único reducto donde era posible hablar con libertad. En ellas, los detractores del sah entraron en contacto con las ideas de los clérigos chiitas y, en particular, con las del ayatolá Jomeini, quien propugnaba la revolución para crear una república islámica y poner fin al laicismo y la occidentalización de su país. En las postrimerías de 1978, la prensa oficial publicó un artículo criticando a Jomeini que desencadenó protestas civiles generalizadas. El ejército se negó a abrir fuego contra los manifestantes y cambió de bando. Desde el exilio, Jomeini defendió una república islámica, y el sah, al carecer del respaldo del ejército, huyó. El 11 de febrero de 1979 se proclamó una república islámica en Irán. Inmediatamente después, el nuevo régimen se dispuso a disociarse de Occidente; los partidarios de Jomeini irrumpieron en la embajada de EE UU en Teherán en noviembre de 1979 y precipitaron la crisis de los rehenes que le costó al presidente Carter las elecciones presidenciales de 1980 y que no concluyó hasta enero de 1981. Para entonces, el sah había fallecido y el nuevo presidente de EE UU, Reagan, había prometido descongelar los activos iraníes. La revolución aún estaba consolidándose cuando Iraq instigó una guerra contra Irán en 1980.

La Guerra Irano-iraquí

A Sadam Hussein le interesaba promover Iraq como una potencia regional e Irán era un blanco clave. Irán e Iraq

GRUPOS ÉTNICOS Y RELIGIOSOS EN IRAQ

- Kurdos sunitas
- Árabes sunitas/ kurdos sunitas
- Árabes sunitas
- Árabes chiitas/ árabes sunitas
- Árabes chiitas

Ataques terroristas hasta enero de 2005

- Contra civiles
- Contra el ejército

FEDERACIÓN RUSA

GEORGIA

ARMENIA

AZERBAIYÁN

Lago Onega

TURQUÍA

a AZER.

Lago Van

Lago Urmia

SIRIA

IRÁN

Zajo

Rawanduz

Tall Afar

Mosul

Arbil

Kirkuk

Baiji

Tuz

Tigris

Tikrit

Éufrates

Hadithah

Balad

Miqdadiyah

Bani Sad

Ba'qubah

Ar Ramadi

BAGDAD

Faluya

Musayyih

Suwayrah

Mahawil

Rutbah

Hillá

Numaniyah

JORDANIA

Karbala

An Najaf

Anbar

Al Amara

I R A Q

ARABIA SAUDÍ

Samawah

Nasiriyá

Kurnah

N

Basora

Safwan

0   100 km

0   100 milllas

KUWAIT

Golfo Pérsico

habían tenido largas disputas fronterizas por la vía fluvial estratégica de Shatt al-Arab y la provincia petrolera del Khuzestan. Aparentemente, Irán había quedado debilitado por la reciente revolución, pero Jomeini seguía siendo muy crítico con el Gobierno laico de Hussein. Hussein era un musulmán sunita y era célebre por el maltrato al que sometía a los chiitas en Iraq. Dado que Irán parecía aún más debilitado por las purgas realizadas en el ejército, Hussein decidió lanzarse al ataque y justificó su invasión esgrimiendo pruebas de apoyo iraní al intento de asesinato del ministro de Exteriores iraquí, Tariq Aziz. La campaña bélica de Iraq estuvo financiada por Kuwait y Arabia Saudí, ambos países ricos en petróleo y temerosos de que sus minorías chiitas pudieran lanzar también una revolución siguiendo el ejemplo de Irán. Iraq logró comprar armas a la URSS y sus satélites, así como a gran parte del mundo árabe. En cambio, en Irán la defenestración del sah había conllevado la retirada de las armas estadounidenses, de modo que, en su campaña bélica, Irán hizo uso de tácticas antiguas, incluyendo entre ellas el uso generalizado de niños para limpiar los campos de las líneas del frente de minas iraquíes con el fin de que no dañaran el reducido contingente de tanques iraníes. Hacia 1982, Irán empezaba a cosechar éxitos en los campos de batalla y EE UU y sus aliados intervinieron a favor de Iraq, dotándolo de armas químicas y biológicas y protegiendo los pozos petroleros iraquíes. Entre tanto se desveló que la Administración Reagan también estaba vendiendo armas a los iraníes en el llamado escándalo de Irán-Contra o Irangate. En 1982, Iraq ofreció negociar, pero Irán rehusó hacerlo, ya que sus clérigos gobernantes estaban decididos a derrocar a Hussein.

La situación se estancó durante otros seis años, hasta 1988, cuando Iraq empezó a bombardear ciudades iraníes, incluida la capital, Teherán. Irán ofreció entonces un acuerdo de paz que Iraq aceptó. Aquella guerra prolongada estaba pasando factura a la economía y a la moral civil. Cerca de un millón y medio de personas fallecieron en el conflicto, que apenas alteró las fronteras. Iraq contrajo una inmensa deuda de guerra, sobre todo con Kuwait, a quien debía 14 mil millones de dólares, motivo (entre otros) por el cual invadió Kuwait en 1990.

La Guerra del Golfo

Iraq creía que había hecho un gran servicio a todas las naciones del mundo árabe al debilitar a Irán e impedir la difusión de la revolución, por lo que defendía que su deuda de guerra debía cancelarse. Durante la Guerra Irano-iraquí, Kuwait había empezado a extraer petróleo de territorio iraquí y, para obtener una resolución favorable

de la ONU en esta disputa fronteriza, Kuwait elevó su producción y provocó un descenso de los precios del petróleo. Tal descenso perjudicaba los intereses de Iraq, que necesitaba mantener los precios altos para saldar su deuda; además, Iraq deseaba ampliar su acceso al golfo Pérsico anexionándose parte de la costa kuwaití. Esta combinación de factores hizo que una invasión iraquí fuera casi inevitable. Estalló en agosto de 1990 y en breve los iraquíes habían ocupado todo Kuwait.

La ONU aprobó de forma inmediata una resolución exigiendo la retirada de las tropas iraquíes e implantó sanciones económicas. La comunidad internacional, ante el temor de que Hussein usara Kuwait como trampolín hacia los campos de petróleo de Arabia Saudí, decidió intervenir. Dichos pozos se contaban entre los más lucrativos para los saudíes y, de caer en manos de los iraquíes, Iraq se habría hecho con un monopolio de la industria petrolera. Los países importadores de petróleo, entre ellos Japón y EE UU, no tendrían entonces más opción que negociar con el régimen iraquí. Durante el mes de agosto, EE UU envió soldados a Arabia Saudí para proteger los campos petroleros del reino. En noviembre de 1990, el Consejo de Seguridad de la ONU aprobó la Resolución 678, que conminaba a Iraq a retirarse de Kuwait antes del 15 de enero de 1991. El plazo caducó sin que Iraq se hubiera retirado y una coalición de 34 países liderada por EE UU lanzó la Operación Tormenta del Desierto, un ataque aéreo continuo sobre Iraq. La Operación Sable del Desierto, por tierra, se lanzó el 24 de febrero. Las tropas iraquíes se retiraron a las fronteras previas a la guerra, incendiando a su paso los pozos de petróleo kuwaitíes. El 27 de febrero, el presidente de EE UU George Bush anunció que Kuwait había sido liberado.

La Guerra Civil libanesa

Desde su independencia, los distintos grupos nacionales y religiosos del Líbano habían vivido en relativa armonía. Pero el resentimiento afloró cuando la población musulmana, mayoritaria, se vio cada vez más empobrecida frente a una población cristiana maronita que parecía prosperar. En 1975, este resentimiento culminó en un intento de asesinar al líder de un grupo político cristiano destacado, la Falange. Los falangistas respondieron masacrando a 37 palestinos en un autobús en Beirut. El incidente estuvo seguido de represalias y contrarrepresalias en ambos lados, las cuales se saldaron con cientos de muertes. La población musulmana libanesa se alió con los palestinos residentes en los campos de refugiados del sur de Beirut y ocupó Beirut Occidental. Los maronitas ocuparon el este de la ciudad. Cuando el conflicto se extendió a todo el país, el presidente libanés invitó al ejército sirio a intervenir. La ocupación siria conllevó varios años de calma, que se vieron interrumpidos por la invasión israelí y las masacres de maronitas en los campos de refugiados palestinos de Sabra y Shatila. EE UU intervino para poner fin al derramamiento de sangre. Se acordó la retirada de todas las fuerzas extranjeras, pero, dado que Israel se había replegado en el sur y estaba expulsando a los marines estadounidenses, Siria se negó a retirarse. A principios de los años ochenta se registraron episodios esporádicos de violencia, entre los cuales figuraron ataques contra la embajada de EE UU y la Universidad Americana de Beirut.

En 1987, la lucha se recrudeció cuando el presidente, cristiano, nombró como sucesor al cargo de primer ministro a otro cristiano, el general Aoun. Dicho nombramiento contravenía las leyes no escritas libanesas de que el primer ministro sería un musulmán sunita. Los musulmanes se negaron a aceptar a Aoun y proclamaron primer ministro a Salim al-Hoss; así, a partir de septiembre de 1987, Beirut Occidental y Oriental tuvieron Gobiernos distintos. Siguió una amarga lucha hasta que un ataque conjunto de sirios y musulmanes contra Aoun lo obligó a refugiarse en el exilio. Se firmó entonces un tratado de paz, el Acuerdo de Taif, que concedía la amnistía a todos los implicados en la guerra y aumentaba la representación polítca de la población musulmana.

La Segunda Guerra del Golfo

Tras los ataques terroristas del 11 de septiembre de 2001 contra EE UU, el presidente George W. Bush inició una «guerra contra el terrorismo». La fase inicial supuso la invasión de Afganistán contra los talibanes, un régimen que EE UU había financiado previamente para oponerse a la ocupación soviética del país durante los años ochenta. El objetivo era destruir la red terrorista de Osama Bin Laden, Al Qaeda, afincada allí. La Administración Bush consideró que la invasión no había satisfecho ese fin y vinculó el Iraq de Sadam Hussein con organizaciones terroristas. El 20 de marzo de 2003, EE UU y Gran Bretaña lideraron una coalición con un apoyo muy inferior a la de la Primera Guerra del Golfo contra Iraq, y EE UU no logó obtener una resolución de la ONU a favor de una invasión. Bush aseguró que Sadam Hussein no había destruido sus reservas de armas de destrucción masiva, pero los inspectores de la ONU no hallaron rastro de ellas. La invasión se completó el 1 de mayo de 2003, pero una insurgencia a gran escala ha continuado perpetrando ataques suicidas y asesinatos televisados de ciudadanos extranjeros. Todo esto no concluyó con el arresto de Sadam Hussein en diciembre de 2003.

Izquierda: El ex presidente iraquí Sadam Hussein fotografiado en 2001.

Los Balcanes

Yugoslavia, un estado balcánico creado artificialmente, estuvo unido más de setenta años y acabó dividido por las tensiones étnicas, con polémica de la comunidad internacional.

La historia de Yugoslavia

Yugoslavia nació después de la I Guerra Mundial, cuando los países conciliadores decidieron que los eslavos del sur de los Balcanes, los yugos, debían unirse en un solo reino. Antes de la guerra, la región había estado bajo la jurisdicción de los Imperios Otomano y Austrohúngaro. Por tradición, los Balcanes habían estado influidos por la Iglesia ortodoxa oriental desde los tiempos del Imperio Bizantino, muchos siglos antes. Sin embargo, durante los reinos de los otomanos y los austrohúngaros, gran parte de la población se había convertido bien al islam bien al catolicismo romano. Estas diferencias religiosas quedaban superadas por una etnicidad eslava compartida, que sirvió para que la población de la región hiciera causa común a la hora de enfrentarse a la ocupación extranjera y la represión. Al derrumbarse el Imperio Austrohúngaro tras la I Guerra Mundial, todos estos factores llevaron a las potencias que diseñaron el Tratado de Saint-Germain-en-Layes a ver beneficios en la unión de los eslavos del sur y así se formó el Reino de los Serbios, Croatas y Eslovenos en 1918.

En 1929, este fue reemplazado por el Reino de Yugoslavia, gobernado por una monarquía autocrática de predominio serbio cuya presencia provocó resentimiento entre los grupos nacionales de otras etnias. Este estado quedó a su vez escindido tras ser invadido por las Potencias del Eje en 1941, coyuntura que los croatas aprovecharon para hacerse con el control de la región, a expensas de Serbia, posicionándose del lado del Eje. A cambio de esta colaboración, Croacia recibió la autonomía y el Ustasi, un grupo fascista croata, fue colocado en el poder. Por su parte, Serbia se hallaba bajo la ocupación directa de los alemanes. En un precursor descarnado de lo que ocurriría en la década de 1990, los croatas iniciaron un proceso de genocidio contra la población serbia dentro de las fronteras de Croacia y asesinaron a muchos miles de antiguos conciudadanos.

En el seno de los territorios ocupados surgieron dos grupos de resistencia principales. El Chetnik era un movimiento de resistencia nacionalista conectado con el Gobierno monárquico en el exilio, y el Ejército de Liberación Nacional (ELN) yugoslavo era un movimiento comunista dirigido por Josip Tito. Al saberse que los *chetniks* habían mantenido negociaciones secretas para un alto el fuego con los nazis con el fin de sofocar a los comunistas, la población volcó su apoyo en el ELN. En 1944, los nazis se retiraron de la región para reforzar la defensa de Alemania frente al avance ruso. Con los *chetniks* marginados, se acreditó al ELN la expulsión del Eje.

La Yugoslavia de Tito

En un principio, Occidente había intentado enjaezar a Tito incorporando a sus comunistas en una Administración dirigida por el rey, pese a hallarse este en el exilio, y se formó una República con un presidente. Tito accedió a este acuerdo en 1944, pero su popularidad por la expulsión de los alemanes dio lugar a su elección como

Arriba: El ex presidente yugoslavo Slobodan Milosevic comparece frente al Tribunal de La Haya por Crímenes de Guerra en 2002.
Página anterior: Bajo el liderato de Josip Tito, las naciones balcánicas se unificaron como Yugoslavia, una potencia importante en la Europa de la posguerra.

primer ministro y posteriormente, en 1953, como presidente. Al asumir ambos papeles, Tito tuvo la oportunidad de cimentar su control. Logró con éxito unir a las diferentes repúblicas y minorías de Yugoslavia bajo la idea de una federación socialista. El suyo fue el primer Partido Comunista que se desligó del dominio de la Unión Soviética y fundó la Organización de Países No-Alineados. Ambos hechos convirtieron Yugoslavia en un actor creíble dentro del escenario internacional y, al mismo tiempo, ayudaron a cohesionar el país. Tito no era reacio a que la policía secreta usara la coerción para unificar aún más Yugoslavia; en 1971, una vez más, los croatas se alzaron en protesta contra el dominio serbio de la unión en la llamada Primavera Croata. Protestaban porque los ingresos croatas se estaban destinando a subsidiar a las

repúblicas más pobres y su cultura nacional estaba siendo aniquilada. Aunque se usó la represión, Tito supo ver que se trataba de un sentimiento generalizado y aprobó una nueva constitución en 1974 que otorgó una representación igualitaria a cada república. Tito falleció en mayo de 1980, pero el Estado permaneció intacto, porque la constitución de 1974 satisfacía a todas las nacionalidades.

La desintegración de Yugoslavia

A la muerte de Tito, Slobodan Milosevic, líder del Partido Comunista Serbio, emergió como la personalidad más destacada de la política yugoslava. Milosevic, un nacionalista serbio, fortaleció el dominio serbio, un paso desafiante a la luz de los agravios históricos sufridos por Croacia. Milosevic disfrazó sus exigencias de mayor dominio serbio apelando a una mayor democratización que superara la Constitución de 1974 en un discurso pronunciado ante el XIV Congreso del Partido en enero de 1990. La exigencia era transparente; las otras nacionalidades apercibieron que tal democratización supondría que los serbios integraran la mayoría del electorado y ello llevó a los delegados croatas y eslovenos a abandonar el Congreso a modo de protesta.

En los comicios de 1990, los prounionistas fueron elegidos en Serbia, mientras que los independentistas se proclamaron vencedores en Eslovenia y Croacia. Aquello causó alarma en Belgrado e impulsó al Ejército Popular yugoslavo a imponer la ley marcial, una decisión que tenía que ser aprobada por una mayoría de las repúblicas. Las conversaciones se saldaron con un empate de cuatro votos a favor y cuatro en contra. Los cuatro votos a favor correspondieron a Serbia y sus repúblicas dependientes (Kosovo, Montenegro y Vojvodina) y los cuatro en contra a Macedonia, Croacia, Eslovenia y Bosnia, que tradicionalmente se habían aliado para invalidar el dominio serbio. En aquella coyuntura, realizar progresos era inviable y Croacia y Eslovenia no vieron más opción que proclamar su independencia.

Guerras Croata y Eslovena

Los eslovenos votaron a favor de la independencia en 1990 por una mayoría arrolladora. Cuando Eslovenia proclamó su independencia el 25 de junio de 1991, Yugoslavia le declaró la guerra. La guerra se prolongó diez días y su fin era cercenar la decisión eslovena. Al hacerse

DIVERSIDAD ÉTNICA DE LA ANTIGUA YUGOSLAVIA
h. 1990

- Eslovenos
- Croatas
- Serbios
- Musulmanes bosnios
  (eslavos convertidos al islam
  tras la conquista otomana)
- Macedonios
- Alemanes
- Italianos
- Húngaros
- Rumanos
- Albanos
- Turcos
- Griegos

evidente que Eslovenia no volvería a la unión por la fuerza, los serbios se retiraron.

La guerra sin sangre contra Eslovenia no se repitió en Croacia. Croacia, a diferencia de Eslovenia, englobaba zonas con una población serbia considerable, entre ellas Krasjina y Slavonia. Como nacionalista serbio, Milosevic rehusaba dejar a estos serbios vivir fuera de Serbia. En un intento por atraer de nuevo a Croacia a la unión y repatriar a la minoría serbocroata, Serbia empezó a bombardear ciudades croatas. La resolución de Croacia se mantuvo en firme; más aún, la invasión serbia aumentó la voluntad de los crotas de resistir. Siguió un largo asedio de la ciudad de Vukovar en Krasjina, en el que los serbios acabaron proclamándose victoriosos. En toda Croacia, ambos bandos iniciaron una «limpieza étnica»: los croatas fueron forzados hacia el interior y los serbios fuera de Croacia. Ante la magnitud de la crisis, la ONU acordó intervenir. Se envió una fuerza de protección para negociar un alto el fuego, supervisar la retirada serbia y mantener la paz. Krasjina y Slavonia anunciaron su independencia de Croacia y formaron una república serbia autónoma; este hecho obstaculizó la firma de un tratado de paz hasta 1995, fecha para la cual los croatas habían lanzado una rápida invasión para recapturar ambas provincias y expulsar de ellas a la población serbia.

Bosnia

Bosnia declaró su independencia en abril de 1992. Era la república más heterogénea; sus tres grupos étnicos principales eran los serbios, los croatas y los bosnios, un grupo eslavo musulmán. Cuando se proclamó la independencia, la población serbia se alzó en protesta y ocupó la mayoría del país, pese al hecho de que solo representaba un tercio de la población. Los croatas hicieron lo propio, anexionándose gran parte del resto del territorio y dejando tan solo una pequeña proporción para la mayoría, los bosnios. Los serbobosnios, con la ayuda de Serbia, emprendieron una limpieza étnica de la población musulmana. Para contener al ejército bosnio dentro de las fronteras de Sarajevo y al croata dentro de las de Mostar, ambas ciudades fueron sometidas a largos asedios durante los cuales los serbios efectuaron bombardeos que mataron tanto a soldados como a civiles. El sitio de Mostar duró nueve meses; el de Sarajevo, casi cuatro años.

En un principio, croatas y bosnios hacían causa común contra los serbios, pero, a medida que la guerra fue progresando, una disputa por el reducido territorio que los serbios les habían dejado desembocó en una guerra entre ellos en 1993. Al final se negoció un trato y dicha guerra cesó en menos de un año, pero no antes de que el país se hubiera dividido aún más. En 1993, la fuerza de mantenimiento de la paz de la ONU en Croacia recibió instrucciones de cubrir también Bosnia. Se establecieron zonas de seguridad, incluida Srebrenica, donde en 1995 soldados serbios dirigidos por Ratko Mladic entraron en la zona de seguridad y masacraron a más de 7.000 bosnios. Por aquel entonces, la opinión internacional se había posicionado claramente contra los serbios a resultas de las atrocidades de Srebrenica, una postura que se vio reforzada cuando los serbios saquearon los arsenales de la OTAN y violaron el espacio aéreo reservado

sobre Bosnia. Ello forzó a la OTAN a usar su poderío militar por primera vez desde su creación contra Serbia. Abatió a los cazas serbios y lanzó bombardeos aéreos sobre los almacenes de munición serbios. La campaña bélica serbia se volvió fútil. Finalmente, Serbia accedió a un alto el fuego y a firmar los Acuerdos de Dayton, y Bosnia quedó dividida en una sección serbia y otra bosniocroata.

Tras la guerra se fundó el Tribunal Penal Internacional para la Antigua Yugoslavia con el fin de juzgar a los criminales de ambos bandos. Ha habido condenas, pero algunos de los peores criminales de guerra siguen libres. En el momento de redactar estas líneas, entre ellos figuran Mladic, responsable de la masacre de Srebrenica, y Radovan Karadzic, responsable de ordenar la limpieza étnica.

Kosovo

En respuesta a la represión serbia, los albanos étnicos de Kosovo formaron un movimiento de resistencia en 1996, el Ejército de Liberación Kosovar (ELK). El ELK inició una campaña de guerrilla contra las autoridades serbias en Kosovo que fue duramente represaliada. Las represalias obligaron a miles de refugiados albanos a huir de Kosovo a Macedonia, donde se puso en peligro el frágil equilibrio de las relaciones entre albanos y eslavos. Si Macedonia se desestabilizaba, lo harían todos los Balcanes.

La OTAN decidió entonces enviar fuerzas de mantenimiento de la paz con la complicidad de Serbia. Este paso no detuvo el conflicto y, después de enero de 1999, la masacre de 45 albanos por parte de la policía serbia y el fracaso de las negociaciones impulsaron a la OTAN a emprender acciones militares directas. La campaña de bombardeos dio comienzo el 24 de marzo de 1999 y duró hasta el 10 de junio. Se bombardearon objetivos militares, económicos y de comunicación serbios. Un convoy de refugiados albanos y la embajada china también fueron bombardeados, lo cual suscitó duras críticas internacionales. Mientras la OTAN planeaba una ofensiva por tierra, Rusia convenció a Milosevic para que cediera. Este aceptó finalmente y permitió la ocupación de Kosovo por parte de la OTAN. La misión de la OTAN de intervenir fue objeto de duras críticas debido a que no iba acompañada de una resolución de la ONU ni estaba en sintonía con su propia carta fundacional, que solo recoge emprender acciones sancionadoras si un estado miembro es atacado y Kosovo no era un estado miembro. Al concluir la guerra, cientos de miles de albanos regresaron y miles de serbios fueron expulsados. La escisión de Kosovo de Yugoslavia fue crucial para la revuelta popular que derrocó a Milosevic en 2000. Este fue arrestado y juzgado en La Haya por crímenes de guerra.

África poscolonial

La lucha por la libertad y la independencia en África asumió formas distintas, y el pasado colonial del continente ha dejado múltiples problemas en su estela.

Descolonización británica

Tras la pérdida de sus colonias en el Lejano Oriente frente a Japón durante la II Guerra Mundial, Gran Bretaña aumentó la explotación económica de sus colonias africanas. Para hacerlo era necesario contar con una base más industrializada, lo cual dio origen a una clase obrera africana negra. Entre tanto, en la guerra con Alemania, más de 300.000 africanos negros fueron reclutados. Al concluir el conflicto, tanto los soldados desmovilizados como la nueva clase obrera empezaron a exigir mayor representación negra en los Gobiernos coloniales.

Gran Bretaña y Francia garantizaron este aumento de la representación con la esperanza de que ello permitiera continuar el desarrollo económico en la posguerra, lo cual a su vez beneficiaría a las potencias imperiales. Sin embargo, dicho desarrollo trajo consigo el descontento social, a medida que empezaron a aflorar problemas como el desempleo, una inflación elevada y una corrupción generalizada. Los africanos negros se sintieron frustrados por los monopolios que los colonizadores europeos habían construido sobre la base de sus materias primas y el comercio, y empezaron a amotinarse. Los primeros disturbios se registraron en Accra, en la Costa de Oro británica (la actual Ghana) en febrero de 1948. A la luz del malestar social generalizado, Gran Bretaña decidió que conceder la independencia era el camino más fácil, ya que una operación de contención resultaría larga y costosa y suscitaría críticas internacionales. Además, Gran Bretaña supo apreciar que un cambio en la relación política con las colonias no implicaba necesariamente un cambio en la relación económica.

Descolonización francesa

En 1954 estalló una amarga contienda al intentar Argelia independizarse de Francia. Argelia y Francia estaban íntimamente unidas; Argelia no solo era importante desde el

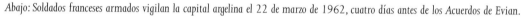

Abajo: Soldados franceses armados vigilan la capital argelina el 22 de marzo de 1962, cuatro días antes de los Acuerdos de Evian.

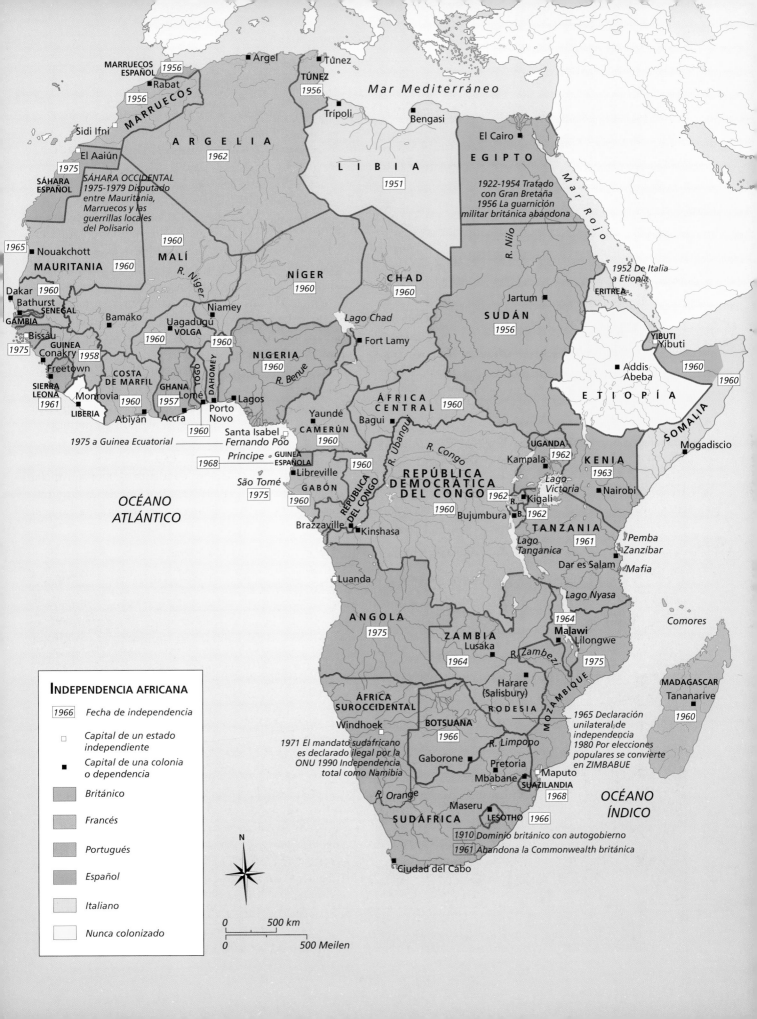

MARRUECOS ESPAÑOL *1956*

Argel

Túnez

TÚNEZ *1956*

Mar Mediterráneo

Rabat *1956*

MARRUECOS

Trípoli

Bengasi

Sidi Ifni

A R G E L I A *1962*

L I B I A *1951*

El Cairo

E G I P T O

1922-1954 Tratado con Gran Bretaña 1956 La guarnición militar británica abandona

El Aaiún *1975*

SÁHARA ESPAÑOL

R. Nilo

SÁHARA OCCIDENTAL 1975-1979 Disputado entre Mauritania, Marruecos y las guerrillas locales del Polisario

1952 De Italia a Etiopía

1965

Nouakchott

M A L Í *1960*

N Í G E R *1960*

C H A D *1960*

ERITREA

MAURITANIA *1960*

Jartum

S U D Á N *1956*

Dakar *1960*

Bathurst

SENEGAL

Bamako

Niamey

R. Níger

YIBUTI Yibuti

GAMBIA

Uagadugú VOLGA *1960*

1960

1960

Fort Lamy

Addis Abeba *1960*

1960

Bissáu *1975*

GUINEA Conakry *1958*

COSTA DE MARFIL *1960*

GHANA *1957*

N I G E R I A *1960*

Lago Chad

R. Benue

E T I O P Í A

1960

SOMALIA

Freetown

Lomé

Accra

Lagos

SIERRA LEONA *1961*

Monrovia

Abiyán

DAHOMEY

Porto Novo

Á F R I C A C E N T R A L *1960*

Yaundé

CAMERÚN *1960*

Bagui

Mogadiscio

LIBERIA

1960

R. Ubangui

UGANDA *1962*

KENIA *1963*

1975 a Guinea Ecuatorial

Santa Isabel Fernando Póo

R. Congo

Kampala

Nairobi

1968

Príncipe

GUINEA ESPAÑOLA

Libreville *1960*

1975

GABÓN

São Tomé

OCÉANO ATLÁNTICO

1975

1960

REPÚBLICA DEL CONGO

R E P Ú B L I C A D E M O C R Á T I C A D E L C O N G O *1962* *1960*

Lago Victoria

R. Kigali

B. *1962*

Bujumbura

T A N Z A N I A *1961*

Pemba Zanzíbar

Brazzaville

Kinshasa

Lago Tanganica

Dar es Salam

Mafia

Luanda

Lago Nyasa

Comores

A N G O L A *1975*

1964

Malawi

Lilongwe

Z A M B I A Lusaka *1964*

R. Zambezi *1975*

MADAGASCAR

Tananarive

INDEPENDENCIA AFRICANA

1966 *Fecha de independencia*

□ Capital de un estado independiente

■ Capital de una colonia o dependencia

Británico

Francés

Portugués

Español

Italiano

Nunca colonizado

ÁFRICA SUROCCIDENTAL

Windhoek

1971 El mandato sudafricano es declarado ilegal por la ONU 1990 Independencia total como Namibia

BOTSUANA *1966*

Harare (Salisbury)

RODESIA

R. Limpopo

Gaborone

Pretoria

Mbabane

1960

1965 Declaración unilateral de independencia 1980 Por elecciones populares se convierte en ZIMBABUE

MOZAMBIQUE

Maputo

SUAZILANDIA *1968*

OCÉANO ÍNDICO

R. Orange

Maseru

SUDÁFRICA

LESOTHO *1966*

1910 Dominio británico con autogobierno

1961 Abandona la Commonwealth británica

N

Ciudad del Cabo

0   500 km

0   500 Meilen

punto de vista estratégico, sino que era el hogar de muchos colonos franceses. Los franceses no estaban preparados para concederle la independencia y estalló una guerra entre el Frente de Liberación Nacional (FLN) y las autoridades francesas. Aunque Francia era capaz de ganar la batalla militar, no podía ganar la política. Sus torpes tácticas únicamente reforzaron la determinación del FLN y suscitaron críticas internacionales contra Francia, a la que se tildó de obstruir la autodeterminación nacional. Además, Estados Unidos temía que el FLN se alinease con el bloque soviético y, en consecuencia, presionó a París para que buscara una solución más moderada.

Hacia 1962, la opinión doméstica francesa también se hallaba dividida y, en pro de la unidad nacional, el presidente De Gaulle accedió a conceder la independencia a Argelia. Para evitar que se repitiese el sangriento proceso de descolonización argelino y tener que contener el nacionalismo africano en otros lugares, Francia concedió la independencia a todas sus posesiones africanas.

Otros procesos de descolonización

Las potencias coloniales europeas aprendieron de los errores franceses en Argelia y se mostraron menos proclives a reprimir las reivindicaciones de independencia. En el Congo Belga, unos disturbios en Leopoldville (Kinshasa) en 1960 impulsaron a los belgas a trazar un calendario acelerado para la creación de un estado independiente.

Solamente los portugueses lograron conservar sus colonias en Mozambique y Angola. Portugal se hallaba bajo la dictadura de Salazar y era menos permeable a las críticas políticas interiores acerca de sus políticas coloniales, lo cual le permitió sofocar los movimientos nacionalistas en África sin obstáculos. Le ayudó que EE UU no pudiera criticar las políticas coloniales de Salazar porque dependía del régimen portugués para contar con las bases militares en las Azores, propiedad de Portugal.

Las raíces del *apartheid* en Sudáfrica

Tanto en Rodesia como en Sudáfrica, los colonos blancos lograron obtener la independencia de Gran Bretaña y continuar sofocando la representación política negra durante cierto tiempo. Los supremacistas blancos de toda África deseaban asegurarse de que la riqueza del continente siguiera en manos blancas. Este hecho fue particularmente significativo en Sudáfrica, donde el descubrimiento de minerales preciosos, incluidos diamantes y oro, habían impulsado a muchos europeos a afincarse en la región. Tras la guerra de los bóers, los británicos concedieron la independencia a Sudáfrica. El nuevo Gobierno impuso inmediatamente restricciones a la libertad de la población negra y se aprobaron múltiples leyes segregacionistas, empezando por la Ley sobre las Tierras Indígenas de 1913, que imponía limitaciones a la posesión de tierras por parte de los negros.

Durante la II Guerra Mundial, Sudáfrica experimentó un proceso de industrialización similar al de otros estados africanos cuyo fin era colmar las necesidades económicas de los aliados. Entre la nueva clase obrera negra se alzaron cada vez más voces que exigían la revocación de las políticas segregacionistas prebélicas. Temerosos de perder sus hogares y el dominio económico, los sudafricanos blancos votaron al Partido Nacional de Daniel Malan, que ascendió al Gobierno. Su promesa electoral había sido la introducción del *apartheid*, la idea de que las razas deberían desarrollarse por separado. Durante la década de 1950 se realizaron esfuerzos por segregar a los blancos de los negros, dotándolos de espacios recreativos separados, congregándolos en distritos residenciales distintos y reservando las tierras de labranza y todo lo mejor para los blancos.

Si bien muchos blancos se sintieron alarmados inicialmente por el *apartheid*, este fue granjeándose su apoyo frente a la respuesta de los negros militantes. Los negros crearon el Congreso Nacional Africano (CNA) para contar con representación dentro del sistema represivo. El CNA se embarcó en una política de lucha armada después de la masacre de Sharpeville en 1960, donde la policía local abrió fuego contra los manifestantes negros y mató a 67 de ellos. El restultado de la militancia del CNA fue el arresto y encarcelamiento de sus líderes, incluido Nelson Mandela, en 1964. Durante el decenio siguiente, los desafíos al *apartheid* fueron escasos.

El fin del *apartheid*

Cuando en 1967 estallaron disturbios en Soweto, una población de Johannesburgo, la situación había cambiado. Estados vecinos como Botsuana, Angola y Mozambique habían logrado la independencia y tenían Gobiernos dominados por negros, lo cual dejaba al Gobierno sudafricano blanco aislado en la región. Estos estados vecinos ofrecieron un paraíso a los grupos opositores negros. La opinión internacional también empezaba a alzarse contra el *apartheid*. En 1977, la ONU impuso un embargo a la venta de armas a Sudáfrica, tras el cual ocurrió el asesinato de Steve Biko, líder del Movimiento de Conciencia Negra, mientras estaba bajo custodia policial. A mediados de los años ochenta, con la guerra fría a punto de expirar, EE UU era menos susceptible a la explicación de que el *apartheid* tendía puentes con el anticomunismo. A pesar del veto de Reagan, el Congreso estadounidense aprobó una ley *antiapartheid* que sancionaba la importación de numerosos productos sudafricanos e imponía un embargo al petróleo. Otros Gobiernos aplicaban embargos similares o lo hicieron siguiendo el ejemplo de EE UU, y la soga económica se tensó alrededor del cuello de Sudáfrica.

Arriba: El presidente del Congreso Nacional Africano, Nelson Mandela, retratado poco después de su liberación de la prisión de Robin Island en 1990.
Página anterior: Militantes antiapartheid asisten al sepelio de Steve Biko en 1977. Steve Biko, nacido en King William's Town, fue el fundador y dirigente del Movimiento de Conciencia Negra y el primer presidente de la Organización Surafricana de Estudiantes, regida por negros. Fue detenido en cuatro ocasiones durante los últimos años de su vida y falleció estando en custodia policial a resultas de una paliza.

El Gobierno Nacional y su política de *apartheid* empezaron a perder el apoyo de las grandes empresas, algunas de las cuales iniciaron negociaciones con el CNA en el exilio. En las elecciones de 1989, el Partido Nacional perdió la mayoría de los votos, lo cual obligó al primer ministro F.W. de Klerk a anunciar el fin del *apartheid* el 2 de febrero de 1990 y a poner fin a la ilegalización del CNA. Poco después, Nelson Mandela fue liberado de prisión y el CNA se anotó una victoria arrolladora en las elecciones de 1994, en las que los sudafricanos negros pudieron votar por primera vez.

Problemas poscoloniales

Guerra civil

La transición hacia la independencia no ha sido fácil para África. La idea de una Unión Panafricana se desterró al quedar claro que los nuevos líderes surgidos de los movimientos de liberación nacionales no renunciarían a su reclamación del poder. Además, las divisiones tribales precipitaron conflictos en el seno de los estados recién definidos, de modo que el concepto de una Unión Panafricana quedó fuera de todo planteamiento.

La guerra civil ha definido el África poscolonial, en la que distintas tribus han luchado por el poder o han exigido la secesión del territorio al que se las había anexionado. En Nigeria, la etnia de los ibos, predominante-mente cristiana, intentó formar la república de Biafra en 1966: no admitía haber quedado unida a los hausa islámicos en el norte y los yoruba en el sur y tener que compartir sus reservas de petróleo con ellos. En Ruanda, en 1994, miembros extremistas de la tribu mayoritaria de los hutus iniciaron una campaña de genocidio contra la minoría, políticamente dominante, de los tutsis. En Etiopía se libró una guerra civil de 32 años por la independencia de Eritrea. Eritrea había estado colonizada por Italia y luego estuvo bajo mandato británico hasta que la ONU decidió que debía unirse con Etiopía y formar una federación. En toda África se repitieron patrones similares de conflicto debido a la aparición de nuevos estados nacionales cuyas fronteras tenían poco que ver con las demarcaciones religiosas o tribales previas al colonialismo.

Pobreza y hambre

La combinación de unas condiciones medioambientales precarias y la vulnerabilidad a la inestabilidad de la economía mundial han derivado en décadas de hambre y pobreza en África. En los años de fuertes sequías, los Gobiernos han sido incapaces o no han tenido interés en poner fin al hambre y se han vivido terribles hambrunas.

Etiopía vivió una hambruna especialmente severa a comienzos de los años ochenta, como consecuencia de la cual murió casi un millón de personas. La población se tornó dependiente de la ayuda alimenticia, puesto que el país, en su mayoría agrícola, es propenso a las sequías y la desertización. Estos factores, combinados con la superpoblación, la deforestación, la sobreexplotación de las tierras de pastoreo, la dependencia de unos cultivos comerciales demasiado escasos y un acceso limitado a los mercados, han propiciado el hambre. Hacia 1984, Etiopía dependía por completo de la importación de petróleo para financiar la guerra continua con Eritrea. En los años setenta, esta dependencia la había hecho vulnerable a los aumentos del precio del petróleo, a causa de los cuales el gasto gubernamental de los programas de alimentación se había desviado. La amalgama de estos factores dio lugar a una grave hambruna. Tras un breve alto el fuego en 1991, la guerra con Eritrea se retomó a finales de los años noventa, y con ella reafloró el hambre.

Deuda

Tras las subidas de los precios del petróleo durante los años setenta, las grandes riquezas de los países productores de crudo se depositaron en bancos occidentales.

Arriba: Retorno de refugiados a Ruanda en 1996. Más de 800.000 refugiados regresaron a Ruanda después de que los rebeldes tutsis expulsaran a las milicias hutus de varios campos de refugiados cercanos a la frontera del Zaire con Ruanda.
Página anterior: Bob Geldof, el organizador de los conciertos Live Aid de Londres y Filadelfia en 1985, cuya recaudación se destinó a aliviar el hambre en Etiopía.

Estos usaron el dinero para proporcionar a los países africanos préstamos a intereses habitualmente elevados destinados a estimular el desarrollo. El bajo rendimiento de la economía mundial en los años ochenta derivó en una crisis de deudas: muchas naciones africanas no pudieron satisfacer los plazos de pago y ello redundó en un aumento mayor de los intereses aplicados. Una amplia proporción del presupuesto de muchos países africanos se destina hoy a saldar la deuda externa, en lugar de a potenciar la industria, la educación o la sanidad, y los ha sumido en un ciclo vicioso de pobreza del que no pueden escapar. Se han planteado sugerencias para paliar esta situación. Las soluciones menos radicales incluyen renegociar la carga de la deuda para que las naciones africanas puedan dedicar más presupuesto al desarrollo interno, sobre todo de la educación y la sanidad, y crear una base industrial con la que pagar la deuda en el futuro. Otros exigen que la deuda se condone sin paliativos.

VIH y sida

La falta de educación sexual y anticonceptivos gratuitos, y la reutilización de agujas en el sistema sanitario han contribuido al aumento de los casos de VIH en el África subsahariana. En algunos países, se calcula que más del 25 por ciento de la población adulta es seropositiva. La incapacidad de acceder a medicamentos antirretrovirales, asequibles en el mundo desarrollado, ha acrecentado el número de personas que desarrolla el sida a partir del VIH. En muchos países, el sida sigue siendo tabú y los Gobiernos han tardado en admitir la magnitud del problema. El VIH y el sida serán los mayores retos del África subsahariana en el siglo XXI. La enfermedad obliga a un número creciente de personas en edad laboral a ser económicamente improductivas y depender del Estado; además, muchos niños quedan huérfanos. Con un porcentaje de dependencia creciente, los estados afectados se enfrentarán a serios problemas económicos en el futuro.

Integración europea

La evolución de la integración y la cooperación en Europa ha culminado con la existencia de la Unión Europea y la eurozona, aún en proceso de expansión y modificación.

Los orígenes de la integración de la Europa Occidental

A lo largo de la historia, amplias franjas de Europa han estado integradas: bajo el Imperio Romano, el Imperio Franco de Carlomagno, el Sacro Imperio Romano, la Europa napoleónica e incluso la Europa ocupada por los nazis. No obstante, la mayoría de estas integraciones pasaban por la subyugación de una nación a otra.

Tras la II Guerra Mundial, la idea de una mayor integración ganó adeptos; se esperaba que pudiera poner fin a las rivalidades nacionales que habían desencadenado el conflicto. Washington también abogaba por dicha integración, en la esperanza de que esta acarreara un rejuvenecimiento de la economía de la Europa Occidental que excluyera la influencia soviética y reabriera los mercados a los productos americanos. Los Gobiernos de la Europa Occidental tenían una visión similar: no solo estaban ansiosos de conjurar la amenaza soviética, sino que querían poner ataduras a la economía alemana para que no pudiera resurgir y lanzar otra guerra agresiva.

El primer paso hacia la integración

Este primer paso fue la creación del Consejo de Europa en 1949, que alentó una cooperación más estrecha. Este estuvo seguido por el Plan Schuman, planteado por el ministro de Exteriores francés Robert Schuman, el cual sugería que las industrias del acero y el carbón de Francia y Alemania debían unirse. Esta unión allanó el camino para la Comunidad Europea del Carbón y el Acero (CECA), un acuerdo firmado en 1951 junto con Italia, los Países Bajos, Bélgica y Luxemburgo. Gran Bretaña rehusó unirse a la CECA porque Londres consideraba que ello interferiría con la soberanía nacional. La CECA estaba controlada por la Alta Autoridad, el primer organismo supranacional independiente en el camino hacia la integración.

Tras la fundación de la CECA se dieron nuevos pasos hacia una federación política y militar, bajo el paraguas de crear una Comunidad Europea de Defensa (CED) y una Comunidad Política Europea (CPE). El plan de la CED era satisfacer la petición estadounidense del rearme de Alemania sin disgustar a los países que acababan de participar en la guerra. Sin embargo, la Asamblea Nacional francesa rehusó ratificar la CED por miedo a Alemania; ante tal fracaso, los intentos de crear la CPE se archivaron.

La Comunidad Económica Europea

En 1957, el avance hacia una federación europea se vio impulsado de forma significativa con la firma del Tratado de Roma el 25 de marzo. Aquel fue el nombre colectivo que se dio a los tratados que establecieron la Comunidad Económica Europea (CEE) y la Comunidad Europea de la Energía Atómica (Euratom). La misión de la CEE era instaurar un mercado común entre los estados miembros e impular las «cuatro libertades»: la libertad de bienes, de personas, de capital y de servicios. El Euratom se diseñó para poner en común las capacidades nucleares no militares. Estas dos organizaciones nuevas se combinaron con la CECA mediante un tratado de fusión que entró en vigor en 1967. Las tres organizaciones aumentaron la eficacia de sus instituciones con la creación de una única Comisión Europea, un Consejo de Ministros y el Parlamento Europeo. Tras servir como cuerpo ejecutivo para las tres instituciones, estos fueron absorbidos por la Unión Europea. En 1979 se celebraron elecciones al Parlamento Europeo y los ciudadanos de los estados miembros eligieron el Parlamento de forma directa pro vez primera.

Ampliación

Los miembros fundadores de la CEE fueron Francia, la Alemania Federal, los Países Bajos, Bélgica, Luxemburgo e Italia. Gran Bretaña no se unió por temor a que una unión de las fronteras en Europa afectara al comercio con la recién creada Commonwealth, pero a medida que avanzó la década de 1960 comprobó que la participación en Europa le era más rentable, pues el comercio con la Commonwealth no estaba reportando los dividendos previstos. La solicitud de los británicos para entrar a formar parte de la CEE fue rechazada en dos ocasiones por el presidente francés, el general De Gaulle; Gran Bretaña tuvo que aguardar a 1973, tras la muerte del general, para ser recibida en el seno de la CEE. Irlanda y Dinamarca la siguieron, ya que sus intereses comerciales estaban muy vinculados a los británicos. Noruega también mostró interés en unirse a la CEE, pero los noruegos rehusaron hacerlo por referéndum. Poco después de despojarse de sus respectivos Gobiernos autoritarios a mediados de los años setenta, Grecia, Portugal y España entraron en la CEE; Grecia lo hizo en 1981 y los países ibéricos en 1986. En 1995 se produjo otra ampliación, con la anexión de

Austria, Finlandia y Suecia. Aunque sus vecinos más cercanos habían negociado su inclusión, los ciudadanos noruegos volvieron a votar en contra de unirse a la CEE.

Tras el derrumbe de la URSS y el fin del mandato del Partido Comunista en la Europa del Este, muchos estados de la región solicitaron incorporarse a la UE. En una reunión celebrada en diciembre de 2002 en Copenhague se acordó la admisión de diez países: Lituania, Letonia, Estonia, Eslovenia, Malta, Hungría, la República Checa, Eslovaquia, Polonia y Chipre. Todos ellos entraron en la UE en mayo de 2004, ampliándola a 25 miembros. Chipre fue admitido ante la amenaza de Grecia de vetar la entrada de otros estados miembros en caso de quedar excluido y este movimiento generó dificultades con Turquía, que también ambiciona anexionarse a la UE. Rumanía y Bulgaria han negociado su entrada en 2007.

La Unión Europea

La UE cobró vida con la firma del Tratado de Maastricht el 7 de febrero de 1992. Se estableció como un organismo supranacional con la tarea de crear un mercado único entre sus estados miembros. A tal fin, la UE se encargó de la eliminación de las fronteras, de la Política Agrícola Común y de la Política Pesquera Común. Asimismo, la UE instó a los estados miembros a adoptar toda una serie de políticas comunes en ámbitos que engloban desde el medio ambiente hasta la cultura y la seguridad vial.

La Unión Europea ha establecido una serie de directrices para la política de exteriores y de seguridad que los estados miembros deben acatar, si bien dentro de estos parámetros los estados son libres de aplicar su propia política exterior. Las directrices insisten en que los estados miembros deben adherirse a la Carta de las Naciones Unidas y el imperio de la ley, y defender la democracia y los derechos humanos en su política exterior. Gracias a este papel, la UE se ha convertido en una organización internacional; sus estados miembros han usado sus instituciones para negociar acuerdos comerciales y ayudas, y también para imponer sanciones y embargos de armas. Además, se han estrechado los lazos entre las distintas fuerzas policiales en torno a temas como el narcotráfico, las solicitudes de asilo y el control fronterizo; muchas de las fronteras interiores de la UE se abolieron en los años noventa.

Amsterdam, Niza y la Constitución Europea

En última instancia, los estados miembros mandan en la UE. El Tratado de Maastricht se actualizó mediante el Tratado de Amsterdam de 1997, diseñado para democratizar la UE y otorgar más voz a la población. Este tratado se criticó por no reformar lo suficiente la complicadísima burocracia de la UE y estuvo seguido por el Tratado de Niza, que entró en vigor en 2003. Las nuevas reglas impusieron condiciones al tamaño de las instituciones europeas, un requisito previo vital a la luz de la ampliación prevista de la UE. Con el tiempo, este tratado será reemplazado por una constitución europea concebida para sustituir los textos solapados de los múltiples tratados existentes.

El texto de la Constitución se esbozó en 2003 y se acordó en 2004; cada país debe aceptar la adopción de la Constitución. Algunos han elegido someterla a referéndum, mientras que otros han optado por que sean los Gobiernos nacionales quienes decidan. La adopción de una constitución puede ser complicada, ya que los países con referéndum pueden votar en contra e impedir que entre en vigor.

Unión Económica y Monetaria (UEM)

La UE decidió crear una Unión Económica y Monetaria en 1992. Alemania quería disipar los temores de los países de la CEE, en especial de Francia, sobre su reunificación. El 1 de enero de 2002, el euro se convirtió en la moneda oficial de 12 de los 15 estados miembros. Estos 12 estados unieron sus economías bajo el control coordinado del Banco Central Europeo. Los países que desean incorporarse a la UEM deben cumplir unos criterios que garantizan la estabilidad de su economía. Gran Bretaña, Suecia y Dinamarca escogieron no unirse al euro. Gran Bretaña y Dinamarca negociaron cláusulas de exclusión amenazando con no firmar el Tratado de Maastricht; no se espera que se incorporen al euro a menos que lo decidan sus Gobiernos. En cambio, Suecia carece de esta cláusula y está obligada a adoptar el euro en algún momento, pero a la UE puede resultarle difícil imponer su aceptación.

El objetivo primordial de la moneda única es promover un mercado único eliminando los costes de los cambios de divisas y facilitar con ello un movimiento más libre de personas en el seno de la eurozona.

Un mundo cambiante

La capa de ozono y el recalentamiento del planeta

El cambio climático es uno de los problemas medioambientales que la sociedad afronta en la actualidad. El clima se encuentra en cambio constante; sin embargo, muchos científicos opinan que muchos de los cambios que estamos experimentando responden tanto a la actividad humana como a causas naturales. El efecto invernadero se considera la mayor amenaza para el clima del planeta. Los gases de la atmósfera terrestre son vitales para mantener la temperatura cálida del planeta y preservar la vida en todas sus formas, pero la emisión por parte de los seres humanos de gases de efecto invernadero adicionales, en forma de contaminantes, está teniendo un efecto nocivo en la atmósfera y es responsable de la erosión de la capa de ozono. El cambio climático, y en particular el recalentamiento del planeta, se considera el culpable principal del aumento de las condiciones climáticas extremas en todo el globo terráqueo, entre ellas el incremento de las sequías y el alarmante ascenso del nivel del mar provocado por el deshielo cada vez más rápido de los casquetes polares. En 1992, la ONU acordó abordar los temas del cambio climático aceptando los efectos que la actividad humana estaba teniendo en la atmósfera. En 1997, la convención de la ONU para el cambio climático se reunió en Kioto, Japón, para esbozar un protocolo que exige a los países suscriptores que reduzcan sus emisiones en un intento por resolver el problema. El Protocolo de Kioto se transformó en ley internacional en febrero de 2005, si bien su impacto en el cambio climático es insignificante. Solo los países que lo han ratificado deben reducir sus emisiones, y entre los que se niegan a firmar el protocolo figuran EE UU y Australia, dos de los mayores consumidores de energía del planeta.

Consumo energético

Los elevados niveles de uso energético están determinados por distintos factores básicos, el más crucial de ellos el desarrollo industrial. Los países con infraestructuras altamente industrializadas inevitablemente usan más energía (sea esta petróleo, carbón, electricidad o energía nuclear) que los no industrializados. Además, el elevado consumo energético está influido por el tamaño de la población: a mayor población, mayor necesidad de energía. Como regla general, los países más responsables del

CONSUMO ENERGÉTICO MUNDIAL h. 1991
Uso energético medio por persona

- 250 gigajulios o más
- 200-250 gigajulios
- 150-200 gigajulios
- 100-150 gigajulios
- 50-100 gigajulios
- 0-50 gigajulios
- Datos no disponibles

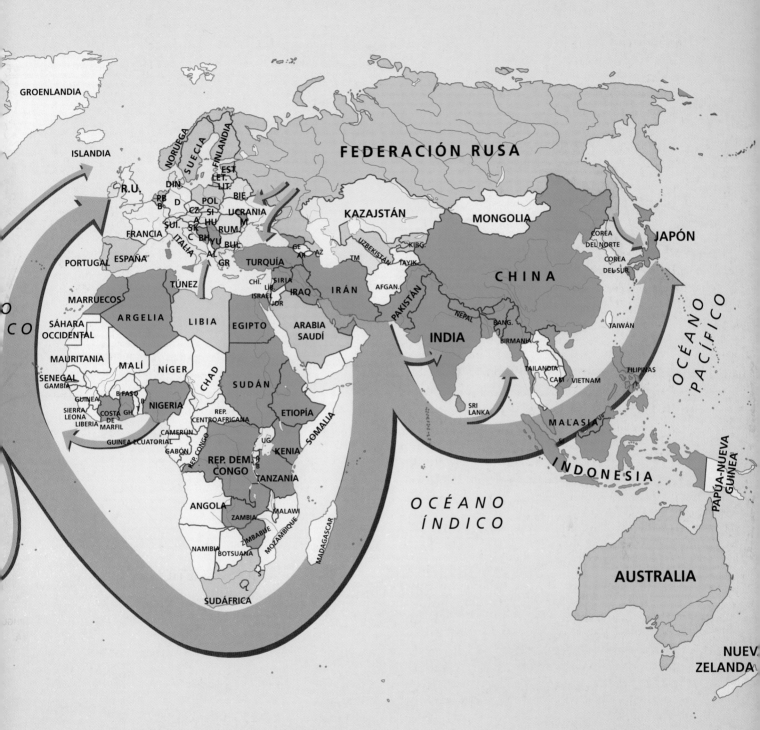

GROENLANDIA

ISLANDIA

NORUEGA

SUECIA

FINLANDIA

R.U.

DIN.

EST.
LET.
LIT.

BIE.

FEDERACIÓN RUSA

PB.
B.

D

POL.

CZ

SI

A

HU

SK

UCRANIA

M

SUI.

BH

C

YU

RUM.

BUL.

KAZAJSTÁN

MONGOLIA

COREA
DEL NORTE

JAPÓN

FRANCIA

ITALIA

AL

GR

TURQUÍA

GE

AR

AZ

UZBEKISTÁN

KIRG.

COREA
DEL SUR

PORTUGAL

ESPAÑA

CHI.

LÍB.

SIRIA

TM

TAYIK.

CHINA

MARRUECOS

TÚNEZ

ISRAEL

JOR

IRAQ

IRÁN

AFGAN.

PAKISTÁN

TAIWÁN

SÁHARA
OCCIDENTAL

ARGELIA

LIBIA

EGIPTO

ARABIA
SAUDÍ

NEPAL

INDIA

BANG.

BIRMANIA

OCÉANO
PACÍFICO

MAURITANIA

MALÍ

NÍGER

CHAD

SUDÁN

TAILANDIA

FILIPINAS

SENEGAL

GAMBIA

B. FASO

B

NIGERIA

REP.
CENTROAFRICANA

ETIOPÍA

CAM

VIETNAM

GUINEA

SIERRA
LEONA

GH

COSTA
DE
MARFIL

CAMERÚN

SOMALIA

SRI
LANKA

MALASIA

LIBERIA

GUINEA ECUATORIAL

GABÓN

REP. CONGO

UG

KENIA

REP. DEM.
CONGO

B

TANZANIA

OCÉANO
ÍNDICO

INDONESIA

PAPÚA-NUEVA
GUINEA

ANGOLA

ZAMBIA

MALAWI

ZIMBABUE

MOZAMBIQUE

MADAGASCAR

NAMIBIA

BOTSUANA

S

AUSTRALIA

SUDÁFRICA

NUEVA
ZELANDA

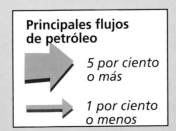

Principales flujos
de petróleo

*5 por ciento
o más*

*1 por ciento
o menos*

consumo energético son los más ricos o los más poblados. En la actualidad son China, Estados Unidos y Australasia, aunque Europa también consume niveles ingentes de energía. Muchos países afirman estar dispuestos a hallar modos de reducir sus necesidades energéticas, pero los Gobiernos se muestran reacios a realizar cambios drásticos que pueden tener un efecto perjudicial en su producción y, por consiguiente, en sus economías. Los científicos han desarrollado fuentes renovables de energía, como la eólica y la solar (y la más fructífera de ellas, la energía nuclear), pero estas suelen ser más caras y menos eficaces y generan una oposición considerable.

El tsunami asiático

Las catástrofes naturales siempre suponen una amenaza a las comunidades de todo el mundo. El 26 de diciembre de 2004, un maremoto de escala y alcance máximos cuajado bajo el océano Índico desencadenó un tsunami que causó estragos en todo el sur de Asia. El seísmo provocó la ruptura del fondo marino, que a su vez envió una serie de olas gigantes, algunas de las cuales recorrieron hasta 4.500 kilómetros y rompieron en Somalia, en la costa este de África. Para los habitantes y turistas de las costas de Sri Lanka, Tailandia, Sumatra, las Maldivas, las Islas Andamán y el sudeste de India, la primera advertencia llegó cuando el mar se retiró de la tierra y dejó a la vista cientos de metros de fondo marino. A continuación se presentó la primera ola del tsunami, que en algunos lugares se adentró hasta un kilómetro antes de empezar a retroceder. El número de muertos sigue sin conocerse en el momento de redactar este libro, pero se cree que supera los 240.000 entre trece países. Además, millones de personas perdieron su hogar y su medio de vida. Las imágenes de los afectados que recorrieron el mundo propiciaron una respuesta masiva de los Gobiernos y las poblaciones que se materializó en la donación de grandes cantidades de ayuda internacional.

Amenazas a la seguridad mundial

Otros desastres son obra de las personas, y no de la naturaleza. De hecho, el siglo XXI se ha visto afectado por las amenazas del terrorismo internacional. El 11 de septiembre de 2001, el ataque contra el World Trade Center de Nueva York marcó un punto de inflexión. Terroristas de Oriente Próximo se hicieron con el control de cuatro aviones de pasajeros y, a las 8:45 h (hora de Nueva York), el primero de ellos se estrelló deliberadamente contra la Torre Norte del World Trade Center. Quince minutos después, otro avión impactó contra la Torre Sur y ambos edificios se derrumbaron por completo. Una hora después, un tercer avión se estrelló contra el edificio del Pentágono, el cuartel general del Ejército de Estados Unidos en Washington, y a los 20 minutos, el cuarto avión fue derribado en una zona rural a las afueras de Pittsburgh. El ataque fue perpetrado por 19 secuestradores, presuntamente saudíes y egipcios, vinculados con Al Qaeda. Alrededor de 2.800 personas fallecieron en los atentados, una cifra en la que se incluyen los 260 pasajeros que viajaban a bordo de los aviones y unos 300 bomberos de Nueva York que trabajaban para salvar vidas en las Torres Gemelas cuando se derrumbaron. Las repercusiones de estos ataques no solo se dejaron sentir en Nueva York y EE UU, sino en todo el planeta, y la llamada a una «guerra contra el terrorismo» ha difundido entre gran parte de la población una nueva sensación de inseguridad ante el futuro.

Tsunami
26 de diciembre de 2004

▪▪▪▪▪ *Límite de la placa tectónica*

Dorsal oceánica

Líneas de falla

~ *Litoral afectado por una destrucción importante*

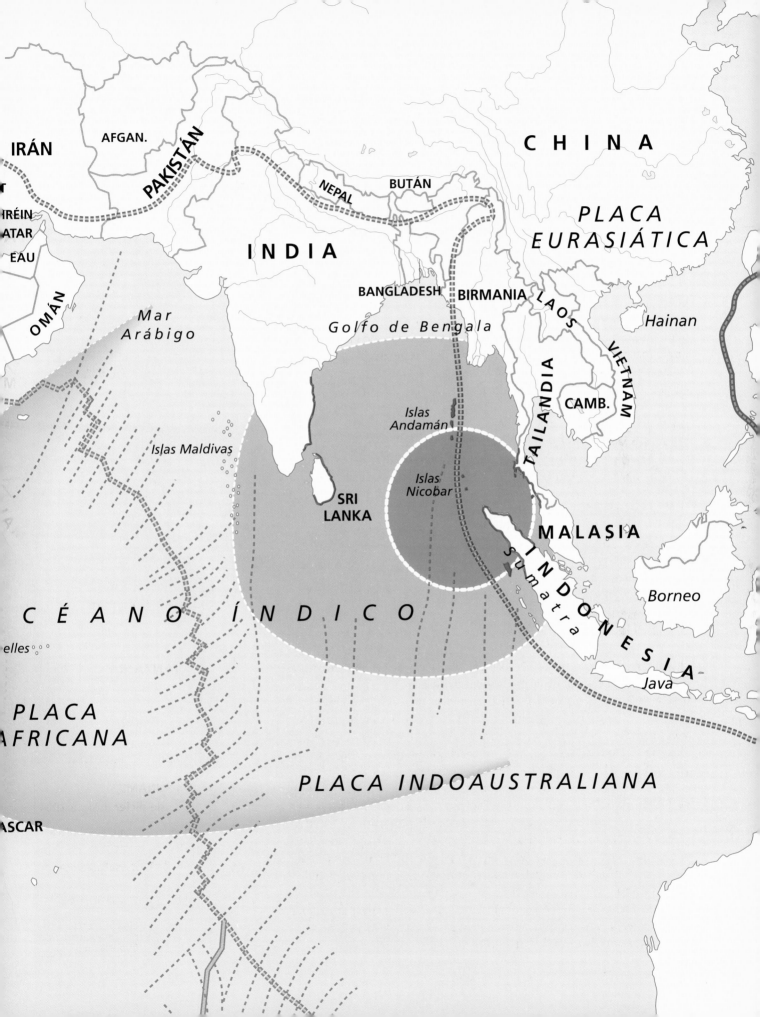

IRÁN

AFGAN.

PAKISTÁN

CHINA

NEPAL   BUTÁN

PLACA
EURASIÁTICA

INDIA

BANGLADESH   BIRMANIA   LAOS

HRÉIN
ATAR

EAU

OMÁN

Mar
Arábigo

Golfo de Bengala

Hainan

VIETNAM

TAILANDIA

CAMB.

Islas Maldivas

Islas
Andamán

Islas
Nicobar

SRI
LANKA

MALASIA

INDONESIA

Sumatra

Borneo

elles

CÉANO   ÍNDICO

PLACA
AFRICANA

Java

PLACA INDOAUSTRALIANA

ASCAR

Índice

Créditos fotográficos

La editorial desea agradecer a las siguientes bibliotecas que le hayan permitido reproducir las imágenes que figuran a continuación:

Página 10 National Geographic/Getty Images; 20 AFP/Getty Images; 21 AFP/Getty Images; 24 AFP/Getty Images;
25 Robert Harding Picture Library/Getty Images, 35 National Geographic/Getty Images; 45 Robert Harding Picture Library/Getty Images;
49 National Geographic/Getty Images; 58 Robert Harding Picture Library/Getty Images; 73 AFP/Getty Images;
76 Time Life Pictures/Getty Images; 87 Robert Harding Picture Library/Getty Images; 90 Time Life Pictures/Getty Images;
92 Lonely Planet/Getty Images; 96 The Bridgeman Art Library/Getty Images; 97 Robert Harding Picture Library/Getty Images;
100 The Bridgeman Art Library/Getty Images; 101 The Bridgeman Art Library/Getty Images; 105 Lonely Planet Images/Getty Images;
107 Lonely Planet Images/Getty Images; 117 National Geographic/Getty Images; 118 National Geographic/Getty Images;
122 The Bridgeman Art Library/Getty Images; 126 Time Life Pictures/Getty Images; 128 The Bridgeman Art Library/Getty Images;
132 Time Life Pictures/Getty Images; 136 The Bridgeman Art Library/Getty Images; 140 The Bridgeman Art Library/Getty Images;
145 The Bridgeman Art Library/Getty Images; 149 The Bridgeman Art Library/Getty Images; 151 The Bridgeman Art Library/Getty Images;
153 Lonely Planet Images/Getty Images; 164 The Bridgeman Art Library/Getty Images; 182 The Bridgeman Art Library/Getty Images;
194 Time Life Pictures/Getty Images; 199 Time Life Pictures/Getty Images; 200 Time Life Pictures/Getty Images;
214 Time Life Pictures/Getty Images; 258 Time Life Pictures/Getty Images; 272 AFP/Getty Images; 302 AFP/Getty Images;
304 AFP/Getty Images; 305 AFP/Getty Images; 307 Liaison/Getty Images

Todas las demás imágenes © Getty Images